Probe Slightly the History of the Late Qing Dynasty

冀满红 ——— 著

晚清史探略

暨南史学丛书

暨南大学高水平建设经费资助丛书

社会科学文献出版社
SOCIAL SCIENCES ACADEMIC PRESS (CHINA)

目　录

第一编　晚清政局与政策调整

论晚清政府对东南亚华侨的保护政策 ／ 3

地方督抚与清政府对义和团政策的变化 ／ 16

略论洋务运动与晚清政局之关系 ／ 30

政议三变：新政前期江北地方官制的变革与因袭(1901～1905) ／ 38

清末地方行政制度的近代化尝试

　　——基于广东官制改革的考察 ／ 53

清末顺直谘议局活动述论 ／ 64

浅析清末宪政活动中顺直谘议局的稳健性 ／ 78

清末广东谘议局与禁赌 ／ 88

从"中体西用"看早期改良派与洋务派的分歧 ／ 102

皖北乡土因素与淮系集团的发展 ／ 111

洋务运动与山西近代化 ／ 122

第二编　军事改革与战争

清季练军建立原因探略 ／ 133

清季直隶练军述论 ／ 142

近代皖北乡村社会统治危机与淮军的产生 ／ 154

淮军近代化浅论 / 166

淮军的私人化倾向 / 173

第二次鸦片战争时期英法之间的矛盾与冲突 / 183

传教士与近代西方列强的侵华战争 / 192

第三编 经济发展与变化

昭信股票浅析 / 207

进退维谷：芦汉铁路借款谈判与中外纷争（1896～1898） / 216

袁树勋与宣统年间粤商"承盐加饷"方案 / 231

近代早期企业的治理特征

    ——以 1873～1911 年的轮船招商局为例 / 248

轮船招商局与"丁戊奇荒" / 261

第四编 文化与教育

太平天国的经济政策与中西文化 / 275

晚清广东教案与中西文化 / 291

中国近代第一所陆军军官学校

    ——天津武备学堂 / 305

百年挣扎：19 世纪惠州丰湖书院的发展与变迁（1802～1901） / 309

后 记 / 320

晚清政局与政策调整

论晚清政府对东南亚华侨的保护政策

东南亚是中国人最早移居海外的地区，也是海外华侨、华人最多的地区。中国和东南亚地区的交往，至少可以追溯到汉代，迄今已有大约两千年的历史。在清代之前的绝大部分时间里，这种交往是建立在平等的基础之上的，只是到了 16 世纪欧洲列强纷纷东来之时，才逐渐改变了这种状况。尤其是近代以来，西方殖民者把中国东南沿海的大批华人拐卖到东南亚地区，对他们进行了野蛮的掠夺和残酷的压榨。华侨在海外为开发和繁荣当地经济做出了极大的贡献，但是却备受凌辱和虐待。对于这些远离祖国的海外华人，清朝政府采取了什么样的政策，这是一个非常值得研究的问题。① 本文拟就晚清政府对东南亚华侨的保护政策略作探讨。

一

中国历代封建王朝都认为出国侨民是"自弃王化"，对他们不予理睬，

---

① 关于清政府的华侨政策，在以往的研究中很少有专文进行论述。直到 20 世纪 80 年代才有专文发表，如曹前的《晚清政府对美国华侨的保护政策及其评价》[《华东师范大学学报》（哲学社会科学版）1985 年第 6 期]。90 年代以来发表的论文较前多了一些，主要有：许肇琳《略论清代后期的设领护侨政策》，《八桂侨刊》1995 年第 1 期；韩小林《论清代华侨政策的演变》，《嘉应大学学报》（社会科学）1995 年第 3 期；杜裕根《论晚清侨务政策的转变》，《学海》1995 年第 5 期；万晓宏《浅论清政府对海外华侨政策之演变》，《八桂侨刊》2001 年第 1 期；邱建章《论晚清政府的华侨经济政策》，《河南大学学报》（社会科学版）2003 年第 5 期；刘莲芬《试论清政府保护旅美华侨政策的局限性》，《贵州师范大学学报》（社会科学版）2004 年第 1 期等。但是，关于清政府对东南亚华侨的保护政策，迄今为止尚未见有专文发表。

漠不关心，更谈不上保护。明末清初，中国政府甚至把出国华侨视为"盗贼""贱民"，不准他们返回祖国。鸦片战争之后，落后的中国开始被动地与世界接触。咸丰十年（1860）九月，清政府分别与英国和法国签订了中英《北京条约》和中法《北京条约》，被迫答应"凡有华民情甘出口"，清政府应"毫无禁阻"，地方大吏应与外国使节"会订章程，为保全前项华工之意"①。从这一年起，清政府第一次从国际法理的立场来关注华侨，以加强对华侨的保护和监督。此后，清政府在对外交涉中，常常以保护华侨的生命财产，或向对方国家要求居住、营业、旅行等权利为原则谈判签订条约，开始全面实施华侨保护政策。同时，为了落实这项保护政策，清政府采取了在有华侨的国家地区设立使领馆等多项措施。

首先，清政府通过修改和制定有关规定来保护东南亚华侨。

清朝建立之初实行"海禁"，不准国人出海，对私自出海而后返回者都处以死刑，对外出不归者永远禁止返回祖国，对回国的华侨加以各种罪名，其中有的被当作逃犯，有的被看作私通他国，有的被认为是私运军火接济海盗，有的则被斥为贩卖华工"猪仔"的罪犯，等等。随之而来的便是严厉的惩罚，致使海外华侨因此而不愿回国。华侨无家可归，只得寄人篱下，任人欺压。光绪十九年（1893），出使英、法、意、比四国大臣薛福成奏请"豁除旧禁"，②总理衙门在讨论中提出："良善高民，无论在洋久暂，婚娶生息，一概准由出使大臣或领事官给与护照，任其回国治生置业，与内地人民一律看待，并听其随时经商出洋。"③清政府批准了这个建议。

清政府还制定国籍法以保护华侨。宣统元年（1909），清政府颁布了国籍条例，这是中国的第一部国籍法。这部国籍法采取了以血统为确定海外华人国籍的原则，即凡父亲为中国人或母亲为中国人而父亲无可考或无国籍者，不论出生在中国或外国，都是中国人。因此，清政府认为在东南

---

① 中法《续增条约》（咸丰十年九月十二日，1860 年 10 月 25 日），王铁崖编《中外旧约章汇编》第 1 册，生活·读书·新知三联书店，1957，第 148 页。

② 《出使英、法、义、比薛福成请申明新章豁除海禁折》（光绪十九年五月十六日），陈翰笙主编《华工出国史料汇编》第 1 辑第 1 册，中华书局，1980，第 294 页。

③ 朱寿朋编《光绪朝东华录》第 3 册，中华书局，1958，第 3244 页。

亚的华人都是中国侨民。清政府之所以制定国籍法，是受荷属东印度（今印度尼西亚）问题的刺激。清政府向荷兰提出在荷属东印度设置领事，荷兰为了拒绝清政府设置领事的要求，为谈判设置重重障碍，制造了国籍法问题。荷兰在本国于1892年颁布了以血统为主出生地为辅的国籍法，而在印度尼西亚却于1907年着手搞纯出生地主义的国籍法，规定居留、出生在印度尼西亚的华侨都要加入荷兰籍，妄图以此釜底抽薪，割断华侨与祖国的联系，使清政府在印度尼西亚设置领事的愿望落空。为了对抗荷兰政府的这种做法，清政府于宣统元年（1909）颁布了国籍法。

其次，通过制定双边条约以及保工章程来保护华侨。

道光二十二年七月二十四日（1842年8月29日），清政府被迫与英国签订了丧权辱国的《南京条约》。但是，在这个条约的第一条中就规定，中英两国"所属华英人民彼此友睦，各住他国者必受该国保佑身家全安"①。虽然这是清政府在鸦片战争失败后被迫签订的第一个不平等条约，但毕竟是它首次向他国提出保护华侨的要求，为以后保护华侨提供了依据。咸丰十年（1860）九月，清政府在与英法签订的中英、中法《续增条约》（俗称《北京条约》）中，要求各省的总督和巡抚要经常与英法外交官"查照各口情形，会定章程，为保全前项华工之意"②。同治五年正月十九日（1866年3月5日），清政府与英国和法国签订了《续定招工章程条约》，其中规定"华民不肯离国，有人胆敢私行骗往，勉强胁从，即照刑部奏定章程，立予正法"③。光绪三十年（1904），中国与英国签订了《保工章程》，其中第一款规定："现两国订明，自后凡英属各处或归英保护之地如须招用立约为凭之华工，当随时即由英国驻京钦差大臣将该英属或归英保护之地之名，以及将来招载华工出洋之通商口岸、招雇条款、拟给之工价，一一照会中国政府。"第六款规定：中国"可以简派领事官或副领事官，前赴华工所至之英属或归英保护之地，照料彼等利益、安乐，俾该

① 中英《江宁条约》（道光二十二年七月二十四日，1842年8月29日），王铁崖编《中外旧约章汇编》第1册，第30页。

② 中法《续增条约》（咸丰十年九月十二日，1860年10月25日），王铁崖编《中外旧约章汇编》第1册，第148页。

③ 中英中法《续定招工章程条约》（同治五年正月十九日，1866年3月5日），王铁崖编《中外旧约章汇编》第1册，第246页。

工等及该处所有别色华民得以格外妥行保护"。第十二款规定:"现订明,工主不得以按照本约订立之合同所载,谓可不与该工商允,禀准中国领事官或副领事官,擅将该工拨归他主。"①

以上各约虽系与英法签订之约,但当时的东南亚各国大都是英法的殖民地,所以这些条约也就体现了清政府对东南亚华侨的保护。同时,也有具体到对某国华侨保护的情况。如光绪十二年(1886)清政府与法国签订的《越南边界通商章程》第十六款规定:"中国商民侨居越南,所有命案、赋税、词讼等件,均与法国相待最优之国之商民无异。其在边关通商处所,华人与法人、越南人词讼案件,归中法官员会审。"② 又如光绪二十年(1894)与英国签订的《续议滇缅界、商务条款》第十七条规定:"两国人民无论英民在中国地界,或华民在英国地界,凡有一切应享权利,现在所有或日后所添均与相待最优之国一律,不得有异。"③

清政府还与殖民当局明确制定保工章程以保护华侨中的劳工。东南亚华侨人数众多,其中华工占大多数。华工在当时被称作"猪仔",在当地备受欺凌。为了保护华工,清政府与殖民当局订立了多项保工章程,并多次照会该宗主国政府,要求按照所订章程办事。同治四年(1865),清政府为了"杜诱骗略卖之弊",将"章程详细开明,俾人人共知共见",公布招工章程十八款,对招工者、合同、政府监查者、工人等都做了详细的规定,④ 后分别抄送英法两国。光绪三十一年(1905)九月,清政府外务部为英属北婆罗洲(沙巴,东马来西亚的一部分)在汕头招工一事照会英国外交部,要求按照南斐洲招工办理,"查上年南斐洲在华招工,按照保工章程第一款,另订招雇条款,拟给工价各节,均属周妥,此次北波(婆)罗洲在汕头招募华工,与南斐洲招工事同一律";拒绝了英国政府为北婆

---

① 中英《保工章程》(光绪三十年三月二十八日,1904年5月13日),王铁崖编《中外旧约章汇编》第2册,生活·读书·新知三联书店,1957,第239~241页。
② 中法《越南边界通商章程》(光绪十二年三月二十二日,1886年4月25日),王铁崖编《中外旧约章汇编》第1册,第481~482页。
③ 中英《续议滇缅界、商务条款》(光绪二十年正月二十四日,1894年3月1日),王铁崖编《中外旧约章汇编》第1册,第580页。
④ 《两广总督瑞麟为呈送会拟招工章程等致总署咨文》(同治四年五月二十八日),陈翰笙主编《华工出国史料汇编》第1辑第1册,第135页。

罗洲另订的招工合同，"贵大臣所送招雇条款，尚未详备，应仍援照南斐洲招工条款办理，以期妥洽"①。后来清政府致电闽浙总督松寿和署理两广总督袁树勋，嘱咐他们"无论何国人，一律平权"②。

再次，清政府通过设置使领和保卫局、商会等来保护华侨。

清政府很早就意识到在华侨聚居地区设置领事保护华侨的重要性。早在光绪二年（1876），总理各国事务衙门在一个关于出使经费的奏折上甚至提到了驻外总领事、正领事、署领事、领事处翻译等的俸薪数额。③ 清政府在海外最早设置领事是在新加坡。光绪二年九月十五日（1876 年 10 月 31 日），清政府出使英国大臣郭嵩焘上奏认为，"西洋各国以通商为制国之本，广开口岸，设立领事，保护商民，与国政相为经纬，官商之意常亲"。他的随从在当时属于英国殖民地的新加坡等地考察，当地有"中国流寓经商人民共计数十万人"，他建议清政府在这些地方"应分别设立领事"。④ 郭嵩焘到伦敦后立即照会英国外交部，提出清政府要在新加坡设立领事馆的要求，英国一直拖到光绪三年（1877）六月才复函同意。于是，清政府在光绪三年九月正式任命新加坡巨商当地华侨胡璇泽为首任领事，在新加坡设置了领事馆。后来，清政府要求将新加坡领事升为总领事，兼管海峡殖民地华侨事务，在槟榔屿等地设置领事、副领事。但是英国一直采取拖延方法，直到光绪十六年（1890）中英《藏印条约》签订之后才同意在新加坡设置总领事，在槟榔屿设置领事。光绪二十年（1894），清政府出使英国大臣薛福成奏请在仰光设立领事，没有结果，直到光绪三十四年十二月（1909 年 1 月）才设立领事。

除此之外，清政府还在东南亚其他地方设立领事馆。在菲律宾华侨的要求下，清政府于光绪六年（1880）向西班牙政府提出在菲律宾设置领事的要求，此后又多次提出要求而均未成功。直到光绪二十四年（1898）美国从西

---

① 《外务部为英属北婆罗洲在汕头招工应按南斐洲招工办理事致英使照会稿》（光绪三十一年十月），陈翰笙主编《华工出国史料汇编》第 1 辑第 1 册，第 484 页。

② 《外务部为英属北婆罗洲招工事发闽浙、两广总督等电》（宣统□年五月二十一日），陈翰笙主编《华工出国史料汇编》第 1 辑第 1 册，第 485 ~ 486 页。

③ 朱寿朋编《光绪朝东华录》第 1 册，中华书局，1958，第 276 页

④ （清）郭嵩焘：《新嘉坡设立领事片》，杨坚校补《郭嵩焘奏稿》，岳麓书社，1983，第 384 页。

班牙手中接管菲律宾，清政府才于当年七月二十九日（1898 年 9 月 14 日）在小吕宋（马尼拉）设置了总领事。清政府在荷兰殖民地设置领事馆比较晚。经过多年的谈判，清政府才于宣统三年七月（1911 年 9 月）在爪哇、泗水（苏腊巴亚）、把东（巴东）三地设置了领事。法国殖民者在 19 世纪 60 年代把以西贡（胡志明市）为中心的越南南方变为其殖民地，而仅西贡一地就有华侨数十万人。清政府出使英国大臣曾纪泽于光绪五年七月十二日（1879 年 8 月 29 日）致信总理各国事务衙门，请求在西贡设立领事："该处为欧亚冲道，中国流寓之民既逾三十万人，又有政烦赋重之苦"，应当"派一领事以保护之"。[①] 但是，没有下文。清政府与法国谈判在越南设置领事开始于光绪十一年（1885）中法签订《越南条款》时。光绪十二年（1886）年签订的中法《越南边界通商章程》第二款规定："中国可在河内、海防二处设立领事官，随后与法国商酌，在北圻他处各大城镇，派领事官驻扎。至法国待此等领事官，并该领事官应得权利，即照法国待最优之国领事官无异。其所办公事，应与法国所派保护之大员商办。"[②] 但是后来未实现，直到民国 25 年（1936）中国才在西贡设置了第一个驻越领事馆。

清政府驻东南亚各地的领事，都对保护当地的华人华侨做出了努力。他们发表了大量保护中国劳工的言论，一再试图终止海峡殖民地契约劳工的存在。黄遵宪在出任新加坡第一任总领事期间，"请薛（福成）使奏开海禁"，"以坚华侨内向之心；并咨请闽粤总督，出示严禁虐待回籍之侨民，复照会沿海道府，转饬州县，妥为保护；务使内地官长与外洋领事息息相通，侨民之往来其间者无冤抑、无枉纵而已"[③]。光绪三十三年（1907）新加坡领事馆将广福新客馆查封，并将馆内凌辱华工的叶顺田驱逐出境。[④] 清政府设立领事，对保护华侨起到了一定的作用。

---

① （清）曾纪泽：《巴黎致总署总办》，喻岳衡点校《曾纪泽遗集》，岳麓书社，1983，第 164 页。
② 中法《越南边界通商章程》（光绪十二年三月二十二日，1886 年 4 月 25 日），王铁崖编《中外旧约章汇编》第 1 册，第 478～482 页。
③ （清）黄遵楷：《先兄公度先生事实述略》，（清）黄遵宪著，北京大学中文系近代诗研究小组编《人境庐集外诗辑》，中华书局，1960，第 125 页。
④ 《驻新嘉坡总领事孙士鼎申报英督已将猪仔馆二家查封呈外务部文》（光绪三十三年七月初六日），陈翰笙主编《华工出国史料汇编》第 1 辑第 1 册，第 336 页。

为了帮助在中国投资华侨的利益，清政府于光绪二十六年（1900）开始在厦门设立保商局，次年在广州也设立了保商局。同时商会在东南亚各地也纷纷成立，到光绪三十四年（1908）已有巴达维亚（雅加达）商务总会、泗水（苏腊巴亚）商务总会、三宝垄总会、梭罗（苏腊卡尔塔）商会、日惹商会及客厘商会。① 清政府通过保商局、商会保护华侨利益，鼓励侨商兴办企业。为了能使保商局真正发挥其护侨作用，清政府还下令整顿保商局。宣统三年（1911），清政府批准农工商部派员察看南洋各埠情形的奏折，要求对"通商口岸所设保商局所，尤应切实整顿，庶侨民乐土思归，不致久沦异域"②。

最后，自办或鼓励华商兴办学堂。

华侨久居东南亚诸岛，对中国语言、文字知之甚少，"不但中国文字，非所习睹，即中国语言，亦非所习用"，而且"和（荷）人又不轻许华侨习和（荷）文和（荷）语"，③ 使华侨大多成为文盲。这实质上是殖民者实施的愚民政策，使华侨无法受到应受的教育，只得任人摆布，受人虐待。

光绪三十年（1904），外务部派驻荷兰使馆书记员董鸿祎赴爪哇等岛主管教育，"课以汉文，导以爱国"④。经过两年的发展，到光绪三十二年（1906）仅爪哇岛就已有学堂40余所，学生6000余人，以学习汉语为主，其他各岛也闻风继起。⑤ 清政府这一举措，极大地冲击了殖民者的愚民政策，迫使荷兰当局"添筹岛款，为岛侨别谋教育之推广"。当然，英国、荷兰殖民者推广教育的目的是针对清政府对华侨实施中华教育的。但是，"知识加增，于侨格固有进益"⑥。由此可见，清政府兴办教育虽然是出于

---

① 《使和钱恂奏和属华侨工商学务情形折》（光绪三十四年四月初十日），陈翰笙主编《华工出国史料汇编》第1辑第1册，第287～291页。

② 《农工商部为前派员察看南洋各埠情形并筹拟办法折咨外务部文》（宣统三年闰六月二十日），陈翰笙主编《华工出国史料汇编》第1辑第1册，第482页。

③ 《使和钱恂奏和属华侨工商学务情形折》（光绪三十四年四月初十日），陈翰笙主编《华工出国史料汇编》第1辑第1册，第289页。

④ 《使和钱恂奏和属华侨工商学务情形折》（光绪三十四年四月初十日），陈翰笙主编《华工出国史料汇编》第1辑第1册，第289页。

⑤ 《使和钱恂奏和属华侨工商学务情形折》（光绪三十四年四月初十日），陈翰笙主编《华工出国史料汇编》第1辑第1册，第289页。

⑥ 《使和钱恂奏和属华侨工商学务情形折》（光绪三十四年四月初十日），陈翰笙主编《华工出国史料汇编》第1辑第1册，第289页。

便于其统治的考虑，但也大大提高了华侨的素质，从而免受他人虐待。由于南洋各埠学堂"经费向由认捐，并无的款，不得不多收学费"，在与殖民主义国家所办学校的竞争中处于不利地位。为了使中国人所办学堂日益兴盛，清政府宣统三年（1911）下令"维持华商学堂"[①]，并"奖励创办者，以勉其后"[②]。

此外，清政府还于光绪三十二年（1906）在南京设立了专门培养华侨子弟的暨南学堂，暨南学堂培养了大量的海外华侨子弟，仅印度尼西亚在光绪三十三年（1907）至宣统三年（1911）间先后就有约200名华侨子弟毕业于该校。

清政府兴办学堂，重视教育，使华侨从总体上提高了素质，减少了殖民者对华侨的欺骗，减轻了虐待。

二

从客观方面来看，清政府对东南亚华侨实施保护政策，是中国已经被迫走向世界，融入国际社会的结果。按照国际惯例，一国政府有权通过外交途径保护侨民的正当权益。清政府不能不对它在海外的侨民给予关注和保护。从主观方面来看，清政府对东南亚华侨实施保护政策，还有如下一些原因。

第一，国内形势发生了变化，清政府的华侨政策也随之出现了变化。

清朝建立之初，许多明朝遗民打着"反清复明"的旗号，伺机打击清朝的统治。清政府不得不把镇压反清斗争作为首要任务，以此来巩固刚刚建立的统治。在清政府的残酷镇压之下，当时的"反清志士"纷纷到海外建立据点，做长期抗清准备。郑成功就是其中最有影响力的代表。在反清人士的积极策动下，许多海外华侨，尤其是东南亚华侨直接或间接地参加了郑成功的抗清活动，被清政府列为"政治犯"。即使是不参与抗清活动的海外华侨，清政府也认为他们都有"海贼"的嫌疑，"康熙五十六年以

---

① 《农工商部为前派员察看南洋各埠情形并筹拟办法折咨外务部文》（宣统三年闰六月二十日），陈翰笙主编《华工出国史料汇编》第1辑第1册，第481页。

② 《农工商部为前派员察看南洋各埠情形并筹拟办法折咨外务部文》（宣统三年闰六月二十日），陈翰笙主编《华工出国史料汇编》第1辑第1册，第481页。

噶喇巴（今雅加达）口岸多聚汉人，恐浸长海盗，禁止南洋往来，其在外人民，不得复归故土"，"乾隆元年闽督郝玉麟复请自康熙五十六年例，禁止私去者，不准归国，其例前之民愿归者应听自便。从之"。① 清政府对海外谋生的商民和华侨敌对歧视如斯，绝不会设法保护侨民。鸦片战争期间，因为东南亚华侨中有些人曾在鸦片走私活动中与英国商人合作，有些人充当英国军队的翻译，甚至向英国人提供情报，清政府视海外华人为"汉奸"，愈加仇视，更不可能对他们实施保护政策。直到第二次鸦片战争中被英法联军击败，清政府才同意放宽移民政策，允许西方列强在中国招募劳工。② 但是，这仅仅是其移民政策的被迫放宽，并不是对海外华侨实施保护。

随着中国半殖民地化程度的加深，清王朝的统治危机也日益严重。它所面临的主要威胁是西方资本主义国家的侵略和国内农民起义的反抗，而不是所谓的"反清复明"力量。在这种形势下，海外华侨再也不是清政府心目中的敌对势力，而是大清朝的"子民"。清政府既然承认海外华侨为其"子民"，则华侨在海外遭受欺压就有损大清国的体面。清政府认为要改变在对外交涉中的不利地位，维护国家体面也是一个重要方面，"尤不愿朝廷有轻弃其人民之诮，腾笑于环球"③。光绪元年（1875），总理衙门在请准派国外使臣的奏文中写道，一些国家"于华工多方虐待，若不派员驻扎，随时设法拯救，不独无以对中国被虐人民，且令各国见之，亦将谓中国漠视民命，未免启其轻视之心"，"参考各国情形，必须照约于各国就地设领事等官，方能保护华工"④。清政府希望通过对华侨的保护，使"商政日兴，民财自阜"，"不开外人讪笑之渐"⑤。

第二，吸收侨资，以弥补国库空虚。

鸦片战争以来，清政府历经内外战争，军费、赔款耗费繁巨。清政府

---

① （清）乾隆官修《清朝文献通考》第 1 册，浙江古籍出版社，2000 年影印本，考七四六五。
② 中英《续增条约》（咸丰十年九月十一日，1860 年 10 月 24 日），王铁崖编《中外旧约章汇编》第 1 册，第 145 页。
③ 《农工商部为据旅暹华商禀请宜与暹罗订约遣使保护华人事致外务部咨文》（光绪三十二年十一月初四日），陈翰笙主编《华工出国史料汇编》第 1 辑第 1 册，第 507 页。
④ （清）薛福成：《通筹南洋各岛添设领事官保护华民疏》，（清）麦仲华辑《皇朝经世文新编》卷一五中，上海日新社光绪刻本，第 30 页。
⑤ （清）薛福成：《通筹南洋各岛添设领事官保护华民疏》，（清）麦仲华辑《皇朝经世文新编》卷一五中，第 30 页。

百计筹思，挖掘财源，发现华侨乃一大财源，海外华侨对清政府的捐款、向国内的汇款可使清政府的财政"尚有可周转"，"足资补苴"。①

清政府是逐渐认识到吸收侨资的重要性的。自清政府开始在国外驻使设领以来，使臣的奏章越来越多地涉及吸收侨资问题。光绪十六年（1890），出使英国、法国、意大利、比利时大臣薛福成奏请添设领事时说道，新加坡领事馆设立以来的十三年中，"支销经费未满十万金"，但"所获之款，实已倍之"，而且"携寄回华者当亦不下一二千万"。② 出使德国、荷兰大臣吕海寰光绪二十七年（1901）初在奏请添设领事时，首先提及"近来侨寓南洋各岛之华民，因中国水旱偏灾，捐集巨款，踊跃乐输"③。于是，清政府接受他们的建议，开始保护华侨以达到增加华侨捐款、汇款的目的。清政府对吸引侨资回国办企业越来越重视。光绪二十一年六月二十一日（1895年8月11日），清政府发布上谕，要求两广总督谭钟麟等派人到"中国富商在彼侨寄者甚众"的南洋各岛，"劝谕首事绅董等设法招徕"侨民回国开办企业。④ 事实上，清政府实施保护华侨政策，使它获得不少收益。正如薛福成所说，新加坡领事设立期间，清政府的收入远远超过了支出。黄遵宪担任新加坡总领事期间山西发生灾荒，他在不到半年的时间内就从东南亚各国的华侨中筹集到15万余元，用于赈济灾民。光绪二十四年（1898），山东和江苏两省的部分地方遭灾歉收。东南亚华侨"李戴清约集出洋经商华人，公同报效银四十万两，先行垫解分济。方工赈万难措手之时，得此巨款接济，于灾区深资利赖，饥民全活甚多"⑤。

晚清有许多华侨投资国内企业，著名南洋华侨陈启源早在同治十一年（1872）时就在广东南海设置了继昌隆机器缫丝厂，但被视为异端，被迫迁

① （清）薛福成：《通筹南洋各岛添设领事官保护华民疏》，（清）麦仲华辑《皇朝经世文新编》卷一五中，第30页。
② （清）薛福成：《通筹南洋各岛添设领事官保护华民疏》，（清）麦仲华辑《皇朝经世文新编》卷一五中，第30页。
③ 《出使德、和国吕海寰奏报和属南洋各地华人受虐情形亟宜添派领事保护折》（光绪二十七年十二月二十五日），陈翰笙主编《华工出国史料汇编》第1辑第1册，第283页。
④ （清）朱寿朋编《光绪朝东华录》第4册，中华书局，1958，第3637页。
⑤ （清）刘坤一：《南洋劝捐员绅请奖折》（光绪二十五年九月二十九日），中国科学院历史研究所第三所主编《中国近代史资料丛书·刘坤一遗集》第3册，中华书局，1959，第1167页。

往澳门。光绪十年（1884），陈启源得到清政府许可，又迁回南海继续经营。清政府为了拉拢东南亚华侨中的富商绅士，吸引华侨向国内捐款和投资，不惜对他们卖官鬻爵。光绪二十九年（1903），南洋华侨富商张振勋向清政府捐款 20 万两，获得三品京堂候补，后来由于他在国内大量投资兴办企业，清政府赐封的官衔越来越多，包括头品顶戴、太仆寺卿、侍郎、考察商务大臣等。可见，吸收华侨资本是清政府实施保护华侨政策的原因之一。

第三，对东南亚华侨困苦状况的了解与同情。

东南亚华侨很多是被当作"猪仔"拐骗出国的，出国后在各地受到了极不平等的待遇，遭到了极其沉重的盘剥。他们的处境非常悲惨，不论是工人还是商人，都渴望祖国给予保护，要求清政府在东南亚各国设置领事。光绪三十三年（1907）东南亚华工联名哀告《看看看，同种消灭无形之实录》及被骗华工金一清哀辞引起极大轰动。① 12 岁小华侨梁炳文敬告同胞电请清政府禁止"猪仔"出洋等。华侨上书举不胜举。在海外华侨的呼吁下，清政府虑及民情，担心置华侨要求于不顾，会长华侨失望之心，影响华侨捐款、汇款的积极性，造成财源"再塞"，"事变丛生"。②

随着国门的洞开，清政府也越来越多地了解了外部世界，了解了海外华侨的悲惨境况。清政府多次派官员到南洋考察，考察官员"亲目经睹"了华工苦况，③ 了解了华人的工作生活环境，"世界水恶土劣之地、雨淋日炙之工，白人体弱不能胜、棕人黑人智短不能胜者，莫不招用华人，华人被招，无不受虐"④。这些使臣了解到华工牛马不如的生活，使其"耳不忍闻，口不忍言"，异常感慨。⑤ 他们将了解到的这些情况上达清政府，令清政府感到震惊。

事实上，朝野人士请求清政府在南洋各地设领派使，在很大程度上是

① 《代理新嘉坡总领事孙士鼎为文岛华工被虐事致外务部申呈（附华工禀文）》，（光绪卅三年二月初三日），陈翰笙主编《华工出国史料汇编》第 1 辑第 1 册，第 313 页。
② （清）薛福成：《通筹南洋各岛添设领事官保护华民疏》，（清）麦仲华辑《皇朝经世文新编》卷一五中，第 30 页。
③ 《代理新嘉坡总领事孙士鼎为和属苛虐华工及速订工约等事致外务部申文》，（光绪三十二年九月初八日），陈翰笙主编《华工出国史料汇编》第 1 辑第 1 册，第 308 页。
④ 《使和钱恂奏和属华侨工商学务情形折》（光绪三十四年四月初十日），陈翰笙主编《华工出国史料汇编》第 1 辑第 1 册，第 287 页。
⑤ 《使和钱恂奏和属华侨工商学务情形折》（光绪三十四年四月初十日），陈翰笙主编《华工出国史料汇编》第 1 辑第 1 册，第 287 页。

出于保护华侨的考虑。光绪十二年二月二十五日（1886年3月30日），两广总督张之洞和出使美国、西班牙、秘鲁大臣张荫桓向清廷奏请增设领事时曾说："南洋各岛设官不外保民、集捐二事，而以保民为首要。"① 早期维新思想家郑观应著文说：

> 今各国商人来中土者，无不设立领事保护。而我民之出洋者，不知凡几，常闻受外洋之辱，而莫可伸诉。何不照欧洲各国之法，于海外各国都、各口岸，凡有华人贸易其间、居处其地者，则为之设领事官。②

另一位早期维新思想家王韬说：

> 华民之羁旅于外者，悉遵其国之地方官约束，或有平时受土人之虐遇者，无可伸雪，今立领事，则控诉有门，吁呼有路。③
>
> 吕宋岛华民不下五万人，其设领事也宜矣。④

由于以上诸种因素，清政府逐渐转变了对东南亚华侨的看法，调整了对东南亚华侨的政策，由漠不关心逐渐转向实施全面的保护。

三

晚清政府一改往昔对华侨不闻不问甚至蔑视的态度，对他们实施保护政策，使华侨成为名正言顺的中国侨民，身份得到承认，有了祖国的领事馆，自由受到祖国法律的保护。晚清政府对东南亚华侨的保护起了一定的作用。清政府对华侨的保护在一定程度上使西方殖民者有所顾忌，减轻了

---

① （清）张之洞：《会筹保护侨商事宜折》（光绪十二年二月二十五日），苑书义等主编《张之洞全集》第1册，河北人民出版社，1998，第403页。

② （清）郑观应：《拟请设华官于外国保卫商民论》，夏东元编《郑观应集》上册，上海人民出版社，1982，第21页。

③ （清）王韬：《设领事》，于宝轩辑《皇朝蓄艾文编》第2册，台湾：学生书局，1965年影印本，第1109页。

④ （清）王韬：《吕宋岛设立领事议》，于宝轩辑《皇朝蓄艾文编》第2册，第1111页。

对东南亚华侨敲骨吸髓的剥削和肆无忌惮的虐待，从而使华侨的处境有所改善。如：光绪三十四年（1908）出使荷兰大臣钱恂上奏关于华侨与他国侨民的纳税不平等问题，经交涉"近和（荷）令亦有改去者矣"①。光绪三十三年（1907），清政府驻新加坡领事馆将广福泰新客馆查封，并将客馆内凌虐华工的叶顺田驱逐出境。

但是，清政府的保护政策并不能真正完全贯彻实施。虽然清政府在东南亚设立了诸多领事馆，派驻了领事，制定了不少保护华侨的措施，但是在实践中真正保护华侨的并不是很多。清政府的不少外交照会、保工章程往往成为一纸空文，实际上很难兑现。不必说侨民常受虐待，就是中国使臣也时遭侮辱。而且清政府保护华侨政策的重点主要放在华商身上，而对生活在最底层的华工则相对考虑较少。对华商和华工采取不同的态度，具体政策、措施在实施过程中的力度也有所不同。泗水商务总会的呈文也说：

> 在绅商中殷实体面者，可望享完全自由之权利，较从前不分良莠，一律以苛例压制者，情形迥异，则是此次新章之行，不可谓非宽待侨民之一转机。②

他们认为侨民有"良莠"之分，应受不同的待遇。可见，清政府对东南亚华侨的保护政策是有局限性的。

尽管如此，清政府对东南亚华侨政策由"不闻不问"到积极保护是一个突破性的进展，是进步的，是顺应历史发展潮流的。它开了中国保护侨民之先河，增强了中华民族的凝聚力，使华侨在祖国的保护下少受欺凌虐待，华工的工作条件、生活状况有所改善。清政府对东南亚华侨的保护政策起了一定的积极作用，是值得肯定的。

本文原载《东南亚研究》2006 年第 2 期。

---

① 《使和钱恂奏和属华侨工商学务情形折》（光绪三十四年四月初十日），陈翰笙主编《华工出国史料汇编》第 1 辑第 1 册，第 291 页。
② 《泗水商务总会呈》（宣统二年十一月十一日），陈翰笙主编《华工出国史料汇编》第 1 辑第 1 册，第 376 页。

地方督抚与清政府对义和团政策的变化

义和团运动时期，清政府对义和团的政策摇摆不定，几经反复，出现多次变化。清政府对义和团的政策之所以不断变化有着多种原因，地方督抚的影响就是其中重要的一个。本文即拟对地方督抚与清政府对义和团政策的变化问题做些探讨。

一

清政府对义和团政策的变化以对八国联军宣战为界可分为两个大的时期。

认真考察清政府对外宣战之前对义和团运动所采取的政策，可以看出其大致经历了一个由剿杀到解散、查禁，再到招抚为主的过程，其间还出现过多次反复。

为了更全面深刻地考察清政府对义和团运动的复杂态度及其政策演变，我们把考察的范围放得稍微大一些，即从光绪二十二年（1896）五月开始。

光绪二十二年五月，义和团的前身之一大刀会在毗邻江苏、安徽的山东曹（县）、单（县）地区集结活动。两江总督刘坤一闻讯，上折向清廷报告。清廷立即电令刘坤一和山东巡抚李秉衡"各派队伍速往镇压，如敢抗拒，即就地剿除，慎毋姑息养奸，致贻巨患"[1]。刘坤一、李秉衡毫不怠

---

[1] 《军机处寄两江总督刘坤一等电旨》（光绪二十二年五月二十三日），故宫博物院明清档案部编《义和团档案史料》上册，中华书局，1959，第1页。

慢，迅速派兵，对起义群众进行镇压。此时清廷内外对大刀会的态度是一致的，那就是严厉镇压，以消除与列强发生摩擦的隐患。

但是，这种镇压剿杀的政策持续到光绪二十五年（1899）冬天后，在山东巡抚的影响下开始发生了变化，变得比较宽松了。光绪二十二年（1896）至光绪二十五年（1899）的几任山东巡抚李秉衡、张汝梅、毓贤虽然都镇压过大刀会或义和团，但由于身在地方，在处理民教冲突的过程中逐渐认识到义和团运动发生的原因及其目的与以往农民运动的差异，同时对列强日甚一日的侵略和教士的飞扬跋扈感到担忧和愤怒。于是，他们多次上折，揭发教士和教民的蛮横行径和列强的侵略图谋，要求清政府改变对义和团的剿杀镇压政策。李秉衡认为，出现民教冲突升级事件，是由于"平日教民欺压平民，教士袒护教民，积怨太深"，对大刀会"若不先行解散，一概剿捕，恐急则生变，转至结成死党，为患滋大"①，主张采取"解散""劝导"等方法来对待义和拳民。张汝梅、毓贤也都声称参加教会的多非良民，而且一经入教，就依恃教士，欺压良善，"甚至挟制官长"②，以武力恫吓地方官。据此，张汝梅向清廷建议，将义和拳"化私会为公举，改拳勇为民团"③，也就是对义和拳进行招抚。毓贤更盛赞拳民为义民，并"改其名曰'义和团'"，且自称为义和团魁首之一。他后来进京与当时参与决策的端王载漪、庄王载勋、协办大学士刚毅等人多有交往，"历述义和团之忠勇可恃"④，对端王等人施加了影响。应该说他们的奏报及分析基本上是符合实际的。中外关系的日益恶化，使清政府不能不考虑这些巡抚的意见。因此，清廷虽然一再声称"敌情虽横，朝廷决不动兵"⑤，并在列强的压力下先后撤掉了这三位巡抚，最后换上了列强中意的

① 《山东巡抚李秉衡折》（光绪二十二年六月二十四日），故宫博物院明清档案部编《义和团档案史料》上册，第4~6页。

② 《山东巡抚毓贤片》（光绪二十五年三月二十一日），故宫博物院明清档案部编《义和团档案史料》上册，第24页。

③ 《山东巡抚张汝梅折》（光绪二十四年五月十二日），故宫博物院明清档案部编《义和团档案史料》上册，第15页。

④ （清）许指严：《十叶野闻》，中国社会科学院近代史研究所《近代史资料》编辑组编《义和团史料》下册，中国社会科学出版社，1982，第760页。

⑤ 《军机处寄山东巡抚李秉衡电旨》（光绪二十三年十月二十三日），故宫博物院明清档案部编《义和团档案史料》上册，第10页。

袁世凯，但同时其对义和团的镇压政策也不动声色地出现了变化。

这种变化主要表现在两个方面：其一是在指导思想上不再把义和团与匪等类齐观，其二是在实际行动中反对地方官员对义和团的一味剿杀。光绪二十五年十二月十一日（1900 年 1 月 11 日）的清廷上谕明确指出：

> 若安分良民，或习技艺以自卫身家，或联村众以互保闾里，是乃守望相助之义。……办理此等案件，只问其为匪与否，肇衅与否，不论其会不会、教不教也。①

在这里清廷已不再把义和团和匪画等号了。在实际行动上，清廷于光绪二十五年十月十八日（1899 年 11 月 20 日）对执行镇压剿杀政策的平原县知县蒋楷和营官袁世敦给予了撤职处分，并于光绪二十五年十月二十四日、二十七日和十二月初三日连发三道上谕，警告刚刚被任命为山东巡抚的袁世凯"总以弹压解散为第一要义。……不可一意剿击，致令铤而走险，激成大祸"②。可见在几任山东巡抚的影响下，清政府改变了对义和团一味剿杀的政策，而力图以"晓谕解散"和"查禁"等为主要手段来解决问题。但这还不是所谓的招抚政策，而仅仅是想息事宁人罢了。应当说，清政府在光绪二十五年（1899）冬至光绪二十六年（1900）春基本上采纳了山东巡抚李秉衡的意见。

在较为宽松的环境下，山东尤其是直隶的义和团运动迅速发展起来，到光绪二十六年（1900）年三四月间，达到了"直隶、山东两省，拳民殆遍"的情形③，甚至京师也出现了义和团，义和团的斗争形式也从以毁教堂为主发展到拆毁电杆、铁路等形式。与此同时，由于立储、废帝和民教冲突而非常尖锐的中外矛盾也随着义和团运动的发展而迅速升级，外国军舰开始在大沽海面集结，中外战争有一触即发之势。在这种严峻的局势

---

① 《上谕》（光绪二十五年十二月十一日），故宫博物院明清档案部编《义和团档案史料》上册，第 56 页。

② 《军机处寄署理山东巡抚袁世凯电旨》（光绪二十五年十一月二十七日），故宫博物院明清档案部编《义和团档案史料》上册，第 46 页。

③ 《直隶总督裕禄折》（光绪二十六年四月十九日），故宫博物院明清档案部编《义和团档案史料》上册，第 90 页。

下，各省督抚开始热切关注中央的政策，各派政治势力的斗争日趋公开化，清廷的政策更加复杂和多变。

在这样的背景下，光绪二十六年四月初三日（1900年5月1日），江西道监察御史郑炳麟上折，建议清廷对义和团"因其私团而官练之"①，也就是采用张汝梅的招抚政策。清廷此时也是倾向于对义和团进行招抚的，因此就这一问题征求直隶总督裕禄和山东巡抚袁世凯的意见。但一向对义和团运动持放任态度的裕禄这时却由于感受到外敌压力而不再赞成清廷的意见，他在光绪二十六年四月十九日（1900年5月17日）的奏折中认为"因其私团而官练之，行之似非所宜"②。袁世凯更是直截了当地声称这一政策"实属必不可行"③。既然义和团运动中心省份的两位最高行政长官都反对招抚政策，清廷只好作罢。

然而清政府对义和团的政策并未由此回到"晓谕解散"和"查禁"为主的老路上去，而是在直隶和东南诸省督抚的影响下急转直下，迅速向剿杀政策滑去。四月二十四日，被裕禄派出镇压涞水、定兴两地义和团的练军分统杨福同在定兴石亭被义和团群众击毙。裕禄于是立即上折，要求对义和团采取严厉剿杀的政策。以此为契机，湖广总督张之洞、两江总督刘坤一等东南督抚纷纷上折，明确反对清政府此前采取的劝谕查禁政策，要求采取严厉措施，迅速对义和团进行镇压。他们提出了三条理由。第一，义和团拆毁铁路、电杆，焚烧教堂，尤其是竟敢与官兵对抗并击毙武职大员，可见绝不是良民百姓，而是地地道道的会匪，若不迅速镇压，不仅有损于国威，而且将来会发展到剿抚两难、不可收拾的地步。第二，义和团与洋人洋教为敌，若不立即镇压，必然引起外敌干涉，使中国主权进一步沦丧，而且事实上列强已在天津、汉口等处聚集兵舰，准备动武了。张之洞在五月初四日的奏折中警告清廷说，若不立即自行剿灭义和团，列强会派兵护路，"将来自汉（口）至卢（沟桥）沿途皆设洋兵，中

---

① 《御史郑炳麟折》（光绪二十六年四月初三日），故宫博物院明清档案部编《义和团档案史料》上册，第85页。

② 《直隶总督裕禄折》（光绪二十六年四月十九日），故宫博物院明清档案部编《义和团档案史料》上册，第91页。

③ 《山东巡抚袁世凯折》（光绪二十六年四月二十一日），故宫博物院明清档案部编《义和团档案史料》上册，第95页。

原尚可问耶?"① 第三，清廷的晓谕解散政策不能解决根本问题，因为事实证明正是这一政策使义和团运动迅速发展起来。刘坤一五月十二日在给总理衙门的电报中指出，"即使宣布解散，也难保不散而复聚，蔓延日久，收拾益难"。总之，只能是一意主剿，"痛剿一二股，则余股自灭"②。

正如前文所述，这时既是义和团运动迅速高涨的时期，也是中外矛盾日趋尖锐的时期，同时还是清朝内部各种势力剧烈斗争的时期。清政府既没有最后下定对外宣战的决心，也对京畿附近的混乱局面感到头疼，而且在当时的情况下，想对外开战也不能离开东南督抚在兵力和财力上的支持。因此，不管是出自自愿还是被迫，从二月下旬到五月上旬，清政府对义和团的政策又开始逐渐出现剿杀的色彩。这表现在对义和团的称呼上又称"拳民"为"拳匪"，并且多有申斥和指责，在具体行动上则派宋庆、马玉崑等人带领军队在京畿一带"实力剿捕"。

但是，这一政策并没有被长时间认真贯彻执行下去。当时的局面确实非常复杂，作为最高决策的慈禧太后实在拿不定主意，她对洋人又恨又怕，对义和团也没有一个深入的了解。于是，在频频下令要求对义和团进行镇压的同时，又派协办大学士刚毅、军机大臣赵舒翘赶赴涿州、良乡等地向义和团宣布朝廷德意，查看实情。刚毅和赵舒翘的涿州、良乡之行是一个重要的转折点。刚毅是主张利用义和团来反对洋人的代表，在他的眼里，义和团绝不是乱民、匪徒，而是纪律严明、可以依恃的武装力量。他在五月十八日的奏报中提醒清廷，这样的义和团在直鲁两省遍地都是，"蚩蚩之众，诛不胜诛。……断无轻于用剿之理也"③。与刚毅同行的赵舒翘也附和他的主张，建议招抚义和团。于是，清廷在五月二十日召开御前会议，责成刚毅、董福祥招募年轻力壮的义和团民，编练成军，以备使用。

清政府此时已准备开始招抚义和团，但使清政府最终决定采用招抚政

① 《湖广总督张之洞电报》(光绪二十六年五月初四日)，故宫博物院明清档案部编《义和团档案史料》上册，第112页。

② 《两江总督刘坤一致总理各国事务衙门电报》(光绪二十六年五月十二日)，故宫博物院明清档案部编《义和团档案史料》上册，第121页。

③ 《协办大学士刚毅等折》(光绪二十六年五月十八日)，故宫博物院明清档案部编《义和团档案史料》上册，第137~138页。

策的直接原因，是法国驻天津总领事杜士兰关于联军进攻大沽军事行动的照会和直隶总督裕禄的报告。五月二十一日，杜士兰照会直隶总督裕禄，要求立即交出大沽炮台，否则将以武力攻取，裕禄立即将这一情况上报朝廷。于是，清廷在五月二十三日发出上谕，要求裕禄"急招义勇，固结民心，帮助官兵节节防护抵御"①。当时遍及京津的只有义和团，这里所说的"义勇"也只能是义和团。五月二十四日，裕禄上折，报称义和团助官军作战获胜，并且指出，"天津义和团民，近已聚集不下三万人，日以焚教堂、杀洋人为事。值此外患猝来，断难再分兵力剿办拳民，势不得不从权招抚，以为急则治标之计"②。这个奏折使清政府最终下定了招抚义和团与列强作战的决心。时人评论说：

> 直督裕禄，刻已缮折奏报获胜，大意谓津地官军拳民，甚属英勇，可恃一战等语。愚谓大事之坏，在此一折也。……假如裕禄据实陈奏，庶可破端（王）刚（毅）等之愚，而抑顽固诸人之气，或从此转祸为福，亦未可知。无如其竟以获胜报，是适以实端（王）刚（毅）等信匪之说，而助顽固诸人之虐也。而拳匪之由此恣横，更不待言矣。③

客观地说，当然不是杜士兰的一个照会和裕禄的一纸奏折就使清廷做出了招抚义和团对联军作战的决定。事实上，中外矛盾的激化和清朝统治阶级内部各派政治势力的斗争及力量对比的变化，使招抚义和团和对外宣战成为必然。杜士兰的照会、列强进攻大沽的行动和裕禄的奏折可以说是招抚和宣战的导火索。既然联军已在大沽挑起战衅，义和团又能在作战中获胜，清政府也就暂时停止了对义和团政策上的摇摆，招抚成为其明确的政策。

---

① 《军机处寄直隶总督裕禄上谕》（光绪二十六年五月二十三日），故宫博物院明清档案部编《义和团档案史料》上册，第153页。

② 《直隶总督裕禄折》（光绪二十六年五月二十四日），故宫博物院明清档案部编《义和团档案史料》上册，第157~158页。

③ 刘孟扬：《天津拳匪变乱纪事》卷上，中国史学会主编《中国近代史资料丛刊·义和团》第2册，神州国光社，1951，第20页。

二

在接到裕禄的报捷战报之后，清政府于五月二十五日（6月21日）发出颇具悲壮色彩的宣战上谕，同时电令各省督抚速将各地义和团会"招集成团，借御外侮"①。毫无疑问，此时清政府对义和团采取了全面招抚的政策，在发出的一道道上谕中，随处可见对义和团极力赞扬的词句。这时，义和团运动达到了最高潮。但是，等待义和团的将是一场极其惨烈的大屠杀，只不过是错综复杂的形势使得这场必将到来的大屠杀暂时不易被察觉而已。

清政府招抚义和团和对外宣战的政策一出台，就立即遭到了东南督抚的一致反对。先是两江总督刘坤一、湖广总督张之洞以及安徽巡抚王之春等于五月二十七日联名上折，要求派李鸿章为全权大臣，"先与各国外部电商，声明中朝绝无助拳拒洋之意，乱匪准由中国自剿，使馆即派宋军保护"②。紧接着，原先一直保持沉默的两广总督李鸿章于五月二十九日借驻外公使之口，请求朝廷下令阻止董福祥的军队进攻使馆，以图挽回。不久，更有李鸿章、刘坤一、张之洞以及广东巡抚德寿、安徽巡抚王之春、江西巡抚松寿、湖南巡抚俞廉三、湖北巡抚于荫霖、江苏巡抚鹿传霖、闽浙总督许应骙、浙江巡抚刘树棠和长江巡阅水师大臣李秉衡等13位大员于六月初一日联名发电，警告清廷："论兵力，一国焉敌各国，不败不止。论大势，各国又安肯让一国，不胜不止。"③ 他们认为聂士成和宋庆所部以及义和团绝不可以作为凭恃力量。清政府的政策遭到了几乎所有东南督抚和山东巡抚袁世凯的明确反对。

更让清廷感到头疼的是，东南各位督抚大员不仅仅是在口头上反对清廷的政策，而且在实际行动上也采取了不支持中央，甚至是与中央政策背

---

① 《军机处寄各省督抚上谕》（光绪二十六年五月二十五日），故宫博物院明清档案部编《义和团档案史料》上册，第163页。

② 《两江总督刘坤一等致总理各国事务衙门电报》（光绪二十六年五月二十七日），故宫博物院明清档案部编《义和团档案史料》上册，第179页。

③ 龙顾山人：《庚子诗鉴》，中国社会科学院近代史研究所《近代史资料》编辑组编《义和团史料》上册，中国社会科学出版社，1982，第138页。

道而驰的行动。这主要有两方面的表现：其一是迟迟不肯调兵北援，其二是公然与正和清政府作战的列强搞所谓的"东南互保"。大沽战衅一开，清廷就于五月二十一日、二十四日连发两道上谕，要求各省督抚速派军队"星夜驰赴京师，听候调用"①，"不使朝廷坐困"②。但东南督抚却反应冷淡，不予积极调兵，尤其是握有重兵、临近京津的山东巡抚袁世凯也借胶澳防务问题拖延搪塞，坐视联军在天津的进攻。当时的记载称："既而敌人由本国各调重兵，七月初至津。而南省赴援之兵已两月余，尚未闻有至者。"③ 时任军机大臣的荣禄在给四川总督奎俊的信中忧心忡忡地说："刻下津沽已失，勤王之师到者无几，即到亦恐不中用。"④ 因为即使是派往京津的军队，也"是只受了两个月训练的新兵，而且武器很差"⑤。总之，掌握兵权和财权的东南督抚在朝廷的危急时刻却隔岸观火，更有甚者，东南督抚竟与宣战各国在东南地区搞"互保"。对清政府来说，这无异于釜底抽薪。

在东南督抚的压力之下，清政府被迫于五月二十九日、三十日接连下了两道上谕，压着怒火向这些见死不救的督抚大员们作低三下四的解释。这两道上谕的内容大意有三：一是阐明朝廷招抚宣战是被迫之举，而非信邪术保国；二是称赞李鸿章等人的建议是"老成谋国之道"⑥；三是要求沿江沿海各省督抚"各尽其职守之所当为，相机审势，竭力办理"⑦。同时，还一度下令停止对使馆的进攻。这并不是说清政府已改变了政策，而是为

① 《军机处寄各省督抚上谕》（光绪二十六年五月二十一日），故宫博物院明清档案部编《义和团档案史料》上册，第 147 页。
② 《军机处寄各省督抚上谕》（光绪二十六年五月二十四日），故宫博物院明清档案部编《义和团档案史料》上册，第 156 页。
③ （清）刘福姚：《庚子纪闻》，中国社会科学院近代史研究所《近代史资料》编辑组编《义和团史料》上册，第 225 页。
④ 《荣禄与奎俊书》，北京大学历史系中国近现代史教研室编《义和团运动史料丛编》第 1 辑，中华书局，1964，第 158 页。
⑤ 《代总领事霍必澜致索尔兹理侯爵电》，胡滨译《英国蓝皮书有关义和团运动资料选译》，中华书局，1980，第 158 页。
⑥ 《军机处寄各省督抚等电旨》（光绪二十六年五月三十日），故宫博物院明清档案部编《义和团档案史料》上册，第 187 页。
⑦ 《军机处寄李鸿章等电旨》（光绪二十六年五月二十九日），故宫博物院明清档案部编《义和团档案史料》上册，第 187 页。

了笼络东南督抚而被迫做出的一种姿态，目的是希望这些督抚大员们体谅朝廷苦衷，迅速筹饷派兵，援助京津地区。否则不能解释为什么清廷在向东南督抚解释的同时继续要求北方各省训练义和团，协助清军作战，并于六月初七日发出上谕，声称"现在中外业经开战，断无即行议和之势。各直省将军督抚平日受恩深重，际此时艰，惟当戮力同心，共扶大局"，"各将军督抚等，务将和之一字先行扫除于胸中，胆气自为之一壮"①。这显然是坚决战斗而非和谈的口吻。五月二十九日和三十日的上谕取得了一个效果，那就是用模棱两可的言辞给了东南督抚自由行事的合法权力，除此而外别无其他。

那么，面对东南督抚的坚决反对，是什么因素促使清政府在开战初期坚持执行招抚义和团和对外宣战的政策呢？一是中央顽固势力的坚持，再一是许多北方督抚的支持。前者是重要的因素，而后者则是清政府在初期能够坚持这一政策的依靠力量。清廷五月二十一日的诏书一下，山西巡抚毓贤、河南巡抚裕长、陕西巡抚端方等纷纷上折，表示拥护清廷政策，并且迅速调派精兵入卫。尤其是山西巡抚毓贤最为积极，除立即派万本华带兵4营1旗星夜赶往北京外，还表示自己非常想带兵进京。与此同时，毓贤还在山西大力支持义和团的发展，焚烧了不少教堂，杀死了不少洋人。另外，盛京将军增祺、黑龙江将军寿山等也支持朝廷的政策，在本地发展义和团，坚决与俄国入侵者作战，义和团运动在东北地区也蓬勃发展起来。正是这些督抚将军的支持，使清政府在宣战之后的一段时间里能将对内招抚和对外作战的政策持续下去。

这样，在宣战后的一段时间里，由于势力相当的两派督抚的不同意见，清廷的政策也随之出现了两重性，一方面声称作战是迫不得已之举，放任东南主要督抚在南方与列强维持和平状态；另一方面又要求北方督抚大力兴办义和团，抵抗联军入侵。这种双重性的政策给各地督抚提供了自由行动的条件。各省督抚对与自己意见一致的上谕则遵照执行，与自己意见不同的上谕则斥之为"矫诏""汉奸所为"而不予执行。

---

① 《军机处寄各省将军督抚上谕》（光绪二十六年六月初七日），故宫博物院明清档案部编《义和团档案史料》上册，第 221～222 页。

但是，随着战局的发展，南北督抚对朝廷的影响力开始发生变化，宣战之初的平衡被打破了，北方一些督抚的态度发生了倾向于南方督抚的变化。相应地，清政府也就日趋倾向于接受东南督抚的意见了。

战争初期，北方督抚看起来大多是和清廷保持一致的，但是随着战局的发展，很快就发生了分化。陕西巡抚端方起初是支持清廷政策的，但陕甘总督魏光焘却与东南督抚的意见一致，端方很快也就附和魏光焘了。有记载说："时有仇洋矫诏，晋抚毓贤奉之维谨。署陕抚端方、豫抚裕长，知不可行，阳奉而阴违之。"① 在东北的将军中，黑龙江将军寿山是坚决贯彻清廷招抚义和团对外作战的政策的，盛京将军增祺就显得有些骑墙，而手握重兵的吉林将军长顺则认为"拳民借资神力，本难深恃"②，不支持中央的政策。不仅如此，对于积极抵抗俄国侵略的黑龙江将军寿山，他采取见死不救的态度，致使寿山战败自杀。尤其是六月十七日天津陷落后，曾盛赞义和团英勇可恃的直隶总督裕禄上折奏称"该团野性难驯，日以仇教为名，四出抢掠，并不以攻打洋兵为心"，"其素称为团首者，迄今多日，终未见来，逃遁无踪，无从再为整顿"③。也就是说义和团众并未俯首帖耳地听命于清政府，清政府对义和团的招抚政策也难以成功。天津的失陷和裕禄的奏折对清廷来说无疑是当头一棒。联军已经攻陷天津，并继续向近在咫尺的北京推进，而清廷却既看不到南援到来，又不能凭借义和团抵抗，内外困顿、狼狈焦虑之情不可言状。

与此同时，东南督抚却更加团结一致，不仅不迅速支援危在旦夕的北京朝廷，还继续和列强搞所谓的"东南互保"，坐视朝廷一步步陷入绝境。眼见联军步步进逼，他们的奏折中不是提出战胜敌人的建议，而是日甚一日地强烈要求保护使馆，剿杀义和团，任命李鸿章为全权大臣与各国议和。在他们看来，招抚义和团对外宣战的政策原本就不对，现在的要务是立即纠正这种政策，而不是保卫国家的安危。

---

① 龙顾山人：《庚子诗鉴》，中国社会科学院近代史研究所《近代史资料》编辑组编《义和团史料》上册，第 57 页。

② 《吉林将军长顺电报》（光绪二十六年六月初九日），故宫博物院明清档案部编《义和团档案史料》上册，第 248 页。

③ 《直隶总督裕禄等折》（光绪二十六年六月二十八日），故宫博物院明清档案部编《义和团档案史料》上册，第 366～367 页。

　　总之，随着战局的发展，曾经与清朝中央站在一起的北方督抚死的死，变的变，只剩下山西巡抚毓贤这个死硬派了。特别是在六月十八日天津失守后，对内剿杀、对外求和的呼声日渐占了上风。在这种情况下，由于联军继续向北京推进，清政府不得不一面硬着头皮与联军作战，一面不动声色地转移矛盾，妄图嫁祸于义和团，并利用联军来屠杀义和团，采取"嫁祸于人"和"借刀杀人"的阴险政策。这种政策首先表现在清廷对东北诸将军的谕旨上。它在六月二十六日给盛京将军增祺等东北将军的上谕中说："现在中外开衅，将来收束地步，亦不能不预为筹计"，"至此次衅端，本由拳民而起。拳民首先拆毁铁路，我仍可作弹压不及之势，以明其衅不自我开。各该省如有战事，仍应令拳民作为前驱，我则不必明张旗帜，方于后来筹办机宜可无窒碍"①。在七月十九日给吉林将军长顺的上谕中，清廷再次阐述了这个思想。东北是清朝的"龙兴之地"，东北的将军自然是清廷的心腹，清廷先向他们表露打算求和的心迹，预示着清政府在时局的变化和地方督抚的压力之下，准备改弦更张，出卖义和团而投降列强了。清廷在这个时期一再下诏，任命李鸿章为议和全权大臣、直隶总督兼北洋大臣，催促其迅速北上，证明清政府打算彻底改变自己的政策。但是，在联军进占北京之前，由于联军步步进逼，清政府并没有公开宣布对义和团剿杀、对列强求和的政策。

　　七月二十日，在联军进占北京前夕，慈禧太后裹胁光绪皇帝仓皇逃离北京。七月二十六日，还在逃亡路上的清廷以光绪帝的名义下罪己诏，表达了从此一心依靠李鸿章、刘坤一、张之洞等东南主要督抚的态度，对于东南督抚以前提出的要求，表示全部接受。东南督抚也抓住时机，积极向清廷施加影响。八月初一日，李鸿章上折要求"迅赐添派庆亲王、荣禄、刘坤一、张之洞为全权大臣"，"声明拳匪罪恶，饬令直隶总督督饬文武及各路援兵认真剿办，并令各直省将军督抚遇有会匪滋生事端，尽力痛惩"②。对于李鸿章的这个要求，清廷迅速做出反应，全盘接受了他的意见。不久，

---

① 《军机处寄盛京将军增祺等上谕》（光绪二十六年六月二十六日），故宫博物院明清档案部编《义和团档案史料》上册，第360页。

② 《调补直隶总督李鸿章折》（光绪二十六年八月初一日），故宫博物院明清档案部编《义和团档案史料》上册，第507～508页。

李鸿章、刘坤一、张之洞等人又要求惩办主张招抚义和团与外人作战的王公大臣和地方官吏。清廷虽想对一些官员予以适当保护，但在三位总督的一再要求之下，最终也基本按他们的意见进行了惩处。李鸿章、刘坤一、张之洞等东南督抚则加强了他们的地位。当时，曾有不识时务的官员向清廷提出反对意见，指出中国不是败于战而是败于不战，但除了受到清廷的严厉申斥以外别无他得。

三

如上所述，在义和团运动时期的不同阶段，地方督抚对清政府对义和团的政策施加了不同程度的影响。这些影响或大或小，随着时间的推移而不断发展变化，使清政府在这个时期的政策呈现出错综复杂、摇摆不定的特点。

义和团运动兴起之前，对于义和团的前身梅花拳和大刀会，清朝中央和地方的态度是一致的，都主张实施严厉的剿杀政策。所以大刀会在曹、单地区活动时，刘坤一的奏折一上，清廷便立即同意了他的镇压政策，并电令山东巡抚李秉衡与刘坤一各自派兵进剿，务必铲除殆尽。但是，随着事态的发展，督抚与督抚、督抚与中央以及中央各派之间的意见出现了差异甚至对立，地方督抚对清廷政策的影响也就越来越显得重要和明显了。

在对外宣战之前，北方督抚，主要是山东巡抚和直隶总督对清政府的政策产生了重要的影响。之所以这样说，是因为清政府的政策虽然多有反复，但这个时期主要是采纳这些督抚的意见的。正因为这样，才使义和团运动能在较为宽松的环境里迅速发展起来。义和团运动的迅猛发展，又使中外矛盾迅速激化，发生了八国联军进攻大沽的侵略事件。这个事件促使清政府采用了原山东巡抚张汝梅和毓贤提出的招抚政策，而直隶总督裕禄的"捷报"则是清政府最终下定决心招抚义和团对外作战的重要原因之一。东南督抚在光绪二十六年（1900）三四月间义和团运动进入高潮时期虽然曾上奏要求镇压，清政府的政策也因此出现过波动，但总的来说在这个时期影响不大。究其原因，一是甲午战争之后，作为洋务派主要组成部分的东南督抚在声誉和权势上已大不如前，戊戌维新以来在立储、废帝等问题上与清廷发生过激烈的冲突，这必然使他们与慈禧太后之间的关系有所疏远。二是就当时具体情况来看，北方督抚的建议比较合乎情理，便于操作。

在对外宣战之后，则是东南督抚的影响力在逐渐增大，并且最终成为决定性力量。清政府对外宣战之后，东南督抚纷纷反对，在奏折中对朝廷提出批评和警告，在行动上则拖延搪塞，不给朝廷以经济和军事支持，甚至公然与列强搞"东南互保"，与朝廷唱对台戏，使清廷逐渐陷入了尴尬无助的境地。东南督抚的所作所为，使得清政府在宣战之初就采取了具有双重性的矛盾政策，并且随着联军的步步进逼而最终完全倒向东南督抚，回到了对内镇压人民对外投降列强的老路上。这个时期北方督抚的势力都受到了削弱，产生了分化。他们虽在开战之初坚持抗战，使清政府的双重性政策得以维持，但影响力却随着战场的失利而迅速减弱，坚持招抚义和团对外作战的主要督抚在北京失陷后不久彻底失去了影响力。

可见，在义和团运动时期，地方督抚对清政府的政策产生了重大的甚至决定性的影响，这些表明在此时清朝中央的权力受到严重削弱，而地方督抚尤其是南方督抚的权力却显著增强。也就是说，清朝内轻外重的政治状况在这个时期得到了充分的表现。事实上，这种状况在曾国藩等勇营领袖因镇压太平天国而崛起时就开始出现了。太平天国农民战争证明清朝的八旗、绿营已经腐朽到不堪一击的地步，湘军、淮军等私人化军队开始成为清朝军队的主力，而这些军队的控制者凭借军事实力出任了地方督抚以后，清朝中央在一些重要的问题上，必须要考虑这些握有兵权的地方督抚的利益和意见，必须依赖他们。像后来清政府兴办洋务，进行对外交涉，抵御外国侵略和镇压国内人民反抗，都离不开地方督抚的支持。义和团运动时期地方督抚对清政府政策的影响，也是晚清内轻外重政治局势的一种表现。

但是必须看到，这个时期清王朝的最高统治者还是具有一定的权威的，虽然这种权威已不能同道（光）咸（丰）时期同日而语，且日渐衰落。还有一个值得注意的情况是这个时期的清朝中央始终有一股顽固势力，这股顽固势力在戊戌政变之后掌握了军机处，权势大增，加上北方督抚的支持和中外关系的恶化，一时间成为清廷的核心，左右了朝政。不过，权势是以实力做后盾的。清政府对外宣战以后，其政策只得到北方少数督抚的支持，无力调动东南督抚的军队，也不能强迫东南督抚提供军饷，而当时全国最有实力的还是东南督抚。因此才在战争初期就出现了双重性政策这种咄咄怪事，并且在北京陷落之后，东南督抚又成为清廷的重要依靠。当然，也不能否认这个时期东南督抚的意见具有合理性成分。甲午新败，千疮百孔的清王朝确实无力与八国开战。东南督抚的考虑远比急于谋取私利且愚昧冲动的顽固势力更符合实际，这也是慈禧太后在遭到失败后恢复冷静，重新采纳东南督抚意见的一个不可忽视的原因。从整个晚清政局来说，此时内轻外重的局面已经非常严重，清廷无力有效地控制地方，而不得不向地方督抚做出一些妥协。这就是清政府在义和团运动时期的政策具有复杂性和多变性的重要原因之一。

义和团运动时期，清朝中央的权威遭到了极大的损害，进一步加重了晚清内轻外重的政治局面。义和团运动以后，清廷进一步表现出事事依赖地方督抚的倾向，它不得不采纳东南督抚的意见，严厉地惩处主张招抚义和团对外主战的官员，被迫与列强各国议和；不得不接受东南督抚的建议，并依赖他们举办新政。总之，清朝中央的权力进一步下移到地方，清廷被进一步架空，不久，被架空的清王朝就被资产阶级革命党人所推翻。

本文与白文刚合作，系"义和团运动一百周年国际学术讨论会"论文，收入中国义和团研究会编《义和团运动一百周年国际学术讨论会论文集》（山东大学出版社，2002）。

略论洋务运动与晚清政局之关系

历时三十余年的洋务运动，由于是晚清统治阶级内部一部分手握中央和地方军政大权的官僚搞起来的，它的发生和发展自然与晚清政局的变化有着极为密切的关系。本文拟就洋务运动与晚清政局的关系作粗略的考察。

一

洋务运动的发生，有着多种因素，而咸丰十一年（1861）发生的辛酉政变，无疑为它的发生提供了一个重要的政治条件。

辛酉政变前，清朝最高权力掌握在咸丰帝及其亲信手中。咸丰帝即位之初正逢太平天国农民战争及各地农民和各族人民的反清起义，一时间使清朝政权处于风雨飘摇之中。正当清政府全力应付各地起义之际，外国列强又对中国发动了第二次鸦片战争。对清政府来说，这无疑是雪上加霜。咸丰帝等人对列强理所当然地产生了仇恨心理，在战争中总的来看是采取了不妥协政策，或避或推或拖延，对列强的要求始终不愿意答应，如有机会还组织力量进行抗击。比至列强毫不客气地攻陷广州、天津、北京，咸丰帝不得不带其亲信亡命热河。此时，他们对列强的仇恨心理便愈益加重。在这种背景下，已成惊弓之鸟的咸丰帝自然顾不上考虑如何学习西洋的"长技"，他的仇外心理也会成为他真正认识西洋"长技"的绝大障碍。

被咸丰帝留在北京与英法列强议和的奕䜣，他的思想要比跑到热河的咸丰帝及其亲信灵活得多。在与列强打交道的过程中，他传统的夷夏观念发生了变化，认为英法等国"并不利我土地人民，犹可以信义笼络"，而主张"外敦信睦，而隐示羁縻"。他并不认为英法是大敌，而是把镇压人民起义作为当务之急，提出"灭发捻为先，治俄次之，治英又次之"的方针。① 等到他对西洋长技有所认识后又提出了他的"自强"之道："探源之策，在于自强。自强之术，必先练兵。"如何练兵？他认为"若能添习火器，操演技艺，训练纯熟，则器利兵精，临阵自不虞溃散"②。这里说的"火器"系指洋枪洋炮。当然，此时对洋枪洋炮有所认识并主张为我所用的并不止奕䜣一人。在太平天国战场前线的两江总督曾国藩在咸丰十年十一月二十三日（1861 年 1 月 3 日）就提出了"将来师夷智以造炮制船，尤为可期永远之利"的思想。③ 可以说，在 19 世纪 60 年代初统治阶级内部已有一部分人开始具有向西方学习的洋务思想，奕䜣是这一部分人中地位最高的官员。尽管如此，奕䜣等人并不能左右当时清廷的方针政策，真正的决策者是具有很深仇外心理的咸丰帝。在这种形势下，洋务运动很难起步，即使能起步，也举步维艰。

咸丰十一年（1861）七月，咸丰帝病死热河，遗诏其亲信大臣载垣、端华、肃顺等八人为赞襄政务王大臣，把持朝政。载垣等八大臣的仇外心理较咸丰帝有过之而无不及，他们同奕䜣等人除了在权力方面的矛盾以外，在对外态度和学习西方问题上思想迥异。但是，咸丰帝的去世却成为政局变化的一个重要契机。对奕䜣来说，他们的对立面再也不是一个具有绝对权威的真龙天子，而是几个能力未必超过他而资格却远逊于他，且并不为朝廷上下所膺服的几个咸丰帝的旧臣，奕䜣等人再也用不着像惧怕咸丰帝那样惧怕他们了。更为重要的是，咸丰帝的去世点燃了慈禧太后心中的权欲之火，加上她与载垣等八大臣也早有嫌隙，奕䜣与慈禧太后一拍即合，联合发动了辛酉政变，铲除了政敌载垣等顾命八大臣集团。

辛酉政变之后，晚清政局为之一变，两宫太后垂帘听政、恭亲王奕䜣辅政的制度建立了起来。慈禧太后由于地位尚未巩固，主要还依靠奕䜣的

① 《奕䜣桂良文祥奏统计全局酌拟章程六条呈览请议遵行折》，（清）贾桢等编《筹办夷务始末》（咸丰朝）第 8 册，中华书局，1979，第 2675 页。

② 《奕䜣等又奏请八旗禁军训练枪炮片》，（清）贾桢等编《筹办夷务始末》（咸丰朝）第 8 册，第 2700 页

③ 《曾国藩奏议复俄法助战及代运南漕折》，（清）贾桢等编《筹办夷务始末》（咸丰朝）第 8 册，第 2669 页。

支持，便对奕䜣恩宠有加。奕䜣被授为议政王、军机处行走、宗人府宗令，总揽朝政，权倾朝野。这一时期，清政府的方针大计主要是靠奕䜣来拟定。在外交方面，奕䜣主要推行的是"外敦信睦，隐示羁縻"的方针，以实现中外和好、相安无事的局面，然后在此基础上"借师助剿"，镇压农民起义；在内政方面则是大力主张兴办洋务，以图"自强"。由于有主张借法自强的奕䜣在中央秉政，谈论或筹办洋务再也无须偷偷摸摸的了，全国从中央到地方谈论洋务的人多了，办洋务的人也多了。中央除奕䜣外，还有军机大臣兼总理衙门大臣文祥、桂良，地方上的封疆大吏曾国藩、左宗棠、李鸿章、沈葆桢、丁日昌、郭嵩焘等都积极主张并从事兴办洋务。在他们的周围又都各自聚集了一批比较了解国内外形势、希望通过兴办洋务使中国实现富国强兵的开明知识分子。这样，在清朝统治阶级内部一个有相当强大势力的政治集团——洋务派就形成了。

由于有奕䜣的倡导和支持，洋务派在同治初年的许多举措基本得到了清廷的支持。奕䜣主持的总理衙门突破了只能办理对外通商的限制，练兵、采买制造枪炮军火、修铁路、开矿、办企业等无所不管，成为主管全国洋务的总机关。由于奕䜣的提倡，加上借洋兵助剿政策推行后，各地清兵与洋兵并肩作战深受其影响，沿江沿海的清军纷纷借用西洋枪炮装备自己，并请外国军官用西法进行训练。这种练兵活动得到清廷的首肯。接下来各地洋务派创办机器制造局，也得到清廷的支持，奕䜣还支持崇厚创办了天津机器局。在当时国内这种有利的政治形势下，"练兵制器"在同治初年达到了一个高潮。总之，在奕䜣等权力派的提倡和支持下，洋务运动在全国范围内大张旗鼓地兴办了起来。

二

洋务运动的兴办和发展，的确给晚清统治带来了新气象。洋枪洋炮发挥了威力，各地的农民起义和少数民族的反清斗争在洋务运动开始以后的头几年，便先后被手持洋枪洋炮的清朝军队镇压了下去。"心腹之患"已去，封建统治者们弹冠相庆，洋务派官僚更是一心一意举办洋务，洋务运动的成效显见。

练兵活动不仅广泛开展，由沿海沿江波及内地，由勇营波及经制军，而且也在不断深化，主要表现是装备不断更新，军事教育受到重视等。以淮军为例，淮军最初使用的洋枪是前膛枪，洋炮也是比较笨重的开花短炸炮，但是不久就由长炸炮代替短炸炮，再由后膛炮代替长炸炮，前膛枪也由后膛枪替代。淮军训练最初是请外国军官教练施放洋枪，后来发展到训练战阵，再后来就是派将弁出国学习军事技术。李鸿章还设立近代陆军学校天津武备学堂，请德国军官用最新的军事技术培养军事人才。西式装备和训练的采用，使淮军在军制上也出现了一些变化，即由步兵分离出炮兵，过去的长夫也开始向近代的工程兵转化。淮军是当时练兵活动的一个缩影，这种练兵活动在一定程度上增强了清政府的国防力量。左宗棠收复新疆、冯子材镇南关大捷，不能不说是与练兵活动大有关系。

军事工厂也由当初的以手工生产为主的安庆内军械所，发展到二十多个采用大机器生产的军工局厂。这些局厂生产各种枪炮弹药，有的如江南制造总局、福州船政局还可制造修理船舰。民用企业也随之发展起来，涉及航运、采矿、冶炼、邮电、纺织等行业，颇具规模。

上述这些被称为"同光新政"的辉煌耀眼成就背后，还有一个与其同步发展的东西，那就是洋务派的势力。洋务派官僚通过举办洋务事业，巩固了其原有的势力并一天天壮大。奕䜣把持的总理衙门权限不断扩大，甚至掌握了一部分有关官吏的人事行政和考核的权力，实际上已成为清政府的"内阁"。洋务事业从一开始就依赖掌握一定军政大权的地方官僚，从经费的筹措到局厂的选址、官员的选派、技师的聘请，无不靠洋务派自行筹办。洋务派也把办洋务作为将来进身之阶，并将其当作私产来经营，在具体事务上表现出了极大的热情，前述练兵、办企业都是如此。这些洋务派都牢牢把持自己所办的洋务，生怕他人插手，譬如洋务企业，各洋务派在兴办过程中无不从如何加强对其的控制去考虑。既然中央户部拨不出经费，地方督抚就去自行筹措，安庆内军械所的资金从湘军军饷中拨除，江南制造总局款项，"创办之初，暂在军需项下通融筹拨"①，金陵机器局

---

① （清）魏允恭等纂修《江南制造局记》卷四，文宝书局光绪三十一年（1905）石印本，第1页。

"历年用款均于淮勇军需报梢案内另册专案附奏请销"①。其他地方省份自行设局制器,用款自筹。如山东机器局,巡抚丁宝桢"由司道各库筹发银两","事事力求自办"②。地方督抚既然掌握了经费,自然也就视企业为己有。企业的选址尽可能选在督抚身边,如李鸿章在江苏巡抚任内时设苏州洋炮局,等他升任两江总督后就将该局迁至南京,成立金陵机器局,任直隶总督后在天津成立了开平矿务局和天津电报总局,对远离他的江南制造总局和金陵机器局进行遥控。左宗棠任闽浙总督时设福州船政局于福州,调任陕甘总督时还表示"身虽西行,心犹东注"③,在兰州又设立了兰州机器局和兰州织呢局。张之洞在两广总督任上时筹设广州枪炮局、织布局,等他移督湖广,广州的机器也随他北上,湖北枪炮厂、汉阳铁厂和湖北纺织四局也在汉阳和武昌落成。至于洋务派官僚在自己控制的局厂里安插亲信更不待言。李鸿章接手天津机器局后对其进行换血,使其成为自己把持的企业。对于自己训练出来的军队,洋务派官僚更是不容他人染指。当年曾国藩奉清廷之命率淮军北上镇压捻军,李鸿章对淮军进行遥控。曾国藩指挥淮军不灵,打捻无功,气愤地责怪李鸿章:"目下淮勇各军既归敝处统辖,则阁下当一切付之不管。"④

正是因为凭着办洋务的资本,洋务派官僚地位巩固,权势扩展。曾国藩官至直隶总督兼内阁大学士,李鸿章任直隶总督兼北洋大臣数十年,并兼内阁大学士,左宗棠官至军机大臣,丁日昌官至总理衙门大臣。清政府对这些权臣也不得不表现出更多的倚重,除了办洋务以外,军事上、外交上也主要是依赖他们。平定阿古柏叛乱的战争,依靠的是左宗棠的湘军;中日战争主要依靠的是李鸿章的淮军、北洋海军和刘坤一的湘军;平时江防海防也主要依靠湘淮勇营。清政府的外交也几乎被洋务派所包揽,重大

① 《光绪九年三月初五日两江总督左宗棠等奏》,中国史学会主编《中国近代史资料丛刊·洋务运动》第4册,上海人民出版社,1961,第185页。

② 《光绪二年八月初四日山东巡抚丁宝桢奏折附片》,中国史学会主编《中国近代史资料丛刊·洋务运动》第4册,第298页。

③ (清)左宗棠:《答杨石泉》,(清)杨书霖编《左文襄公全集·书牍》卷八,萃文堂刻刷局光绪十六年(1890)刻本,第60页。

④ (清)曾国藩:《复李宫保》,(清)李瀚章编《曾文正公全集·书札》卷二五,传忠书局光绪二年(1876)刻本,第37页。

外交谈判自不必说，各地发生的教案等中外交涉也多由洋务派出面。

总之，洋务运动的兴办从一个方面使洋务派官僚不仅巩固了已有的地位，而且在清廷的默许下攫取了可观的军事、内政和外交大权，在一定程度上架空了清廷，极大地加重了清朝早已形成的内轻外重的政治局势。

三

对于洋务派官僚日益膨胀的权势，清朝当权者当然不是熟视无睹，听任其发展，而是采取各种方法，千方百计遏制他们势力的发展。

清廷最高当权者慈禧太后首先打击的对象是洋务派首领奕䜣。辛酉政变后，慈禧太后因为要依靠奕䜣，所以对他恩宠有加，但权欲极盛的慈禧太后绝不能容忍奕䜣的显赫权势，当她的统治地位一旦巩固时便处心积虑地削弱奕䜣的权力。同治四年（1865），慈禧以"目无君上""暗使离间"等罪名①，下诏革去其一切职务。虽然后来在许多王公大臣的请求下又恢复了他的总理衙门大臣、领班军机大臣等职务，但是取消了议政王的称号。同治十三年（1874）七月，同治帝由于奕䜣不同意重修圆明园，震怒之下以"言语之间诸多失仪"为由，革去奕䜣一切差使，交宗人府严议，后经慈禧太后出面加恩赏还。对于这次事件，奕䜣心里自然清楚，虽然是同治帝出面对他的整治，但也是慈禧太后对他的又一次警告。经过这几次严重打击，春风得意、锐意进取的洋务派首领奕䜣变得小心谨慎起来。慈禧太后与奕䜣的斗争其实质虽是权力斗争，但是由于被打击的对象是洋务派的领袖人物，所以对洋务运动自然具有不利影响。同治十三年十二月（1875年1月），同治帝病死，光绪帝即位，慈禧太后重新垂帘听政。这次听政不同于上次，她的统治地位已经得到巩固，奕䜣在日后行事上只有唯谨唯慎而已。直隶总督李鸿章乘赴京叩谒同治帝梓宫之机，晋见奕䜣，"极陈铁路利益"，请先修筑清江至京师段，以便南北交通，希望得到奕䜣的支持。奕䜣虽然赞成李鸿章的意见，但却"谓无人敢主持"。由于得不

---

① 陈义杰整理《翁同龢日记》第1册，中华书局，1989，第271页。

到奕䜣的支持，李鸿章也"从此遂绝口不谈矣"①，这次修铁路的动议只到奕䜣那里便结束了。光绪十年（1884），慈禧太后借国子监祭酒盛昱的一个折子，将奕䜣等军机大臣全部罢黜。奕䜣这次被慈禧彻底打倒，等到十年后再度出山，那时已是洋务运动的末期，况且那时的奕䜣也暮气深沉，不可能有什么作为了。晚清最高权力层的斗争，直接影响了洋务运动的顺利开展。奕䜣屡遭打击及至最后被罢免，使洋务运动缺少了强有力的统一领导。因此，洋务运动虽然进行了三十多年，但步子却始终迈得不大。

对于威胁自己权力的奕䜣，慈禧太后可以创造条件将他罢官，对于那些握有一定权力的洋务派官僚，却创造不出罢免他们的条件，因为还得依靠他们才能维持自己的统治。如何遏制他们的权势？慈禧太后采用了"平衡术"的统治手法，即扶植一派牵制一派，支持一派打压一派。其实，这种手段她早就采用了。洋务派大规模引进西方近代先进的科学技术，引起了以大学士倭仁为首的顽固派的不满。慈禧太后就有意识地支持、纵容顽固派。洋务派每有一项新的举措，顽固派总要跳出来争斗一番，给洋务派设置障碍，众所周知的同文馆设天文算学馆的争论即为最典型的一例。慈禧太后还放纵清流派，借用他们的言论牵制洋务派。被奕䜣、李鸿章推许为"第一流"洋务人才的郭嵩焘，出使英国归来后，在"清议"的攻击下，只得卸任返回湖南老家，他写的《使西纪程》也遭到诋毁，终至毁版。非但如此，慈禧太后还在洋务派之间搞平衡术。当年，曾国藩湘系集团势力过于强大，清廷就放任李鸿章淮系集团，使之与湘系集团抗衡。曾国藩死后，清廷又支持左宗棠集团来与迅速发展起来的淮系集团抗衡。左宗棠去世后，清廷又扶植张之洞。张之洞在两广总督任内练新式军队，办军事学堂，创办枪炮厂，开矿务局，移督湖广后又开办汉阳铁厂，设纺织四局，筹办芦汉铁路，成为后期洋务派首领，与李鸿章分庭抗礼，有"南张北李"之称。两江总督兼南洋大臣这个要职，从同治十三年（1874）起，清廷都任命湘系集团的刘坤一、沈葆桢、彭玉麟、左宗棠来担任，用意就在于牵制北洋淮系势力。清廷设海军衙门，以李鸿章为会办，同时又

---

① （清）李鸿章：《复郭筠仙星使》（光绪三年六月初一日），（清）吴汝纶编《李文忠公全书·朋僚函稿》卷一七，金陵书局光绪三十四年（1908）刻本，第13页。

任命曾纪泽为帮办，也是为了防止淮系独揽海军大权。

清廷采用这种"平衡术"，实在是出于不得已而采用的统治手法，是晚清内轻外重、尾大不掉的政治局势使然。然而，这种统治策略的实施严重地影响了洋务运动的发展。它使洋务派官僚各立门户，办洋务畛域分明，各行其是，互不相关，甚至于相互指摘，攻讦拆台。全国洋务运动虽然声势颇大，但是由于政治斗争的影响，在中央没有形成一个强有力的领导，也始终没有一个统一的规划、全盘的安排。办海军建海防，是在中央统一部署下进行的，但在实际建设中也是南洋、北洋、福建水师各行其是，没有形成统一的全国性的近代化海防体系，以致在反侵略战争中被各个击破。其他练兵、办企业、兴学堂、遣留学，大抵也都是各洋务派官僚根据自己的需要而进行的。在这种情况下办洋务，洋务运动的成效可想而知。

从上述的粗略考察可以看出，洋务运动的兴起及其过程与晚清政局密不可分。"辛酉政变"使清政府从封闭中走出来，有利于洋务运动的迅速崛起和发展。但是，晚清内轻外重的政治局势决定了清廷进行洋务运动只能依靠掌握一定实权的地方洋务派官僚，最高权力层的不断争斗导致在中央始终未形成强有力的指导全国洋务运动的领导核心，加之清廷在各大小派系集团中实施"平衡术"统治策略，使各洋务派集团在办洋务的过程中各立门户，畛域互见，难以形成统一步调，遂使洋务运动备受制约，发展缓慢。

本文原载《清史研究》1997 年第 4 期。

政议三变：新政前期江北地方官制的
变革与因袭（1901～1905）

　　新政是学术界对清中央政府在最后十年间所进行的涉及政治、经济、军事、文化教育以及社会生活等领域改革的总称。一般而言，以光绪三十二年（1906）预备立宪为界可分为前后两个时期，前期国家变革的重心在于新军的编练与教育的倡导，而后期则主要致力于宪政改革。文章选取的时空范围则集中于新政前一阶段的江北地区，[①] 这主要出于如下两点考虑：一是目前学术界关于新政研究的区域性成果虽然为数甚多，但对于江北地区的新政实施以及成效尚缺乏相应的论述；二是作为历代军事要地的江北在近代以来地位的没落，不仅直接转移了国家政权对该地区的重视与控制，而且也使江北地区在整个国家区域地理中逐渐处于被边缘化的地位。这也是现今史学界对于江北的研究较关于江南的研究相对薄弱的原因之一。然而，这并不意味着江北地区在研究课题中缺少被关注的亮点，江北在地方官制重组中的"政议三变"[②] ——由漕运总督变为江淮巡抚再变为江北提督——则为研究清末国家政治改革在地方的实施状况提供了重要视角。

---

① 本文所讨论的江北地区在空间范围上指江苏境内的长江以北地区，亦称苏北。依据清代行政设置，这主要为江宁布政使的管辖范围，包括"江宁、淮安、扬州、徐州四府，海、通二直隶州，海门直隶厅，其下为散州三，县三十"。见刘锦藻撰《清朝续文献通考》第4册，浙江古籍出版社，2000年影印本，考一〇五五五。

② 张相文：《江北师范学堂章程序言》，《南园丛稿》，沈云龙主编《近代中国史料丛刊》第30辑第300册，台北：文海出版社，1968年影印本，第629页。

一 众望所归：漕运总督的裁撤

在中国传统社会中，漕运制度作为国家进行物资输送与调节经济重心、政治重心、军事重心的重要保证在国家生活中起着无法比拟的作用。作为中央所任命的最高地方漕运长官，漕运总督在整个国家漕务官僚体系中居于重要地位，但凡"佥选运弁，修造漕船，派发全单，兑运开帮，过淮盘掣，催攒重运，查验回空，核勘漂没，督追漕欠，并随漕轻赍行月等项钱粮皆其专责"①。驻地虽只设在淮安，却管辖涉及直隶、山东、河南、江南、江西、浙江、湖广等众多省份的漕务事件。但是，随着时势的变化，晚近以来的漕运弊端随着清中央政府控制力的下滑而不断显现，加之运输方式的变动——漕粮海运成为趋势，使得原先以河运为主导的河漕体制无法适应新的变化而逐步走向崩溃。因为海运的实施必然意味着在漕粮运输的过程中，漕运总督将失去以往"稽核催攒而综其政令"② 的核心地位而成为无所事事的闲职。

漕运弊端的日益凸显与漕运总督的不作为理所当然地使得漕运体制成为社会舆论表达对国家与官僚系统不满的关键所在，要求废除漕运的呼声时或有闻。在官方记载中力行废除漕运总督或希望漕运总督有所变易的当追溯至咸丰八年（1858），由仓场侍郎廉兆纶提出改漕运总督为江北巡抚的建议：

> 清淮一带，实为南北要冲，漕运总督不兼管地方，宜此时权设江北巡抚，抑或将漕运总督权改斯缺，所有江北各路军务，悉归统制，庶可控扼江淮，声援汝颍。不惟江南群逆绝其觊觎之心，即豫东会捻各匪出没之区，亦可断其一臂矣。③

---

① （清）载龄等修《钦定户部漕运全书》卷二一《监临官制》，顾廷龙主编《续修四库全书》第836册，上海古籍出版社，2002年影印本，第498页。
② （清）永瑢等修《历代职官表》，中华书局，1985，第1661页。
③ 赵尔巽等撰《清史稿》第40册，中华书局，1977，第12190页。

然而这一提议被搁置至同治元年（1862）二月才被再次提起。据时任工部尚书的王庆云奏称，江北地区本归江宁布政司管辖，但是在咸丰十年（1860），"苏常失陷，巡抚以下驻扎上海偏隅，与江北各属道途中梗"①，江北地区因而改由漕运总督节制。但自从海运兴起之后，漕运总督便处于较为清闲的地步，不如将之裁撤，另外设立江北巡抚。然而，这一临时性建议却被曾国藩等人以安庆克复之后水路恢复畅通、呼应仍灵为由而否决。虽然曾国藩的固守成法为漕运的存在赢得喘息之机，但是针对自身发展亦走向没落的漕运体制而言，② 变革或彻底废除才是唯一的途径。

庚子（1900）之后，陈夔龙出任漕运总督。陈夔龙，贵州贵阳人，光绪进士，曾任兵部主事、总理各国事务衙门章京，八国联军进京之时为留京办事八大臣之一，故而具有一定的新式思维。陈夔龙上任之后，对漕运总督这一深受时人针砭的职位亦表示不满，任职不久即主动要求将之裁撤。他在奏折中称：

> 自军兴以后，丁运停止，河督裁汰，前漕臣遵旨移驻清江，督兵防剿，兼管河运，至今因之。盖以江北距省较远，与东、皖、豫三省毗连，伏莽素多，借资弹压，而河湖各工又民生财赋所系也。其起运漕粮向由督抚臣核办，惟管辖卫官奏销漕项及题参淮海各属盗案尚循旧制，归漕臣经理。今屯卫已裁，漕务无事，虽防务河工，原属重要，究与本缺名实不甚相符。所有漕督一缺应否裁撤，事关沿革大政，非臣所敢擅拟，仰祈饬下军机大臣政务处王大臣吏部会同酌议，恭候圣裁。③

---

① （清）曾国藩：《议复王庆云漕督兼巡抚原奏片》（同治元年五月初三日），（清）李瀚章编《曾国藩文集》第 1 册，九洲图书出版社，1997，第 425 页。

② 道光时期，漕运弊端丛生，清中央政府着手改制，在短时间和小范围内折收银两或行海运。咸丰同治时期，太平天国农民战争的冲击迫使湖南、湖北、江西、河南等省事实上停止漕运，光绪二十七年（1901），江苏、浙江、山东正式停止征漕。参见李文治、江太新《清代漕运》，中华书局，1995，第 468~470 页。

③ （清）陈夔龙：《漕督陈奏请应否裁撤漕督一缺片》，（清）邓实辑《光绪壬寅（廿八年）政艺丛书》，沈云龙主编《近代中国史料丛刊续编》第 27 辑第 267 册，台北：文海出版社，1976 年影印本，第 401 页。

可以看出，陈夔龙的奏折中包含着两重意思，一方面是太平天国战争之后，漕运总督的职责在很大程度上已经成为用以镇戍地方的工具而并非执行漕务的功能；另一方面是在国家裁汰冗员的过程中，"漕督以下各员各弁兵皆可裁"① 的建议使得屯卫成为首当其冲的牺牲者，漕运总督即便有心改变也缺乏相应的人力声援。尽管有漕运总督任职者的切身体会与来自社会各界的压力，但是出于河道总督刚刚裁撤，湖堤各工需要专人管理的考虑，政务处与吏部认为"漕督之设，原不专为治漕。现河道总督既裁，湖堤各工均归漕督经理。江北地方辽阔，伏莽至多，又值连岁兵荒，弹压稽查均关紧要"，故而"此时应请暂缓裁撤"②。

在中央决议中，漕运总督一职虽得以暂时保留，但是从其遭受的非议来看，裁撤只是时间的早晚。果然，至光绪三十年（1904），漕运问题再次成为议论的焦点。江西道监察御史周树模上奏言之：

> 各省卫官已撤，屯户并改，丁粮一例归州县经征。南漕半改折色，半由海运，各省粮道亦次第裁减，漕督无官可辖，无事可办而体制极崇，供支极费，朝廷岁糜巨款以养此无职事无管辖之大官，殊非综核名实之道。③

这一奏折照例得到希望裁撤漕运总督的官员的纷纷响应。翰林院修撰张謇则进一步在此基础上提出以徐州巡抚取代漕运总督的徐州建省方案，认为"漕督可裁，未尽事宜，以徐州巡抚兼之，原有厘金协饷、苇荡所入，以养标兵者，一转移间，亦可资挹注"④，这一提议经赞同者署两江总督端方上奏。尽管出于立场与利益的需要，不同官员对于江北地方官制重

---

① （清）岑春煊：《奏为敬陈严赏罚以饬吏治等管见事》（光绪二十四年七月初七日），《录副奏折》，中国第一历史档案馆藏，档号：03－5616－026，缩微号：423－2085。

② 《清实录》第 58 册，中华书局，1987 年影印本，第 679 页。

③ （清）周树模：《奏请裁撤漕运总督并饬下政务处核议该设别项官缺军队以资镇抚事》（光绪三十年十二月初六日），《录副奏片》，中国第一历史档案馆藏，档号：03－5094－058，缩微号：388－0630。

④ 张謇：《徐州应建行省议》（光绪三十年甲辰），张怡祖编《张季子（謇）九录》，沈云龙主编《近代中国史料丛刊续编》第 97 辑第 961 册，台北：文海出版社，1983 年影印本，第 105 页。

新建置的考虑大相径庭，但是裁撤漕运总督则是共同的要求所在。

面对漕运总督无所事事的情形以及社会舆论的普遍倾向，加之清末新政改革大势的影响，清廷不再囿于成见而力图对江北地方员弁的设置采取相应的变动。这在光绪三十年十二月二十二日（1905 年 1 月 27 日）清廷发布的上谕中有明显的体现：

> 江北地方辽阔，宜有重镇。顺治年间改设漕运总督，原兼管巡抚事。现在河运全停，著即改为江淮巡抚，以符名实而资治理。即以原驻地方为行省，江宁布政司所属之江、淮、徐、扬四府暨通、海两直隶州全归管理，仍著两江总督兼辖，各专责成。①

这一决定不仅终结了延续数百年之久的漕运总督的命运，同时也预示着江北地方新的行政单位——江淮行省以及新的行政管辖人员——江淮巡抚的产生。

二 昙花一现：江淮巡抚的立废

就国家政区设置而言，江淮作为新的行政区划单位从江苏分离并独立成省的决定不免草率。② "行政区划作为地方政治制度的一翼，其创设和变迁，首先要服从于政治目的和政治需要。"③ 因为这不仅涉及整个地方的行政制度，同时还涉及相应的行政人员配置等一系列的问题。显然，清廷对于江淮省新设的种种考虑存在着过分的自信而不免显得粗枝大叶：

---

① （清）周馥：《苏淮分省利弊折》（光绪三十一年二月初十日），《秋浦周尚书（玉山）全集》，沈云龙主编《近代中国史料丛刊》第 9 辑第 82 册，台北：文海出版社，1967 年影印本，第 353 页。

② 关于苏淮分省问题，谢世诚在《晚清"江淮省"立废始末》（《史林》2003 年第 3 期）中论述江淮省的旋立旋废这一仓促盲目的决定反映了清末政治的混乱；李细珠在《试论清末新政时期政区变革的几个问题》（《近代史研究》2003 年第 2 期）中有所涉及，文章将苏淮分省与察哈尔、热河、绥远、西康建省问题作为研究视角，探讨清末乃至民初中央与地方之关系。

③ 周振鹤：《体国经野之道——新角度下的中国行政区划沿革史》，中华书局（香港）有限公司，1990，第 141 页。

现江北拟设巡抚，应将江宁布政使及所辖之四府二州全归管理，巡抚所驻即为省会。应就近将淮扬海道仿照新疆镇迪道例兼按察使衔，所有江宁各属刑名均由该道勘详，巡抚奏报。江宁布政使应随总督仍驻江宁。总督在江南，巡抚在江北，既无同城逼处之疑，江宁六府州前隶苏抚者即改隶淮抚，亦无增多文牍之扰。不必添移一官，加筹一饷，而行省已建。职掌更新，建置合宜，名实相符。①

虽然，与张謇所提出的重新整合涉及江苏、安徽、河南、山东等省四十余州县建立新行省的提议相比，清廷的简单处理似乎少了那份难以实施的不合时宜。但是，就地设立江淮行省，利用巡抚大员对江北地区进行统治的方式不仅有投机取巧的嫌疑，而且也反映出清廷在面临此种变动时的粗糙与鲁莽。漕运总督与江淮巡抚的改变只是局限于名称上的变化而并无任何实际意义的换汤不换药的举动，在晚清裁撤繁冗机构与多余官员的大趋势下，江淮行省的建立与江淮巡抚的设置其实与改革的初衷背道而驰。同时，就行政效率而言，一向拖沓的政府在这一问题上表现出的惊人效率让人疑虑，从行省建议的提出到中央政令的下发仅有短短两个月的时间，江淮行省设立的轻而易举不免透露出清中央政府因人而设的意味。时任翰林院侍读学士恽毓鼎的日记所载："恩寿者，首府庆亲王之儿女亲家，历任封疆，无治行。由苏抚移漕督，锐志欲复巡抚任，以窥两江一席。政府此举，实为恩地也。"②

恩寿，满洲镶白旗人，同治进士，历任江西按察使、江苏巡抚、漕运总督等职，是江淮分省之后设立的首任巡抚，也是唯一的一任。恩寿任职江淮巡抚之时确也励志图强，在筹划疆界、安置书吏人员等方面皆有新的安排，省会清江浦也随之出现过短暂的繁荣。但是，这种状况无法改变基于人情关系而非谨慎考虑的江淮省的设立所造成的各方不满，其中当以江苏籍京官的反对最为激烈：

---

① （清）奕劻等：《奏为遵旨议复翰林院修撰张謇条陈徐州建行省事》（光绪三十年十二月二十二日），《录副奏折》，中国第一历史档案馆藏，档号：03-5094-065，缩微号：388-0651。

② （清）恽毓鼎：《澄斋日记光绪卅一年乙巳》，史晓风整理《恽毓鼎澄斋日记》第1册，浙江古籍出版社，2004，第266页。

　　江淮分省的事，江苏的京官都出来力争。日前恽学士毓鼎又有条陈的折子，说分省许多不便，并且大江南北，贫富强弱的关系极重，万不可轻易分开。①

　　在御史陆润庠、侍读学士恽毓鼎的领衔之下，江苏在京官员分别于光绪三十一年正月二十日（1905 年 2 月 23 日）和二月初八日（1905 年 3 月 13 日）两次上奏，提出江淮分省对于军事防御、筹饷摊派、防范盗匪以及中外交涉方面的种种弊端。②

　　江苏京官反对苏淮分省与其说是出于诸如影响财政赋税、影响行政效率、影响军事部署等各方弊端的考虑，毋宁说是出于情感上对于江苏分立两省的不舍。因此，他们的主张才会得到当时乡土观念浓厚的士人的普遍认同：

　　　　臣（政务处大臣奕劻）等当遵照章程咨行各衙门会议，旋据咨送说帖前来。臣等详加检核，说帖内主苏淮不必分省另设大员者四十二件，主专裁淮抚者计三十二件，主苏淮仍议分省暨复设漕督者共七件。③

　　尽管政务处在对江淮省和江淮巡抚的问题处理上有朝令夕改的嫌疑，但仍遵循政务处奏定会议章程第二条"查内政之关系者，官制之增裁，如京外一二品及全衙门添裁及新设行省等"等攸关国家大政的决议，"由各衙门审度事理重轻，临时请旨会议"④ 的规定博采多方建议：

---

① 《紧要新闻：江淮分省可望挽回》，《京话日报》第二百十七号（光绪三十一年二月二十三日，1905 年 3 月 28 日），第 4 版。

② （清）恽毓鼎：《敬陈苏淮分省四弊折》［（光绪）乙巳年（1905）二月初九日］，史晓风整理《恽毓鼎澄斋奏稿》，浙江古籍出版社，2007，第 61～62 页。

③ （清）奕劻等：《奏为遵议苏淮分省略举数端以备采择事》（光绪三十一年三月十七日），《录副奏折》，中国第一历史档案馆藏，档号：03－5438－101，缩微号：411－0945。

④ （清）奕劻等：《呈遵议会议七条章程清单》（光绪三十年十二月十五日），《录副奏折》，中国第一历史档案馆藏，档号：03－5094－063，缩微号：388－0644。

> 政务处奏复会议苏淮分立行省一折，苏淮分省于治理既多不便，著即毋庸分设。江淮巡抚即行裁撤，所有淮扬镇总兵著改为江北提督，以资震慑。①

这无疑与江淮省设立时的草率仓促有天壤之别。

从光绪三十年十二月二十日（1905年1月25日）至光绪三十一年三月十七日（1905年4月21日），江淮巡抚仅仅存在了短短的三个月。江淮巡抚之设看似昙花一现，无足轻重，但这在某种程度上反映了清廷对于政治改革缺乏通盘周密的考虑。当然，"这种'出尔反尔'情况的出现也反映了中央变革之心的急切，并且在各国的政体改革中出现这样的事情也不算罕见，但是清末整个社会的躁动已经无法让人冷静看待这一系列行政上的失误"②，尤其是当这种失误已经对地方造成了相当大的影响。

> 漕运总督衙门书吏差役并昔日河督衙门归并者，不下数千人，父子相承，胥赖此以赡家室。迨漕督裁撤，江淮分省，若辈方欣然色喜。讵数间又收回成命，不觉情急。遂麇集漕辕恳求艺帅安置，群情汹汹，并耸动市面各店一律罢市。③

这类群情激愤的书吏差役只是当时民风强悍、盗贼横行的江北社会的简单缩影。对于这些丧却生计的民众，恩寿在意的并不是如何妥善安置，而是将其作为挽救自己荣膺的重要砝码并不余遗力地将这一形势夸大："清江居南北交冲，良莠混杂，一经煽惑，愈聚愈多，甚至抢劫焚烧，为患不堪设想！"④ 因而要求将巡抚职位暂缓裁撤。恩寿此举无疑有些自不量力，在清廷已无力面对来自官员与社会舆论的压力之时，对于个别官员仕

---

① 中国第一历史档案馆编《光绪宣统两朝上谕档》第31册，广西师范大学出版社，1996年影印本，第43页。
② 李刚：《大清帝国最后十年》，当代中国出版社，2008，第149～150页。
③ 《裁抚闭市情形续志》，《申报》光绪三十一年三月十九日（1905年5月3日），第3版。
④ 《裁缺江淮巡抚恩寿为淮抚裁撤清江聚众罢市事致政务处电》（光绪三十一年三月廿二日），中国第一历史档案馆等编《辛亥革命前十年间民变档案史料》上册，中华书局，1985，第269页。

途的牺牲是清廷自我寻求台阶的重要手段之一。但是具有讽刺意味的是，恩寿对于江北民情的夸大却成为清廷最终选择在江北地区设立武职军事长官的重要因素。

三　一波三折：江北提督的设置

仔细推敲江北提督的设置端倪，实应追溯于恩寿任江淮巡抚之时。不论是为了对"民情强悍，伏莽滋多"①的江北地区进行有效的管辖，还是仅仅出于私人对权力的欲望，恩寿在任职之后立即上奏请求江淮巡抚兼任提督衔。他说：

> 江苏省设有江南提督一缺，安徽、江西两省均因向无提督，是以巡抚兼提督衔，节制各镇，俾资统率。现在江淮既设行省，与江苏画疆而治，并未易设提督情事，与江苏不同。奴才与督臣往返电商，拟恳恩天恩仿照安徽、江西两省之例巡抚兼提督衔，节制各镇，庶几呼应较灵，于地方洵有裨益。②

鉴于江北地区历来皆有重要大臣坐镇的历史以及江西、安徽两省巡抚兼提督的成案，清廷基本上同意了这一请求，而这则在某种程度上为江北提督的设立提供了方便。

然而，以江北提督之职取代江淮巡抚之位，其过程并非一帆风顺。除了需要面对来自江北当地因改制而形成的既得利益集团——主要是指以恩寿为首的江淮巡抚及其下属吏员外，还必须寻求妥善的解决之道而获得清廷对地方官制变革的认可。与江北利益攸关的两江总督以及江淮巡抚对于江北实行何种统治方式，争斗得简直不遗余力。双方新方案的斗争，除被

---

① （清）周馥：《苏淮分省利弊折》（光绪三十一年二月初十日），《秋浦周尚书（玉山）全集》，沈云龙主编《近代中国史料丛刊》第 9 辑第 82 册，第 356 页
② （清）恩寿：《奏为江淮未设提督拟请仿例巡抚兼提督衔节制各镇并关防内加刊事》（光绪三十一年正月二十七日），《录副奏折》，中国第一历史档案馆藏，档号：03 - 5743 - 040，缩微号：432 - 0060。

认为是对江北地区权力分配的重新争夺外，还被认为是因传统官场上普遍存在的督抚不和而造成的罅隙。① 然而，不管驱动他们关注江北权力高层重建的具体原因为何，双方凭借对江北情形的熟悉而对于江北官制真空状态的解决倒也提出了几种方案。

（1）添设两江总督行辕与江北按察司。这两种方案皆为两江总督周馥所提出。行辕是相对于官员的常规办公处衙署而设置于他处的行馆。顾名思义，两江总督行辕为两江总督在江北地区办公的所在。周馥提议"以漕督衙署改为江督行辕，其旧在漕辕当差诸人一律留用。漕标营伍悉令改隶督标，仍驻扎原驻要隘之地以资扼守"②。同时，为了使自己的提案具有说服力，周馥还援引北洋大臣在天津设立行辕的成例。但是，关于在江北设立两江总督行辕的建议尚未得到中央的任何消息反馈，江北地方的民众骚乱就迫使周馥另外提出在江北设立按察司的建议：

> 淮抚裁撤，旧时漕督辖员弁书差等无所依恃，扰扰纷纷，煽动商民罢市，因思淮扬道兼按察司衔事务过于纷繁，故特于本日电奏朝廷请添设江北按察司一员，专辖江北一带，办理刑名，俾漕辕人役移归臬署办公，既可免淮扬道之辛劳，又可免各书差之向隅，庶几两得其益。③

从表面上看，周馥诚有安置地方民心的考虑，但是从权力取舍上来看，周馥谋求在江北设立行辕与江北按察司的建议实际上是为了再次掌控被江淮巡抚架空的部分权力，并为此寻找理论上与道义上的支持。

（2）恢复被废除的漕运总督。这一意见的代表者为恩寿。恩寿可为江淮巡抚一职存在的最大受惠者，"恩（寿）借奕劻力调补，兴高气扬，修

---

① 蔡云万在《蛰存斋笔记》说："恩艺堂（恩寿字）为清江漕运总督时，与两江总督周馥意见不洽。按前清定制，漕督官阶虽与督抚相埒，但职掌专在漕运，地方事件不在其职权中。艺堂欲奏改漕督为江北巡抚，冀分督抚地方之权，而江督周馥持之坚，改抚事遂未果成。"见《蛰存斋笔记》，上海书店出版社，1997，第54页。

② 《以漕督为江督行辕》，《申报》光绪三十一年四月初九（1905年5月10日），第3版。

③ 《江督电奏请设江北按察司》，《申报》光绪三十一年四月初四（1905年5月7日），第2版。

理衙署，一班走其门者连翩赴淮，南京候补为之一空"①。但是好景不长。江淮巡抚的裁撤对于恩寿及其依附者而言并非好消息。为了获得绝处逢生的机遇，恩寿提出在江北地区恢复漕运总督的管治：

> 查清淮重镇，向有漕督驻扎，于地方确有裨益，屡经议裁，具有深意。今甫裁撤，众论哗然，骤集多人，纷纷罢市，致酿成焚劫重案，教堂更属可虞。现在海州青口，已泊洋轮，设或借名保教，深入腹地，抵御殊难。况河防重要，亦须专员督率。再四思维，非请留漕督或改为河督，于两江治理之权，亦复毫无窒碍。②

虽然恩寿称这一意见为江淮地方士绅的共同提议并将影响提高至可能引起外人干涉的地步，但是由于漕运总督或河道总督在实际上已经失去了朝野上下支持的可能，希望这一职务的恢复不免带有空想的意味。

清江的罢市策略——不管是否出于恩寿的唆使——遭受江苏京官以及社会舆论的普遍反对。清廷电示周馥："清江人心惶惑，城内外有罢市聚众情事，著周馥仍遵前旨迅速前往，妥为弹压。"③ 在经过实地考察之后，周馥发觉自己原先所提议的设立两江总督行辕、添设江北按察司等想法在清江罢市这一背景之下显得束手无策而"应毋庸议"④，在江北地区设立江北提督这一武职军事长官才是针对江北彪悍民情的最佳选择。政务处对周馥这一建议也表示赞同。经过慎重考虑，清中央政府最终接受并付诸实施设立江北提督的方案：

> 清淮当南北水陆之冲，民情强悍，伏莽滋多，诚不可无大员坐

---

① 《记恩寿事》，《清朝野史大观》卷八《清人逸事》，上海书店，1981 年影印本，第 77 页。
② 《裁缺江淮巡抚恩寿为淮抚裁撤清江聚众罢市事致政务处电》（光绪三十一年三月二十二日），中国第一历史档案馆等编《辛亥革命前十年间民变档案史料》上册，第 269 页。
③ 《奉旨著周馥遵前旨往清江弹压事》（光绪三十一年三月二十四日），《谕旨类—电寄谕旨档—光绪—031》，中国第一历史档案馆藏，档号：1 - 01 - 12 - 031 - 0036，缩微号：002 - 1655。
④ 《奉旨特设江淮臬司著毋庸议事》（光绪三十一年四月初五日），《谕旨类—电寄谕旨档—光绪—031》，中国第一历史档案馆藏，档号：1 - 01 - 12 - 031 - 0040，缩微号：002 - 1659。

镇，拟请以淮阳镇改为江淮提督，文武并用，节制徐州镇及江北各营，仍以淮扬海道兼按察使衔，凡江北枭盗重案应即时正法，及军流以下人犯归其审勘，毋庸解苏以免迟滞。似此文武各有纲领，于吏治民生均有裨益，不必大改成宪。此时电报灵通，轮船便利，不致阻格事机，至于外患之来，当视全国之兵力以为进退。①

这意味着江北官制在历经变动之后以江北提督确立自己的统治地位而告终。

如上所言，江北提督设立伊始因袭了江淮巡抚的称谓而为江淮提督。然而甫至三月，清廷在正式发布任命提督的上谕中提出："以贵州提督潘万才署江北提督。"② 此时已更名为江北提督。囿于史料的缺失，个中原因不甚清楚。值得注意的是，宣统三年（1911），关于江北提督的名称纠葛再次被提及，被建议改为淮北提督：

> 昔之漕督，驻扎清江，专为河运而设，其地尚非四卫之区。今改设提督，似不必驻扎清江，宜择数省绾谷之地移驻其间，成为重镇。故求形势莫如移驻于徐州府。徐州四通八达，最为适中，古来彭城一镇实兵事剧烈之场，其地在淮水之北，宜改江北提督名为淮北提督，北可以顾直隶、山东，西可以制河南，南可以控安徽、江苏，而于江北一带，仍可兼顾。③

这一提议或许因为清朝统治不久之后即归于覆灭而不了了之。总而言之，虽然江北提督一职的设立屡经波折，其名称亦有不同变化，但是毕竟最终成为清季江北地区被各方所能接受的最高武职军事长官，正式登上江北历史舞台。

---

① （清）周馥：《苏淮分省利弊折》（光绪三十一年二月初十日），《秋浦周尚书（玉山）全集》，沈云龙主编《近代中国史料丛刊》第9辑第82册，第356～357页。
② 《清实录》第59册，中华书局，1987年影印本，第215页。
③ （清）吴士鉴：《奏为拟请江北提督改为淮北提督倡练新军扼要移驻事》（宣统三年闰六月十五日），《录副奏折》，中国第一历史档案馆藏，档号：03-7480-049，缩微号：556-0331。

四 结语：层垒的权力

在历经清廷与地方官员的反复博弈中，江北提督取代漕运总督与江淮巡抚之位，成为江北地方官制"政议三变"①的最终胜出者。由上文可以看出，这一过程由于涉及多方政治利益而百般纠结。虽然江北官职变动有让人耳目缭乱之感，但一个不可忽视的现象是，地方改制的迅捷与快速使得地方上的整个行政机构缺乏应对的能力。也就是说，江北地方官制的变动在很大的程度上仅仅局限于职官外在名称的变动，而其相应的职权并没有缩减，相反的却造成任职江北地方官员权力的不断扩大化趋势。按理说，江北提督若能"掌巩护疆陲，典领甲卒，节制镇、协、营、汛"②即已做好作为提督的本职工作。但是在实际操作过程中，江北提督不仅在军事上分担了原先与之相平行的江南提督的权力，也对"安徽、山东两省边界相连江北各州县缉捕重要事件"③均有处置权，其军事管辖范围已经涉及相连省份。与此同时，江北提督在用人行政上还因"节制江北文武"④的规定而对江北地区的官员具有保举与弹劾权。这种权力的实施对象不仅仅局限于其所辖军队的武职员弁，而且还扩大至江北地区的文职官员，超越了提督的权限。更为重要的是，江北提督在主政期间对江北新军、警务、教育以及财政等进行了超越传统政治之外的改革，对江北社会近代化做出了重要贡献，而这些显然不是一般的提督所能做到的。仔细推究，江北提督权力的扩张须从漕运总督至江北提督这一系列变动的过程中寻找答案，而这其中又主要关系到清朝中央与地方两个方面。

就清廷而言，在由其组织发起的国家政治变革的氛围中，江北地区的漕运总督及其整个漕运体系所暴露出来的弊端已经使之成为风口浪尖上的

---

① 张相文：《江北师范学堂章程序言》，《南园丛稿》，沈云龙主编《近代中国史料丛刊》第30辑第300册，第629页。

② 赵尔巽等撰《清史稿》第12册，中华书局，1977，第3389页。

③ （清）周馥：《奏请新设江北提督就近救办安徽、山东边界相连江北各州县缉捕重要事件事》（光绪三十一年八月十二日），《录副奏折》，中国第一历史档案馆藏，档号：03-6039-060，缩微号：451-2940。

④ 《清实录》第59册，第226页。

批判对象，对于这一僵化体系的整改势在必行。但是，问题的中心在于以何种方式实现对江北地区的重新治理。江淮巡抚的设置虽然是个不错的选择，且有"无增多文牍之扰，不必添移一官，加筹一饷"①等诸多便利（当然，这也是中央政府在江北行政官员设置过程中的选择），然而江淮巡抚的设置毕竟是建立在苏淮分省的基础上，无法得到社会舆论的赞同与响应。况且，在清廷精简机构的政策下，新行省的建立只是徒增麻烦，与清廷所实行的改革策略南辕北辙。为避免再次出现官员配置过程中的摇摆不定以及出尔反尔的情形，清廷不得不对江北地方官制改革采取简单化的倾向，而这种简单化则直接促使江北提督承袭了来自漕运总督与江淮巡抚的权力，因为清廷无力也不可能重新建立一整套新的机制来实现对江北地区权力的重新分配。因此，直接将上任官员的权力与职责赋予接任者至少可以获得自欺欺人式的安慰。江北提督一缺，"本缘淮抚而起，淮抚又缘漕督而下"②。在漕运总督与江淮巡抚已经裁撤的情况下，江北提督当仁不让地接办"从前漕督所办事宜"③，如主持祀谢河神、管理南河协饷以及主持江北新政等等。

就地方关系而言，江北地方行政官员的设置有方方面面的牵涉。因为无论是漕运总督、江淮巡抚还是江北提督，其身份皆是作为统摄地方的要员，是清廷派到地方的重要官吏，地位的殊荣与权力的拥有都是令人向往的。江北地区的特殊性在于江北地方向来是两江总督的辖区，漕运总督虽驻扎在淮安，但其职权与两江总督不存在利益冲突。然而江淮巡抚却是实实在在瓜分了两江总督的职权与利益，这其中也包含着任职者个人之间的恩怨。因此，在江北职官三次变动的过程中，作为两江总督的周馥在其中的作用不可谓不突出，而其目的也无非是想保持两江总督权重的一贯历史认知。提督虽位尊从一品，但仍受总督节制。与巡抚相比，江北提督更易为两江总督所操控，何况江北提督的设立也是两江总督周馥在躬亲力行之

① （清）奕劻等：《奏为遵旨议复翰林院修撰张謇条陈徐州建行省事》（光绪三十年十二月二十二日），《录副奏折》，中国第一历史档案馆藏，档号：03－5094－065，缩微号：388－0651。
② 《傅增湘建议江北提督专办练兵事致徐世昌函》（1906年9月13日），北洋军阀史料编委会编《北洋军阀史料·徐世昌卷》第2册，天津古籍出版社，1996年影印本，第206页。
③ 《清实录》第59册，第226页。

后提出的方案。因此，两江总督对于江北提督的诸多作为表示理解与支持。比如在养廉银问题上，江北提督任职人员皆为"署理"的身份，按照清朝"署事人员，照例只准支食半廉"① 的规定，江北提督的养廉银实在有限。对此两江总督周馥认为，江北提督"奉命节制江北文武，从前漕督所办事宜均归该提督接办，政务较繁，用款亦巨，与各省提督繁简不同，未便议减"②，并声称他省提督不得援以为例。正是有直属上级单位的这面强有力的支持以及如上所提到的清廷谕令，江北提督才得以在掣肘较少的情况下致力于推行江北新政，促进江北地区的近代化进程，而这也使得江北提督成为在晚清督抚主领地方新政的大势中绝无仅有的以提督身份倡行新政的特例。

本文与吕霞合作，系国家清史纂修工程项目"史表·提督表"阶段性成果（项目编号：200410120404008），原题为《清末新政前期江北地方官制的变革与因袭（1901—1905）》，原载《历史档案》2010 年第 4 期。

---

① （清）周馥：《奏为江北提督缺系创设半廉不敷办公请准现署江北提督刘永庆支食全廉事》（光绪三十一年七月二十日），《朱批奏折·附片》，中国第一历史档案馆藏，档号：04–01–01–1073–016，缩微号：04–01–01–163–1466。

② （清）周馥：《奏为新设江北提督应支廉俸仍照定例办理未便议减事》（光绪三十一年七月二十日），《朱批奏折》，中国第一历史档案馆藏，档号：04–01–01–1073–018，缩微号：04–01–01–163–1473。

清末地方行政制度的近代化尝试

——基于广东官制改革的考察

官制是政治统治的主要形式。中国传统政治统治的着力点是保皇权稳固、社会安靖，"求稳"是国家政治生活的永恒主题。但历史发展至清末，原先造就清政府辉煌的行政体制已经日薄西山，腐朽、僵化的统治方式难以适应新的形势需要，"求变"成为国家政治生存的必行之举。清末地方官制改革方案的出台，正是希望以"求变"达到"求稳"目的的产物。学术界关于地方官制改革的先期研究成果较为丰富，但多是作整体性研究，而较少注意到地方行省表现出的区域特性。广东作为晚清开风气之先之地，如何顺应时代潮流，改革地方行政制度，重建行政秩序，加强政府管理经济和社会事务的职能，是清末广东地方官制改革面临的重要课题。

一 广东地方官制改革的滥觞

清末地方官制改革于光绪三十二年（1906）被提上政治日程。是年，清政府将地方官制改革草案下发各行省讨论以求集思广益。草案针对地方官制中官署阶级太多、辅佐分职不备、地方自治不修等问题提出了两种改革方案。第一，设立行省衙门，合署办公，集体决策。第二，保留既有官制，明确岗位职责，推行扁平化的行政层级和司法独立。① 与传统政制相比，草案设计具有明显的西方近代行政体制的印记：不仅体现近代科层制的精神，而且反映出行政、立法与司法三权分立的基本原则。而改革的预期成果也力图实现由传统皇权一统的官僚政治体制向管理专业化、组织正规化、职能细分化的方向发展，也即意味着国家行政机构的近代化。然而，要改变中国传统行政体制的深重影响也不可能一蹴而就，需要清政府和地方行政官员的共同努力。

地方官制改革设计框架尽管冠以"草案"以供商榷，但字里行间规整地方制度、分割行政权力的信息已然挑动广东地方行政官员的敏感神经。时任两广总督的周馥对新政前期中央的集权行为本有所不满，在反馈意见的奏折中即以"斯事体大，节目繁多"② 的口气表达了对草案的不敢苟同。不论是分割总督大权的合署办公方案还是对总督权力的微调，都是对既有权力的侵占，必须予以抵制，故以"现时廉俸难筹"为由提出"其事相联属者必须兼摄"③。换而言之，即广东改革的条件尚不成熟，必须徐图缓之。后任总督也多以"财政拮据"回应清政府对地方官制改革的频频催促。④ "廉俸难筹"的确是客观实际。新政实施花费不赀，即便是曾经富裕的广东地区也无力承担层出不穷的新政款项，民困财窘成为制约地方改革的重要瓶颈。但是，广东地方官制的颓势已非改不可，传统管理体制的失衡，行政系统的紊乱，这些都需要变革以达到刷新政治的目的。

危机倒逼改革，改革势在必行。作为广东最高行政长官的两广总督对改革的态度是矛盾的：一方面对清政府企图借官制改革之机分割地方总督

---

① 《厘定官制大臣致各省督抚通电》（光绪三十二年九月十九日），侯宜杰整理《清末督抚答复厘定地方官制电稿》，中国社会科学院近代史研究所近代史资料编辑部编《近代史资料》第 76 号，中国社会科学出版社，1989，第 51~53 页。

② 《两广总督来电》（光绪三十二年十月二十七日），侯宜杰整理《清末督抚答复厘定地方官制电稿》，中国社会科学院近代史研究所近代史资料编辑部编《近代史资料》第 76 号，第 72 页。

③ 《收两广总督来电》（光绪三十三年正月初五日），侯宜杰整理《清末督抚答复厘定地方官制电稿》，中国社会科学院近代史研究所近代史资料编辑部编《近代史资料》第 76 号，第 89 页。

④ （清）袁树勋：《奏为遵议广东逐年行政经费并酌分缓急详陈事》（宣统元年八月初五日），《录副奏折》，中国第一历史档案馆藏，档号：03-7473-014。

的权力表示愤慨，想方设法予以抵制；另一方面又试图顺势调整地方行政制度，稳定社会秩序。因为从根本上来说，地方官制的健康运行有助于减轻管理和控制成本。更为重要的考量是，两广总督寄希望在地方官制调整的过程中实现利益的最优化，将咸同军兴后逐渐掌控的地方权力用制度化的形式予以固定。因此晚清广东地方行政制度改革中就出现这样的现象：两广总督既对中央的种种改革决策表示抗议和不满，但又至少在形式上按照中央的意图，推行地方官制改革。

二 广东地方行政官制改革

在综合评估、接纳与融合行省督抚对地方官制改革的意见后，清政府制定了统一规范地方行政改革的纲领性文件《各直省官制通则》。这也是清政府唯一正式批准实施的地方官制改革方案。两广总督即以此为蓝图，拉开了清末广东地方官制改革的帷幕。

（一）省级行政官制的调整

清代地方最高行政机构为总督衙门或巡抚衙门，设总督或巡抚为最高行政长官；督抚衙门外设有布政使司和按察使司，置布政使主管民政和财政，置按察使主管监察和司法。广东省级行政机构的改革，即主要针对总督衙门和藩臬二司的改革：在总督衙门设立幕职，分科治事；完善三司两道。①

第一，对总督衙门的改革。两广总督为广东地方最高行政长官，统辖全省事务。为处理日常政务向例延聘幕僚以协助，致使总督衙门机构臃肿。宣统元年（1909）两广总督袁树勋履任，首将总督衙门文案改为幕职，分十科治事，按照因事设官的原则与中央各部院对接，以各专责成。又制定《两广总督衙门幕职章程》，对行政人员的职责操守、办公程序、考勤制度予以明确规定。② 宣统三年（1911）张鸣岐上任后，在幕职章程

---

① （清）奕劻、孙家鼐：《奏为遵旨接续编订直省官制事》（光绪三十三年五月二十七日），《朱批奏折》，中国第一历史档案馆藏，档号：04-01-12-0655-053。

② 《文件第三章程：两广总督衙门幕职章程》，《东方杂志》第七年（宣统二年正月二十五日，1910年3月6日）第1期。

的基础上对行政官制进行补充和调整，对职员的薪饷待遇、资历水平的规定更为详备，职业化分工更为明晰。①

经过改革之后的总督衙门，从制度设计上来说，传统不设属官的制度被重新修正，原先"非正规编制"的机构与人员被制度化的形式予以确认，整合进新的行政系统，省级行政中枢的办事职能也因此名正言顺。分科治事原则的确立，客观上促成了总督衙门的科层化和职业化，行政体制得以规范，效率有所提高。这是值得肯定的地方。但从人事安排上来说，新设科员基本沿用原幕友文案，旧习气行为的承袭使行政人员的素质和能力备受质疑。

第二，对三司两道的完善。在司道设置方面，原布政使司不变，改按察使司为提法使司，裁撤学政，设提学使司，增设劝业道和巡警道。布政使司和提法使司仍循旧制管理，提学使司承袭学政旧职，管理教育和文化。在两广总督周馥看来，三司两道的设置有画蛇添足之嫌，应直接由"藩司兼理财政，臬司兼理巡警之类，不必遽开生面，徒费无益"②，故而对司道改革缺乏兴趣，以致毫无进展。直到光绪三十三年（1907）张人骏任两广总督时广东才开始设立巡警道和劝业道，分别管理巡警、消防、卫生等事务和农工商、交通事务，促进地方的治安和实业建设。

改革之后的三司两道，在行政统属关系上由总督与中央部院分工负责，旧的行政格局和统属体系被分解，初步建立起上下贯通的行政系统，中央政府得以增强对地方行政组织的控制能力。虽然在行政用人上司道同样未能脱离任用"旧人"的藩篱，但其体制设置却基本完成从传统到近代的转型。虽然在职权管辖上司道受双重管制，但由于权限的重新划分、部分机构的整合重组，原先政出多门的状况有所好转，行政关系也有所理顺。提学使、劝业道与巡警道的设置，客观上促进了广东地方教育、

---

① （清）张鸣岐：《督院张准民政部咨附送辞任幕僚分科治事表式咨请填报注册缘由咨复查照文》（宣统三年五月十五日），（清）两广总督署编《两广官报》第1期《吏政》，第80页，《清末官报汇编》第42册，全国图书馆文献缩微复制中心，2006年影印本，第21101～21103页。

② 《收两广总督来电》（光绪三十三年正月初五日），侯宜杰整理《清末督抚答复厘定地方官制电稿》，中国社会科学院近代史研究所近代史资料编辑部编《近代史资料》第76号，第89页。

实业、城市治安和公共管理事业的发展。

（二）省级以下行政官制的变动

府州县是行省体制中管理民政的机构，也是省级行政机构的执行机构。广东省级以下行政机构改革的主要内容有两点：一是在官员配置上，府州县各级衙门增设佐治官以管理行政事务；二是在司法改革上，府州县分设高等和初级审判厅以专管司法。[①] 如果说省级行政机构的改革因为涉及总督与中央部院、总督与藩臬之间错综复杂的利益而进展缓慢的话，那么对省级以下行政官制的改革两广总督的态度相对积极。

第一，增设佐治官以加强地方治理。新政实施需要地方行政官员具备良好的职业技能和业务素质。但由于"科目捐保进身既不一途"，地方官员的"智识、才量之悬殊复难以道里相计"[②]，增设地方佐治官的重要性不言而喻。两广总督周馥虽然认可设官的迫切性，但也担心造成财政隐忧，"治民之官遽加数倍而无以养之"[③]。但总督张鸣岐的观点却与之相反，认为设置佐治官有助于增加地方税收。[④] 就前后数任总督的主张而言，尽管认识到佐治官的设置存在重重困难，但为推动地方治理起见，设立乃为必须。

两广总督在重视增设佐治官问题上不谋而合，但实施效果却未如预期。地方官员考核结果可一窥究竟。"新政完成情况"和"存在问题"是对清末行政官员考核的重点。两广总督对佐治官的考核评语却从未体现出任何"新"意。"处事勤能、留心政教""勤求吏治、办事实心"[⑤]，这些标准的官方语言仍是传统的四格标准。且不论考核结果的真实性和公信

---

① （清）奕劻、孙家鼐：《奏为遵旨接续编订直省官制事》（光绪三十三年五月二十七日），《朱批奏折》，中国第一历史档案馆藏，档号：04 - 01 - 12 - 0655 - 053。

② （清）胡湘林：《奏为筹备宪政遵章设立会议厅事》（宣统元年七月初八日），《朱批奏折》，中国第一历史档案馆藏，档号：04 - 01 - 01 - 1095 - 013。

③ 《两广总督来电》（光绪三十二年十月二十七日），侯宜杰整理《清末督抚答复厘定地方官制电稿》，中国社会科学院近代史研究所近代史资料编辑部编《近代史资料》第76号，第73页。

④ 《紧要新闻一·粤督对于地方税之建议》，《申报》宣统三年二月初十日（1911年3月10日），第1张第5版。

⑤ （清）袁树勋：《呈宣统元年分广东省各厅州县衔名年籍政事及出具切实考语清单》（宣统二年八月初三日），《录副奏折》，中国第一历史档案馆藏，档号：03 - 7473 - 009。

力，但论两广总督对佐治官的习惯性评语，无法解读出增设佐治官以管理行政事务、促进地方治理的初衷所在。

第二，设置审判厅以推行司法独立。司法机关与行政机关的分离是近代国家政治体制的重要特征。对设置审判厅以推行司法独立的肯定，前后数任总督的意见也基本趋于一致。因为对动乱频仍的广东而言，对司法部门的投入无疑有助于安定秩序，稳固统治。审判官的设置"仿各国司法官之例，迳隶京部，不为他官所辖"①。就字面意思而言，司法将独立于行政之外，但这种独立是有附加条件的，但凡遇到"贪恶不职"的案件，总督可以干预。但对"贪恶不职"的内涵和外延又缺乏相应规定，故而留下诸多人为解释的空间。

两广总督虽然对司法行政与司法审判形式的分离表示重视，并成立专门的律师研究班以培养法律人才，但因"人为解释"的存在，司法独立迟迟没有进展。至袁树勋任两广总督时，又以撙节经费为由提出暂缓设置审判厅，而先推广监狱改良。②终至清亡，广东地方司法与行政的分离并没有真正实施。虽然传统司法与行政不分的行事观念成为阻滞广东司法独立的阻碍，但各级审判厅的组织架构和司法人才的培养毕竟为民国司法制度的建立和完善奠定了基础。

两广总督将"府州县"作为地方行政官制改革的"首务"，固然是因为较之省级行政机构而言府州县的改革相对简单，不但易出政绩，而且方便总督在人事设置中上下其手。但不可否认的是，两广总督对府州县改革的重视，也有从利己主义立场出发，趁机转移清政府对省级行政机构改革的视线，可谓为"祸水他引"之举。

三 官制改革的得失分析

广东地方官制改革取得了一定成效。在机构设置上，旧有机构的繁杂

---

① 《两广总督来电》（光绪三十二年十月二十七日），侯宜杰整理《清末督抚答复厘定地方官制电稿》，中国社会科学院近代史研究所近代史资料编辑部编《近代史资料》第 76 号，第 73 页。

② （清）袁树勋：《奏为遵议广东逐年行政经费并酌分缓急详陈事》（宣统元年八月初五日），《录副奏折》，中国第一历史档案馆藏，档号：03 - 7473 - 014。

与紊乱得以整肃，地方行政机构设置趋向合理化和近代化；在职权分属上，分科治事的原则得以确立，政治职权初步明确；在行政体系上，原先称谓不一、机构不一、权限不一的局面有所改观，行政逐步统一；在行政关系上，行政与司法的分离进入政治改革的视野。广东地方行政官制改革之所以取得这些成效，推究其原因，有两点殊关紧要。

第一，改革是在既有秩序基础上参照西方近代行政制度的微调，是对既成事实的制度化。为减少改革阻力，清政府放弃改革草案中地方行政改制一步到位的初衷，退而选择在旧的框架体制内参照西方行政体制对地方官制进行微调。人事任用、经费管辖等权力被以制度化的形式授以两广总督，藩臬二司也明确受总督节制，"酌情变通"的弹性规定也给总督以相应的操作空间。这些关键问题的解决，其实是对晚近形成的督抚大权在握这一既成事实的肯定，但又在制度上将旧有的地方行政规制纳入新的系统，符合双方的利益。对两广总督来说，地方官制改革未曾影响总督独揽大权，故而很容易从心理上认可并推行地方官制改革设计方案。

第二，改革没有真正触及既得利益群体的利益，是中央与地方妥协的产物。清政府在就地方官制改革方案征求督抚意见时，两广总督岑春煊曾建议将裁撤局所的经费移作官制改革的经费。① 这一建议被清政府采纳并反映在《直省官制通则》中裁并局所归并各司的内容中。由于对改革的内容有所认同，对改革的配合也只是顺水推舟。更何况两广总督作为广东地方官制改革的实际推动者，哪些制度可以推行，哪些制度可以在稍作变通后推行，哪些制度可以阳奉阴违，在缺乏有效监督体制的情况下总督完全可以自主，而在被追究之际只需自圆其说即可。清政府曾质疑广东行政官员考核滞后，护理两广总督胡湘林就不轻不淡地解释："广东属于远省"，"前督臣周馥并藩臬两司辗转交替，是以办理稍迟"②。清政府除了表示"该衙门知道"外，也别无他法。

① 《两广总督岑春煊奏请速设资政院代上院以都察院代下院并设省谘议局暨府州县议事会折》（光绪三十三年四月三十日），故宫博物院明清档案部编《清末筹备立宪档案史料》上册，中华书局，1979，第498页。

② （清）胡湘林：《奏为光绪三十二年份考察各厅州县事实并缮列清单事》（光绪三十三年六月二十二日），《朱批奏折》，中国第一历史档案馆藏，档号：04 - 01 - 13 - 0418 - 047。

但是，地方行政机构的变革毕竟是清政府试图对晚近以来逐渐形成的尾大不掉的督抚权力的裁抑。对清政府来说，地方改革是加强中央集权、巩固统治、实现有效控制的重要手段，但这却是两广总督所力图避免的。在地方官制改革的博弈中，两广总督在意的其实并非地方行政建置本身，而是这一建置是否会引起总督权力的变化。这也是两广总督对改革态度与中央迥然不同的原因。在行政机构的设置和重组上，两广总督认真践行中央政令，履行作为中央政务官的角色和权力，但凡涉及对总督权力的分割，辄以地方行政代表的身份表达不满，而这种不满无疑造成了广东地方官制改革成效的不尽如人意。

从行政体系方面来说，广东地方行政系统尚未与中央部院行政机构形成有效对接，行政统属关系不够明确。官制改革的目标是地方行政机构能直接对口中央部院所司事项及职责，也就是形成上下贯通的行政系统。清代统治制度赋予总督的职责为"内外相维"，而其大权在握毫无疑问成为政令通达、行政统属的重要阻力。虽然两广总督也明白处境的尴尬，"督抚介居其间，威信皆无所施，已成赘疣之势"，但仍然明确表示"若遽加裁撤，揆时度势，似又有不能"①。说法虽委婉，态度却坚定。即便知道总督的存在将对政治改革形成阻力，也知道理顺统属关系是未来行政改革的趋势，但两广总督也绝无通过官制改革让渡权力的意愿。

从行政用人方面来说，广东地方行政机构人事设置弊端依旧，行政官制的近代化遥遥无期。"新瓶装旧酒"是广东地方官制改革的通病。机构名称的简单更易、形式的划一模仿，表明官制改革只是刻鹄类鹜。人事设置的变革流于行式，旧有胥吏徇私舞弊，地方官制的近代化注定是项旷日持久的工程。两广总督出于旧官员"熟悉成案"的心态，往往对玩忽职守、虚应故事、粉饰成绩等"若辈遂据衙署为窟穴"②的弊端视而不见。总督在行政用人上的放任，虽然可能或夹杂着难以摒弃的官场人情，或为

① （清）袁树勋：《奏陈中央集权宜先有责任政府及监察机关折》（宣统二年五月），袁荣法编《湘潭袁氏家集》，沈云龙主编《近代中国史料丛刊续编》第21辑第201册，台北：文海出版社，1975年影印本，第122页。

② （清）袁树勋：《奏为遵旨分别考核额设书吏切实裁汰改为幕职分科治事事》（宣统二年十月十六日），《录副奏折》，中国第一历史档案馆藏，档号：03-7474-016。

操作的方便易行，或出于撙节经费的考虑，但这些有意无意的作为，实际上没有脱离传统官僚政治选才用人的窠臼，对人事之于近代行政改制的重要性认识不够，使得广东地方官制改革陷入形式已具但名实难副的泥淖。

从行政效能方面来说，广东地方行政机构的整合能力有待加强，精简高效的目标尚难实现。清政府对社会的控制是以官僚机构的设置和运行为依托来实现的。广东地方官制改革的目的在于将旧式的、非正式编制的机构整合进新的行政系统，通过裁撤繁冗组织和增设有用机构，促使行政机制运行畅通，效率提升。就两广总督裁撤的对象而言，主要是处于边缘地位的组织机构，重要的核心机构如善后局等依然是总督处理政务的重要部门，改革也因之无法向纵深推进。就增设的对象而言，巡警道、劝业道以及审判厅等皆为新设以应对新的社会管理的需要。但机构虽已更新，人事却依旧，专业能力和行政效率可想而知。依靠这样的统治机构承担社会管理的职能，无异于缘木求鱼。

四　地方官制改革的启示

时代的发展呼唤新的改革，改革的进程却非一帆风顺。但无论成功与否，每次历史机遇期的重要改革，注定了会在史册上留下浓墨重彩。广东地方官制改革虽然算不上成功，但在地方行政制度近代化方面的努力仍给予后来者以相当启示。

第一，行政体制改革需要宽松的政治氛围和正确的舆论导向。广东地方官制改革启动之时正逢全国性的新政建设进入第六个年头。自上而下的来自清政府决意改革的决心和信心，与庚子年之前对改革的讳莫如深相比已经不可同日而语。言必称改革的社会舆论导向也早已成为一种时尚。可以说，整个国家政治生活对改革的宽容与接纳，为地方官制改革提供了良好的政治氛围。因此，尽管步履蹒跚，一度被社会动乱牵扯耗费大量精力，广东地方政府还是在清政府的谕令下，在社会舆论的影响下，乘上了地方官制改革的末班车。

第二，行政体制改革需要稳定的社会环境和良好的地方秩序。广东是晚近最早经受欧风美雨浸淫的地区，因地域特点而形成开放包容的社会风气，官制改革不应落于人后。但清政府选择地方官制改革试点区时，广东失之交臂；改革在各省全面铺开后，广东的动作也慢条斯理，基本照搬江苏、直隶等省改制模式，缺少区域特性的创见，而其原因与广东社会治安状况密切相关。广东远离中国行政统治中心，与港澳相邻，是往来西方的重要通道，因而成为近代各种力量活动的重要地区。此起彼伏的起义与匪乱牵扯了地方政府有限的财力与精力，改革多成为一纸空文。因为任何改革，最首要的保证，就是稳定的社会环境。

第三，行政体制改革需要稳健的主政者和果敢的执行力。政治是人的政治，任何政治的运行都离不开"人"这一因素。作为广东最高行政长官的两广总督无疑是地方官制改革最为关键的因素，却存在着很大的变动性和不确定性。从广东地方官制改革开始到清朝覆亡这短短的五年内，就任、署理和护理两广总督的先后有周馥、岑春煊、张人骏、胡湘林、袁树勋、增祺和张鸣岐等七位总督。五年七易其人，即便是在督抚更替频繁已成清末痼疾的官场中频率仍显稍高。人事更替不可避免地造成政策的断层。就客观方面而言，官制改革涉及面广，覆盖面多，每任总督必定花费相当时间与精力熟悉改革的前因后果与来龙去脉，以方便政策的制定与实施；就主观方面而言，总督的个人素质、政治立场、派系人脉以及决策能力的不同，必定按照既有的行为习惯处理政事。这些差异的存在，必然会影响到官制改革的广度和深度。

第四，行政体制改革需要做好通盘筹划和远景绸缪。改革本是牵一发而动全身的事业，通盘筹划和远景绸缪理应作为改革设计的应有之义。两广总督曾数次上奏清政府要求周全考虑，以对地方官制改革统筹规划，力争在多方协调以达成共识后再分层次、排缓急，按轻重先后进行改革。但清政府全局意识的淡薄与统筹管理能力的欠缺，从源头上造成地方改革成果的不尽如人意。从纵向上来说，中央官制改革走在地方官制改革之前，上下错位造成官制改革进退维谷，左右为难，中央部院与地方行省关系难以理顺。从横向上来说，地方官制改革着力点在于行政，而与行政关系密切的财政问题却乏善可陈。缺少财政支撑的官制改革处处捉襟见肘，注定了难以取得实质性进展。

中国行政官制的近代化任重而道远。直至辛亥革命，广东地方官制的改革依然艰辛地奋斗在通往官制近代化的路途中。广东地方行政官制的改革，以及围绕改革所产生的系列问题，都是中国传统官僚政治向近代行政官制转换过程中不得不经历的阵痛。地方官制改革立意本大，心思不小，但在改革中却为执政水平所限制，被客观条件所掣肘，未能取得令人满意的效果。尽管如此，清末地方官制改革的实践，以一种承前启后的态势，为民国肇始地方行政机构的建置奠定了极为重要的基础。

本文与吕霞合作，系《广州大典》与广州历史文化研究专项课题"两广总督与清末新政"（编号：2015GZY01）阶段性成果，原载《中国行政管理》2016 年第 2 期。

清末顺直谘议局活动述论

在清末筹备立宪的过程中，全国各省陆续成立了谘议局。谘议局是省议会的"预备"，也就是省一级立法机构的雏形。由于机构的立法性质使然，各省谘议局在成立之后都进行了积极的活动，程度不一地推动了清末政治民主化的进程。直隶于宣统元年九月初一日（1909年10月14日）成立了谘议局，谘议局在筹备期间和成立初期都被称为直隶谘议局，在宣统二年（1910）九月召开的第二次常年会上取得了对直隶境内的两个特别行政区——顺天府和热河都统辖区的行政审议权之后，被称作顺直谘议局。直隶位于清王朝的畿辅重地，地理位置非常特殊，因此顺直谘议局的活动就比较引人注意。本文拟对顺直谘议局的活动作些探讨。

一　召开两次常年会

按照《谘议局章程》规定，谘议局应于每年农历九月召集一次例会，称常年会或年会，会期一般为40天，如有必要可延长10天。宣统元年九月初一日顺直谘议局成立以后，分别于当年和次年举行过两次常年会，会期分别为51和50天。

1. 第一次常年会

顺直谘议局第一次常年会于宣统元年九月初一日至十月二十一日（1909年12月3日）在天津举行。会址原计划在天津公园内谘议局办公处所举行，但是直到谘议局开会议事，"因本局建筑尚未落成"，只好"暂假吴楚公所为办事处、假李公祠为会议场"①。按规定会期应为 40 天，但由于会议内容过多，九月二十七日（1909 年 11 月 9 日）向直隶总督端方呈文请求延长 10 天，得到批准，但直到十月二十一日（1909 年 12 月 3 日）会议才告结束。这次会议的主要内容是选举正副议长、常驻议员、资政院议员和讨论各项提案。

开幕式结束后，先进行了议长和副议长的选举。直隶全省有议员 157 名，遵照奏定章程，投票互选，云南即用知县阎凤阁以 107 票当选为议长，候选知府王振尧和翰林院编修谷瑞芝分别以 98 票和 91 票当选为副议长。常驻议员的选举是在闭会前三天的十月十七日（1909 年 11 月 29 日）进行的。常驻议员的额数应为本省议员总数的十分之二，顺直谘议局共选出常驻议员 30 人。资政院议员的选举于十月十八日（1909 年 11 月 30 日）进行。按照《谘议局章程》规定，资政院议员共 200 名，其中钦选议员 100 名，各省谘议局选派选议员 100 名。各省在资政院议员的名额按谘议局议员多少分配，直隶得到 9 个名额，是各省中最多的。资政院议员的选举人和被选举人皆以谘议局议员为限。选举进行了两次才选出 9 名资政院议员，② 他们是齐树楷、李榘、刘春霖、籍忠寅、王法勤、于帮华、张铭勋、吴德镇、陈树楷。

《谘议局章程》第二十一条规定，谘议局拥有下列职权：议决本省应行应革事件；议决本省岁出入预算；议决本省岁出入决算；议决本省税法及公债；议决本省担任义务之增加；议决本省单行章程之增删修改；议决本省权利之存废；选举资政院议员；申复资政院咨询；申复督抚咨询；公断和解本省自治会之争议；收受本省自治会或人民的陈请、建议。③ 根据《顺直谘议局议事细则》规定，议长应在开会前一个月将准备讨论的议案

---

① 《呈请设法安置常驻议员文》，（清）顺直谘议局编《顺直谘议局文牍类要初编·公文类》卷上，北洋官报兼印刷局宣统二年（1910）排印。

② 《呈送当选资政院议员名册请复加选定文》，（清）顺直谘议局编《顺直谘议局文牍类要初编·公文类》卷上，北洋官报兼印刷局宣统二年（1910）排印。

③ 《宪政编查馆等奏拟订各省谘议局并议员选举章程折》（光绪三十四年六月二十四日）附《各省谘议局章程》，故宫博物院明清档案部编《清末筹备立宪档案史料》下册，中华书局，1979，第 676 页。

通知各议员，所有议案均须经审查科分股审查和读会之程序，方能付诸议员表决。谘议局通过的议案，总督若没有异议就将议案公布施行，若不以为然则可要求谘议局复议。谘议局如以法定多数仍持前议而总督仍不同意，总督须将议案呈请资政院核议。

顺直谘议局议员充分利用清政府制定的《谘议局章程》所赋予的权力，在两次常年会上提出了大量议案，仅孙洪伊一人就提了6个预备案。《东方杂志》记载："直隶谘议局自第一期开会以来，议案甚多。有总督交议者，有自行提议者，有人民陈请核议者。"① 第一次常年会议决案17件，包括直隶总督交议的3件、议员提议案14件，此外还有申复案2件、人民陈请案9件，共计28件。这些提案涉及内容很广，涉及地方教育的有《交议筹设简易识字学塾案》《奏请裁减新拟五处师范、设立单级教员养成所，以推广小学教育案》，涉及工业的有《陈请筹办直隶纺纱厂案》，涉及吏治的有《陈请整顿顺天巡警案》《剔除盐商积弊案》《剔除诉讼积弊案》，涉及税收的有《奏免典当田房税契以惠穷黎案》《改良田房税契以除弊便民案》，涉及农田水利的有《陈请设立永定河防议事会案》《挑浚滹沱河及引滏入运事不可行案》，涉及财政的有《议决厅州县设立理财所案》《议决应摊路款加收盐捐请一律改归民股案》等。人民陈请案大都是针对本省长期存在的积弊提出来的，表明一般国民的参政意识有了明显提高，开始对地方政务发表自己的见解。

由于时间短，会议不可能对交付审议的每件提案都进行充分的民主讨论，但议员们并不因此懈怠自己的工作，对于各类提案都能集中时间进行充分的审议。

2. 第二次常年会

顺直谘议局第二次常年会于宣统二年九月初一日（1910年10月3日）在天津召开，延长会期10天，至十月二十日（1910年11月21日）结束，共50天。会议的主要内容有改选常驻议员、讨论议案和关于顺天府热河权限。

---

① 问天：《记载：各省谘议局议案记略》，《东方杂志》第六年（宣统元年十二月二十五日，1910年2月4日）第13期。

常驻议员任期一年，到第二次常年会召开时任期已满，因此在会议结束前三天进行了常驻议员的改选，共选出常驻议员 30 人，其中满族旗籍常驻议员 2 人，汉籍常驻议员 28 人。在第二次常年会上，顺直谘议局收到的议案也很多，其中议决案 18 件，申复案 5 件，人民陈请案 21 件。

顺直谘议局最初无权监督和议决顺天府、热河都统辖区的行政、预算等，第一次常年会顺天、热河均未派员参加。因此，在筹备期间制定的各项细则均采用"直隶谘议局筹备处"的称呼。谘议局成立时，报纸等舆论宣传工具有的仍采用直隶谘议局的称呼。因此，顺直谘议局与直隶谘议局两个称呼并用。第二次常年会召开之前，顺直谘议局竭力向直隶总督陈夔龙争取对于顺天府、热河二地的权限，直隶总督在请示了宪政编查馆后，告知谘议局以后开会时可以要求顺天府尹和热河都统派委员到席与闻，谘议局以后有权议决顺天府和热河的岁出入及预算。因此，第二次常年会召开时，顺直谘议局就函请顺天府尹、热河都统派员与会。为严格履行谘议局的权限，顺直谘议局还曾要求顺天府、热河都统辖区将其本地区的岁出入和预算表册派专差交送谘议局会议审核。从此顺直谘议局有权监督和议决顺天府和热河的行政和预算，顺直谘议局这一称呼逐渐取代了直隶谘议局。

二 参加和领导国会请愿运动

谘议局成立后，成为地方政治势力和立宪派发起国会请愿的大本营，出现了以谘议局为中心的全国范围的请求速开国会的请愿热潮。从宣统元年（1909）九月到宣统二年（1910）十月，各省联合发动了三次请愿高潮，一年之间连续三次，规模一次比一次大，呼声一次比一次高。直隶立宪派以顺直谘议局为阵地，积极投入了请愿活动，并始终处于运动的前列。顺直谘议局和直隶的立宪派在全国请愿中起了非常重要的作用。

1. 第一次请愿

宣统元年九月初九日（1909 年 10 月 22 日）各省谘议局成立后，开始组织国会请愿运动。江苏谘议局议长张謇首先倡议发起，联络各省谘议局，湖广总督瑞澂出面联络各省督抚，分别请清廷速开国会和速设责任内阁。张謇发表《请速开国会建设责任内阁以图补救意见书》，呼吁各省联合请愿，并邀集各省代表于十一月初五日（12月17日）在上海开会，商讨请愿办法。顺直谘议局积极响应，推举王法勤、孙洪伊、张铭勋三名议员赴会。宣统元年十一月初五日，全国16省代表共51人在上海正式开会。十一月十九日（12月31日）大会结束后组织了由顺直谘议局议员孙洪伊为领衔代表的33人"赴京请愿代表团"。

为了支持这次请愿运动，直隶全省各地各界纷纷响应。由顺直谘议局议员孙洪伊倡导，于宣统元年八月底率先在天津组织了宪政研究会，有会员24人，目的是向人民普及宪政知识，同时也为召开国会做准备。顺直谘议局议员每人于旅居费下捐银10两来作为宪政研究会的活动经费，共筹到经费1570两，议员胡家祺、李士铭甚至将所有旅费都捐给宪政研究会。

为了商讨国会请愿进行办法，顺直谘议局于宣统元年十二月十三日（1910年1月23日）再次开会。当天，直隶群众团体也在三条石直隶研究所开会，讨论要求开国会一事。据《大公报》记载，是日"绅商学警军报各界到会者二百余人"①。三条石群众会议决定：一，以直隶团体之名义直接上请愿书；二，以直隶自治研究总所为事务机关；三，公推顺直谘议局议员温士霖、萧启宗等6人为总干事，专任联络各州县绅商士民以谋进行之方法；四，以谘议局自治研究总所和天津中国报馆为通信机关；五，致通告书于府、厅、州、县为各方面之运动；六，俟签名单到后再开临时大会，公举代表进京请愿。

宣统元年十二月初六日（1910年1月16日），各省谘议局请愿代表将请愿书呈递都察院，要求在一年之内召开国会，但是"都察院未即代奏，求见都御史亦不见"②。十二月十一日，请愿代表遍谒军机处王大臣，各王大臣意见并不一致，有的竟不知国会为何物，有的表示赞成，有的经过代表解释后或"深以为然"，或"为之动容"③。经过请愿代表的多方努力，都察院终于代呈了请愿书。十二月二十日，清廷以"具见爱国悃忱，朝廷

---

① 《热心国会》，《大公报》宣统元年十二月十六日（1910年1月26日），第1张第6版。
② 《记载第一中国大事记：国会请愿代表呈请速开国会奉谕俟九年筹备期满再降旨召集议院》，《东方杂志》第七年（宣统二年正月二十五日，1910年3月6日）第1期。
③ 《记载第一中国大事记：国会请愿代表呈请速开国会奉谕俟九年筹备期满再降旨召集议院》，《东方杂志》第七年（宣统二年正月二十五日，1910年3月6日）第1期。

深为嘉悦"，但"我国幅员辽阔，筹备既未完全，国民智识程度又未划一。如一时遽开议院，恐反致纷扰不安，适足为宪政前程之累"，因此"俟将来九年预备业已完全，国民教育普及，届时朕必毅然降旨，定期召集议院"①。清廷驳回了请愿书，拒绝提前召开国会，第一次国会请愿失败了。

2. 第二次请愿

立宪派对第一次国会请愿的失败事先有所准备，所以在第一次请愿失败后以顺直谘议局议员孙洪伊为首的代表团紧接着就部署第二次请愿。

在清廷发布上谕之前的宣统元年十二月十四日（1910 年 1 月 24 日），请愿代表团就通告各省谘议局，倡议成立谘议局联合会。十二月二十日接到上谕后，请愿代表团首先在北京组织国会请愿同志会总部，作为请愿运动的全国性联络机构，接着又致书各省团体，请各省设立请愿同志会分会，于同年四五月间派代表进京，共同再次上书请愿。顺直谘议局积极响应请愿代表团的倡议，还派代表分别到山西、河南、山东、东三省等省进行联络活动。

宣统二年（1910）三四月间，各省谘议局组织绅商学界召开大会，在向督察院呈递请愿书的同时发起请愿签名活动。三月初六日（1910 年 4 月 15 日），顺直绅商再次召开大会，讨论继续请求速开国会的问题，到会者达 500 余人。大会选举直隶谘议局议员李长生、贾恩绂、贺培桐、齐鼎升，保定所举之韩德铭、于帮华、刘培极及直隶自治研究总所之王观保为请愿代表。雄县、束鹿、晋州等州县也推举国会请愿代表，并于三月初十日（1910 年 4 月 19 日）前后陆续赶到天津。所有代表齐集顺直团体事务所，共同筹商请愿事宜。北京请愿代表、直隶谘议局议员王法勤还亲自前往山西、河南、山东等省游说，运动联络。三月十七日（1910 年 4 月 26 日），顺直二次国会请愿代表起程进京。四月，各省代表 150 余人相继到京，开会通过了国会请愿书。四月二十九日（1910 年 6 月 6 日），请愿代表 80 余人前往督察院，以不同团体的名义分别向督察院、摄政王载沣及王公大臣等共上了 10 份请愿书。其中，顺直谘议局议员孙洪伊等人的上书指出政府

---

① 《俟九年预备完全定期召集议院谕》（宣统元年十二月二十日），故宫博物院明清档案部编《清末筹备立宪档案史料》下册，中华书局，1979，第 641~642 页。

"真诚之意少，敷衍之意多"①。五月初十（1910 年 6 月 16 日），各省入京代表 150 余人向都察院呈递了有数万人签名的请愿书，"要求速开国会"②。十五日都察院据情入奏，十九日清廷谕令政务处王大臣于二十一日召见请愿代表。宣统二年五月二十一日（1910 年 6 月 27 日），政务处王大臣接见请愿代表后仍议定"俟九年后筹备完全，方可议开国会"③。清廷发布上谕，训示立宪派以后"毋得再行渎请"④。第二次请愿再次失败。

3. 第三次请愿

第二次请愿失败后，各省纷纷致电京城，要求继续请愿。顺直谘议局议员孙洪伊等当即回电表示，将继续请愿，誓死不懈。

宣统二年八月初九日（1910 年 9 月 12 日），各省谘议局联合会在北京召开第一次会议。各省谘议局的议长也赶到北京参加会议，如顺直谘议局议长阎凤阁、副议长王振尧，浙江谘议局副议长沈钧儒，四川谘议局议长蒲殿俊，湖北谘议局议长汤化龙，广西谘议局议员代表吴赐龄，参加会议的都是各省谘议局的骨干分子。会议选举汤化龙为会长，蒲殿俊为副会长，推举孙洪伊、雷奋、周树标、汪龙光、杨廷栋、吴赐龄、王法勤等 9人为审查员。当时在北京的归国留学生和应试的举人贡生等都参加了请愿，而且美洲和日本的华侨也派了代表入京。会议决定，利用资政院即将开会的时机，向资政院提出要求速开国会的议案。

第三次请愿运动比前两次更加活跃，声势浩大。这次请愿的特点是各省出现了大规模的群众请愿运动，直隶就出现了千人游行的群众请愿活动。以顺直谘议局议员孙洪伊为代表的请愿代表团除了向资政院递交请愿书外，还直接到摄政王府向载沣上书请愿。

第二次国会请愿被驳回后，顺直请愿同志会于宣统二年五月二十三日（1910 年 6 月 29 日）召开会议，筹商进行办法。五月二十五日，该会干事

---

① 《来稿：国会代表第二次请愿书稿》，《申报》宣统二年五月初八日（1910 年 6 月 14 日），第 1 张第 3 版。

② 《译电：北京电》，《时报》宣统二年五月初十日（1910 年 6 月 16 日），第 2 张。

③ 问天：《记载第一中国大事记：国会请愿代表第二次呈请速开国会奉谕仍俟九年筹备完全再行降旨定期召集议院》，《东方杂志》第七年（宣统二年六月二十五日，1910 年 7 月 31日）第 6 期。

④ 《清实录》第 60 册，中华书局，1987 年影印本，第 646 页。

及代表谷蔼堂、张鼎臣、温支英、杜小琴、王劭廉进京与代表团面商请愿一事。驻京代表团本拟于宣统三年（1911）二月上第三次请愿书，后因东三省代表的陈请，遂定于宣统二年九月初五日（1910 年 10 月 7 日）上书。直隶商业研究所得此消息后，马上邀集各行董事会开会，决定此次多举代表同往都察院请求。九月初一日，顺直谘议局议员及工商学各界到会者百数十人召开会议，公举进京代表。①

宣统二年九月初一日，资政院正式开院，立宪派决定借资政院开会之机掀起第三次请愿高潮。九月初五日，请愿团代表孙洪伊等以及从天津赶来的直隶代表李长生、温世霖等 7 人，前往摄政王府上书请愿，但未遇摄政王载沣。《民立报》当时报道：

> 请愿国会直省谘议局议员代表孙洪伊、直省绅民代表李长生、东三省绅民代表乔占九、旗籍绅民代表文耀、直省教育会代表姚文枬、直省商会代表沈懋昭、直省政治团体代表余德元、南洋雪兰莪澳洲等埠华侨代表陆乃翔、美国纽约华侨代表伍宪子、日本华商代表汤觉顿等，上监国摄政王书。②

九月初七日，请愿代表团前往资政院请代交请愿书，并四处活动走访王公大臣希望得到他们的支持。此次上书提出建立有国会监督的责任内阁，并要求清廷在明年即宣统三年（1911）召开国会。为此，顺直谘议局议员孙洪伊专门向庆亲王奕劻上书，请求面晤，遭到奕劻的拒绝。孙洪伊当天就到庆王府，坚持面见奕劻。奕劻无奈，只得召见孙洪伊。孙洪伊在请求速立宪开国会时，痛哭失声，长跪不起。奕劻只好接受上书。

为了配合第三次请愿，顺直谘议局及直隶人民团体展开了一些请愿活动，签名者非常之多，同时还举行了浩浩荡荡的示威游行，将这次请愿运动变成了名副其实的群众性运动。这些活动一方面是向清政府施加压力，另一方面也是为了支持北京的请愿运动。宣统二年九月初二日（1910 年

---

① 《上书有期》，《大公报》宣统二年九月初二日（1910 年 10 月 4 日），第 1 张第 5 版。

② 《接新闻一：请愿团上书监国》，《民立报》庚戌年（宣统二年）九月十四日（1910 年 10 月 16 日），第 3 页。

10 月 5 日），直隶各界人民 1000 余人在天津召开大会，会后由顺直谘议局议员李向辰、温世霖、阎凤阁等 12 人领衔，高举写有"顺直人民呈请代奏速开国会"的大旗，游行至直隶总督衙门请愿，要求直隶总督陈夔龙代呈召开国会的上书。在群众的强烈要求下，陈夔龙只好答应。直隶其他地方如灵寿、永年等县的一些群众也纷纷表示，"第三次请愿如再被驳，愿做第四次之后援"。甚至绅民"亲至同志会探询请愿近况及研究第四次进行方法者，亦日必数起"①。

全国的请愿运动进一步高涨，同时十七省督抚将军也联衔奏请速设内阁速开国会，资政院也以全体议员一致赞成通过了请速开国会一案，这些都给清廷施加了巨大的压力。清廷只得做出让步，于宣统二年十月初三日（1910 年 11 月 4 日）发布上谕称"于宣统五年实行开设议院"，但同时强调"作为确定年限一经宣布，万不能再议更张"，"此后倘有无知愚氓，借词煽惑或希图破坏或逾越范围，均足扰害治安，必即按法惩办"②。

4. 第四次请愿

清廷缩短筹备年限、提前三年开设议院的许诺在立宪派内部引起了不同的反应。各省谘议局积极请愿的议员们，大多数不满意这个决定。以张謇为首的江浙立宪派中的部分上层人士以为，宣统五年虽非最满意的期限，但估计再请愿也无结果，因此决定停止请愿。直隶省的多数绅商对继续请愿也表示冷漠，但是以新式知识分子为主体的顺直谘议局却主张继续坚持请愿，议长阎凤阁首先带头表示继续进行再次请愿。

直隶人民也没有因此停下请愿运动的脚步。"旅津学生发起四次国会请愿，有割臂者，有断指者，有自刿者。十九日全埠停课，集合三千余人，齐赴都宪恳求代奏，陈督已允。"③ 宣统二年十一月十四日（1910 年 12 月 15 日）奉天第四次请愿代表赴京，途经天津时，下车联络。是日，学界召开全国旅津学生大会，到会者 1300 余人，一致赞成第四次请愿。同日，顺直绅民也于河北三条石自治研究总所开会，决定联合北京、保定各

---

① 《绅民国会热》，《大公报》宣统二年十月初二日（1910 年 11 月 3 日），第 1 张第 6 版。

② 《谕旨》，《东方杂志》第七年（宣统二年十一月二十五日，1910 年 12 月 26 日）第 11 期。

③ 《专电：北京二十二日电》，《民立报》庚戌年（宣统二年）十一月二十三日（1910 年 12 月 24 日），第 2 页。

界公推代表进京，商界亦拟举代表进京。十一月十五日，顺直谘议局议定由议员王法勤和贾恩绥为第四次请愿代表。十一月十七日，全国学界于直隶自治研究所召开全体大会，并组织全国学界同志会，推举顺直谘议局议员温世霖为会长。十一月十九日，天津各学堂学生罢课，齐集广东会馆。之后，由温世霖领衔的学界代表，以顺直谘议局副议长王振尧、议员高俊彤领衔的自治界代表，以商会总理王竹林领衔的商界代表，以李榘、胡家祺、王双歧、李长生、王法勤、杜宝桢、王庆昌、张伯苓、王梦臣、张静宜、张祝升、聂兴吾、张滋田等领衔的绅界代表，打着各色旗帜，高呼"誓死请愿"的口号，游行至直隶总督衙门请愿，要求宣统三年召开国会。直隶总督陈夔龙迫于代表压力，同意代为上奏。十一月二十日，清廷发布上谕，"不准再行联名要求渎奏"①，并下令陈夔龙压制这次请愿。于是，陈夔龙逮捕了温世霖，压制了这次请愿。以顺直谘议局为代表的第四次国会请愿以失败而告终。

国会请愿运动是清末由立宪派人发起的一场政治民主化运动，各省的谘议局在这场运动中起了领导、组织的作用，谘议局也成为各省立宪派活动的主要阵地。在全国的国会请愿运动中，直隶省开展得特别热烈而坚决，规模大而持久。顺直谘议局在这场请愿运动中扮演了非常重要的角色，顺直谘议局的议员们在请愿运动中异常活跃，发挥了积极的领导组织作用。

三　组织立宪团体和政党

清末筹备立宪运动期间，为了推动立宪运动的发展，各省相继成立了一些规模不等的立宪团体，如湖北的宪政筹备会和江苏的预备立宪公会，顺直谘议局的议员和立宪派人士在组织和推动宪政研究会的组建方面发挥了积极的推动作用。国会请愿运动失败之后，鉴于国会召开为期不远，立宪派加快了组党工作，以便在未来国会中占据主导地位。顺直谘议局议员于帮华、陈树楷、孙洪伊、李榘、王法勤等人都积极组织和参与了资产阶

---

① 《清实录》第 60 册，第 807 页。

级的立宪团体和政党的发起和筹备组织工作。

1. 直隶宪政研究会

直隶宪政研究会是为了反对日本侵略和早日实行立宪而成立的。宣统元年七月二十日（1909 年 9 月 4 日），清政府与日本签订了《图们江中韩界务条款》和《东三省交涉五案条款》，丧失了许多利权。九月初七日（1909 年 10 月 21 日），广西按察使王芝祥等人电告直隶谘议局关于谈判中日新约失败的情况，请直隶谘议局联合各省挽回。九月十一日，直隶谘议局邀集天津自治局、议事会、董事会、商会、劝学总所、工商研究总会各团体代表百余人在天津进行研究。与会者认为必须向政府力争，但考虑到各团体势单力薄，无法出面，遂决定将各团体联合成立一个大团体，定名为宪政研究会。宪政研究会的成立还出于一种考虑，这就是为了向直隶全体人民普及宪政知识，促进立宪的实现和地方公益的完善。会议当即推定直隶谘议局议员孙洪伊、温世霖、王劭廉、谷瑞芝等 24 人负责组织，同时决定创办杂志，向国民宣传宪政知识。

九月十四日，直隶宪政研究会致电全国各团体，指出中日新约给国家带来的危机，请联合一致向清政府力争，九月十七日选出顺直谘议局议员孙洪伊、谷瑞芝、温世霖、于帮华、王法勤、张铭勋、齐树楷、崔谨、高俊彤、李景方、张锡光、张肇隆为代表，决定以代表的名义先致电政府挽救，然后上书。同日，孙洪伊等人即致电军机处，要求迅速筹商挽救措施，并治外务部尚书梁敦彦卖国之罪。其后孙洪伊等人又上书清政府，强调指出"中国瓜分之局将从此而大定"，中日新约实为"亡国之导线"，必须力废此约。①

《日俄协约》签订后，宪政研究会认为对中国不利，于宣统二年二月二十四日（1910 年 4 月 3 日）特召开全体会员大会，一致议决通告全国人民警惕，并进行国会请愿，以救危局，二月二十九日又致电各省共谋救国之策。

宪政研究会也积极要求速开国会。宣统元年十二月，为了推动全国请

---

① 《来件：直隶人民代表孙洪伊等上政府书（续）》，《申报》宣统元年十一月二十三日（1910 年 1 月 4 日），第 2 张第 2 版。

愿运动发展，宪政研究会特致书正在上海召开的商法讨论会，详论召开国会与商人的切身利害关系，请其急速联合全国各商会进行请愿。在直隶几次大请愿中，宪政研究会都是一支非常活跃的生力军。

2. 宪友会

宪友会是在谘议局联合会和国会请愿同志会的基础上建立的。宣统二年十月请愿代表团解散时，决定在国会请愿同志会的基础上改组政党，以培养积蓄实力，推举顺直谘议局议员孙洪伊等人起草党纲党规。

各省谘议局对成立政党期望甚殷，纷纷致书国会请愿同志会从速组织。如福建谘议局的信说："往时以种种障碍，致不能成一形式之团，今不速谋，则将终散。务宜趁此时期速树旗帜，先定党纲立案，以号召天下。"湖北谘议局的信中说："国会以政党为先河，无政党即失国会之效力，今年之资政院可为明鉴。宜趁此时急谋组织，明定党纲，以定国会之基础。"① 对于是否组建政党以及政党的规模大小，起初同志会内部意见颇多分歧，后经多次讨论决定组建全国性统一政党，会议推举孙洪伊等4人为起草员，负责拟订党纲。

宣统二年十二月初一日（1911年1月1日），孙洪伊邀请38人在北京全蜀会馆召开发起会，讨论党规、党纲草案。与会者认为还应做进一步修正，接着推举临时干事40人，负责成立大会前的一切筹备工作，在到会诸人中推举吴赐龄、李文熙、席绶、康士铎、彭占元、汪龙光、王敬芳、陈登山、雷奋、罗杰、易宗夔、齐树楷、张之霖、李素、牟林、江辛、孙洪伊17人为修正员，推孙洪伊为临时主席。参加这次会议的主要是谘议局和资政院议员，其中齐树楷、孙洪伊为顺直谘议局议员。

关于新政党的名称，当初没有确定。宣统二年十一月上旬，孙洪伊致电梁启超，请他"促定党名"，② 梁启超建议命名为帝国统一党。十一月底，孙洪伊等拟定帝国统一党党规30条、党纲13条。帝国统一党的名称传到社会，引起了一些人的误会，以为该党成立在于统一国内各党派，有

---

① 《紧要新闻一：同志会果有组织政党之能力否》，《申报》宣统二年十月二十八日（1910年11月29日），第1张第5版。

② 丁文江、赵丰田编《梁启超年谱长编》，上海人民出版社，1983，第529页。

人甚至认为是为了专制统治。孙洪伊等人为了"释群疑而定众志"，便采取了权宜措施，将党纲、党规草案呈外城巡警总厅，转申民政部立案。宣统三年二月上旬，民政部批准。康有为欣喜地说："今统一党之注册于民政部也，乃中国政党发启明之初焰，民政部之许统一党注册也，为中国官认立党之雷震第一声。"①

孙洪伊等人接到民政部批准的通知，于二月中旬发出公启，附寄党纲、党规和入党证书草案，向各省解释了暂且呈请立案的原因，并请推定支部干事，于谘议局联合会开会时齐集京师，公决党纲、党规。宣统三年五月初三日，孙洪伊召开发起会，与会者53人。会议公举江西谘议局议长谢远涵为临时主席，李文熙为书记。湖北谘议局副议长张国溶报告了开会宗旨，宣读了章程，提出党名不用帝国统一党，改用宪友会，请大家讨论。大家赞成更改党名，原则上通过了章程，决定五月初八日召开成立大会，推四川谘议局议员萧湘、奉天谘议局副议长袁金铠、山西谘议局议长梁善济以及顺直谘议局议员陈登山、孙洪伊等人为临时干事，筹备成立大会的召开。

发起组织宪友会的有70人，基本上都是谘议局联合会、国会请愿同志会的成员和立宪团体的人物。总纲规定宪友会成立的目的是"发展民权，完成宪政"。宪友会总部设于京师，各省设立支部，定期召开大会和职员会，大会每年一次，职员会半月一次。

五月初八日（1911年6月4日），宪友会在北京湖广会馆召开成立大会，宣告成立。到会者100多人，推谢远涵为临时主席，江西谘议局议员黄远庸、李文熙为临时书记，孙洪伊、雷奋、徐佛苏3人被选为常务干事。会议决定设总部于北京，各省设支部，接着推举出18省和八旗支部的发起人。顺直谘议局议员李榘、籍忠寅、齐树楷、高俊彤、张铭勋、刘春霖、王法勤等人被推举为直隶支部的发起人。

本部组织初定以后，各省支部也相继成立。直隶支部的发起人李榘、齐树楷、籍忠寅、张铭勋、王法勤等于七月二十三日以前回天津进行活

---

① 康有为：《民政部准帝国统一党注册论》，上海市文物保管委员会编《康有为与保皇会》，上海人民出版社，1982，第315页。

动，八月十三日召开成立大会，讨论了支部章程草案，选举李榘、籍忠寅为正副干事，王振尧、高俊彤、邢端、刘春霖为候补干事，八月十六日又通过了支部章程，公举了干部，会员有 170 余人。

宪友会虽然没有以党命名，但无疑是清末一个合法政党，它有自己的章程、纲领、规约，规定了奋斗目标。宪友会旗帜鲜明地标榜"发展民权"①，态度较为激进，最能表明资产阶级政党的性质。它有严密的组织机构，总部之下设支部，明确规定两者的关系是领导与被领导的关系、上下级关系，总部的决议支部必须执行，组织的决议个人必须执行，入会手续和组织纪律均较完备和严格，具备了政党的基本特征。政党的公开出现标志着封建专制制度的进一步削弱，人民民主权利的增长，资产阶级力量的壮大，既是国家预备立宪的结果，也是谘议局成员努力的结果。顺直谘议局的议员积极组织、参与了宪友会的发起、筹备、组织等一系列工作，为宪友会的组织成立做出了较大的贡献。

在清末筹备立宪过程中，顺直谘议局不仅开办得早，而且规制详备，调查和选举程序、议政程序基本体现了民主国家选举和议政原则，客观上在全国造成了一种示范效应。顺直谘议局议员在谘议局常年会和资政院会议上，在国会请愿运动中都有积极出色的表现，堪称各省的楷模。与其他谘议局一样，顺直谘议局通过的议案大部分没有得到执行，谘议局活动的实际效果甚微。但是，议员们通过实践受到了立宪政治的训练。这种训练不仅使他们逐渐了解和熟悉了议会应有的权限、职能、规章、议事程序，而且还使他们基本上按照立宪制度的常规开展了一些活动，从而增进了宪政意识，提高了议政、从政的能力，奠定了民国初年省议会的基础。顺直谘议局在清末筹备立宪过程中的活动在一定程度上启迪了直隶广大民众的民主意识，促进了直隶地区的社会民主化，推动了清末直隶乃至全国政治民主化的进程，在清末中国政治民主化的过程中做出了一定的贡献。

本文与赵艳玲合作，原载《历史档案》2005 年第 2 期。

---

① 《要件：宪友会章程》，《时报》宣统三年五月十四日（1911 年 6 月 10 日），第 1 张。

浅析清末宪政活动中顺直
谘议局的稳健性

在清末筹备立宪的过程中，各省陆续成立了谘议局，直隶也于宣统元年九月初一日（1909 年 10 月 14 日）成立了谘议局。直隶省的谘议局，在筹备阶段和成立之初被称为直隶谘议局，当时无权审议直隶境内顺天府和热河都统辖区的行政、预算等事项。宣统二年（1910），直隶谘议局在召开第二次常年会之前争取到了对顺天府和热河都统辖区等议决权，因而被称作顺直谘议局。与其他省份的谘议局一样，顺直谘议局积极推动清末政治民主化的进程，为中国政治民主化做出了贡献。在具体的宪政活动中，顺直谘议局表现出了与其他省份的谘议局不同的特点，那就是它的稳健性。本文试就顺直谘议局的稳健性作些探讨。

一

顺直谘议局的稳健性主要表现在它与直隶行政官厅的关系方面。

谘议局的性质决定了它在履行职责时不可避免地会与地方行政官厅产生矛盾，甚至会发生严重冲突。许多省份的谘议局在与行政官厅发生矛盾之后，都曾采取比较激烈的方式如全体辞职、停议或解散谘议局来给行政官厅施加压力，尽管这种做法的效果并不理想。顺直谘议局与直隶行政官厅也经常发生冲突，但是它所采取的斗争方式不如其他省份那样激烈，从未出现过停议或解散谘议局的现象。

浙江谘议局在第二次常年会期间曾因路矿问题宣布停议和解散。宣统元年（1909）二月，邮传部曾强迫江苏、浙江两省铁路公司订立章程，同意由邮传部出面借贷外款，再转借两省铁路公司筑路。江浙两省的谘议局和士绅纷纷反对，浙江铁路公司总理汤寿潜致电军机处，弹劾邮传部尚书盛宣怀。清廷盛怒之下竟撇开董事会下令将汤寿潜革职，不许参与筑路之事。浙江谘议局议员忍无可忍，于宣统二年（1910）九月第二次常年会期间多次提出废除章程，铁路商办，要求清廷收回对汤寿潜的处置令，并以全体议员辞职、谘议局停议相威胁，"谘议局因路事停议待旨已见各报，兹闻各议员中主见不一，故未能决计实行全体辞职之宗旨。……今谘议局既因路而一切停议，诚不如早日解散，尚为不失其体面云。闻已定一体解散矣"①。对于浙江谘议局的停议事件，浙江巡抚增韫极为不满，致电宪政编查馆，请示应付办法。宪政编查馆回电：

> 今该局自行停会是其自弃职务，如所提议事件，实系逾越权限不便代奏，又不受劝告者，应由贵抚按照局章第四十七条第一项饬令停会，若屡经停会，仍不悛改，即照第四十八条第三项办理。②

也就是说，如谘议局仍不听劝解，浙江巡抚可以解散谘议局。但是，浙江谘议局对此并不屈服，"现下内部纷纷辞职，统计先后已达十人"③。

山东省谘议局发生过议员由于不满议长屈服于巡抚孙宝琦而辞职的事件。宣统元年九月第一次常年会期间，当全体议员讨论莱阳籍议员周树标、丁世峄、王志勋、张介礼、尚庆翰等五人提交的有关山东地方官员营私舞弊议案时，"议长杨毓泗、副议长王景禧惟知拍孙宝琦之马屁"，"竟厉声叱该五人为曲党"，周树标等五人不服，一起提出辞职，其他议员纷

---

① 《新闻一：谘议局解散之得体》，《民立报》庚戌年（宣统二年）九月十五日（1910年10月17日），第2页。

② 《新闻一：宪政馆要解散浙局，宪政编查馆复浙抚电》，《民立报》庚戌年（宣统二年）九月二十五日（1910年10月27日），第2页。

③ 《接新闻一：浙议局之厄运》，《民立报》庚戌年（宣统二年）九月二十八日（1910年10月30日），第3页。

纷响应,"现在该局大形糜烂,直无一人矣"①。

吉林省谘议局与官府的冲突也很激烈。第一次常年会期间,吉林谘议局讨论吉林巡抚陈昭常与外国官员的交涉中存在的腐败问题,陈昭常以所议内容不在谘议局权限之内,下令停会。吉林谘议局便直接致电宪政编查馆,抗议陈昭常非法停止谘议局会议,"故陈抚与谘议局大起冲突,现在连日禀揭咨电交达"②。

类似的由于与督抚发生冲突而引起谘议局解散的情况在江苏、湖南、江西、山西、云南等省都有发生。

顺直谘议局与行政官厅之间虽然也有冲突,但是对待解散一事非常慎重,从未出现过停议和全体辞职的事情,表现出处理事务方面的稳健。顺直谘议局对直隶总督和各级地方官吏侵权违法的案件,也都进行了严厉的质问,表示了强烈的反对和抗议。但是当谘议局与行政官厅发生强烈冲突或矛盾无法协调时,一般都是将案件呈送资政院,请资政院核查处理。

宣统二年十一月,顺直谘议局与直隶总督陈夔龙在办理公债问题上发生了尖锐争执。这年九月,陈夔龙未经谘议局议决,擅自上奏清廷援照旧例,继续在本省发行公债。顺直谘议局得知此事后马上召开临时会议讨论此事,最后以谘议局的名义向陈夔龙提出质问书,质问其所办公债如何用途。

"直隶省二次续借公债票股银三百二十万两","公债现在已否借妥及借后归何项拨用,本局无从查悉。议员等职权所在,责任非轻,恳请督部堂查明迅速分别札示以释群疑"③。

按《谘议局章程》规定总督对谘议局的质问应批答或说明理由,但是陈夔龙既不答复,也未说明理由。谘议局认为这是直隶总督"蔑视谘议局应有之权",于是决定集合全省之力力争此事,如若陈夔龙仍"不允取

---

① 《新闻二山东通讯:鲁省谘议局之大激战》,《民立报》庚戌年(宣统二年)九月二十八日(1910年10月30日),第3页。

② 《要闻一:吉林谘议局之冲突》,《民吁日报》己酉年(宣统元年)十月初七日(1909年11月19日),第2页。

③ 《呈问预算册内公债事件已否借妥并归何项拨用文》,(清)顺直谘议局编《顺直谘议局文牍类要二编·陈请类》,北洋官报兼印刷局宣统三年(1911)排印。

消"，则"决令地方上之捐税，一概不纳，以为抵制之计"①。十一月十五日，顺直谘议局将议决之缓办公债一案交到直隶总督衙门，而直隶总督衙门竟答复应照原奏办理，"碍难展缓"②。于是，顺直谘议局提出"陈总督侵权违法案，呈请资政院核办"③。

关于盐斤加价一事，顺直谘议局也与直隶总督展开了抗争。为还津浦路债款，直隶总督陈夔龙竟擅自宣布盐斤加价，已经违背了《谘议局章程》中有关谘议局"有权议决本省担任义务之增加"一项规定，而且陈夔龙一直听任直隶士绅李士珍一人把持直隶全省的盐斤加价，不允许谘议局与闻此事。况且直隶的盐斤加价数额巨大，"共有六百余万"，李士珍竟私自"于息银中提出三十万，经营滦矿公司，又以三十万，经营豆腐公司"，顺直谘议局坚决反对，认为陈夔龙"有意侵权违法"，但也最终呈请资政院核办。④

无论是在会议期间讨论议案时，还是在会议以外的各项活动，顺直谘议局都严格按照谘议局章程和有关细则的规定去做，对于超越权限之外的事情，一般不直接干涉，而是采取其他较为合理的、更能为官厅接受的办法。

二

直隶是清朝的畿辅重地、首善之区。其他省份的谘议局或本省的自治团体认为顺直谘议局在朝廷中占有比较重的分量，因此在处理有关重大事情时都希望顺直谘议局出面解决。对此，顺直谘议局认为凡是超出《谘议局章程》所规定权限范围内的，一般都婉言拒绝，反复陈说道理，并提供

---

① 问天：《记载·中国大事记补遗：三记各省谘议局与行政官争执事》，《东方杂志》第七年（宣统二年十二月二十五日，1911 年 1 月 25 日）第 12 期。
② 《督院札复议决缓办公债案文》，《大公报》宣统三年二月初一日（1911 年 3 月 1 日），第 2 张第 3 版。
③ 问天：《记载·中国大事记补遗：三记各省谘议局与行政官争执事》，《东方杂志》第七年（宣统二年十二月二十五日，1911 年 1 月 25 日）第 12 期。
④ 问天：《记载·中国大事记补遗：三记各省谘议局与行政官争执事》，《东方杂志》第七年（宣统二年十二月二十五日，1911 年 1 月 25 日）第 12 期。

了其他解决的建议。

第一次常年会期间，吉林谘议局认为常驻议员在会期之外无权议决和复议案件不合理，弊害太多，会后联合河南谘议局致电宪政编查馆，请求扩大常驻议员的议事权，但被驳回。于是，吉林谘议局就致函顺直谘议局，请求顺直谘议局出面联合各省谘议局共同致电宪政编查馆解决此事。顺直谘议局接到来函，经过讨论，于宣统元年十二月初六日（1910 年 1 月 16 日）回信答复："若此次电争之后，而宪馆仍执前议，通咨各省，则害愈烈。如何善后之处，敝局实无善策。"① 顺直谘议局认为宪政编查馆既然已经驳回请求，再行请求也没有多少希望，于是婉拒代请。

宣统元年十二月，湖北谘议局致函顺直谘议局，请求由顺直谘议局出面促成将湖北所欠国债由谘议局分派到各州县以及官员幕宾，也被顺直谘议局以"事关重要""无此权力"婉言拒绝。在给湖北谘议局的回信中顺直谘议局解释说：

> 筹还国债，事关重要。诚如来示所言，敝局亦甚表同情。惟重大之举必策万全。此事为存亡所系，一经宣布，则可成不可败。以吾国财政现象骤还此大债，度以经济学原理未知得失若何。该简章所定由谘议局分派各州县及官员幕宾，似尚无此权力。此事本由商会发起，简章亦商会所定，敝局以事体重大，未能实见，其可否故亦未得其详细办法。②

宣统元年十二月十一日（1910 年 1 月 21 日），天津县议事会曾将天津县绅民呈递的请求缓行印花税的说帖移交顺直谘议局，恳请顺直谘议局代其呈送直隶总督。接到天津议事会的信函后，顺直谘议局局长阎凤阁曾面禀前任直隶总督端方设法缓办，但被驳回。接着，天津县议事会第二次致函顺直谘议局请求迅速议决回复。顺直谘议局在回函中认为印花税属于国

---

① 《复吉林谘议局》，（清）顺直谘议局编《顺直谘议局文牍类要初编·书札类》，北洋官报兼印刷局宣统二年（1910）排印。
② 《复湖北谘议局》，（清）顺直谘议局编《顺直谘议局文牍类要初编·书札类》，北洋官报兼印刷局宣统二年（1910）排印。

税，而谘议局章程仅规定谘议局有权议决本省之税法，印花税一事属于谘议局权限之外之事，因此"不便请求罢免"①。但是因利害攸关，顺直谘议局不能坐视不顾，建议天津议事会将缓行印花税的说帖交给即将成立的资政院进行核议。

顺直谘议局并不赞成其他省份谘议局的过激行为，在力所能及的情况下予以劝阻。宣统元年十二月，山西谘议局因交（城）文（水）禁烟之事与山西巡抚丁宝铨发生冲突，全体议员以辞职相抗争。顺直谘议局得到这个消息后非常吃惊，于宣统二年四月十三日（1910 年 5 月 21 日）致函山西谘议局表示反对并说明理由：

> 敬知贵局因交文禁烟之事，议长议员全体辞职，敝局同人惊愕之余不得不贡其区区就正左右。
>
> 窃以为谘议局之设，原以兴利除弊为宗旨。当今之世，一弊之沿，远或数十百年，虽其间以为生者甚。且数千万人一旦举数十百年之相沿者摧陷廓清之，所兴之利尚未见，而此数千万人之缘以为生者先绝矣。此数千万人不肯遽绝其生也，势必出死力以与之抗。

士君子"不忍坐视而谋所以整顿之"，"必沈毅坚卓战胜此阻力，然后弊可除，利可兴。若因难而退却之，惟恐不速，不但授反对者以口实，而助之焰，且恐茫茫浩劫永无出苦海登彼岸之一日也"。种烟之事"如以为应革，虽明目张胆出而干涉之不为过，况贵局固未越雷池一步耶？""贵局之所遇不过小小阻力之发轫耳，而顾存洁身之志，怀乞退之心，诸君子自为计诚得矣，然甚非尽国民之义务，负全省仰望者之所宜出也。敝局谊切同舟，深期共济。愿诸君子顾全大局，安心供职。"②

从顺直谘议局致山西谘议局的信函中，我们至少能看出三点：一，顺直谘议局对山西谘议局全体辞职感到意外，不赞成用全体辞职或解散的办

---

① 《复天津县议事会》，（清）顺直谘议局编《顺直谘议局文牍类要初编·书札类》，北洋官报兼印刷局宣统二年（1910）排印。

② 《复山西谘议局》，（清）顺直谘议局编《顺直谘议局文牍类要初编·书札类》，北洋官报兼印刷局宣统二年（1910）排印。

法解决与行政官厅的冲突；二，顺直谘议局认为谘议局在行使其权力的过程中，即使是权限之内的事情，也不可避免会遇到各种各样的麻烦和阻力，只有"沈毅坚卓战胜此阻力，然后弊可除，利可兴"；三，顺直谘议局认为"欲速则不达"，"若因难而退却之，惟恐不速，不但授反对者以口实，而助之焰，且恐茫茫浩劫永无出苦海登彼岸之一日也"。在遇到阻力时，贸然解散谘议局是不顾大局的退却行为，这种不顾后果的过激行为于事无补，是一种消极的不负责任的处理办法。

三

顺直谘议局在清末宪政过程中之所以表现得比较稳健，其主要原因有以下两点。

第一，顺直谘议局与直隶行政官厅之间的矛盾比较小。新政期间，直隶地区进行了行政性政治整合机制的强化，加强了政府对社会问题与社会关系的处理与调控能力，因此直隶官绅之间保持了基本协调的关系，谘议局与行政官厅之间的矛盾也就相对较小。

在义和团运动之前，直隶地区的政治控制力极为薄弱，地方上诸多社会层面实际上处于"无为而治"的状态。19、20世纪之交的直隶之所以成为义和团运动的中心地区之一，也与当时直隶官府行政整合力的僵化有一定关系。义和团运动后，以袁世凯为首的北洋官僚集团开始在直隶地区厉行北洋新政，借以进行战后地方重建，积极借鉴西方和日本政治体制，进一步对直隶传统的地方政权机构加以整治，在直隶逐渐建立起一种新型的韧性社会秩序。这种社会秩序不仅极大地改变了自庚子（1900）后城乡辗转牵连的严重社会动荡局面，而且逐渐形成并建立起一种新型的官商联盟，同时也加强了官方对地方绅商的调控能力。宣统二年（1910），直隶官方还在总督衙门内设置了一个专门协调地方政府与绅商关系的机构——"会议厅"，由顺直谘议局选定的6名"议绅"（后增至8名）同16名地方官员同堂议政。

这种新型调适机制的不断完善和强化以及新型官商联盟的形成，对20世纪初直隶的政治、经济产生了一系列连锁影响。首先，对稳定直隶地区社会秩序产生了积极作用，它不但极大地改变了过去严重的社会动荡状况，而且还使直隶在辛亥革命中处变不惊，相对保持了局部稳定，"直隶一省，于全国分崩离析之秋，卒能烽火不惊"①。其次，从体制上和秩序上保证和推进了其他有关新政事项的实行，地域经济也因之有所发展。据津海关税务司奥依森（J. F. Oiesen）称：

> 尽管在一九一〇年与一九一一年间的冬季里，满洲鼠疫盛行，而且由于辛亥革命的影响，秋季又发生财政危机，一九一一（天津海关）的贸易总值还是空前的……总计净值116500000两，为从本埠开埠以来所达到的最高数字。②

再次，由于直隶地区经济的增长，绅商社会地位的提高和资产阶级自身势力的增强很大程度上是借助北洋新政得以实现和延续的，因此他们视北洋官僚尤其是袁世凯为强有力的保护者。此种心态反过来更增强了官商联盟的黏和性，使直隶官方与地方立宪派之间始终保持了基本协调的关系，以地方士绅为主体的顺直谘议局与行政官厅的矛盾相对其他各省较小。这与同时期上海、南京等地的官商联盟确立不及数年甚至未及形成即趋于瓦解有很大的不同。

第二，顺直谘议局在宪政活动中表现出来的稳健，与其议员的出身和在官场的经历有很大关系。

20世纪初，直隶地区的民族资本主义虽有一定发展，但与江浙等省相比还比较薄弱，直隶立宪派缺乏雄厚的经济实力。顺直谘议局缺少像南方的张謇、黄炎培、汤化龙、谭延闿等在全国有影响的立宪派大人物。张朋园先生曾在《立宪派的阶级背景》一文中，对包括顺直谘议局在内的奉天、吉林、黑龙江、直隶、江苏、安徽、浙江、福建、湖北、山东、河南、陕西、四川、广东、贵州15个省的谘议局议员的出身做了统计，

---

① 陈夔龙：《梦蕉亭杂记》卷二，上海古籍书店，1983年影印本，第67页。
② 许逸凡译《天津海关十年报告书（1902—1911）》，《天津历史资料》1981年第13期，转引自徐永志《论20世纪初直隶地区的社会整合——兼评袁世凯与北洋新政》，《清史研究》2000年第3期。

"89.13% 皆具有传统功名，……各种功名的分配，……上层（包括进士、举人、贡生）占 54.35%，下层（生员）占 34.78%"①。根据《东方杂志》第六年（1909 年）第 10 期《各省谘议局议员姓名录》中所载姓名考察，在顺直谘议局 157 名议员中，进士出身 5 人，举人 34 人，贡生 33 人，生员 69 人，不具功名者 16 人。上层士绅所占比例为 45.86%，较 15 省平均数的 54.35% 要小；下层士绅（生员）所占比例为 43.95%，较 15 省平均数的 34.78% 要大。这种情况说明直隶的立宪派中下层士绅所占比例比 15 个省份的平均比例要高。

从谘议局议员的在官场的任职经历来看，顺直谘议局的议员虽然大多曾任有官职或捐有职衔，但与其他省谘议局议员相比所任官职较低。据张朋园先生统计，全国 21 个谘议局正副议长共 63 名，有 40 人曾出任中央或地方官吏，且多为中级以上官吏，如江西谘议局议长谢远涵时任监察御史，吉林谘议局议长赵学臣时任内阁中书，浙江谘议局议长陈黻宸时任度支部主事，副议长沈钧儒时任刑部主事，四川谘议局议长蒲殿俊、副议长萧湘均任法部主事，奉天谘议局议长吴景濂时任内阁中书兼奉天教育会会长，河南谘议局副议长方贞时任吏部主事，湖北谘议局议长汤化龙时任法部主事，广东谘议局议长易学清和副议长丘逢甲当时均任户部主事。而顺直谘议局的三位正副议长中，议长阎凤阁是即用知县，副议长王振尧时任候补知府，都没有实职，副议长谷瑞芝虽然时任翰林院编修，但不在行政部门任职，缺乏官场历练。

上述情况说明，顺直谘议局的立宪派在全国立宪派中势力较小，无论从经济实力还是从政治影响和从政经验上，都较南方立宪派要稍逊一筹。这决定了顺直谘议局的议员们在处理与直隶行政官厅之间的矛盾和冲突时更为谨慎，在具体行动上表现得比较稳健。顺直谘议局虽然在履行职责时也与官方发生过冲突，但自身的稳健特点决定了他们更多的是与行政官厅的合作。

与江苏、浙江等省的谘议局在与本省行政官厅发生冲突时表现出来的

---

① 张朋园：《立宪派的阶级背景》，中华书局编辑部编《辛亥革命与近代中国——纪念辛亥革命八十周年国际学术讨论会文集》上册，中华书局，1994，第 651 页。

过激行为相比，顺直谘议局的表现循规蹈矩，可谓比较稳健，从某些方面来看还显得有些保守。但是，正是顺直谘议局的这种稳健使直隶的宪政在清政府的预定框架内得以顺利进行，从而加速了直隶地区政治民主化的进程。

本文与赵艳玲合作，原载《历史教学》2005 年第 4 期，
原题为《浅析清末宪政活动中顺直谘议局的稳定性》。

清末广东谘议局与禁赌

广东谘议局成立后，在清末广东的预备立宪活动中积极开展工作，推动新政措施的实施，革除旧弊陋习，表现得异常活跃，在一定程度上推动了清末广东政治民主化的进程，特别是在当时引起全国轰动的禁赌事件中发挥了积极的重要作用。本文拟就广东谘议局与禁赌问题作些粗浅的探讨。

一

晚清时期，广东地方赌风极盛。"粤人好赌，出于天性，始则闱姓、白鸽票，继则番摊、山票，几于终日沈酣，不知世事，……此外又有诗票、铺票者。"① 在名目繁多的赌博方式中，为祸最烈的是番摊、闱姓，最普及的是铺票、山票、白鸽票，甚至在妇女中也有女子地铺会。

"闱姓"是道光（1821～1850）末年由广东人创制的一种赌博方式，专行于科举时代之广东，由专门的商人（票局）来组织。咸丰十年（1860），广东绅士请准官厅，公开办理"闱姓"，以收入修复贡院。"闱"，在科举时代指考场，引申为科举考试的意思，如"春闱""秋闱"等，"闱姓"则指参加科举考试士子的姓。由票局规定参加乡试、会试或岁科试士子姓中哪些属于大姓人多，每届中试总有此姓者，不具有赌的价

---

① 《赌博类·广东各种赌博》，徐珂编撰《清稗类钞》第 10 册，中华书局，1986，第 4879 页。

值，所以"大姓"不用于博弈。"大姓""僻姓"事前公布并印于票簿前面，欲参与博弈者就从上百的小姓中选出 20 个填写于票局所发的票簿上，此称为一票，票卖出 1000 张后，就发给一本票簿（显示这 1000 人次所买票的情况）。等到放榜之后，再拿票簿与榜姓相对，以猜中姓的多少来决定奖金的多少。若同一类奖中有几票猜中的一模一样，则平分奖金。以一簿资金的六成来发奖金，二成用于纳税，二成用于票局的开支、利润。这种赌博方式开始时范围极小，赌金也极少，影响不大。随着时间的推移，参与"闱姓"的赌博者愈来愈多，赌金也越来越大，往往达到百十万，从而造成了严重的社会问题。光绪元年（1875），清政府曾下令禁止，但却未能真正禁绝。从光绪十一年（1885）开始，清政府明令赌博税抽四成，广东每年上缴的赌博税竟高达 30 万两白银。

新政时期，科举被废除，因之而起的"闱姓"赌博也随之消失，但"番摊""山票""铺票"等各种名目的赌博方式填补了其空缺，赌风之盛有增无减。"番摊"，是古代摊钱的别称，赌具以制钱代替骰子及骨牌、纸牌，其赌博方式是将数百枚擦磨光洁的制钱放在桌上，随意抓钱若干，用铜盅盖住，让人猜注，然后揭开盖子，倒出钱，以每四枚为一组，后统计余数，以落注压得余数一二三四为输赢，比原来的赌"闱姓"要简便得多。广州的番摊馆有兵守门，门外悬镁精灯或电灯，并张纸灯，大书"海防经费"，这就是当时广东人所谓的"奉旨开赌"。广东番摊馆达上千家，赌风由是更炽。

"山票"是为了弥补"闱姓"赌博被取消后的损失而创制的一种新的彩票赌，其注用《千家文》首篇 120 字，猜买者以 15 字为限，每次开 30 字，收票可至数十万字，每条须银一角五分，于数十万条中取中字最多者得头彩，间中间分。广州极贫之人虽进不了番摊馆，但仍可购买山票。

"铺票"是以店铺捐借款项发行彩票而得名，赌法是以各墟镇之商号为单位，向各商号先捐借款项银 10 两，以 123 间商店为限，捐借款之店名为"票"，并将款各店铺之名号刊印在票底，共得款 1200 两为基金，作为修筑堤围之用，投买时，在其中投买 10 个为 1 条，票款为 1 两或 5 钱，每月开奖一次，彩金分为头票、二票、三票共三等，间中间分。

广东到处设有赌馆，不少人以赌博谋生，几达"无地不赌，无人不赌",以致百业萧条。"粤省自开赌饷,小民之以赌破家流为盗贼者指不胜属(数)。"①"赌博之害,夫人皆知。百姓因赌而倾家而丧命者,年以数十万计","官开赌禁,百出赌术以诱百姓,故百姓相率辗转而为盗,以罹此陷阱也"②。赌博严重扰乱了社会秩序,影响了广东人民的生活,也妨碍了广东经济的发展,广大百姓对此深恶痛绝,士绅名流及粤籍京官强烈要求禁赌。

在禁赌呼声的压力下,广东地方官府虽然也提出过禁赌,但往往以筹抵赌饷困难为借口而不了了之。宣统元年(1909)正月,有人上《广东开赌,贻害甚大,请严禁以挽浇风》一折,清政府要求当时的两广总督张人骏切实整顿,张人骏奏请"俟谘议局成立,会集议员,妥商办理"③。因此,直到这年九月广东谘议局成立,禁赌才真正被提上议事日程。作为"一省舆论所集之地"的谘议局④,就成为禁赌的核心力量。

二

宣统元年九月初一日(1909年10月14日),广东谘议局成立。从成立之日起,广东谘议局就将禁赌列为其首要工作,充分利用谘议局常年会和临时会议这块阵地,与反对禁赌势力展开了坚决的斗争,为实现定期禁赌做出了积极的努力。

广东谘议局成立的同时,召开了第一次常年会。这次会议讨论的第一个议案就是"筹禁广东各项赌馆"⑤。它是由直辖于总督衙门的"会议厅"提交的,由两广总督代表广东按察使王秉恩提出。当时,广东赌饷主要有缉捕经费(即"番摊"赌饷)每年额饷419万余元,"基铺山票"每年额

① 《粤京官奏参粤商包盐流弊》,《申报》宣统二年正月二十九日(1910年3月10日),第1张第5版。
② 《旅京粤人筹议禁赌公启》,《申报》宣统元年八月十一日(1909年9月24日),第3张第2版。
③ 《清实录》第60册,中华书局,1987年影印本,第121页。
④ 《番禺县滥刑女子许有事》,(清)广东谘议局编《广东省谘议局协会决议办理事类(答复附)》,宣统二年四月初十日(1910年5月18日)油印本,广东省中山文献馆藏。
⑤ (清)广东谘议局编《广东谘议局第一期会议速记录》,广东法政学堂印刷所宣统二年(1910)印行,广东省中山文献馆藏,第1页。

饷及报效经费 664 万余元，另外还有榜卜彩票饷数十万元，[1] 是广东省大宗财政收入，地方官府不能不予以极大的重视。"会议厅"认为要禁赌必须官绅合力，先筹抵饷，采用分期、分类、分区禁绝的办法。两广总督以筹抵赌饷作为禁赌的先决条件，实际上是想以无法筹得巨款为由来抵赌饷搪塞拖延，应付舆论。在会议讨论中，全体议员一致赞成禁赌，但在如何禁赌的问题上，两广总督的禁赌议案一经提出，就遭到议员们的反对。议员纷纷发表言论，认为"须先议禁，然后再议筹饷"[2]，把禁赌和筹饷作为两个问题来讨论，同时指出分期、分类、分区禁赌办法的弊端："分类禁绝，不过减少赌博之名目，而嗜赌之人既有此数，仍可移其罔利之心于未禁之赌类"，"仍于赌害不能遏绝"，"况番摊、基铺山票之为害最巨，又最普及，不此之禁，实等于无禁"；"分期禁绝，一乡一邑为力甚微，更以抵饷无出，暂就苟安"；而分区禁赌，则"注集于有赌博之区，而为赌博者如故"[3]。有些议员"因赌饷作何开销未有分注"，责问两广总督代表"赌饷于税法是何性质"[4]，"万一地瘠民贫之乡邑，款无所出，则将忍而与此终古乎?"[5] 要求"速行禁赌，不能担负筹抵理由通过，请制宪电奏，然后再议禁赌方法"[6]。议员们一致赞成定期禁赌，要求署两广总督袁树勋奏请朝廷宣布禁赌，但袁树勋一再以"现筹无的款"为借口来推脱，拒绝代奏。[7] 袁树勋的代表还在会议上说，"宪政馆电文凡属国家行政，皆由督抚照常奏咨，非谘议局所能置议"，"国家行政费与地方行政费尚未划清之

---

① 《专件：调查广东赌饷一览表》，《申报》宣统元年十月二十七日（1909 年 12 月 9 日），第 4 张第 2 版。

② （清）广东谘议局编《广东谘议局第一期会议速记录》，广东法政学堂印刷所宣统二年（1910）印行，广东省中山文献馆藏，第 1 页。

③ （清）广东谘议局编《广东谘议局第一期会议速记录》，广东法政学堂印刷所宣统二年（1910）印行，广东省中山文献馆藏，第 2 页。

④ （清）广东谘议局编《广东谘议局第一期会议速记录》，广东法政学堂印刷所宣统二年（1910）印行，广东省中山文献馆藏，第 3 页。

⑤ （清）广东谘议局编《广东谘议局第一期会议速记录》，广东法政学堂印刷所宣统二年（1910）印行，广东省中山文献馆藏，第 15 页。

⑥ （清）广东谘议局编《广东谘议局第一期会议速记录》，广东法政学堂印刷所宣统二年（1910）印行，广东省中山文献馆藏，第 4 页。

⑦ （清）广东谘议局编《广东谘议局第一期会议速记录》，广东法政学堂印刷所宣统二年（1910）印行，广东省中山文献馆藏，第 75 页。

时，赌饷拨归营饷，故解释为国家行政费"，"制宪因有馆电之制限，故国家行政费可不交议"①。袁树勋以议员不赞成其交议之筹抵办法，试图不再交议，让议员另题提出。议员反驳说："制宪为本省行政长官，禁赌责有攸关，不得拒绝。一律禁绝，筹抵则是增加负担，自不得拒绝本局决议。"② 即使如此，袁树勋仍"以新政需款孔多，命将饷款筹备有着，再议申禁，故粤赌恐难一时禁止"，不肯向朝廷代奏定期禁赌。其实，"广东赌饷每年实缴一千余万，粤督报部则仅四百万，其余皆归本省提用"③。清政府因为赌饷是一大财政来源，支持地方官厅的递禁办法。但是广东谘议局并未就此屈服，而是顶住压力，继续坚持斗争。

宣统二年四五月间，广东谘议局召开第一次临时会议，专门讨论"整顿粤汉铁路"和"筹抵赌饷"两事。在这次会议上，谘议局调整了斗争策略。虽然他们认为禁赌与筹抵应该分开，但是为了能够顺利实现定期全面禁赌，也积极设法"筹抵"。"筹议禁赌"被认为是广东当时最紧要最重大的事件。④ 五月初一日，谘议局通过禁赌议案，呈交两广总督袁树勋，请他"请旨宣布广东各赌博一律禁绝限期"，"以盐饷抵赌饷，总以筹足八百万以上为断"。⑤ 但是袁树勋既未上奏清廷请示，也未采取任何行动。在这次会议期间，广东谘议局还致电清政府的有关部门与官员。在致盐政大臣的电文中，谘议局提出："乞俯念粤省赌博大碍宪政，为别省所无，准将盐课增出之款照奏案留抵，定期禁绝。"⑥ 在致民政部电文中，谘议局认为，"粤省赌害大碍宪政，为别省所无。张、袁两督奏准无论筹得何款，先抵赌饷。现临时会议请整顿本省盐课，务期足以抵

---

① （清）广东谘议局编《广东谘议局第一期会议速记录》，广东法政学堂印刷所宣统二年（1910）印行，广东省中山文献馆藏，第74~75页。

② （清）广东谘议局编《广东谘议局第一期会议速记录》，广东法政学堂印刷所宣统二年（1910）印行，广东省中山文献馆藏，第75页。

③ 《粤省禁赌尚有阻力》，《申报》宣统元年十月二十日（1909年12月2日），第2张第2版。

④ 《请开临时会事》，（清）广东谘议局编《广东谘议局协会决议办理事类报告书》，宣统二年（1910）油印本，广东省中山文献馆藏，第101页。

⑤ 陈炯明：《在广东谘议局关于禁赌议案和纠举权的发言》，段云章、倪俊明编《陈炯明集》上卷，中山大学出版社，1998，第31页。

⑥ 《紧要新闻二：粤谘议局议决承盐禁赌办法附谘议局上盐政大臣电》，《申报》宣统二年四月二十八日（1910年6月5日），第1张后幅第2版。

赌，乞代达盐政大臣，准将盐课增款留抵外，并祈电商粤督速定期将各赌一律禁绝"①。在致民政部的另一电文中则称，"粤省赌害大碍宪政，非一律禁绝无以副盛治而除粤祸。现临时会议决定吁旨宣布粤省禁赌期限，一面于限内整顿粤盐，筹足抵款，除请粤督奏咨外，合乞钧部主持"②。谘议局指出了赌博对广东的危害以及应尽快定期禁绝的原因，援引得到批准的禁赌奏案为禁赌寻找依据，提出切实可行的抵饷办法，以期说服有关部门，使广东禁赌问题得到重视，实现定期禁赌的目的。但是，他们的希望再次落空，临时会议没有取得任何实际效果。

宣统二年九月，广东谘议局召开第二次常年会。在这次会议上，谘议局为禁赌事件做出了更大的努力。谘议局表示，"本局受全粤之责望，痛赌祸之滔天，岌难终日"，认为应以定期禁赌为前提，否则难以确定实行禁赌，也难以确定"筹出的款之归抵"，加上两广总督及清政府的作为使他们深感失望，"观此次整顿盐务，大部拟提增饷以裕课款，而以业经整顿之陋规空名还以饷粤，可为寒心"③。因此，谘议局呈请袁树勋"即日电奏请迅降明旨，宣布广东赌博一律禁绝期限，以慰全粤渴望，并俾粤民得以预备禁赌善后事宜"④。三番五次的请求毫无结果，谘议局的态度变得强硬起来，表示"若经历三会，迁延两载，一禁赌之期限，任朝廷之画定"，"我议员终日悠悠之论，唯政府大吏之命是听，仍无济粤省利害，自当全体辞职，以让贤能"⑤。谘议局提出三个约法条例，一是要求两广总督即日电奏请旨，宣布广东赌博一律禁绝期限，并以三日为限，"未奉照准，即行停议力争，争之不达，即行全体辞职"；二是即日电请资政院奏请上谕，宣布广东赌博一律禁绝期限；三是两广总督或资政院"准照奏请，未奉谕旨俞允，或奉谕旨钦交

---

① 《紧要新闻二：粤谘议局议决承盐禁赌办法附又上民政部电》，《申报》宣统二年四月二十八日（1910 年 6 月 5 日），第 1 张后幅第 2 版。

② 《紧要新闻一：粤谘议局请定禁赌期限》，《申报》宣统二年五月十四日（1910 年 6 月 20 日），第 1 张第 3 版。

③ （清）广东谘议局编《广东谘议局第二次常年会报告书》，宣统二年（1910）油印本，中山大学图书馆藏，第 36 页。

④ （清）广东谘议局编《广东谘议局第二次常年会报告书》，宣统二年（1910）油印本，中山大学图书馆藏，第 36 页。

⑤ （清）广东谘议局编《广东谘议局第二次常年会报告书》，宣统二年（1910）油印本，中山大学图书馆藏，第 36 页。

奏复，若不奏复请准确定期限等因，均应全体辞职"①。袁树勋以等待督办盐务大臣的答复为由敷衍，但谘议局不再受其迷惑，九月十二日呈报议案未得到明确答复，谘议局即于九月十五日实行停议。② 与此同时，谘议局电请资政院"俯念赌饷不合税法，赌博实足危粤，粤危国危，利害攸关，迅准奏请宣布以慰粤望"，否则"当全体辞职"③。袁树勋被迫表示"当即据情电请军机处代奏"④，"电奏广东谘议局呈，请明定广东赌博一律禁绝期限"⑤，并请求谘议局照常开议。⑥ 清政府在接到袁树勋的上奏后，很快颁下谕旨，要求两广总督"察核具奏"⑦。谘议局的斗争取得了初步的胜利。

但是，这次会议在复议谘议局议员苏秉枢承办的安荣公司"铺票"赌博一案时，谘议局内部出现了分歧。陈炯明等议员于十月初八日提出"严禁安荣公司铺票议草"，得到议员李鉴渊等的大力支持。要求一律禁止的议员认为，"旧赌未能即除，岂容得增新赌"，不准安荣公司卖"铺票"；而支持苏秉枢的议员刘冕卿则提出，"铺票"比"山票"赌博为轻，安荣公司是去重就轻，与次第施禁并不矛盾，并说"今已抵数无著，不能遽禁，于法律上诚不合，于事势上所必然"，应让安荣公司开赌。刘冕卿的发言遭到了其他议员的驳斥，副议长丘逢甲斥责他"既法律上不合，何容为赌商滔滔辩护"。议员陈炯明叹道："禁赌而庇护之，如此议员，乌得不为广东哭也。"议员李鉴渊认为，"新创之赌，无论如何巧立名目，亦须禁绝，断无变通之可言"。双方争执不下，于是付诸表决。谘议局平时一般以起立表决，但这次投票前，赞成禁赌者主张以记名投票，赞成者书"可"字，反对者书"否"字。投票结果，赞成禁赌书"可"字者，仅有

---

① （清）广东谘议局编《广东谘议局第二次常年会报告书》，宣统二年（1910）油印本，中山大学图书馆藏，第36~37页。

② 《粤谘议局停议之确因》，《申报》宣统二年九月二十一日（1910年10月23日），第1张后幅第2版。

③ 《紧要新闻一：资政院续收各省来电·广东谘议局电》，《申报》宣统二年九月二十二日（1910年10月24日），第1张第4版。

④ 《紧要新闻二：粤谘议局照常开议矣》，《申报》宣统二年九月二十七日（1910年10月29日），第1张后幅第2版。

⑤ 《清实录》第60册，第763页。

⑥ 《紧要新闻二：粤谘议局照常开议矣》，《申报》宣统二年九月二十七日（1910年10月29日），第1张后幅第2版。

⑦ 《清实录》第60册，第763页。

丘逢甲、陈炯明等 20 人，反对禁赌书"否"字者，有刘冕卿、苏秉枢等 35 人。结果这个赞成禁赌的议案遭到否决，丘逢甲愤而离场。①

在安荣铺票这宗具体赌馆禁与否问题上的争端中，决定议员态度的，主要是现实利益。赌商承包赌饷可获得丰厚的利润，因而形成了一个势力颇大的、直接或间接从赌博中获利的利益集团，被选入谘议局的议员中，就有相当一部分人与赌饷利润有关，如赌商苏秉枢、蔡念谟、区赞森、张乃瑞、周兆龄、黄朝恩，赌商文案刘冕卿等，"均得运动列为议员"。安荣公司即属议员苏秉枢所有。苏秉枢是广东英德人，在广州经营赌饷，长期居住于广州西关十一甫。苏秉枢利用其在广州长期建立起来的人际关系和商业关系，以财富拉拢和收买议员。在禁安荣铺票案被否决的当晚，苏秉枢竟"设宴议局，以庆成功"②。同一天晚上，负责登记投票的书记邹鲁，将谘议局开会情况和全部投"可""否"票的议员名单整理成文，送交报馆发表，同时提交了辞呈。接着，书记长古应芬也提交辞呈，议长易学清挽留邹、古二人无效。既而丘逢甲率全体"可"决议员提出辞职，谘议局停议。消息传出，舆论大哗。广州市民在明伦堂组织禁赌总会，声援"可"决议员，声讨"否"决议员，要求政府宣布"定期一律禁赌"，弹劾"否"决议员。有人还把"否"决议员的名单张贴在城门上示众。迫于舆论压力，"否"决议员宣布集体辞职。

宣统二年十二月初八日（1911 年 1 月 8 日），署两广总督张鸣岐接到北京宪政编查馆来电，准庇赌的"否"决议员刘冕卿等 35 人辞职。宣统三年二月十五日（1911 年 3 月 15 日），张鸣岐宣布于三月初一日实行禁赌。三月初一日，下令广东全省禁赌，所有番摊、山票、铺票、白鸽票和其他一切杂赌一律查禁。广州市民举行禁赌纪念大游行进行庆祝。鉴于赌博为害广东一百数十年，非一纸禁令所必能止，必须制定专条严厉惩治才可收效，广东谘议局会同张鸣岐议定《广东禁赌条例》，改以盐斤加价和烟酒增税的办法来弥补短缺的收入。六月，清政府颁行《广东禁赌条例》。

---

① 问天：《记载·中国大事记补遗：续记各省谘议局与行政官争执事》，《东方杂志》第七年（宣统二年十一月二十五日，1910 年 12 月 26 日）第 11 期。

② 《紧要新闻二：粤谘议局否决禁赌案之大风潮》，《申报》宣统二年十月二十二日（1910 年 11 月 23 日），第 1 张后幅第 2 版。

这是"可"决议员获得舆论的支持，争取到清廷下诏禁赌的最后胜利。在张鸣岐宣布禁赌期间，广东公开的赌博停止，禁赌取得了一定成效。

与此同时，广东谘议局密切注意省内赌馆动态，力争杜绝新增赌馆，要求禁售外省彩票。

谘议局一面多方呼吁定期禁赌，一面极力阻止增加赌饷、增开新赌馆、增发新赌博种类。宣统二年三月二十一日（1910 年 4 月 30 日），谘议局从报纸上得知赌商"欲揽西关、东南关、新城等处海防经费（即番摊），纷纷赴善后局禀请加饷承办"，于是向署两广总督袁树勋呈请限制赌饷，"所有一切赌饷，现纵未能立即禁绝，切宜暂仍其旧，勿再增加，以俟着有的款，分别严禁"，袁树勋向善后局查实后，回复谘议局"另改商人李耀兴等兼承"①。四月初八日，谘议局向袁树勋呈请"禁古劳山票销售事"，认为其"收费轻微，害及妇孺，又与岑前部堂永远严禁之小闱姓相去无多"，要求"严禁古劳山票来省销售，并饬财政公所查照。如名利公司禀请兼收小票，务据案斥驳，勿任增开，以符递禁之"。袁树勋表示，"檄行东藩司、巡警道，通饬所属，一体查禁"②。但数月过去，"禁止之令，未奉实行"，不但古劳阜城票仍到省城销售，省城的名利公司也公然改收半毛的小票。副议长卢乃潼以个人名义函请袁树勋严禁，反被名利公司赌商区启源诬蔑谘议局侵犯商人权利。谘议局在接到区启源来函后，立即呈文袁树勋，要求严惩区启源。袁树勋在查实后，"即饬南海县迅传名利公司赌商区启源到案申斥"③。六月，东莞生员香苹向谘议局呈报，有人在当地穷僻地方私设白鸽票厂，有些人还明目张胆地在繁盛乡村设厂开票，与官吏广通贿赂，谘议局代为转达袁树勋，恳请其通饬各属，一律查办，得到袁树勋的肯定答复。④ 增城议员陈念典

---

① 《限制赌饷事》，（清）广东谘议局编《广东谘议局协会决议办理事类（答复附）》，宣统二年四月初十日（1910 年 5 月 18 日）油印本，广东省中山文献馆藏。
② 《禁古劳山票销售事》，（清）广东谘议局编《广东谘议局协会决议办理事类报告书》，宣统二年（1910）油印本，广东省中山文献馆藏。
③ 《严惩赌商诬蔑本局事》，（清）广东谘议局编《广东谘议局协会决议办理事类（答复附）》，宣统二年四月初十日（1910 年 5 月 18 日）油印本，广东省中山文献馆藏。
④ 《代东莞县生员香苹呈报禁赌办法事》，（清）广东谘议局编《广东谘议局协会决议办理事类报告书》，宣统二年（1910）油印本，广东省中山文献馆藏。

向谘议局报告，其增城白鸽票赌徒"恃其僻远，始终未尝禁绝"，"竟敢明目张胆设厂开收，远近赌徒闻风麇集"，谘议局代达袁树勋，但这次未见回复。

广东谘议局还要求广东禁售外省彩票。早在宣统元年（1909），署两广总督袁树勋在《遵筹粤东禁赌办法》奏案中建议，"彩票则截至本年冬底为止，并不准他省彩票到粤运销"①。谘议局在访查后得知广东市面上仍有湖北大小彩票，及上海集益保商票销售，便于宣统二年二月初四日（1910年3月14日）将谘议局委员会的议案《禁各省彩票到粤分售事》上呈袁树勋，"拟请督部堂迅将广东禁止彩票理由录案，分咨各省督抚，勿令该省彩票到粤分销，并请札饬各地方官一体查禁"。12天后得到袁树勋的回复，表示"如有销售外省彩票商人、店铺，即行拿究封罚"②。

正是由于广东谘议局坚持不懈，勇于同行政官厅和赌商进行坚决的斗争，谘议局"可"决议员在内部矛盾激化时立场坚定，毫不妥协，广东禁赌工作才得以步步深入，最终取得了胜利。

三

广东谘议局在禁赌过程中尽量动员和争取各种社会力量，使之参加到广东的禁赌斗争，这样就扩大了禁赌队伍，也造成了强大的禁赌声势，迫使广东地方政府与中央有关部门重视广东禁赌，最终同意禁赌。

首先，广东谘议局积极寻求一切机会，与来粤官员和粤籍京官联络，争取他们的支持。

赌害为患广东之巨，人所共知，禁赌亦是人心所向。广东谘议局虽然不赞成先筹抵后禁赌，但对"筹抵问题非绝对反对"③，"未尝不共负责任"④。

① 《清实录》第60册，第409页。
② 《禁各省彩票到粤分售事》，（清）广东谘议局编《广东谘议局协会决议办理事类（答复附）》，宣统二年四月初十日（1910年5月18日）油印本，广东省中山文献馆藏。
③ （清）广东谘议局编《广东谘议局第一期会议速记录》，广东法政学堂印刷所宣统二年（1910）印行，广东省中山文献馆藏，第13页。
④ （清）广东谘议局编《广东谘议局第一期会议速记录》，广东法政学堂印刷所宣统二年（1910）印行，广东省中山文献馆藏，第75页。

由于署两广总督袁树勋向清廷奏请"改良盐务充抵赌饷"①，实行一律禁赌②，盐政处就派参议晏安澜赴粤进行调查。晏安澜在广东期间，谘议局多次致函晏安澜，陈述赌害之烈、禁赌之难情形，"广东赌害，大为宪政前途之阻碍，若不一律禁绝，则赌徒必舍彼而就此，是禁犹未禁也。番摊流毒，酷于铺票，去其太甚，似亦差强人意，然太甚且不能尽去，其谓之何"，期望能得到晏安澜的支持，再由晏安澜在北京为广东禁赌筹抵活动。晏安澜在广东考察后认为整顿盐务可以筹得 200 万两白银以抵补赌饷，虽然"尚短百万"，但已是不小的进展了，因而不愿尽力。谘议局又建议将盐务中的"中饱"拿出来可以抵充一部分，但晏安澜却将每年不过 50 万两的陋规收入留为商人购船及缉私之用，因此抵赌饷之款"则又画饼矣"。不过，他们仍试图说服晏安澜能从整顿盐政中筹够抵赌饷之款，因为"若谓别筹的款，无扰于民，然或取给于目前，不能行诸久远"③。谘议局第一次临时会议召开时，表决"盐斤价格须有限制""先电盐政大臣、民政部整顿粤盐，无论增饷多少，全数留抵赌饷"④，得到多数人的赞成。

第一次临时会议期间，广东谘议局为了能早日实现禁赌，致电粤籍京官，告知"临时会决定整顿本省盐课，筹足抵赌，限制盐价，不使病民，乞合力维持"⑤。其实，广东旅京人士也非常关心广东禁赌。早在宣统元年（1910）九月，旅京广东官商士民经常齐集北京粤东新馆商讨禁赌，他们提议调查赌博款目，调查杂捐，对赌商及为其服务的雇工剥夺被选举权，或坚持"承充开赌列名之人，其子弟应试及报捐省绅不得出保结，京官不得出认识各项小结，屏之省籍之外"⑥。广东省绅商联合各京官集议禁赌，

---

① 《要折：署粤督袁奏改良盐务充抵赌饷实行一律禁赌折（附章程）》，《申报》宣统元年十二月二十日（1910 年 1 月 30 日），第 2 张后幅第 1 版。

② 《要折：署粤督袁奏改良盐务充抵赌饷实行一律禁赌折（附章程）》（续），《申报》宣统元年十二月二十二日（1910 年 2 月 1 日），第 2 张后幅第 1 版。

③ 《请开临时会事》，（清）广东谘议局编《广东谘议局协会决议办理事类报告书》，宣统二年（1910）油印本，广东省中山文献馆藏，第 101 页。

④ 《紧要新闻二：粤谘议局议决承盐禁赌办法》，《申报》宣统二年四月二十八日（1910 年 6 月 5 日），第 1 张后幅第 2 版。

⑤ 《紧要新闻二：粤谘议局议决承盐禁赌办法·致同乡京官电》，《申报》宣统二年四月二十八日（1910 年 6 月 5 日），第 1 张后幅第 2 版。

⑥ 《旅京粤人研究禁赌会纪事》，《申报》宣统元年八月十八日（1909 年 10 月 1 日），第 1 张第 4 版。

曾致函时任军机大臣兼法部尚书的广东南海人戴鸿慈："粤省连年盗贼纵横，实系赌风遗害，现袁督有意禁赌，望电致袁督早日禁绝，免致为害日深。如恐此项捐款无出，某等情愿担任"，"闻戴军机已于初八日早十钟前电致袁督，此事或能有成也"。① 宣统二年（1910）三月，广东京官胡蓉弟等请都察院代递呈请书，痛陈赌害种种祸端，请求"饬下两广总督臣实办严禁，另筹抵款，并饬度支部协同谋划"②。这次，对广东谘议局的禁赌求援，在京粤人做出了积极的回应，"议定三策：一、请谘议局代表人谒度支部请将盐务陋规提抵赌饷；二、请袁督尽提陋规抵充赌饷；三、或联衔赴都察院请代奏第一策"③。粤籍京官还随时关注禁赌事件的进展，"广东同乡京官内阁中书杨敬元等以盐税拨抵赌饷事迄未实行，特联合旅京官绅四十余人，联名上书督办盐政大臣泽公俯照谘议局请，提中饱以抵赌饷，勿徒借抵赌名目，私加盐价，并请速为宣布章程，以免商民疑虑"④。广东谘议局为禁赌所做的努力赢得了粤籍京官的支持，而粤籍京官的积极主动也使得广东谘议局加强了对他们的信任。

第二次常年会期间，广东谘议局因袁树勋拖延为禁赌代奏而停议，致电北京同乡京官，寻求他们的帮助，"本届开会首议禁赌定期，恳粤督电奏，奉札，以盐饷未准部咨拨抵，未蒙照办，已公决停议力争，若争不得即全体辞职，乞助粤议局"⑤。广东谘议局内部因为安荣铺票问题发生分裂，谘议局"可"决议员与"否"决议员相继辞职，广东各界人士致电广东京官、邮传部尚书唐绍仪等，他们即刻致电当时的署两广总督增祺，"恳早日筹定奏请一律禁绝，以顺舆情而维大局"，并提出由大清银行、交通银行"暂行借款以应急需"，给以大力支持。⑥

---

① 《戴军机赞成粤省禁赌》，《申报》宣统元年九月十八日（1909 年 10 月 31 日），第 1 张第 4 版。

② 《清实录》第 60 册，第 583 页。

③ 《紧要新闻一·粤人集议禁赌三策》，《申报》宣统二年五月二十三日（1910 年 6 月 29 日），第 1 张第 5 版。

④ 《京师近事》，《申报》宣统二年七月十五日（1910 年 8 月 19 日），第 1 张第 5 版。

⑤ 《紧要新闻一·粤议局续请定期禁赌附谘议局致北京同乡电》，《申报》宣统二年九月二十四日（1910 年 10 月 26 日），第 1 张第 4 版。

⑥ 《紧要新闻二·粤谘议局禁赌风潮五志·同乡京官请克日禁赌电》，《申报》宣统二年十一月初三日（1910 年 12 月 4 日），第 1 张后幅第 2 版。

其次，广东谘议局依靠其他社会团体的力量，借助舆论压力，扩大禁赌声势，使禁赌引起社会各界广泛关注。

广东的有识之士对赌害深恶痛绝，给致力于禁赌的广东谘议局以强有力的支持，给广东地方行政官厅与清政府施加了不小的压力，从而推动了广东的禁赌。广东谘议局成立后不久，旅京粤人就举行集会，"拟要求粤督应如何加以限制，以惠小民，并要求永远将赌饷革除奏明立案"，"提议禁赌之后游民必多，应如何筹善后办法"①，声援广东谘议局。上海广肇公所通电抨击徇私庇赌议员："议员庇赌害群，大动公愤，非勒令除名，无以恢复议局信用；非严定禁绝期限，无以永杜赌棍诡谋。务乞合力维持，以平众怒而除巨害，全粤均感。"② 他们还因此致电资政院、广东新馆、同乡京官。谘议局的正义行为也得到了省内各界的支持。鹤山县百岁夫妻梁祖熹与钟氏，奉旨建百岁坊，在寿筵上建议其子梁卓衡："汝何不趁此宾客咸集筹议禁赌，为乡间除害，实自治之第一要着。"于是梁卓衡组织了禁赌分会。③ 为了支持谘议局禁赌，广东商人梁同春"承办酒捐，岁认缴案一百万两"。谘议局于宣统二年七月二十五日（1910 年 8 月 29 日）向署两广总督袁树勋呈请"将酒捐抵赌"，从而"得以实行禁赌之预备"④。

在广东谘议局因安荣公司铺票出现分裂时，支持禁赌的一方将表决情况公诸报端，引起舆论一片哗然。各团体纷纷致电两广总督施加压力，同时致电谘议局支持禁赌，抨击庇赌议员。惠州商会"决不公认区赞森（'否'决议员）为商业研究总公所议长"，尊孔会致报界公会函称"尊孔会会员区赞森庇赌害群，特集众公议，斥摈除去会员名籍，不认为会员"；河源县绅商学界代表致函谘议局，不认惠州籍庇赌议员黄云章为惠州人；嘉应东街自治协会、兴宁叶塘墟绅学商民代表都要求将庇赌议员驱逐出谘

---

① 《旅京粤人又开禁赌大会》，《申报》宣统元年十一月十七日（1909 年 12 月 29 日），第 1 张第 4 版。

② 《本埠新闻：粤人攻讦议员庇赌》，《申报》宣统二年十月二十七日（1910 年 11 月 28 日），第 2 张第 2 版。

③ 《杂记：鹤山老翁提倡禁赌会》，《申报》宣统二年十二月初一日（1911 年 1 月 1 日），第 1 张后幅第 4 版。

④ 《请将酒捐抵赌事》，（清）广东谘议局编《广东谘议局协会决议办理事类报告书》，宣统二年（1910）油印本，广东省中山文献馆藏。

议局。旅港商团、惠州、潮州、嘉应州各界、曲江绅学各界、旅滨粤商等也纷纷致电两广总督、自治研究社、报界公会等，要求严惩庇赌议员。①而自治研究社、七十二行商等也纷纷致电两广总督、粤籍京官，要求禁赌。各界人士齐集明伦堂，举行禁赌大会，将禁赌推向高潮，非实行定期禁赌不足以平息。在这股强大的舆论压力下，广东行政官厅已无拖延之余地，最终确定了定期禁赌的时间表。

正是由于广东谘议局能够积极寻求外援，借助舆论，把握机会，与各种阻碍禁赌的势力斗争，禁赌才取得了胜利。

综上所述，广东谘议局在成立后，始终将禁赌作为其一项重要任务，在禁赌的过程中能够坚持不懈，不屈不挠，抓住当时禁赌呼声甚高的有利形势，调动各种力量，使困扰广东近百年的赌博终于被官方禁止。为了庆祝这一次胜利，广东人民在宣统三年三月初一日（1911 年 3 月 30 日）这天举行盛大的游行纪念活动，"各衙署一律纪念，各挂彩，门悬禁赌纪念灯笼及国旗"，各街坊闸口及各大商店均悬挂灯笼国旗，大书奉旨禁赌或书禁赌纪念。各门口又均贴三月朔日禁赌纪念红条。各学堂商店工行一律放假休业，长堤各酒店旗帜辉煌，仪仗店、灯笼店、赁马房、抬亭人夫，都是应接不暇，价增数倍，连日港澳轮船大餐楼也没有座位，可谓极一时之盛。②

本文与刘文军合作，原载《历史档案》2006 年第 2 期。

---

① 《紧要新闻二：粤省禁赌风潮之近状》，《申报》宣统二年十一月十八日（1910 年 12 月 19 日），第 1 张后幅第 2 版。

② 《紧要新闻二：粤省禁赌大纪念详志（续）》，《申报》宣统三年三月十一日（1911 年 4 月 9 日），第 1 张后幅第 2、3 版。

从"中体西用"看早期改良派
与洋务派的分歧

  "中学为体、西学为用"是史学界公认的洋务运动的理论纲领。但是,在咸丰十一年(1861)至光绪二十四年(1898)这段时间内,不仅是洋务派、早期改良派、顽固派,乃至外国侵略分子,对"中体西用"思想都进行了议论和阐述。咸丰十一年(1861),冯桂芬在他的名著《校邠庐抗议》中首先这样提出:"如以中国之伦常名教为原本,辅以诸国富强之术,不更善之善者哉?"继之,薛福成在批驳顽固派攻击向西方学习是"用夷变夏"时指出:"今诚取西人器数之学,以卫吾尧舜禹汤文武周孔之道。"[①]王韬说:"器则取诸西国,道则备自当躬。"[②] 郑观应在《盛世危言·西学》中写道:"中学其本也,西学其末也,主以中学,辅以西学。"[③] 这里的"本""末"就是"体""用"。光绪二十四年(1898),后期洋务派首领张之洞在《劝学篇·设学》中则写道:"新旧兼学,学四书五经、中国史事、政书、地图为旧学,西政、西艺、西史为新学,旧学为体,新学为用,不使偏废。"[④]"旧学"指"中学","新学"指"西学"。戊戌维新时

---

① (清)薛福成:《变法》,(清)葛士浚编《皇朝经世文续编》卷一三,上海久敬斋光绪二十七年(1901)刻本,第8页。
② (清)王韬:《跋》,夏东元编《郑观应集》上册,上海人民出版社,1982,第167页。
③ (清)郑观应:《西学》,夏东元编《郑观应集》上册,第276页。
④ (清)张之洞:《劝学篇》,苑书义等主编《张之洞全集》第12册,河北人民出版社,1998,第9740页。

期的顽固派文悌在《严参康有为折稿》中也有这样的议论：

> 必须修明孔孟程朱、四书五经、小学性理诸书，植为根柢，使人
> 熟知孝弟、忠信、礼义、廉耻、纲常、伦纪、名教、气节以明体，然
> 后再学习外国文字语言艺术以致用。①

至于外国侵略分子，赫德在洋务运动初期就提出："外国之方便，民
均可学而得；中国原有之好处，可留而遵。"李提摩太在 19 世纪 90 年代初
就提得更明确了："以中国之声名文物为原本，辅以诸国富强之术。"② 各
种各样的人都在谈论"中体西用"，但是，在洋务运动期间，对"中体西
用"思想提得最早而又议论得最多、最透彻的，则是早期改良派思想家。

怎样通过这些现象来看待早期改良派与洋务派以及洋务运动的关系？
目前史学界有人认为"早期改良派也基本上属于洋务派，至少可看作洋务
派的同路人"③；也有人认为"早期改良派的言论是洋务运动的理论指导，
洋务派则是'中体西用'宗旨的实施者"④。这些论者均以早期改良派和洋
务派都主张"中体西用"为其立论的根据。在此，笔者不揣浅陋，拟就
"中体西用"思想这个问题，谈谈早期改良派与洋务派、洋务运动关系的
粗浅看法。

从现象上看，在张之洞提出"旧学为体、新学为用"之前，几乎大都
是早期改良派在发"中体西用"的议论，既然洋务派首领张之洞讲"中体
西用"是在洋务运动失败三年以后，而"中体西用"思想又是指导洋务运
动的理论，那么，提出指导三十余年洋务运动理论的理论家，似乎就应当
是一直在谈论"中体西用"的早期改良派思想家了。事实上，只要考察一
下洋务运动的历史我们就会看到，早在洋务运动的初期，洋务派就已提出
了指导洋务运动的理论思想——"中体西用"思想。我们再对早期改良派

---

① （清）文悌：《严参康有为折稿》（光绪二十四年五月二十日），中国史学会主编《中国近
代史资料丛刊·戊戌变法》第 2 册，上海人民出版社，1957，第 485 页。
② 〔英〕李提摩太：《时事新论》，转引自侯外庐主编《中国近代哲学史》，人民出版社，
1978，第 125 页。
③ 黎仁凯：《试论洋务纲领》，《河北大学学报》（哲学社会科学版）1982 年第 2 期。
④ 陈旭麓：《论"中体西用"》，《历史研究》1982 年第 5 期。

所议论的"中体西用"和洋务派的"中体西用"思想进行分析比较,那就会发现:两者的"中体西用"思想并非完全一致。

洋务派的"中体西用"思想产生在第二次鸦片战争后中外反动派联合镇压太平天国运动的过程中。根据与外国侵略者接触的经验,洋务派认为外国侵略者可以成为清政府镇压国内人民反抗斗争的同盟者,因而主张投靠外国侵略者,同时学习西方的"船坚炮利"的本领,以维护摇摇欲坠的封建统治。他们认为,"中国文武制度,事事远出西人之上,独火器万不能及","中国欲自强,则莫如学习外国利器"①,因此主张"取外人之长技以成中国之长技"②,这就是洋务派的"中体西用"理论。正是在这种思想的指异下,洋务派发起并主持了洋务运动。早期改良派的"中体西用"思想产生、发展于民族危亡日益加深、民族资本主义产生并艰难发展的历史背景下。最早提出"中体西用"思想的冯桂芬,目睹了在第二次鸦片战争中清政府的腐朽无能和英法侵略军的残暴行径,感到中国这样一个"广运万里地球中第一大国,而受制于小夷",是"天地开辟以来未有之奇愤",而主张"自强"。③痛感于中国的落后,早期改良派提出了向西方学习、采纳"西学"的口号。早期改良派和洋务派的"中体西用"思想一开始就产生于不同的动机之中。下面我们来看两者"中体西用"思想内容的异同点。

"中学"这个概念,在19世纪60~90年代中国人的头脑中大致还是孔孟之道这样的封建的纲常名教。毫无疑问,洋务派自始至终都是竭力维护这样的"中学",以及靠此维系的封建制度这个"体"的。李鸿章在洋务运动开始不久的同治四年(1865)就说:"中国文物制度迥异外洋榛狉之俗,所以郅治保国邦,固丕基于勿坏者,固自有在。"④到光绪二十四年(1898)张之洞作《劝学篇》时还引述汉代地主阶级思想家董仲舒的话说:

---

① 《李鸿章函》,(清)宝鋆等编《筹办夷务始末》(同治朝)卷二五,故宫博物院,1930年影印本,第9~10页。

② 《同治四年八月初一日李鸿章折》,中国史学会主编《中国近代史资料丛刊·洋务运动》第4册,上海人民出版社,1961,第14~15页。

③ (清)冯桂芬:《制洋器议》,中国史学会主编《中国近代史资料丛刊·戊戌变法》第1册,上海人民出版社,1957,第29页。

④ 《同治四年八月初一日李鸿章折》,中国史学会主编《中国近代史资料丛刊·洋务运动》第4册,第14页。

"道之大原出于天，天不变，道亦不变。"这个"道"就是孔孟之道，就是封建主义的纲常名教。在他们看来，孔孟之道、封建专制制度胜于一切文化制度而万世不易。

早期改良派虽然也说，"至内焉者，仍当由我中国之政治，所谓本也"，"本根所系，则在乎孝悌忠信礼义廉耻"。但他们又认为"孔子而处于今日，亦不得不一变"，"我中国既尽用泰西之所长，以至取士授官，亦必不泥成法"①。总之，他们心目中的"中体"是要用"泰西之所长"来改变的，首先提出要改变的就是封建专制的用人制度。他们认为中国自秦汉以来的封建制度"适以束缚天下之君子，而便利天下之小人，官司益多，否塞益盛，堂廉益远，积弊益深"，因此，要"一扫而空之，诚非开设议院不可"②。在他们看来，中国的封建专制制度已是弊病丛生，腐烂不堪，而必须用西方资本主义的某些制度来加以改造。尽管提法不是那么明确，但这种倾向是较为明显的。

同是在论述"中学为体"思想，洋务派的"中体"不得一丝更动，而早期改良派却企望封建专制制度得到资本主义的改造。

洋务派采用"西学"是在镇压太平天国运动中开始的。曾国藩等人尝到了采用洋枪洋炮的甜头，在咸丰十一年（1861）十月间一面向清廷建议"将来师夷智以造炮制船，尤为永远之利"，一面自己开始"筹划办理"。接着，奕䜣引述康熙年间平定三藩时用西洋人所造枪炮获胜的例证，上奏清廷"倘雇夷匠数名，在上海制造（枪炮）用以剿贼，势属可行"，建议"饬下曾国藩、薛焕酌量办理"③。同治六年（1867），左宗棠上折认为，"至以中国仿制轮船，或拟失体，则尤不然"，"炮可仿制，船独不可仿制乎？"建议学习西方来制船。④ 于是乎，由用"西法"训练新式军队，学习

---

① （清）王韬：《变法上》，中国史学会主编《中国近代史资料丛刊·戊戌变法》第 1 册，第 131～132 页。

② （清）郑观应：《吏治上》，夏东元编《郑观应集》上册，第 355 页。

③ 《钦差大臣奕䜣等奏酌议借外国兵力助攻太平军并代运南漕各情折》（咸丰十年十二月十一日），中国史学会主编《中国近代史资料丛刊·第二次鸦片战争》第 5 册，上海人民出版社，1978，第 353 页。

④ 《同治五年五月十三日左宗棠折》，中国史学会主编《中国近代史资料丛刊·洋务运动》第 5 册，上海人民出版社，1961，第 9 页。

西方的"坚船利炮",建立一系列的军械所、枪炮厂和造船厂等,进而创办了一大批采矿、冶炼、纺织等工矿企业及航运、铁路、电讯等企业。他们认为要维护封建统治,就必须采用这些"西学"。采用"西学"的目的和原则,李鸿章在一个奏折中说得是比较明白的:"经国之略有全体有偏端,有本有末,如病方亟,不得不治标,非谓培补修养之方即在是也。"①这就是说,封建制度本身基本上是好的,用不着拿"西学"来进行根治,只是在必要的时候可以用"西学"来加固一下而已。因此,洋务派所要采用的"西学",就停留在练兵、制器、办厂、开矿、兴学、育才上。

早期改良派主张采用"西学",但他们认为"西学"本身自有"体""用"之分。马建忠在欧洲考察了一年多,给李鸿章写信说,欧洲诸国"学校建而智士日多,议院立而下情可达",至于"其制造、军旅、水师诸大端,皆其末焉者也"②。后者是"末""用",前者即应为"本""体"。郑观应在《盛世危言·自序》中引了张树声的这样一段议论:

> 西人立国,具有本末,虽礼乐教化,远逊中华,然其驯致富强,亦具有体用,育才于学堂,论政于议院,君民一体,上下同心,务实而戒虚,谋定而后动,此其体也。轮船火炮,洋枪水雷,铁路电线,此其用也。

他不仅引述,而且对这段话很是赞赏,认为是"中的之论"③。

既然认为"西学"本身具有"体""用"之分,那么,早期改良派要求采用"西学"的哪一部分呢?回答是两者都要,而且更重要的是要采用"西学"的"体"。提出采用"西学"的"大体"是与批评洋务派仅仅采用西方的"器艺"之学同时进行的。王韬在指出洋务派只是"恃西人之舟坚炮利、心巧算精"后,进一步指出,"盖我所谓师法者,固更自有进焉

---

① 《同治四年八月初一日李鸿章折》,中国史学会主编《中国近代史资料丛刊·洋务运动》第 4 册,第 14 页。
② (清)马建忠:《上李伯相言出洋工课书》,中国史学会主编《中国近代史资料丛刊·戊戌变法》第 1 册,第 164 页。
③ (清)郑观应:《〈盛世危言〉自序》,夏东元编《郑观应集》上册,第 234 页。

者矣",这就是"师其上下一心、严尚简便之处"①。郑观应在谈"西学"时,称赞西方的议院是"集众思,广众议,用人行政,一秉至公,法诚良,意诚美"②,强调国家的安定富强"不尽在船坚炮利,而在议院上下同心"③,建议清政府"开上下议院以集众益"④。早期改良派用"西学"来改造"中学",以"西学"来代替"中学"的企图在此是显而易见的。

早期改良派主张采纳的"西学"包括发展民族工商业的内容。郑观应就大声疾呼"欲制西人以自强,莫如振兴商务"⑤,号召通过发展民族工商业来与外国资本主义进行"商战"。对此,洋务派却是千方百计加以阻止。洋务运动的初期,李鸿章就担心"数十年后,中国富农大贾必有仿照洋机器制作以自求利益者",而主张"随时设法羁縻"⑥。洋务派创办了一批民用企业,但其出发点仍是维护封建制度这个"体"。刘铭传在论及学西方修铁路、设电报时说:"铁路之利于漕务、赈务、商务、矿务、厘捐、行旅者不可殚述,而于用兵一道尤为急不可缓之图","沿海安设电线,此亦军务之急需"⑦。显然,就是像铁路、电报那样的民用企业,洋务派的出发点也首先在于"用兵""军务之急需"。

我们还可以从译书和设立学校上窥见早期改良派与洋务派所主张采纳的"西学"之不同。先来看译书,王韬在当时著名的广方言馆看到的洋务派的译书种类大致有"象纬、舆图、格致、器艺、兵法、医术"⑧等"器数工艺之书"。马建忠批评洋务派译书是"即有译成数种,或仅为一事一艺之用,未有将其政令治教之本原条贯译为成书"。他认为应译的三类书中,第一类就是"各国之时政,外洋各国内治之政",第二类是"居官者

---

① (清)王韬:《变法自强下》,中国史学会主编《中国近代史资料丛刊·戊戌变法》第 1 册,第 143 页。

② (清)郑观应:《议院上》,夏东元编《郑观应集》上册,第 311 页。

③ (清)郑观应:《〈盛世危言〉自序》,夏东元编《郑观应集》上册,第 233 页。

④ (清)郑观应:《道器》,夏东元编《郑观应集》上册,第 243 页。

⑤ (清)郑观应:《商务三》,夏东元编《郑观应集》上册,第 614 页。

⑥ 《同治四年八月初一日李鸿章折》,中国史学会主编《中国近代史资料丛刊·洋务运动》第 4 册,第 14 页。

⑦ 《光绪六年十一月初二日前直隶提督刘铭传奏》,中国史学会主编《中国近代史资料丛刊·洋务运动》第 6 册,上海人民出版社,1961,第 138 页。

⑧ (清)王韬:《记广方言馆》,中国史学会主编《中国近代史资料丛刊·洋务运动》第 8 册,上海人民出版社,1961,第 348 页。

考订之书，如行政、治军、生财、交邻诸大端"，第三类应包括有"万国史乘、历代兴废、政教相涉之源"。① 邵作舟认为，只要"大译诸国史乘、地志、氏族、职官、礼乐、学校、律令事例、赋税程式、一切人情风俗、典章制度与夫伦常教化义理之书，官为刊集，遍布海内"，就可以使有志于时务者"朝得而学之，夕可起而行之"，"择其善政，斟酌损益以补我之未备"。因此，他主张"译泰西政教义理之书最急，而器数工艺之书可以稍缓"②。译何种书，即表明欲学何种内容。洋务派仅停留在"器数工艺"上，而早期改良派却向往着"政教义理"。

至于学校，洋务派仅局限于设立几个培养洋务人才的同文馆、广方言馆、武备学堂、洋务企业的洋学局；课程科目也不外乎外语、格致、测算、舆图、火炮、机器、兵法、炮法、化学、电气学数门。郑观应在《盛世危言·学校上》中详尽而完备地介绍了西方学校所设置的课程，其中就包括有，"法学者，考古今政事利弊异同，及奉使外国、修辞通商、有关国例之事"③。他还提出"中国亟宜参酌中外成法，教育人材，文武并重"。同时，他主张像西方诸国那样遍设学校，"各州县遍设小学、中学，各省设高等大学"④，而不囿于几个同文馆和武备学堂。

早期改良派与洋务派都主张"西学为用"，然而，我们所看到的是，洋务派所要采纳的"西学"仅限于"器艺"之类，而早期改良派所主张采纳的"西学"，不仅包括有"器艺"之学，而且包括有西方的先进政治制度和发展民族工商业的内容。

至此，我们可以这样说，早期改良派与洋务派都在谈论"中学为体、西学为用"，但是，两者的"中体西用"思想的内涵不仅不完全一致，而且相去甚远。

区分早期改良派与洋务派有一个标准，这就是看他们是否要改变封建专制制度。洋务派只是学习"西学"的"皮毛"，目的是要维护封建专制

---

① （清）马建忠：《拟设翻译院书议》，中国史学会主编《中国近代史资料丛刊·戊戌变法》第 1 册，第 168～171 页。

② （清）邵作舟：《译书》，中国史学会主编《中国近代史资料丛刊·洋务运动》第 1 册，第 571 页。

③ （清）郑观应：《学校上》，夏东元编《郑观应集》上册，第 247 页。

④ （清）郑观应：《学校上（八卷本重写）》，夏东元编《郑观应集》上册，第 267 页。

制度这个"体",而早期改良派却是要借包括西方政治制度、发展民族工商业这些资本主义性质的东西在内的"西学",来改造中国封建专制制度这个"体"。问题的实质至此已一目了然:一个要维护,一个要改造,两者是对立的。早期改良派之所以被归入改良派的行列,是因为他们在一直不断地鼓吹变法思想,而他们的被称为改良思想先声的早期改良思想,也正包含在他们一直鼓吹的"中体西用"思想中;同时也因为他们与戊戌维新派在本质上是一脉相承的,而与洋务派却有着原则上的分歧。戊戌维新派思想的形成,除了有民族危亡的日益加深和民族资本主义初步得到发展这两个政治或经济因素之外,还有在思想上承继于早期改良派这个因素。洋务派的"中体西用"思想产生在镇压太平天国运动的过程中。随着时间的推移,这种思想愈益趋于反动。因为不仅早期改良派的"中体西用"思想早已与它分道扬镳,而且越到后来,它越成为抵制维新变法的思想武器。

即使如此,我们丝毫也不否认早期改良派与洋务派在"中体西用"思想上的联系,以及与洋务运动的联系。早期改良派也是一直在竭力呼吁要采纳"器艺"之类的"西学",而且他们比任何人都更要积极些。在他们的著作中会发现他们有些议论与洋务派的理论竟似同出一辙。他们中的某些人甚至曾替洋务派出谋划策,如王韬、薛福成、马建忠等人。是不是根据这些事实就可以把早期改良派视为洋务理论家呢?不可以的。面对着第二次鸦片战争后中国"数千年来未有之变局",当时中国的各个阶级、阶层人士都在寻求应付这个"变局"的办法。出于不同的目的,早期改良派和洋务派都提出了采纳"西学"的要求。向西方学习、采纳"西学",无疑如一阵清风吹入令人窒息的封建专制统治下的古老中华大地。不管出于什么目的,洋务派举办新式企业,采用西方先进的"器艺"之学,相对于封建顽固派的故步自封、夜郎自大无疑是进步的。在这一点上,早期改良派对洋务派进行的洋务运动抱一定的幻想或参与一些洋务活动是可以理解的。洋务派为了推动洋务运动而借助于早期改良派的一些言论也是必然的。事实上,早期改良派对洋务运动的幻想也早已随着中法战争的炮声而消失。洋务派在早期改良派那里所汲取的也仅限于无损于封建制度的西方的"器艺"之学,他们绝不能接受早期改良派所论"西学"中包括的西方资产阶级民主制度、发展资本主义工商业的思想，洋务运动也绝不可能用这个思想来指导。

综上所述，早期改良派与洋务派所主张的"中体西用"思想的内涵并非完全一致；这个思想的内涵反映出早期改良派与洋务派在思想上质的差别和原则上的分歧。在洋务运动中，洋务派用自己的理论，即洋务理论来指导洋务运动，而绝非靠早期改良派的理论。

本文原载《河北学刊》1987 年第 4 期。

皖北乡土因素与淮系集团的发展

曾经对近代中国历史产生重大影响的淮系集团是从 19 世纪中期的皖北①乡村走上历史舞台的。皖北乡村特殊的社会状况不仅孕育了淮系集团,② 而且在淮系集团的发展和崛起过程中也发挥了重要的作用,使淮系集团呈现出军强政弱的特点。本文拟对皖北乡土因素与淮系集团的发展这个问题做些初步探讨。

一

淮系集团是依靠主要由皖北乡团组建的淮军在镇压太平天国和捻军起义的战争中崛起的。在战争过程中,淮系集团虽然也随时随地吸募一些兵勇、将领和幕府文士,但就总体而言,仍是以招募皖北人为主。因此在发展过程中始终具有浓厚的地域色彩,时时受到皖北乡土因素的影响。

武职将佐和文职幕僚是支撑一个军事政治集团的两大柱石。考察淮系集团军幕两类人的籍贯,可以发现武职将佐中皖北籍人占了绝对优势,而

---

① 本文所称"皖北"是指安徽省长江以北淮河两岸的广大地区,主要包括庐州(治今合肥)、凤阳(治今凤阳)、颍州(治今阜阳)、六安(治今六安)等府,这一地区的地貌特征、社会状况、风俗人情极其相似,并且与长江以南的皖南地区有明显的差异。淮系集团正是在这个特定的地域孕育产生的。

② 相关论文见冀满红的《近代皖北乡村社会统治危机与淮军的产生》和白文刚的《近代皖北乡村宗族与淮系集团的崛起》,两文均收录于王先明、郭卫民主编《乡村社会文化与权力结构的变迁——"华北乡村史学术研讨会"论文集》,人民出版社,2002。

在文职幕僚中皖北籍人所占比例则大大降低。

据王尔敏统计，淮军将领以安徽籍为绝大多数。432 名统将中，有 279 人籍贯安徽，占 65%，有 41 人籍贯湖南，占 10%，有 29 人分属四川、江苏、直隶、贵州、江西等省，占 7%。另有 80 人籍贯不明，就算全非皖籍，也不能影响安徽成分的重要性。[①] 我们由此而做更细致的分析，则可进一步得出淮系集团的武装力量主要靠皖北籍将士维系的结论。因为在安徽籍 279 人中，只有徐锦标、吕本元属于皖南人，另有吴从发、吴建瀛、董大义、余拔群四人籍贯不明。即使全算作皖南籍，也只有 6 人属皖南籍，占安徽籍将领的 2%。皖北籍则占 98%。皖北是一个较大的地理区域，虽然各府都是"地旷俗悍"[②]，民风刚劲，但对淮系集团的影响程度却有很大不同。庐州是淮系集团的起家之地，也是淮系武职将领最多的地区。在 432 名统将中，有籍可查的庐州籍统将就有 233 人，超过了淮军全部统将的 50%，占皖北籍统将的 85%。其中出自庐州府治合肥的统将又有 158 人，占全部统将的 37%、皖北籍统将的 58%、庐州籍统将的 68%。（注：在计算上述数据时，均按皖南籍统将为 6 人处理，因此，实际比例比上述数据还要大些。）

由上可知，淮系集团武职统将的乡土色彩非常浓厚，绝大部分出自皖北乡村，而且愈接近起家之地的核心，武职统将的密度越大，合肥则成为武职统将密度最大的一个地区，并且官职越高，核心地区所占比重也越大。在淮系集团武将中位至督抚的 5 人中，合肥占了 3 位（李鸿章、张树声、刘铭传），庐江占了 2 位（潘鼎新、刘秉璋）。

相对于统将而言，下级军官和普通兵勇的成分当然要庞杂得多，但是，皖北兵勇是淮系集团的核心战斗力量这个结论还是可以成立的。第一，淮系集团主要是依靠皖北宗族团练武装起家，因此兵勇中皖北籍人员从一开始就占有优势。淮军在安庆成军之时，13 营 6500 人中，有 3500 人是皖北淮勇，其余 3000 人为湘勇。但是淮军抵沪以后，很快就有张志邦统率的志字营，张桂芳统率的桂字营，周盛波、周盛传兄弟所统率的盛字营

---

① 王尔敏：《淮军志》，中华书局，1987 年影印本，第 178 页。
② （清）王闿运：《湘军志·临淮篇第九》，岳麓书社，1983，第 103 页。

和传字营，李胜统率的胜字营，吴毓芬统率的华字营，郑海鳌统率的护军营，李昭庆统率的武毅军以及抚标亲兵营等皖北团练相继加入。这些营的成员全部都是皖北人，淮系集团中的皖北籍人员在数量上的优势自然大大增加。第二，为了应付战事，李鸿章虽然"千手千眼，十摩十荡"①，拼命扩招，但在招募时总是尽量选取皖北籍兵勇，这主要表现在以下两个方面。首先，继续回皖北招募兵勇。李鸿章曾于同治元年（1862）七月委派张树声、吴长庆回皖北招募军队，共计招募树字1营、铭字2营、鼎字2营、庆字2营、开字2营，共9营，显然这9营的兵勇以皖北人为主。其次，在收编降众时特别注意保留皖北籍人员。收编降众是淮军开赴上海参战之后的主要兵力来源之一，所以降众的成分对淮系武职人员的乡土色彩必然有很大影响。李鸿章在收编降众时，非常重视收编皖北籍降众，同治元年（1862）四月，南汇太平军守将吴建瀛等人率所部万余人向淮军投降，经李鸿章裁汰之后，成立诚勇6营，"中多皖北人"②。又如忠字、荣字、群字、义字各营，都出自常熟降众，而这些降众也"多属皖北人"③。由上可知，在淮军的发展过程中，李鸿章尽管招募了不少外籍兵将，但仍然以尽力招募皖北人为主，不论统将、兵勇都保持了比较浓厚的乡土色彩。

与武职人员相比，淮系集团幕府文士的乡土色彩不仅大大淡化，而且分布地区也有很大变化。

在王尔敏统计的淮系幕府139名成员中，知籍贯者87人，其中安徽籍39人，虽然仍是最多，但已不能占绝大多数。此外江浙两省共有29人，紧随安徽之后。其余山东、广东、江西、河南、湖南、湖北、福建、陕西等地均有人入幕，籍贯十分庞杂。在安徽籍的39人中，至少有10人以上属于皖南籍，虽然仍只相当于皖北籍的三分之一，但与武职人员相比，所占比例已大大提高。而在皖北籍人士中，分布地域与武职也有所不同。其

---

① （清）李鸿章：《复曾沅浦方伯》（同治元年七月初八日），（清）吴汝纶编《李文忠公全书·朋僚函稿》卷一，莲池书院光绪二十八年（1902）刻本，第42页。

② （清）李鸿章：《上曾相》（同治元年六月初三日），（清）吴汝纶编《李文忠公全书·朋僚函稿》卷一，第34页。

③ （清）谭嘘云：《常熟纪变始末》卷下，1918年铅印本，第315页。

中庐州籍的有 10 人，这就是李鸿章所吹嘘的"吾庐英俊，多从游者"① 的全部家底。其他 11 位皖北人，则多出自靠近皖南的长江附近，淮河以北竟无一人。

与武职人员相反，淮系集团中由幕宾升为督抚的 10 人中，只有 3 人是皖北人，其余有 2 人为皖南人，5 人为外省人。在 3 个皖北人中，只有早年曾在皖北长期举办团练的六安举人李元华籍贯在合肥以北，而其余 2 人则出自紧邻长江的太湖、望江两县。10 人中，竟无一人出自庐州。显然，相对于武职人员而言，淮系集团的文职人员乡土色彩非常淡薄，皖北人士已不起主要作用。

淮系集团是发家于皖北乡村的军事政治集团，皖北人在淮系军幕人员中所占的不同比例，反映了皖北乡村特定的社会状况。而这些特定的社会状况又作用于淮系集团的发展，成为淮系集团军强政弱的基本因素之一。

二

由军队起家，先后参加了镇压太平天国和捻军起义的淮系集团是晚清历史上一个显赫的军事集团。它不仅是 19 世纪中叶清政府镇压农民起义的主要武装力量之一，而且在镇压捻军起义之后成了清政府最为倚重的国防力量。与之相比，不仅腐败的八旗、绿营经制军军队难以比肩，即使是同为勇营的湘军也不免逊色。

淮系集团之所以在军事方面如此突出，皖北乡土因素是一个比较重要而长期未引起学界重视的原因。皖北贫困、动荡的社会状况，错综复杂的三缘关系和刚劲剽悍的民风为淮系集团在军事方面的发展提供了一定的条件。

首先，皖北乡村严重的社会问题迫使皖北的青壮年男性愿意投身淮系军营，客观上为淮系集团的发展壮大提供了人力资源。步入近代的皖北乡村人口众多，土地奇缺，人多地少的矛盾十分严重，再加上耕作方式落后，自然灾害频繁，广大农民的生活极其艰难。近代皖北乡村土地兼并严

---

① 王尔敏：《淮军志》，第 331 页。

重，封建剥削残酷，盗匪遍地，战祸频仍。尤其是进入 19 世纪中叶以后，皖北成了清军、太平军、捻军以及地方团练反复厮杀的战场。战争给皖北人民的生命财产造成了严重的破坏，各派力量"责粮赋于民，民之掳杀流亡死丧以百万计，陇亩荒秽，百里不闻鸡犬"①。显而易见，皖北乡村最基本的生存条件受到了严重威胁，人民生活朝不保夕。在这种状况下，当兵吃粮也就成了皖北青壮年自然的选择。

而相对于衣食无着的皖北乡村来说，淮军所开出的饷俸对皖北的青壮年是有吸引力的。营官每月给薪水银 50 两，哨官日给银 3 钱，哨长日给银 2 钱，什长日给银 1 钱 6 分，亲兵及护勇日给银 1 钱 5 分，正勇日给银 1 钱 4 分，伙勇日给银 1 钱 1 分，长夫日给银 1 钱。此外还有恤赏之制：阵亡者恤银 50 两，受伤者头等赏 15 两，二等赏 10 两，三等赏 5 两，残废者另加。诱惑还不止于此，李鸿章为了使兵勇能够用命打仗，竟然放纵兵勇在战争中进行掳掠，时人记载：

> 少泉（李鸿章）闻人言兵勇不戢，辄大怒。锡人杨艺芳，其年侄，素所（信）任，一言及之，遽曰："不必言，吾皖人皆当诛。"杨战慄而出。②

在这种情况下，淮军士兵每以掳掠财富为能事。时人记载：

> （淮军）初赴上海时，饷项匮乏，食米而外，仅酌给盐菜资。及接仗克城，人人有获，每向夕无事，各哨聚会，出金钏银宝堆案，高数尺许，遇发饷时，多寡不较也。③

从食不果腹的穷人眨眼之间变成了不计较饷银多寡的富人，这自然会

---

① （清）王闿运：《湘军志·曾军后篇第五》，第 68 页。
② （清）赵烈文：《能静居士日记（节录）》，太平天国历史博物馆编《太平天国史料丛编简辑》第 3 册，中华书局，1962，第 383 页。
③ 柴萼：《梵天庐丛录》卷七《李文忠公·定饷制》，中华书局，民国 15 年（1926）铅印本，第 3 页。

激发淮军官兵进一步掳掠的愿望，而为了实现这一愿望，他们在战斗中就会更加积极和凶猛。皖北青壮年正是在求生存的愿望下积极参加了淮系军队，并在追求富裕的欲望下勇敢战斗，拼命掳掠，从而促进了淮系集团战斗力的提高。

其次，皖北乡村长期的战乱，为淮系集团培养了大批有一定战斗技术的将官和兵勇。近代皖北乡村战乱不断，民不聊生。但对淮系集团来说，却为它提供了招兵募勇的好机会，因为长期的战乱使皖北乡村出现了大量合格和半合格的军事人才。这样，李鸿章在组建淮军时就能很容易地招募到训练有素或是有一定训练水平的将勇，再稍加整训就可以迎敌作战，这为淮系的崛起打下了一个良好的基础。

淮军到达上海后，李鸿章把大量收编皖北籍太平军降众作为扩充军队的主要手段。之所以可以如此，是由于皖北地区是太平军和清军长期搏杀的主战场之一，有不少皖北人参加了太平军，并随其转战到江浙一带。关于这一点，李鸿章曾在给曾国荃的信中得意扬扬地写道："敝乡人陷在忠党最多，来归者相望于路。"① 这些由太平军投降而来的皖北人，也都经过了一定的军事锻炼，一旦加入淮系，就可以成为李鸿章用来镇压农民起义的有生力量。

特别是淮系军队早在成军之前，就以地方团练的形式长期与出自皖北家乡的捻军作战，了解捻军的习性，熟悉捻军的战斗规律，因而有利于在镇压捻军的战争中扬长避短，取得战争的胜利，而淮系集团恰恰是在镇压捻军起义的战争中显示了其不可替代的地位。这也是常年战乱的皖北乡村为淮系集团创造的条件。

再次，密切的三缘关系是增强淮系集团军事实力的又一有利因素。在中国传统社会，血缘关系是最基本和最普遍的一种人际关系。皖北乡村家族制度盛行，"聚族而居者虽历世疏远不失亲爱之谊"②，因此血缘关系也就显得更加普遍和重要。淮系集团是以皖北宗族团练起家的，因而每一部

---

① （清）李鸿章：《复曾沅浦方伯》（同治元年七月初八日），（清）吴汝纶编《李文忠公全书·朋僚函稿》卷一，第42页。
② （清）秦达章等纂修光绪《霍山县志》卷二《地理志下·风土》，台北：成文出版社，1974年影印本，第166页。

分（大小不一，或一营，或一营以上，或小于一营）的血缘关系极其密切。在淮系主要将领中以兄弟相依的有李鸿章与弟鹤章、昭庆；张树声与弟树珊、树屏及从弟尔荩；潘鼎新与从弟鼎立；周盛波与弟盛传、宗弟盛长、盛朝、盛鼎等。父子叔侄孙辈同军者如吴毓芬与侄育仁；张遇春与子志邦、侄志鳌；刘铭传与侄盛藻、盛休、盛科、盛常、东堂，与侄孙朝干、朝祜、朝林、朝聘等。当然，这些将领与部属之间的宗亲关系以及普通兵勇之间的亲情及宗亲血缘关系就更加普遍和复杂了。如周盛波、周盛传兄弟是从本族"集丁壮数百人在周兴店筑圩御贼"起家的，[①]刘铭传统率的铭字营中，也以族中子弟为最多。受传统伦理观念的影响，血缘关系密切的群体往往更容易团结互助，同仇敌忾。俗语有所谓"打仗亲兄弟，上阵父子兵"之说。同出一族的这些血缘群体在征战中自然是同心同德，相互帮助，因而也就有助于提高淮军的战斗力。

地缘关系是增强淮系集团军事战斗力的又一因素。在我国传统农业社会，地缘关系封闭性很强，人们具有浓厚的乡土观念。皖北乡村商品经济落后，人们鲜事商贾而"勤于稼穑"，被紧紧束缚在土地上，"虽极贫不肯轻去"[②]。因此人们的乡土观念尤为浓厚，地缘关系也就显得更加重要。在淮系军队中，地缘关系非常普遍，而李鸿章也大加鼓励，甚至被指责"滥用乡人"[③]。大批的皖北籍太平军将士归降李鸿章不能说没有乡土关系的考虑，而李鸿章也刻意收编皖北籍降众。另外在皖北大乡土的背景下，李鸿章还注重维持小乡土，各个地区的兵勇往往一直任用本地统将来统帅。"庆军必以庐江一系接统"[④] 就是典型的例子。作为出生成长于同一方水土的人，他们之间有相同的语言、观念和利害关系，认同性比较强，因而有利于统将的指挥和兵勇的团结，从而有助于提高战斗力。

业缘关系也是淮系军队中比较重要的一种人际关系，尤其是在一些重要的统将中，这种关系更为普遍和重要。所谓业缘关系，社会学将其定义为"基于成员间劳动与职业间的联系"而形成的业缘群体之间的关系。在

---

① （清）周家驹编《周武壮公遗书》卷首，光绪三十一年（1905）刻本，第3页。
② （清）秦达章等纂修光绪《霍山县志》卷二《地理志下·风土》，第164页。
③ 胡思敬：《国闻备乘》卷一《李文忠滥用乡人》，上海书店出版社，1997，第8页。
④ 王尔敏：《淮军志》，第181页。

本文中是指基于同年、师生等情况而形成的一种私人关系。在淮系中，刘秉璋、潘鼎新均是李鸿章的弟子，周盛波、周盛传、张树声、张树珊、刘铭传、郭松林、杨鼎勋、杨宗濂也均以李鸿章为师。这种师生关系加深了淮系统将，特别是主帅李鸿章与各位重要统将之间的情感联系，具有非常重大的意义。众将既作为李鸿章的学生，就一方面不去觊觎他的权位，另一方面又要为其尽力卖命了。

不论血缘宗亲、地缘乡谊还是师生业缘都是基于皖北乡村社会的一种私人关系，这些关系有时还是重叠和纵横交错的。李鸿章充分利用这种乡土私人关系来发展本集团的军事力量，大大增强了淮系军队的凝聚力和战斗力。

最后，皖北乡村刚劲的民风习俗，也是加强淮系集团军队战斗力的一个因素。皖北地区经济落后，民情剽悍，自古就有刚劲好斗的风气。时人王定安曾评价安徽风俗说：

> 安徽襟江带淮。江以南，士喜儒术，巽懦不好武，民则懋迁服贾于外，无雄桀枭猛之姿，故畏祸乱，少奸宄。独滨淮郡邑，当南北之交，风气慄急，其俗好挟（侠）轻死，侠（挟）刃报仇，承平时已然。①

安徽籍京官王茂荫更是明确指出，安徽"唯庐、凤、颍三府，习俗强悍，勇于战争……是安徽防堵，舍庐、凤、颍之人而别无可用"②。正因为具有这种刚劲好斗的风气，所以在皖北招兵买马非常容易，而且兵勇大多好勇斗狠。

胆略和勇气在战斗中起着重要的作用。李鸿章既然不像曾国藩那样重视训练军队的精神风气，可凭恃的也就只有皖北乡村"人民强健，倘尚竞争"的天然风气了。③因此，李鸿章特别注意招募收编皖北青壮年，而对

---

① （清）王定安：《湘军记》卷七《绥辑淮甸篇》，岳麓书社，1983，第87页。
② （清）王茂荫：《王侍郎奏议》卷二《请饬周天爵赴安庆帮办防堵片》（咸丰二年十一月十九日），张新旭、张成权、殷君伯点校，黄山书社，1991，第32页。
③ （清）王茂荫：《王侍郎奏议》卷一《请饬选募丰北灾民成军被征调折》（咸丰二年四月二十六日），张新旭、张成权、殷君伯点校，黄山书社，1991，第14页。

于"巽懦不好武"的皖南人几乎一概不收。

皖北乡村长期极其贫困的状况和动荡不安的社会局势，为淮系集团招募兵勇和维持军队稳定提供了条件；宗族制度的盛行为淮系集团三缘关系的发达奠定了基础；而强悍刚劲的民风则塑造了兵勇的胆气。这些乡土因素共同推动了淮系集团在军事方面的发展，成为淮系集团军事显赫的重要原因之一。

三

与促进淮系集团在军事方面发展相反，皖北乡土因素对淮系集团在政治方面的发展起了制约作用，特别是与同样从乡村崛起的湘系集团政治势力相比，不仅逊色许多，而且特色也迥然不同。

就规模和总体影响而言，湘系集团可谓晚清历史上声名最为显赫的政治集团，仅由军事将领而荣膺督抚的就有 24 位，由幕府人员而位至督抚以上官位者则多达 25 人。[①] 湘系领袖曾国藩更是被封为一等侯爵，一时位极人臣。除曾国藩外，其他各员的声望也不相上下，呈全面发达之势。从 19 世纪 60 年代一直到 20 世纪初，四十年间长盛不衰，先后出现了江忠源、胡林翼、刘长佑、左宗棠、曾国荃、刘坤一等集团领袖，对晚清政局产生了重大而持久的影响。即使在湘军已经衰败之后，湘系的政治影响仍然存在，以至学者夏震武感叹说："（晚清）数十年来朝野上下所施行，无一非湘乡之政术、学术也。"[②]

淮系集团则不同，淮系集团由统兵将帅而为督抚者仅李鸿章、刘秉璋、张树声、刘铭传、潘鼎新 5 人，即使加上幕府人员，也不过十几人。而且除李鸿章一枝独秀，权势如日中天，影响朝政三十年外，其余督抚大多默无声息，不似湘系群星璀璨、一呼百应的声势。因而李鸿章在施展政治抱负时，也就难以依恃淮系政治势力而不得不千方百计寻求外人的奥援。

---

① 朱东安：《曾国藩传》，百花文艺出版社，2001，第 346 页。
② 夏震武：《灵峰先生集》卷四《与刘幼云总监督》（庚戌年 1910），浙江印刷公司，民国 5 年（1916）铅印本，第 57 页。

出现这种鲜明的对比自然与曾国藩和李鸿章各自的学术理想和用人行政有密切的关系，这一点在学术界已有定论，毋庸在此赘述。本文认为乡土因素也是影响湘淮两系在政治上呈现不同特色的基本原因之一。

如前文所述，淮系集团幕府人员的乡土色彩远不及军伍人员浓厚，出现这种情况，自然与李鸿章在两月之内仓促募勇东下，无暇以更多的精力再来考虑幕府人员的幕聘有关，但是皖北乡村整体文化素质较低，不可能迅速提供优秀而充足的幕府人才恐怕也是重要原因之一。幕宾与兵勇不同。兵勇只需要勇敢健壮，而幕宾却必须有一定的文化素质和干练的能力。当时的皖北地区教育比较落后，人民整体文化素质较低，而且由南到北，逐渐降低。在萧一山《清代通史》所附"清代学者著作表"中，籍隶皖省者共有 85 人，其中皖南徽州府就占了 40 人，[①] 而淮北凤阳、颍州、泗州三府州竟一人都没有。这无疑在很大程度上反映了皖北文化和教育水平较低的现实情况。

近代皖北乡村整体文化水平较低的状况制约了淮系将领的文化素质。在淮系可考的 432 名将领中，取得功名的仅有 20 人，所占比例不及 5%，且多为生员一类的初级功名。在淮军的 11 位高级将领中，有科名的也只有 5 位。湘系则不同，湘系起家于晚清三大儒学中心之一的湖湘地区。据统计，在 179 名有出身身份可考的湘军将领中，书生出身的为 104 人，占 58%，远远高于淮系的比例。湘系重要将领几乎都曾就读于著名的岳麓书院或长沙书院，有科名者达 30 多人。[②] 因此，曾国藩在组建湘军时有条件奉行"以儒生领山农"的建军原则。

清袭明制，以科举取士，唯有在科举考试中获取功名者，才为正途，升迁较易，"虽有以他途进者，终不得与科举出身者相比"[③]。晚清虽迫于形势授予一部分立有较大战功的将领督抚之职，但仍倾向于选拔那些有较高文化水平的将领。由于湘系将领多有功名，具有较高的文化水平，所以在建立战功后，就可由武职改文官，升任督抚疆臣。此外，主要由文职人员组成的湘系幕府人才荟萃，规模宏大，为晚清一时之最。文强武盛，为

---

① 萧一山：《清代通史》第 5 册，中华书局，1986 年影印本，第 497～594 页。

② 苑书义：《李鸿章传》，人民出版社，1994，第 49 页。

③ 赵尔巽等撰《清史稿》第 12 册，中华书局，1977，第 3099 页。

湘系成为晚清最庞大的政治军事集团奠定了雄厚的基础。更为重要的是，湖湘地区是清代嘉（庆）道（光）以来逐渐兴起的经世致用思想的主要发祥地，从陶澍、贺长龄、魏源以来人才鼎盛，学派勃兴，成为近代中国最有代表意义的三大儒学中心之一。湘系中诸如曾国藩、左宗棠、罗泽南、刘蓉、李续宾等众多将领都是深沐经世之风、立志力挽狂澜的志士，有深厚的学术修养和远大的政治抱负，所以湘系成为晚清历史上最重要的政治集团也就在情理之中了。

与湘系不同，淮系将领大多出自没有科名或只有低级科名的团练首领，因而虽然也是战功赫赫，大多却只可以升到提督一级，终身在武途奔波，很难转入政界。同时，淮系幕府的规模和人才也不可和湘系同日而语。这样一来，淮系的政治声势比湘系单薄许多也就势在难免了。

出现这种情况，论者均以为与李鸿章鄙视科名、重视才干的选将观点有直接的关系，但联系皖北乡村实际，我们似乎也应该体察到李鸿章不得已的苦衷。皖北乡村经济文化都比较落后，不似皖南、江浙一样人才鼎盛。李鸿章仓促之间既不可能像曾国藩一样收罗大批文武兼备的儒生统兵，也不可能依靠本地人员迅速组建人才济济的幕府。环顾周围，在长期的乡村战乱中，倒涌现出了一批缺少科名而富有胆略、能力的团首。为了应付迫在眉睫的军事行动，也只好招募这些能战的武士了，至于淮系集团的未来，李鸿章当时是无暇顾及的。换言之，皖北乡村较低的文化教育水平决定了淮系集团在政治方面的先天不足。

淮系集团的发展和崛起是多种因素的产物。皖北乡村的影响是比较重要而未被充分重视的因素之一。淮系集团是在皖北以外的地域通过镇压农民起义而崛起的，但远离皖北的淮系集团并没有摆脱皖北乡村各种社会特征的影响。皖北的社会问题、宗族组织、民风习俗、文化水平等因素仍对淮系集团的发展和崛起施加着各种各样积极或消极的影响。淮系集团最终以军强政弱的特征出现在历史舞台上，与皖北乡村特定社会状况的促进或制约作用有着直接的关系。

本文与白文刚合作，原载《安徽史学》2004 年第 4 期。

洋务运动与山西近代化

洋务运动系中国近代化之嚆矢。在洋务运动时期，中国各地区大都相继开始了近代化进程。僻处内地的山西，虽说起步较迟，但在洋务运动时期同样开始了近代化。

一

由于交通阻隔等因素，相对沿海省区来说，山西比较闭塞。19世纪六七十年代，当洋务派在沿海和长江流域各省兴办了一大批近代军事和民用工业企业，民族资本主义经济已经产生并已得到发展时，山西仍未受到外国资本主义经济的影响。直到光绪三年（1877），英国传教士李提摩太到山西赈灾，会见山西巡抚曾国荃，并向他提出一个"西化"山西的方案，山西这才有了一个开风气的动议。但是，李提摩太的包括开矿、兴实业、办学校在内的大规模"西化"山西方案，却被曾国荃拒绝了。四年以后，张之洞由京官出任山西巡抚。这个名闻一时的清流派健将，却在山西这块相对封闭的土地上，开始了他的洋务生涯，山西也由于张之洞的莅任而迈开了近代化的步子。

光绪七年（1881）十一月，张之洞怀着满腔抱负来到山西。他一到任，就和怀揣"西化"山西方案的李提摩太交上了朋友，决心借助李提摩太的指导，在山西尝试举办洋务事业。经过多方考察，张之洞认为山西的各项事业中，"洋务最为当务之急"①。光绪十年（1884）四月，张之洞发表了《延访洋务人才启》。在这个招徕洋务人才的公启中，他希望全国各地的洋务人才前来山西，不管是熟悉洋务的哪一方面，或是钻研精通天文、算术、历算、地理；或是通晓各国语言文字；或是熟悉沿海险要之地；或是多见机器运用得宜；或是根据洋法能自己制造；或是研究船舰大炮；或是精通开矿之学；或是能阐述新旧条约的变迁；或是能剖析公法西法之异同，都将受到欢迎，并根据其才能给予优厚薪金。这里充分昭示了张之洞渴求洋务人才的焦急心情，也说明张之洞的确要在三晋大地上大干一番洋务事业。

在招徕洋务人才的同时，张之洞开始具体筹办洋务事宜。他在发给下属的《札司局设局讲求洋务》中强调，"直省各局林立，取精用宏，裨益甚多，关系甚重"，山西"亟宜仿照兴办，极力讲求"②。他指示属下在省城东门内设立洋务局，选派提调、正佐、委员等办洋务官员，先就本省中熟悉洋务之人和已购来的各种洋务书籍研究试办，详立章程。他还指示，洋务局要设在地势宽阔之处，以便将来在附近添修院落，作为制造之所；要立即筹集经费，派员去江苏雇募机匠，并在上海购买若干种外国新式织机、农器，运到山西作为山西洋务局厂的发端；举办洋务事业的一切费用，就在河道库提存。

张之洞虽然有在山西大办洋务的设想，但由于他在山西只待了两年多一点的时间，他的努力也只在以下几个方面取得成效。

（1）编练军队。洋务运动的一个重要内容就是练兵。张之洞认为山西绿营"军律日即荡弛"③，"整顿营规莫急于此"④，于光绪九年（1883）正月开始留意山西练军，期望达到"日臻强劲，缓急可用"⑤。这个时期的军

---

① （清）张之洞：《札司局设局讲习洋务附延访洋务人才启》（光绪十年四月初一日），许同莘编《张文襄公公牍稿》卷三，民国9年（1920）刊本，第19页。

② （清）张之洞：《札司局设局讲习洋务》（光绪十年四月初一日），许同莘编《张文襄公公牍稿》卷三，第17页。

③ 许同莘编《张文襄公年谱》卷二，商务印书馆，民国35年（1946），第13页。

④ （清）张之洞：《札营务处严禁积弊》（光绪八年四月二十五日），许同莘编《张文襄公公牍稿》卷一，民国9年（1920）刊本，第4页。

⑤ （清）张之洞：《札委李秉衡统领精兵马步三营》（光绪九年三月十一日），许同莘编《张文襄公公牍稿》卷一，民国9年（1920）刊本，第19页。

队要达到"强劲",就必须学习李鸿章等洋务派用洋枪洋炮武装军队。为此,张之洞于光绪十年(1884)四月上奏清廷,认为"绿营积弊无可挽回"①,弓箭刀矛已不合时宜,"临敌制胜,首重火器"②,各军官兵都必须掌握"火器"。接着,张之洞派员赴上海购买来福前膛枪、思费尔前膛枪、马枪、双响手枪、毛瑟后膛枪、云者士得后膛枪、哈乞开思后膛枪共8000余枝,格林炮12尊,来装备山西练军。

(2)创办山西机器局。在购买西洋军火装备山西练军的同时,张之洞又向清廷奏准,在太原创建了山西机器局。这个机器局主要仿制生产火药,月产1000余斤,产品主要供山西练军操练之用。该机器局虽然设备简陋,规模不大,采用封建衙门式的管理,但它招募工匠,内部已具有资本主义雇佣关系,且采用大机器生产,具有近代工业生产的特征。可以认为,山西机器局是山西第一个近代工厂。

(3)创办令德堂。为了培养封建统治人才,张之洞于光绪八年(1882)在太原创办了令德堂。令德堂虽属旧式书院性质,不能与京师同文馆、福建船政学堂等新式学堂相提并论,但张之洞创设令德堂的目的之一就是为了"变通",为了开风气。张之洞为学堂所聘请的教师,如杨深秀主张今文经学,杨秋湄精通算术、史地,都是主张变通的。令德堂培养出了一些新式人才,如杨之培跟父亲杨秋湄学地理,跟杨深秀、吴锡钊学算术等而通"中西法"③,成为令德堂学生仿效的榜样。

为了使山西大开风气,张之洞两次下令山西书局派人购买"南省书籍"④。虽然我们尚不知道他所购买的"南省书籍"都有哪些种类,但到19世纪80年代,洋务派所创办的一些较大局厂(如福州船政局)附设有新式学堂,有些局厂(如江南制造总局)还设有专门翻译西方科技书籍的机构,联系到张之洞在这个时期设洋务局等活动,我们可以把这批"南省书籍"视为包括有西方译著的书籍。张之洞要用这些书籍在山西开风气,

---

① (清)张之洞:《筹改营制折》(光绪十年四月初七日),许同莘编《张文襄公奏稿》卷六,民国9年(1920)刊本,第15页。
② (清)张之洞:《筹改营制折》(光绪十年四月初七日),许同莘编《张文襄公奏稿》卷六,第19页。
③ 常赞春辑《山西献征》卷六,山西书局,民国25年(1936)刻本,第47页。
④ 许同莘编《张文襄公年谱》卷二,第37页。

培养新式人才。

正当张之洞踌躇满志，准备在山西全面推行洋务之时，却被清政府于光绪十年（1884）四月调任两广总督，赴广州备战抗法去了。此后，张之洞的几任后任仅仅是守成而已，山西的洋务活动暂时告一段落。尽管如此，山西毕竟在洋务运动时期开了风气，走上了近代化建设之路，为以后比较全面的近代化建设奠定了一定的基础。

二

洋务运动末期的光绪十八年（1892），山西布政使胡聘之派人在太原办起了太原火柴局，山西的近代化建设又开始发展，并迈上了一个新台阶。胡聘之，湖北天门人，光绪十七年（1891）由顺天府尹升任山西布政使，光绪二十一年（1895）改浙江布政使，又迁陕西巡抚，同年任山西巡抚，光绪二十五年（1899）解任，在山西任职八年。胡聘之到山西前，曾广泛考察了沿海和长江流域各省所办的近代工业企业，尤其是参观了张之洞在南方所办的各种工厂，因而慨然亦要办山西的工厂。

太原火柴局是胡聘之在山西创办的第一个近代企业，也是继山西机器局以后的又一个新式企业。该企业起初是官办，创办经费 2 万银圆，生产"双羊牌"黄磷五色火柴，日产 50 筒，由各地衙门推销。光绪二十六年（1900），火柴局改归山西商务局管理，两年后卖给山西商号大商人渠本翘。渠本翘将火柴局与乔雨亭合股后，改名双福火柴公司。

张之洞创办的山西机器局自他离晋后再无发展。为了适应新的形势，胡聘之决定再创机器局，并于光绪二十四年（1898）奏准筹设。他任命候补道员徐桂芬为总办，负责筹建，调拨开办经费 5 万余两白银，派人从天津英国洋行买回 35 马力蒸汽机 1 台、车床 9 部，设立机器、翻砂、熟铁、木样、铜帽、锅炉等工房，招聘雇募技工百余人。机器局最初主要是修理枪械，后逐渐转向制造，产品有二人抬火枪、18 毫米单发步枪、37 毫米小炮、57 毫米火炮等。

山西地下矿藏丰富，煤炭资源更是富甲天下。胡聘之于光绪十八年（1892）上奏清廷，建议开发山西煤炭资源，直到光绪二十四年（1898）才获谕准。虽然胡聘之不久被解职离任，但山西的煤炭资源从此得到开发，煤矿也日见增多。为了将来晋煤外运，胡聘之又于光绪二十二年（1896）上奏清廷，建议修筑正太铁路，以连接芦汉铁路，得到谕准。山西商务局于光绪二十四年（1898）向沙俄借款准备动工，因义和团运动而暂停实施。后来，清政府收正太铁路归中国铁路总公司，由铁路督办大臣盛宣怀统筹办理。

胡聘之在任内还积极筹办山西近代教育。光绪二十二年（1896），胡聘之奏请变通山西旧式书院，要求书院"参考时务，兼习算学，凡天文、地舆、农务、兵事，与夫一切有用之学，统归格致之中"①，得到批准。胡聘之遂将令德堂改造，"兼课天算、格致等学"②，注重学习近代西方科技。百日维新期间，胡聘之改令德堂为山西省会学堂，书院山长改为学堂总教习，并聘请两名西学副教习，仿照京师大学堂章程，中西并课，"以期明体达用，蔚为通才"。此外，山西的一些州县书院改为高等小学堂，乡村私塾改为初等小学堂。与此同时，胡聘之还于光绪二十四年（1898）九月在太原创办了一所军事学堂——山西武备学堂。该学堂每年招收120名年轻的文武世家、官幕绅商子弟及各营兵勇为学员，开设兵法、舆地、军器等课程，培养山西新式军事人才。

三

胡聘之也未尽展其发展山西近代化建设之抱负，就抱憾卸任。但是，山西近代化建设的步伐，却并未因他的离去而停顿下来。从光绪二十七年（1901）到民国 8 年（1919）的近二十年间，山西的近代化建设有了一个较大的发展。

（1）工业。这个时期的山西工业企业，不仅较前规模大，而且行业也多，创办或扩大的企业有火柴、纺织、电力、面粉、造纸、印刷、机械、

---

① 《胡中丞聘之请变通书院折》，《时务报》第 10 册，光绪二十二年十月初一日（1896 年 11 月 5 日）第 6 页。
② 《光绪二十四年七月二十日（1898.9.5）山西巡抚胡聘之折》，朱有瓛主编《中国近代学制史料》第 1 辑下册，华东师范大学出版社，1986，第 444 页。

采矿、冶金等。双福火柴公司产品行销秦晋两省。在它的影响下，新绛县于民国 4 年（1915）办起了燮昌火柴公司，平遥县于民国 6 年（1917）成立了金林火柴公司。山西的纺织业起步较晚，当年张之洞曾打算派人赴上海购买外国新式织机，雇募机匠，因离任而落空。宣统元年（1909），忻县办起了新兴针织厂，有工人 120 人，祁县有益晋纺织公司，汾阳有浚源纺织公司；太原有女子职业工厂织染部。同年，汾城人刘笃敬建起太原电灯公司，该公司当时只有引擎带动的直流发电机 1 部，后增至 3 部，主要供城市照明之用。这是山西最早的电厂。刘笃敬创办太原电灯公司时，附设山西首家机器面粉厂。在它的影响下，山西又出现了晋丰面粉公司、大同面粉公司等。民国 6 年（1917），山西省立工业试验所设立了小型纸厂，此为山西机器造纸业的发轫之举。山西的近代印刷业要比造纸业活跃得多。早在光绪八年（1882），祁县就出现了石印印刷厂——文和斋。光绪二十八年（1902）山西又出现了铅字活版印刷，晋阳日报印刷所、浚文书局、晋新印刷厂等均属此类。山西的机械工业以山西机器局为代表。民国 3 年（1914）7 月，山西都督阎锡山将机器局改为山西陆军修械所，买进若干机器及锅炉，先后设立翻砂、铁工、机器、木样、提铅、炼铜、熔化、钢模等厂。山西的近代采矿业主要有：光绪三十一年（1905）刘笃敬在阳曲县开办的王封山磺矿公司，光绪三十二年刘笃敬投资开办的太原西山庆成煤窑，光绪三十三年杨钹田在绛县设立的涑川铜矿公司，宣统三年（1911）刘笃敬开办的西山永泰煤窑。光绪三十三年，以渠本翘为总理的山西保晋矿务公司成立，刑部主事狄楼海也于同年创办山西平陆矿务公司。此外，太原、汾阳、大同、平定、寿阳等地也都有人投资于采煤业。与采矿业相比，山西的冶金业规模要小得多。当时只有阳泉保晋铁厂一家，创建于民国 5 年（1916），从日本购回日产 20 吨生铁的近代化成套炼铁设备，建起高炉 1 座、热分炉 3 座。

（2）铁路。五四运动之前，山西主要修筑了三条铁路，但没有全部完工。它们是正太、京绥（山西境内段）、同蒲铁路。正太铁路归盛宣怀筹办后，于光绪二十八年（1902）代表清政府向华俄道胜银行借款 4000 万法郎（约合白银 1300 两）修筑正太铁路。正太铁路修筑权遂为沙俄所控制。光绪三十年（1904），沙俄因日俄战争而自顾不暇，便将筑路权让给了法国。正太铁路于光绪三十年开工修筑，光绪三十三年（1907）建成通车。京绥铁路是我国自己修筑的一条铁路，宣统三年（1911）三月修通张家口至阳高段，民国3年（1914）1月修通阳高至大同段，第二年9月大同至丰镇段亦修通。至此，东起大高埃，北至堡子湾，全长147公里的京绥铁路山西境内段基本建成，山西又多了一条大动脉。同蒲铁路是大同经太原至蒲州的一条贯通山西南北的铁路。光绪三十一年（1905），山西巡抚张曾敭奏请由山西地方集股成立同蒲铁路公司，得到清廷批准。直到宣统三年（1911），同蒲铁路公司才修成了榆次至太谷段35公里的路基，并进行了榆次至北要村近8公里的铺轨工程。

（3）科技。山西的近代科技包括两方面：一是成立科研机关，再一是培养科技人才。山西近代第一个应用科技研究机关是山西工业试验所。工业试验所于民国6年（1917）7月在太原成立，下设窑业部、化学工艺部、分析部、机械修缮部四部。窑业部侧重研究瓷器和玻璃，曾试制成功玻璃瓶和乳白玻璃；化学工业部侧重研究试制日用化妆品、制碱和造纸技术。培养科技人才的主要途径是工厂附设学校和向外派遣留学。山西陆军修械所于民国7年（1918）附设实习工业学校，招生百余人，半工半读。同年，山西留日工艺练习生预备科招生40名，第二年派往日本，在玻璃、肥料、瓦斯、造纸、制革、面粉、肥皂等工厂实习。

（4）教育。清政府开始实行"新政"后，在全国推行新学制，山西也出现了各种类型的新式学堂。光绪二十八年（1902），山西巡抚岑春煊奏准设立了山西大学堂。该学堂分中学专斋和西学专斋两部分，分设英文、日文、法文、俄文、代数、几何、物理、化学、博物、历史、地理、图画、音乐、体操、文学、工学、矿学、法律等课程，每年招收学生40名。山西大学堂是我国最早设立的新型大学之一，在中国近代高等教育发展史上占有重要地位。除大学堂外，山西各地还普遍设立了中小学堂。到宣统二年（1910），山西有中学堂27所，各县也大多设立了高等和初等小学堂。各类专门学堂也在这个时期纷纷出现。山西武备学堂于光绪三十二年（1906）改为陆军小学堂，同年，弁目学堂成立，两年后在陆军小学堂内附设直属清政府的陆军测绘学堂，高等巡警学堂也于同年设立。光绪三十一年（1905），山西最早的师范学堂——山西师范学堂成立，光绪二十八年，山西农林学堂成立，是山西第一所实业学堂，五年后又设立了山西中等实业学堂。光绪三十二年，山西政法学堂设立，用以培养山西地方官吏。这些学堂基本上是以近代科学技术知识为主要教育内容，为山西培养出了大量的各类专门人才。到民国初年，山西的近代教育又有了较大的发展，经过调整改革，各级各类学校学科设置渐至完备，教学内容也日渐丰富。

四

以上是对山西近代化建设发生发展的粗略考察。山西近代化建设的发生、发展与沿海沿江各省不同，走过了一段缓慢而又曲折的道路。

沿海沿江各省的近代化发生于洋务运动的初期，甚至更早，而山西的近代化却发生于洋务运动后期的 19 世纪 80 年代，比沿海沿江各省落后了整整二十年，而且在近代化初创时期，不过是点点星火，对中国的近代化发展没有产生重大影响。造成这种状况的原因，主要有三个。一是山西地处内地，风气未开。虽然英国的大炮早在 19 世纪 40 年代就已轰开了中国的大门，沿海各地早就受到了西方资本主义的猛烈冲击，但是，这种浪潮却迟迟没有波及被太行山阻隔的山西。千百年来自给自足的自然经济在山西这块古老的土地上显得尤为牢固。二是因为清政府对山西不重视。山西虽然是古代兵家必争之地，也是清廷的所谓"京畿藩屏"，但近代战争多发生于沿海沿江各省，清政府主要在那些省份训练军队和设立军事工厂，由此诱发和推动其他方面近代化的发生和发展，而山西因其战略地位的下降并未获得率先发生近代化的机会。三是由于鸦片战争以来的历任山西巡抚都不具有近代化意识。山西既然在清政府的棋盘中没有占据显著位置，清政府安排的山西巡抚大多也是平庸之辈。用张之洞的话说，他的几任前任，鲍源深"太懦"，曾国荃"太滥"，葆亨"太昏"，致使山西"州县则苦累太甚，大吏则纪纲荡然"[①]，以至"公私困穷，几乎无以自立"[②]。其实，派张之洞出任山西巡抚，也并非表明清政府重视山西的治理，因为张

---

① （清）张之洞：《与张幼樵》（光绪八年正月），许同莘编《张文襄公函稿》卷二，民国 9 年（1920）刊本，第 2 页。

② 许同莘编《张文襄公年谱》卷二，第 13 页。

之洞外放前也不过是个"徒为口舌之辩"的京官。当然，他在山西的出色表现令清政府对他刮目相看，这是后话。由于以上诸因素，山西近代化的发生才姗姗来迟，落后于沿海沿江省份二十年。当沿海沿江各省的近代化建设已进入新的发展阶段时，山西的洋务事业才刚刚起步。

尽管如此，山西近代化的发生对山西的意义却是事关重大。在洋务运动时期，山西毕竟不是真空，洋务派有声有色的洋务活动多多少少会对它产生影响。张之洞在到山西之前虽然头顶着"清流派"的帽子，但也耳闻目睹了洋务派的洋务"业绩"，使他到山西后有了效法的样板。这不能不说是洋务运动对山西的影响。因为有张之洞在山西的洋务举措，洋务运动中的近代化建设之风终于吹过了巍峨耸立的太行山，吹到了被封建自然经济束缚着的三晋大地。步子虽然蹒跚，但山西的确在洋务运动时期开始走上了近代化建设之路。胡聘之于19世纪90年代初来到山西，这时洋务运动已近尾声，中国的近代化建设已全面铺开。这位想有一番作为的地方官，自然异常关心时事，尤其是当时人人都在谈论的"洋务"。他考察了沿海沿江各省的近代工业，受到了启发和影响，便在山西办起洋务来了。正因为在洋务运动时期有张之洞、胡聘之相继在山西办"洋务"，山西的近代化建设才得以起步发展。

山西本是一个资源大省，具有进行近代化建设的有利条件，但是由于风气未开，进入近代之后沉睡地下的宝藏迟迟未得到开发利用。自张之洞、胡聘之在山西办洋务后，山西的近代化建设犹如开闸春水，汹涌而来，尤其是在20世纪的前二十年间，其工业、铁路、科技、教育等都有了长足的发展。这不能不说是与洋务运动大有关系。

本文系"第六届全国洋务运动史学术讨论会"论文，原载《晋阳学刊》1994年第3期，发表时有删节。

第二编

军事改革与战争

清季练军建立原因探略

清朝同治（1862~1874）初年，清朝统治者开始在直隶绿营中挑选精壮兵丁，仿照湘淮勇营营制，建立"练军"。随即各省仿行，练军遍及全国，在急剧变化的中国近代社会存在了40年之久。"练军"现象是研究中国军事制度变革史所不可回避的问题。本文仅拟就练军建立原因谈些粗浅看法。

一

同治二年（1863）五月，直隶总督刘长佑首先建议用勇营制度编练直隶兵勇，得到清廷谕允。十月，刘长佑再次上折，请求在直隶抽练绿营兵12000余人，建立练军，并在广东等十省每月提银5.5万两，作为练兵经费。清廷批准实行，练军遂在直隶地区建立起来。同治七年（1868），鸿胪寺少卿朱学勤上奏，请停练军。清廷明确表示，"练军为久远计，用勇不如用兵"①，并将练军作为一项国策在全国推行，通谕各省仿行。那么，清廷为什么要坚持建立练军呢？清廷建立练军的主要目的，是为了整顿已经腐朽衰败的绿营，进而抑制初步发展起来的地方势力。

绿营是清朝的经制军队，与八旗共同担负着维护清王朝封建统治的任务。八旗早在清代中期即已衰败，绿营在进入19世纪以来也衰相迭露，尤

---

① 《清实录》第50册，中华书局，1987年影印本，第164页。

其是到太平天国农民战争爆发时更是腐败不堪。当时任礼部侍郎的曾国藩对绿营作了这样的揭露：

> 漳泉悍卒以千百械斗为常，黔蜀冗兵以勾结盗贼为业，其他吸食鸦片、聚开赌场，各省皆然，大抵无事则游手恣睢，有事则雇无赖之人代充，见贼则望风奔溃，贼去则杀民以邀功。①

皇帝的上谕也承认绿营"日久废弛，有名无实"②。在太平天国革命战争中，绿营望风溃逃，一败不可收拾，曾国藩描述安徽绿营的情形是一省"原设绿营额兵散亡殆尽"③。到太平天国失败以后的同治五年（1866），左宗棠揭露说：

> 今日之制兵，陆则不知击刺，不能乘骑；水则不习驾驶，不熟炮械；将领惟习趋跄应对，办名册，听差使。④

总之，经过太平天国农民战争的打击，绿营腐朽的本质已暴露无遗，作为国家机器的一个组成部分，它已不能进行正常运转了。

对清廷来说，绿营的衰败还造成了一种更为严重的后果，这就是地方势力的出现。由于绿营在战争中被彻底扫荡，清廷不得不借助非经制军的勇营。于是，勇营在战争中崛起，成为挽救并维持清王朝反动统治的支柱。但是同时，它又为地方势力的出现和急剧膨胀提供了有力的凭借。由于勇营系由地方自行招募，中央不能直接控制，而由地方统兵大员直接掌握，地方大员靠此开始总揽一地的军、政、财大权，显现出相对独立于清

---

① 刘锦藻撰《清朝续文献通考》卷二一二，上海商务印书馆，民国25年（1936），考九五九四。

② 刘锦藻撰《清朝续文献通考》卷二一二，考九七四一。

③ （清）曾国藩：《遵旨筹议停补额兵折》（同治三年二月二十七日），（清）李瀚章编《曾文正公全集·奏稿》卷二四，传忠书局光绪二年（1876）刻本，第16页。

④ （清）左宗棠：《闽浙兵制急宜变通谨拟减兵加饷就饷练兵折》（同治五年九月初八日），（清）杨书霖编《左文襄公全集·奏稿》卷一九，萃文堂刻刷局光绪十六年（1890）刻本，第17页。

朝中央的态势。同治初年，较大的勇营部队，就有曾国藩的湘军、李鸿章的淮军、左宗棠的楚军等等。曾、李、左靠他们手中的军队分别当上了两江总督、江苏巡抚、浙江巡抚。他们各自盘踞一地，以军队为资本，渐渐形成了各自的武装政治集团。地方势力的出现和急剧膨胀，是清廷最感头疼的问题。加强中央集权，抑制地方势力，便成为清廷的一个刻不容缓的问题。抑制地方势力，首要的还是削减他们手中的兵权，裁撤他们倚为长城的勇营。所以，当军事形势稍一稳定，清廷便开始筹议裁撤勇营。咸丰十一年（1861）皇帝的上谕说：

> 军兴日久，因各路官兵不敷剿办，复召募勇丁。乃近来各路军营，官兵则往往缺额，勇丁则征调纷繁，兵日少而勇日增，不可不预为之计……一俟军务告藏，该勇丁有愿归农者，即妥为遣散，如仍愿效力行间，即分隶各标，挨补兵缺。①

一时内外诸臣纷纷奏请裁撤勇营，尤其是在湘军攻陷天京后，这种议论甚嚣尘上，愈来愈烈。李鸿章在给郭嵩焘的信中说："都中群议无能谋及远大，但以内轻外重为患，日鳃鳃然欲收将帅疆吏之权。"②正反映了这种情况。

但是，要做到裁撤勇营，真正削减地方大员手中的兵权，最根本的办法还是大力整顿业已衰败的绿营，恢复其原来的军事统治地位。所以，清廷在筹议裁撤勇营的同时，也开始整顿绿营。咸丰十年（1860）五月，清廷下令长江南北各省在本籍挑补兵额，次年十一月又令各省以勇丁补绿营缺额。同治元年（1862），江西巡抚沈葆桢提出"自立之策，莫如先练额兵"，并将本省绿营"严汰老弱，增补精锐"，加以训练。③对此，清廷给予了肯定。从此，清廷三令五申，催促地方整顿绿营。各地在具体执行过

---

① （清）昆冈等修《钦定大清会典事例》卷七一四，光绪刻本，第14~15页。

② （清）李鸿章：《复郭筠仙中丞》（同治四年正月初八日），（清）吴汝纶编《李文忠公全书·朋僚函稿》卷六，金陵书局光绪三十四年（1908）刻本，第2页。

③ 刘锦藻撰《清朝续文献通考》卷二一七，上海商务印书馆，民国25年（1936），考九六三五。

程中采用的方式也不尽统一，大致有如下三种。第一，挑补额兵，恢复旧制。这是针对在战争中被摧毁的绿营而采用的，在本籍或勇丁中挑选精壮，补足或重建被太平军所摧垮摧毁的绿营。这种方式主要采用于绿营被完全摧毁的安徽。第二，挑选精壮，另建练军。这是针对绿营疲弱不堪，不能用命的情况，从额兵中挑选精壮，按勇营营制另行加以编练。这种方式首先在直隶地区实行，随后各省加以仿效，推行开来。第三，减兵加饷，就饷练兵。这是针对绿营饷薄兵疲的弱点，裁汰老弱虚名等，将裁兵余饷加给挑留兵丁，加强训练。这种方式首先实行于福建，浙江、陕西、贵州、江苏、广东等省也先后仿效。就上三种方式而言，建立练军推行的地区最广、时间最长、收效也最大。由上可知，建立练军是清廷整顿绿营，进而加强中央集权、抑制地方势力的措施之一。

二

清朝统治者坚持在直隶建立练军，还出于一种考虑，那就是面对西方侵略者的肆意侵扰，不能任其凌辱，必须强兵御侮。因此，强兵御侮也是练军建立的一个主要原因。

练军建立的诱因是同治二年（1863）五月署礼部侍郎薛焕奏请在直隶练兵。薛焕的理由主要是因为"夷人耽耽虎视，不能不预为防范，未雨绸缪"。他认为西方侵略者在与清政府的谈判中，"稍不遂其所欲，辄以用兵挟制"①，提出在直隶设立四镇，每镇练兵一万，并将神机营兵丁酌添二万名，分散训练，"以振兵威而固根本"。户部议奏认为薛焕的建议"洵属目前急务"，清廷也认为"京师为根本重地，亟应振作兵威，以资捍卫"②，他们都认为应当练兵御侮。八月，两广总督毛鸿宾上奏，建议由设立四镇改为抽练旗绿营兵，选将训练，这样"即足以资捍御"。清廷认为毛鸿宾的建议"所筹不为无见"，并命令直隶总督刘长佑"通盘筹划"③。刘长佑

---

① 《薛焕奏洋务掣肘须在自强中国练兵不可稍缓折》，（清）宝鋆等编《筹办夷务始末》（同治朝）卷一六，故宫博物院，1930年影印本，第5页。
② 《清实录》第46册，中华书局，1987年影印本，第388页。
③ 《清实录》第46册，第541页

便提出用勇营营制抽练绿营兵丁的计划，得到清廷谕允实行。直隶练军由此发轫。

练军制度的最终建立，是在总理衙门的支持下完成的。总理衙门也是出于强兵御侮的考虑。经过两次鸦片战争的打击，清朝统治阶级中一部分人认识到了中世纪的刀矛弓箭与近代的坚船利炮之间的差距，从而提出效法西方，以求"自强"。总理衙门大臣奕䜣等人就这样提出："探源之策，在于自强；自强之术，必先练兵。"① 从咸丰十一年（1861）至同治元年（1862），总理衙门函令天津、上海、福州、广州等地的通商大臣、将军、督抚等，聘请外国军官，训练各地旗绿营兵，同时并派遣数批京旗兵丁到天津接受训练。在奕䜣等人的倡导下，练兵活动首先在沿海各地开展起来。直隶练军建立后，具体筹练由刘长佑负责，主管部门则是总理衙门。奕䜣等人对直隶练军抱有很大的希望，认为练军练成后，"金汤既固，自氛祲潜消"②。由于多方面因素，直隶练军数年无成。奕䜣等人非常失望，痛陈当时的形势是"贼氛未靖，外侮方殷"，"京师为根本重地，若无精兵辅翼，何以示震叠而壮声威"③。鉴于直隶练军散练无效的状况，奕䜣等人提出编练六军计划，集中驻防，认真训练，请清廷严厉责成各级军官严格训练，并责成各省解足"固本军饷"，否则分别从重参办，这样"庶外可以御侮，内可以养威"④。同时，奕䜣等人坚持用西洋枪炮装备直隶练军。同治五年（1866），奕䜣等人奏请设立天津机器局，目的主要是制造西洋军火装备直隶练军。他们认为"练兵之要，制器为先"，"外洋炸炮炸弹与各项军火机器为行军要需……现在直隶既欲练兵，自应在就近地方添设总局，仿外洋军火机器成式，实力讲求，以期多方利用"⑤。清廷对总理衙门

---

① 《咸丰十年十二月十四日钦差大臣恭亲王奕䜣大学士桂良户部左侍郎文祥奏折》，中国史学会主编《中国近代史资料丛刊·洋务运动》第3册，上海人民出版社，1961，第441页。

② 《奕䜣等又奏直隶练兵请改为六军拱卫京师折》，（清）宝鋆等编《筹办夷务始末》（同治朝）卷四三，故宫博物院，1930年影印本，第11页。

③ 《奕䜣等又奏直隶练兵请改为六军拱卫京师折》，（清）宝鋆等编《筹办夷务始末》（同治朝）卷四三，第8页。

④ 《奕䜣等又奏直隶练兵请改为六军拱卫京师折》，（清）宝鋆等编《筹办夷务始末》（同治朝）卷四三，第10页。

⑤ 《同治五年八月二十八日奕䜣等折》，中国史学会主编《中国近代史资料丛刊·洋务运动》第4册，上海人民出版社，1961，第231页。

奕䜣等人关于直隶练军的意见非常重视，认为"现当贼氛未靖，外侮可虞"，这次练兵是"令在必行"。① 在总理衙门的大力支持下，直隶练军没有中途夭折，而是渐有起色，终于成为一种制度，在全国各地推行开来。

同治七年（1868）七月，曾国藩被任命为直隶总督。此时正值中外修约谈判，中外关系渐趋紧张，曾国藩尚未到任便接到清廷寄谕，要他"将前定练军章程从新整顿"，"务期化弱为强，一洗从前积弊，以卫畿疆"②。据曾国藩日记称，他到北京后慈禧太后立即接连三次召见他，有两次嘱他练兵，离京陛辞时又嘱咐他尽力办好练兵设防之事。曾国藩也认为"兵是必要练的，哪怕一百年不开仗，也须练兵防备他（西方侵略者）"③。可见，曾国藩也把强兵御侮作为他接办练军的主要目的之一。曾国藩接任后对直隶练兵章程大事更张，坚持用勇营制度的"良法美意"来改造练军。在这个问题上，虽然有"部议颇加驳斥"，但清廷没有多加干预，作了一定的让步。其中的主要原因，一是直隶练军久无成效，清廷希望曾国藩接办后能有所起色，再一就是局势紧张，强兵御侮的愿望把清廷和曾国藩这个勇营领袖在编练练军的问题上暂时统一在一起。总之，无论是清朝的最高决策者，还是练军的主管机关总理衙门，或是直接负责筹办的刘长佑、曾国藩，乃至最早提出在直隶练兵建议的薛焕，都把强兵御侮作为建立练军的一个主要目的。

三

在整顿绿营的三种方式中，建立练军与其他两种方式有着根本的不同。挑补额兵复建旧制和减兵加饷就饷练兵，都是在绿营原有制度下进行的对绿营的恢复和整顿，而建立练军则是直接采用了勇营的营制、饷章等制度，对绿营作了较大的改造。因此可以说，当时盛行的勇营制度为练军

---

① 《清实录》第 49 册，中华书局，1987 年影印本，第 293 页。
② （清）曾国藩：《复议直隶练军事宜折》（同治八年五月二十一日），（清）李瀚章编《曾文正公奏稿》卷三四，传忠书局光绪二年（1876）刻本，第 14 页。
③ （清）曾国藩：《曾文正公手书日记》同治八年正月十七日条，上海中国图书公司宣统元年（1909）石印本。

的建立提供了可资借鉴的模式。

清廷为什么同意采用它一再裁撤的勇营的一些制度来对绿营进行改造呢？这里边的原因有两个，一是勇营制度比起绿营制度来确实有优越之处，再一是虽然采纳了勇营的一些制度，但并不妨碍绿营的根本制度。

在镇压太平天国革命的战争中，绿营的腐朽衰败与勇营的能战用命是有目共睹的事实，"兵不如勇"已是时论。绿营的腐败主要表现在空额严重和指挥不灵这两个方面。空额现象是绿营俸饷微薄造成的。绿营步兵每月饷银仅一两五钱，马兵二两，还须维持一家人的生计，所以虽名挂军营，实则另操副业。这个问题由来已久。道光五年（1825），御史杨煊奏称：各省绿营"悬缺日久，并不招募，每届操演之期，则挪移彼营之兵，充此营之额"。道光十三年（1833），御史俞琨又作揭露："各营积习，或以虚名坐扣丁粮，或以家仆滥充伍籍。"① 咸丰十一年（1861），清廷也承认了"近来各路军营，官兵则往往缺额"的事实。空额如此严重，战斗力可想而知。绿营指挥不灵是"兵皆土著，将皆升转"的制度造成的。这种制度使将与兵漠不相关，以致将不知如何指挥，兵也不易受命。绿营士兵平时散布各个营汛，调遣时并非全营拔发，而是零星抽调，兵丁来自数十个营汛不等，不仅将与兵漠不相关，即兵与兵亦互不相悉。营伍未至前敌，便已离心离德，毫无斗志。咸丰初年的楚勇头子江忠源总结绿营的弊端时说："其弊在兵不用命，将不知兵，兵与将不相习，将与将又各不相下，遂至溃烂，不可收拾。"② 勇营则不存在这些弊病。士兵由营官自招成军后一直朝夕相处，容易相互了解，产生感情，有助于军队的稳固。勇营无论战时平时都是整体行动，集中驻扎、训练、作战，易于指挥。同时，勇营俸饷优厚，步兵每月饷银四两二钱，马兵七两二钱，是绿营士兵的数倍，士兵贪恋饷银，缺额现象极少。这些都使勇营具有较强的战斗力，而绿营则望尘莫及。著名的勇营湘军、淮军且不必说，即使在清廷"辇毂"之下的直隶地区，也由于绿营"兵额多虚""存营十不及五"③，而不得不

---

① 刘锦藻撰《清朝续文献通考》卷二一二，考九五九二。
② （清）江忠源：《答刘霞仙茂才书》，（清）葛士浚编《皇朝经世文续编》卷六二，上海久敬斋光绪二十七年（1901）刻本，第8页。
③ 刘锦藻撰《清朝续文献通考》卷二一二，考九五九七。

靠刘长佑从湘南带来的楚勇镇压张锡珠、宋景诗等农民起义。勇营制度的相对优越性是显而易见的。这就是清廷同意采用勇营的一些制度的原因。同治二年（1863）五月，刘长佑上奏说，他率楚军"转战数省，所恃以战胜攻取者，固由士卒之用命，亦实营制之合宜"①，请求用勇营营制编练直隶绿营。清廷立即下令："就南省营制，量为变通，赶紧办理。"②

当然，清廷对用勇营制度改造绿营并不十分放心，它惧怕勇营的私军特性传入绿营，进而引起经制军的军权下移。就在下令采用勇营营制后不久，清廷又下令直隶练兵"仍当一切俱从标兵规制"。由于种种牵制，刘长佑只好放弃用勇营制度彻底改造绿营的计划，只是对各标绿营按勇营营制组编，分散进行训练。以后总理衙门屡加干预，朝臣多方指斥，刘长佑动辄得咎，不敢更张。他发牢骚说："以逆料饷项之难继，顿改严定之章程，朝论二三，下情疑阻，事无大小，鲜能有成。"③ 曾国藩接管了直隶练军后也曾受到过种种掣肘，他说："前奏练军事宜，欲稍参勇之意，以练绿营之兵，部议颇加驳斥。"④ 这些都说明了清廷既想采用勇营制度但又不十分放心的矛盾心理。

清廷最终作了一些让步，同意采用勇营的一些制度来改造绿营，建立练军。这是因为虽然练军采用了勇营的一些制度，但是练军制度并非勇营制度，两者间有着本质的区别。第一，兵将来源不同。在士兵来源上勇营采用营官自招的招募制度，大帅以同乡、故旧等关系延揽统将，统将挑选营官，营官挑选哨官，哨官挑选什长，什长挑选勇丁，层层以私人关系挑选成军，谁挑募就服从谁。这样，就造成了全军服从主帅的后果，军队遂为将领所私有。练军官兵则是挑自绿营，还是世业的兵，在兵部注册备案，营官由兵部在绿营中的现职副将、参将、游击中遴选铨补，这样仍旧

① （清）刘长佑：《直东肃清撤留兵勇疏》（同治二年五月初二日），（清）龙继栋编《刘武慎公遗书》卷五，沈云龙主编《近代中国史料丛刊》第25辑第245册，台北：文海出版社，1981年影印本，第668页。

② 《清实录》第46册，第320页。

③ （清）邓辅纶、王政慈撰《刘长佑年谱》，李润英标点《湘军史料丛刊·湘军人物年谱》第1辑，岳麓书社，1987，第396页。

④ （清）曾国藩：《复丁稚璜中丞》，（清）李瀚章编《曾文正公全集·书札》卷三二，传忠书局光绪二年（1876）刻本，第32页。

造成将与兵不相习，不会形成勇营的兵为将有的后果，兵权仍然牢牢掌握于中央兵部。第二，饷银不同。勇营采取兵饷自筹制度，自己有一套筹饷机构，可以随时"就地筹饷"，因此不必听命于中央。这是"兵为将有"的必不可少的基本条件。练军的兵饷则由中央户部掌管，官兵的俸饷虽然比绿营高出许多，一些省份还设立了专门的"练饷局"，但"练饷局"的任务也不过是每月赴户部领回"练饷"，按章进行支放。因此，练军的饷权还是操自中央，从根本上掌握了练军的兵权。由于采用勇营的一些制度既可改变绿营疲弱不堪、不能用命的状况，又不会使其军权下移，所以清廷虽然屡有反复，但最终还是接受了勇营领袖刘长佑、曾国藩的建议，首先在直隶用勇营营制建立起了练军，继而明令推行全国。

综上所述，清季练军之所以建立，从主观方面来看，清廷主要为了整顿衰朽已极的绿营，进而加强中央集权，抑制地方势力。同时，也不排除统治阶级在外患日重情况下的强兵御侮的目的。从客观方面来看，当时盛行的勇营制度为练军的建立提供了可资借鉴又基本可行的模式。

本文原载《湘潭大学学报》（哲学社会科学版）1995 年第 2 期。

清季直隶练军述论

清朝同治（1862～1874）初年，清政府在直隶绿营中挑选精壮士兵，仿照湘淮勇营营制，编练"直隶练军"。随即各省也陆续仿行，"练军"遍及全国，直到20世纪初才逐渐退出历史舞台。在急剧变化的近代中国社会，练军的出现与衰落与晚清政局和近代中国军制的演变有着密切的关系。本文仅拟对直隶练军略作探讨。

一

直隶练军的创建始于同治二年（1863）。这年四月，为了有效地镇压张锡珠等白莲教起义，直隶总督刘长佑将他所指挥的包括绿营营兵在内的兵勇按湘军营制进行组编。当时，这仅是战时的一项权宜之计。五月，礼部侍郎薛焕奏请在直隶练兵四万，分设四镇，用以加强畿辅防务。两广总督毛鸿宾建议就刘长佑新募之勇略增其数，再将直隶旗绿营兵挑选训练即可。清廷将两人的奏折交给刘长佑，要他"通盘筹划"。刘长佑便向清廷上了一个长篇奏折，请求抓住这个时机，在直隶"抽练营兵"，建立练军。清廷基本上同意了这个方案，并要刘长佑妥筹直隶练军的"一切章程"。直隶练军由此发轫。

建立直隶练军是作为整顿绿营的一种方式而提出的。绿营是清朝的经制军队，与八旗共同担负着维护清朝统治的任务。八旗早在清代中期即已衰败，而绿营在进入19世纪以来也衰相迭露。道光五年（1825）御史杨煊揭露说：各省绿营，缺额日久，"每届操演之期，则挪彼营之兵，充此营之额"①。在太平天国农民战争中，绿营不堪一击，其腐朽本质暴露无遗。皇帝的上谕就承认：绿营"日久废弛，有名无实"②。即使在清廷"辇毂"之下的直隶，绿营也是"兵额多虚"，"存营十不及五"③。同治元年（1862），张锡珠领导白莲教在直隶起义，京师震动，直隶绿营望风而溃。清廷无奈，只好谕令两广总督刘长佑率所部楚军北上驰援。同治二年（1863）宋景诗在山东起义，清廷主要依靠楚军防堵起义军北上直隶。直隶绿营甚至连地方治安都难以维持。清廷同治二年的上谕说："京师比年以来劫案层出，叠经严谕申诫，整饬缉捕，而盗风并未少息，捕务仍形废弛。"④ 大到军事行动，小到维持地方治安，直隶四万绿营如同虚设。直隶为畿辅重地，直隶绿营为拱卫京师之师，其营务如此废弛，他省可想而知。作为封建国家机器的重要组成部分，绿营已经不能正常进行运转了。在这种情况下，整顿绿营就成为清政府一项刻不容缓的工作。从咸丰十年（1860）起，清廷就三令五申，催促地方着力整顿绿营。各地在具体执行过程中采用的方式不尽统一，直隶建立练军就是其中的一种。这种方式主要是针对绿营疲弱不堪不能用命的状况，从额兵中挑选精壮，按勇营营制另行加以编练，以期使绿营变疲弱为精强。

清廷下决心整顿绿营，建立练军，还出于一种考虑，这就是加强中央集权，抑制急剧膨胀的地方势力。绿营在太平天国战争中被彻底扫荡，清廷不得已而借助非经制军的勇营。于是勇营在战争中迅速崛起，成为各种战场的当然主力。同治元年，直隶除在本省募勇3000人外，还从外省调进刘长佑部楚军2000人、蒋希夷部豫勇800人。堂堂畿辅，亦须靠勇营驻防维护。但是，勇营既是挽救和维护清朝统治的军事支柱，同时又是地方势力迅速发展的武力凭借。地方势力坐大，已成为清廷最感头疼的问题。抑制地方势力，必须首先削减他们手中的兵权。当军事形势稍一稳定，清廷便谕令各地裁撤勇营。同治二年十月，清廷令刘长佑"直隶全境已无匪踪，前调兵勇，自应分别撤留"，同时又令留下勇营

---

① 刘锦藻撰《清朝续文献通考》卷二一二，商务印书馆，民国25年（1936），考九五九二。

② 刘锦藻撰《清朝续文献通考》卷二二八，商务印书馆，民国25年（1936），考九七四一。

③ 刘锦藻撰《清朝续文献通考》卷二一二，考九五九七。

④ 《清实录》第46册，中华书局，1987年影印本，第132页。

5000 名 "以备不虞" ①。这说明了清廷主观上坚决要求裁撤勇营，而客观上又不得不依靠勇营这样一种矛盾处境。要做到真正裁撤勇营，根本的办法还是整顿经制军队——绿营，恢复其昔日的军事统治地位。作为整顿绿营一种方式，建立直隶练军一经提出就理所当然地为清廷采纳了。

建立直隶练军是借用勇营制度改造绿营。之所以采用这种方式，是因为清朝统治者对勇营制度的迷信。在镇压太平天国的战争中，绿营的腐朽衰败与勇营的能战用命形成了鲜明的对照，"兵不如勇"已是定论。这些就使清朝统治者对勇营制度产生了不同程度的迷信，迷信程度最深的首推勇营领袖。刘长佑向清廷上奏说，他率楚军"转战数省，所恃以战胜攻取者，固由士卒之用命，亦实营制之合宜"②，并一再要求用勇营营制改造绿营，建立直隶练军。他的后任湘军领袖曾国藩更是一意坚持，毫不妥协。勇营制度较之于绿营制度，确实有其优越之处。绿营士兵饷银微薄，空额现象极为严重；勇营饷银优厚，士兵不愿离开。绿营"兵皆土著、将皆升转"的制度造成将与兵、兵与兵互不相悉，因而指挥不灵，分守营汛，疏于训练；勇营以私人关系招募成军，军队稳固，集中驻扎训练，易于指挥。因此，勇营比绿营具有较强的战斗力。镇压太平天国和捻军等农民起义，主要是靠勇营之力。清廷虽然对勇营制度不十分迷信，但也看到了其优越之处。同治二年五月接到刘长佑的奏折后，清廷就明确表态："著即就南省营制量为变通，赶紧办理。"③尽管清廷以后几经反复，但最终还是作了让步，同意在不损害绿营根本制度的前提下，采用勇营制度对绿营进行改造，建立直隶练军。

此外，强兵御侮也是清政府建立直隶练军的目的之一。从当时薛焕设立四镇的建议来看，他的理由主要是因为"夷人眈眈虎视，不能不预为防范，未雨绸缪"④。第二次鸦片战争中，由于清军腐败不战，清政府被迫订

---

① 《清实录》第 46 册，第 666 页。

② （清）刘长佑：《直东肃清撤留兵勇疏》（同治二年五月初二日），（清）龙继栋编《刘武慎公遗书》卷五，沈云龙主编《近代中国史料丛刊》第 25 辑第 245 册，台北：文海出版社，1988 年影印本，第 668 页。

③ （清）刘长佑：《复陈练军营制疏》（同治二年五月十七日），（清）龙继栋编《刘武慎公遗书》卷五，沈云龙主编《近代中国史料丛刊》第 25 辑第 245 册，第 683 页。

④ 《薛焕奏洋务掣肘须在自强中国练兵不可稍缓折》，（清）宝鋆等编《筹办夷务始末》（同治朝）卷一六，故宫博物院，1929～1930 年影印本，第 5 页。

立城下之盟。战后，英法联军退驻天津，构成对北京经常性的威胁，西方侵略者在与清政府的交涉中，"稍不遂其所欲，辄以用兵挟制"。为了"振兵威而固根本"，必须在直隶加练重兵。薛焕的建议点到了饱尝忧患的清廷的痛处，因而引起了共鸣。清廷认为"京师为根本重地，亟应振作兵威，以资捍卫"，户部的议奏也认为薛奏"洵属目前急务"①。薛焕的练兵建议并非孤立提出，它与第二次鸦片战争后国内形势和清政府的政策是相一致的。经过这次战争的打击，清政府认识到了中世纪的刀矛弓箭与近代坚船利炮之间的差距，从而提出了效法西方以求"自强"。奕䜣等人就提出："探源之策，在于自强；自强之术，必先练兵。"② 在奕䜣等人的倡导主持之下，练兵活动首先在沿海各省开展起来，其中直隶天津镇就是练兵的中心之一。薛焕的练兵计划是与上述练兵活动相呼应的。后来，练兵四镇的建议虽然被否定了，但是其强兵御侮的宗旨并未被改变。刘长佑在他建立直隶练军的计划中就谈到其主要目的之一是为了建立"可恃之兵"，来"重畿辅而防外患"③，以后，历任直隶总督也都将强兵御侮作为建设直隶练军的宗旨之一。

由上可知，直隶练军是在绿营极度衰败、清朝中央集权开始遭到削弱和外侮日亟的情况下，清政府为了加强中央集权和强兵御侮，将它作为改造绿营的一种方式而建立的。

二

对直隶练军的创建和发展有重大建树的是刘长佑、曾国藩和李鸿章三任直隶总督，在他们各自的任期内直隶练军都有了不同程度的发展。据此，可以将隶练军的发展过程大体上分为三个主要阶段。

---

① 《清实录》第 46 册，第 388 页。

② 《咸丰十年十二月十四日钦差大臣恭亲王奕䜣大学士桂良户部左侍郎文祥奏折》，中国史学会主编《中国近代史资料丛刊·洋务运动》第 3 册，上海人民出版社，1961，第 441 页。

③ （清）刘长佑：《遵筹直隶全局练兵募勇以重畿辅疏》（同治二年十月十二日），（清）龙继栋编《刘武慎公遗书》卷六，沈云龙主编《近代中国史料丛刊》第 25 辑第 245 册，第 808 页。

（一）刘长佑时期（同治二至六年，1863～1867）：草创阶段

刘长佑任直隶总督五年。在任期内他提出建立直隶练军的计划并具体筹建。几经周折，在他去职时直隶练军有了大致规模。

同治二年（1863）十月刘长佑向清廷所上的那个奏折，包含了他创建直隶练军的基本思想。这个基本思想就是用勇营制度改造直隶绿营。它主要包括三点内容：一是在编制上改变绿营编制不齐、老弱混杂的状况，在绿营中挑选精壮，按勇营营制另行组编，500人为一营，5营为一军，每军配马队500人，分为前后左右中五军；二是在驻防上改变绿营散布营汛的状况，学勇营集中驻防，加强训练，以上五军和另行增练的两军勇营共七军，全部集中省垣训练，然后分驻保定、河间、正定、大名、威县、宣化、天津七地，拱卫京师；三是设立专门经费，请户部责成江苏、江西、福建、湖南、湖北、山东、山西、四川、河南各省每月提银5000两，广东1万两，作为"固本军饷"。这就是所谓的"七军计划"。对此，清廷立即做出反应，它担心勇营制度会彻底破坏绿营制度，认为直隶练军"仍当一切俱从标兵规制"，即使增练的两军勇营"一切俱用勇营制度，亦恐诸多窒碍"①。但是，在紧接着的一道上谕中却又肯定刘长佑"所筹尚属妥协"，严令各省立即筹办"固本军饷"以"整顿营务"②，同时要刘长佑留下楚军将弁充当教练。数日后清廷上谕再次肯定刘长佑"所奏均属周妥"，并令他详细妥筹直隶练军的"一切章程"。清廷的这种态度，反映了它既想用勇营制度挽救绿营而又极其惧怕勇营制度的这样一种矛盾心理。在这种情况下，刘长佑只好放弃用勇营制度彻底改造直隶绿营的计划。他将原计划中的集中驻防改为各守营汛，将集中训练改为逐步抽练，但是仍然坚持用勇营营制挑编直隶绿营。从同治二年至同治五年，刘长佑由督标、提标开始，渐及各镇，陆续抽练马步兵丁10200名。当然，这样建起来的直隶练军是不会有多大起色的。

同治五年（1866）七月，奕訢等认为，直隶练军毫无成效，"饷既虚

---

① 《清实录》第46册，第700页。
② 《清实录》第46册，第701页。

縻，而兵仍无用"①，主张对刘长佑的七军作些变化，提出了六军计划，其主要内容有三：一是直隶练军的驻地将保定、正定、大名、威县改为遵化、易州、古北口；二是人数每军步队由原定 2500 人改为 2000 人，再加马队 500 人，一军 2500 人，六军共 15000 人；三是将各守营汛分别抽练改为集中驻防训练。六军计划除各军人数和驻地与七军计划略有不同外，集中驻防训练则是对七军计划的恢复。清廷批准了这个计划，仍然责成刘长佑具体负责。六军计划给了刘长佑很大鼓舞，他详细拟定了直隶练军营制。这个营制是根据湘军营制制定的，每营步兵 400 人、马兵 100 人，共500 人，分为 5 哨，每哨 100 人，分为 4 队，每队 25 人。正当刘长佑将更多的精力投入直隶练军的建设中去时，他却于同治六年（1867）因沧州盐民义军逼近京畿而去职。直隶练军的建设便告一段落。

刘长佑在直隶时直隶练军有了大致规模，但其成效却不为清廷所满意，其原因是刘长佑在建设直隶练军的过程中受到了多方掣肘。首先，是清廷不放手让他自行操办，使他无法真正按勇营制度来建设练军，只能"仅将营哨队伍略为更定"②。其次，是各衙门的干预。户部、兵部制定了练兵章程十七条，对直隶练军的将领、营务、纪律、驻地、战马、兵饷都给予了严密的规定，使刘长佑无所适从。再次，是朝臣的横加指斥。户部尚书罗惇衍上奏说练军流弊有十可虑，主张将固本军饷移用京营。大学士倭仁也认为"与其借外援以资声势而流弊滋多，不如练京兵以固本根而缓急可恃"，来"强干弱支（枝），无尾大不掉之患"③。此外，在经费和装备等方面也受到了牵制。刘长佑自己无法筹饷，虽奏准使用固本军饷，但各省拨解寥寥，数年仅解到应解数的六分之一。种种牵制使刘长佑动辄得咎，不能卓有成效地建设直隶练军。他向清廷发牢骚说："以逆料饷项之难继，顿改严定之章程，朝论二三，下情疑阻，事无大小，

① 《奕䜣等又奏直隶练兵请改为六军拱卫京师折》，（清）宝鋆等编《筹办夷务始末》（同治朝）卷四三，故宫博物院，1929～1930 年影印本，第 8 页。

② （清）刘长佑：《陈明近年练兵情形疏》（同治五年九月二十三日），（清）龙继栋编《刘武慎公遗书》卷一一，沈云龙主编《近代中国史料丛刊》第 25 辑第 246 册，台北：文海出版社，1968 年影印本，第 1468 页。

③ （清）倭仁：《论直隶添设六军疏稿》，（清）葛士浚编《皇朝经世文续编》卷六二，上海久敬斋光绪二十七年（1901）刻本，第 7 页。

鲜能有成？"① 刘长佑时期直隶练军成效不大的原因，就在于清廷并没有真正下决心用勇营制度来改造绿营。

（二）曾国藩时期（同治八至九年，1869～1870）：基本完成阶段

曾国藩是从同治八年（1869）开始接手编练练军的，同治七年（1868年）七月，曾国藩任直隶总督。他尚未赴直就接到清廷寄谕，要他"将前定练军章程从新整顿"，"务期化弱为强，一洗从前积弊，以卫畿疆"②，表示了清廷整顿直隶练军的急切愿望。第二年二月，曾国藩检阅了直隶练军，接着向清廷上了一个奏折。他认为照过去练法，直隶练军"即使力加整顿，亦难遽化弱为强"，必须参用勇营的"良法美意"，然后"营务或可渐有起色"。这个"良法美意"实际上是建军原则，主要是以下三项。第一，文法宜简。他认为刘长佑"所定练军规条至一百五十余条之多，虽士大夫不能骤通而全记，文法太繁，官气太重"，因此要学勇营营规只有数条即可。第二，事权宜专。他认为直隶练军上有总督揽其权，下有翼长分其任，加以总理衙门、户部、兵部层层检制，统将并无进退人才、综管饷项之权，虽良将亦瞻前顾后，莫敢放胆任事，应学勇营"一营之权全付营官，统领不为遥制，一军之权全付统领，大帅不为遥制"。第三，情意宜洽。他认为直隶练军营官既无操去取士兵之权，又无优待、奖拔士兵之权，上下隔阂，情意全不相联，与勇营因层层挑选而造成的恩谊相孚、患难相顾无法相比。总之，他认为刘长佑的直隶练军仅只学了勇营的形式，而没有勇营的实质，若要大有起色，必须参用这三项"良法美意"。③ 此外，关于军制方面他还提出两点：一是直隶练军士兵的底饷和练饷都应在一处发放，以杜绝冒名顶替现象；二是马队应从步队中分出来，另立马队营制，无论马步，一队应由 25 人改为 10 人。奏上，清廷同意，令他立即制定简明章程。八月，曾国藩制定了简明章程，再次上奏提出他在保定督

---

① （清）邓辅纶、王政慈撰《刘长佑年谱》，李润英标点《湘军史料丛刊·湘军人物年谱》第 1 辑，岳麓书社，1987，第 396 页。

② （清）曾国藩：《复议直隶练军事宜折》（同治八年五月二十一日），（清）李瀚章编《曾文正公全集·奏稿》卷三四，传忠书局光绪二年（1876）刻本，第 14 页。

③ （清）曾国藩：《复议直隶练军事宜折》（同治八年五月二十一日），（清）李瀚章编《曾文正公全集·奏稿》卷三四，第 15～17 页。

标、古北口提标和正定镇标各挑两营 1000 人，共六营 3000 人按新章先行试办。同治九年（1870）四月，曾国藩认为试练的 3000 步队和后来添练的马队四营初见成效，于是向清廷奏呈直隶练军步队马队营制，作为永远章程，其内容为以下几个方面。步队营制，一营 500 人，分 5 哨；每哨 100 人：哨官 1 人，哨长 1 人，护兵 10 人，8 队 88 人。每营长夫 150 人。士兵每月饷银三两六钱，底饷练饷一并支放。马队营制，一营 250 人，分为 5 哨，每哨 50 人，分为 5 棚，每棚 10 人。士兵每月饷银 4 两。用曾国藩的话说，这个营制是"比照湘勇淮勇旧章，参酌增损"制定的①。该营制得到了清廷的认可。八月，曾国藩调任两江总督，直隶练军事宜由李鸿章接替。

曾国藩基本上完成了直隶练军制定的建设。他成功地将勇营的一些建军原则和营制饷章用于直隶练军之中，因而成绩远比刘长佑要大。刘长佑当年是"牵于众议，为此应酬世故之文"②。曾国藩也曾受到部臣的反对，他在给丁宝桢的信中说："前奏练军事宜，欲稍参勇营之意，以练绿营之兵，部议颇加驳斥。"③ 但是，清廷最终还是放弃了"一切俱从标兵规制"的原则，同意借用勇营制度改造直隶绿营，建设直隶练军。个中原因，是清廷在直隶练军建设中几经反复后，真正认识到了绿营制度已腐朽不堪用而不再一味坚持。

（三）李鸿章时期（同治九年至光绪二十一年，1870～1895）：发展阶段

李鸿章接管了直隶练军后，大体沿用了曾国藩手定制度，他对直隶练军的建设主要是如下两点。其一是将天津洋枪队改编入直隶练军。天津洋枪队系三口通商大臣崇厚于同治元年（1862）建立的一支武装。该部官兵主要挑自津沽通永镇协标，全部用洋枪炮装备，同治七年（1868）时有洋枪队 5 营、洋炮队 1 营，共计 3200 人。同治十二年（1873），李鸿章将这

---

① （清）曾国藩：《试办练军酌定营制折》（同治九年四月十六日），（清）李瀚章编《曾文正公全集·奏稿》卷三五，传忠书局光绪二年（1876）刻本，第 12 页。

② （清）曾国藩：《复李中堂》，（清）李瀚章编《曾文正公全集·书札》卷三二，传忠书局光绪二年（1876）刻本，第 20 页。

③ （清）曾国藩：《复丁稚璜中丞》，（清）李瀚章编《曾文正公全集·书札》卷三二，第 32 页。

支部队全部按直隶练军章程改编为 4 营 3 哨，驻防于大沽、北塘、天津，与驻防于保定、大名、正定、通永、宣化等地的练军"联络一气"。以后，李鸿章不断扩充直隶练军，使其逐步壮大起来。据李鸿章光绪十一年（1885）的一个奏折声称，直隶练军内地各镇有 31 营 4 哨 6 队，沿海各镇有 14 营 3 队，共计 45 营约 2 万人，布防于天津、大沽、北塘、芦台、山海关、古北口、多伦、独石口、宣化、大名、正定、保定等军事要地，强化了对直隶地区的防护。其二是注重直隶练军的近代化建设。刘长佑时期直隶练军的武器装备，主要是弓箭、长矛、抬枪、马枪、洋开花炮和洋劈山炮。到曾国藩时期，其"军火器械，马步各营均以半用洋枪、半用长矛为得力"①。李鸿章则全部更新了直隶练军的武器装备，先后发给各镇新式洋枪，并从淮军中抽出通晓洋枪技艺的弁兵派往练军中充当教习，每营 5 名。光绪十年（1884）前后，李鸿章将直隶海防练军的武器一律更换为德国克鹿卜新式后膛枪炮，这在当时的中国已是最先进的武器装备。李鸿章在担任直隶总督期间，对直隶练军"屡饬各统领管带认真督率，仿照西洋兵法，讲求利器，勤加操练"②，使直隶练军的近代化程度不断加深。

在李鸿章时期，清廷对直隶练军基本上撒手不管，听任李鸿章改造经营。经过李鸿章的积极努力，直隶练军发展到了一个新的阶段。它不仅数量扩大，防地增多，而且装备精良、训练整齐，称得上一支颇具规模的"缓急可恃"的军队。③

三

直隶练军源于绿营，但与绿营有很大不同。它的创建者的意图就是借用勇营制度改造绿营，所以，直隶练军的营制、饷章和操防等一仿勇营。据此，有人认为练军就是勇营。其实，直隶练军虽然在很多方面采用了勇

---

① （清）曾国藩：《试办练军酌定营制折》（同治九年四月十六日），（清）李瀚章编《曾文正公全集·奏稿》卷三五，第 13 页。

② （清）李鸿章：《复奏各军营规折》（光绪十五年十二月十八日），（清）吴汝纶编《李文忠公全书·奏稿》卷六六，莲池书院光绪二十八年（1902）刻本，第 43 页。

③ （清）朱寿朋编《光绪朝东华录》第 3 册，中华书局，1958，第 3225 页。

营制度，但是它并不就等于勇营，练军制度也不就等于勇营制度。在兵将来源上，勇营实行的是招募制度，层层以私人关系挑选成军，造成全军跟从主帅的结果，军队遂为将领所有。直隶练军实行的仍然是世兵制，士兵挑自绿营，还是世业的兵，在兵部注册，营官则在绿营现有的副将、参将、游击中遴选，由兵部铨补。兵权仍旧牢牢掌握于兵部，不会形成兵为将有的后果。在军饷来源上，勇营采用的兵饷自筹制度，自己有一套筹饷机构，可以随时"就地筹饷"，因而不必听命于中央。这是"兵为将有"必不可少的基本条件。直隶练军的军饷则由中央户部掌管，官兵的俸饷虽然比绿营高出许多，在保定设立了专门的"练饷局"，但该局的任务也不过是每月赴户部领回"练饷"，进行支放。饷权操自中央，从根本上杜绝了军权下移的可能性。正因为直隶练军既可借用勇营制度克服绿营疲弱不堪的弱点，又不使其军权下移，所以清廷才同意建立直隶练军。从这点上说，直隶练军并没有改变绿营的根本性质，它仍然是清廷牢牢控制下的武装力量。

作为拱卫京师的武装力量，直隶练军在镇压人民群众起义和反对外国侵略的战争中显示了它的力量。光绪十七年（1891）十月，热河地区爆发了金丹教大规模武装起义，先后有数万人参加。清政府调集了直隶、奉天两地军队将起义镇压下去。参加镇压行动的清军主力是直隶练军。李鸿章先后调集驻古北口、芦台、开平、山海关、宣化、北塘等处练军分赴赤峰、平泉、建昌、朝阳等地。一年后李鸿章回顾此事说："上年剿办朝阳教匪，克期扫荡，全赖练军之力，成效昭然。"① 在维持地方治安上直隶练军是比较得力的，仅宣化练军在光绪六年（1880）至十七年（1891），就"剿办马贼"35 起。它不仅防守本境，而且还经常奉调驰援奉天、库伦（今乌兰巴托）等地。直隶练军平时就有海防练军驻扎天津、北塘、大沽等海防重镇，担负着保卫直隶海防的重任。在中外关系紧张时，直隶练军也大量调往前线，尤其是在抗击八国联军的战争中，直隶练军大部分参战，表现得英勇顽强，显示了一定的战斗力。

直隶练军对中国近代军事制度的发展演化具有不可低估的作用。这个

---

① （清）朱寿朋编《光绪朝东华录》第 3 册，第 3225 页。

作用集中表现在它本身所发生的近代化，促进了中国军队由封建性的绿营向资本主义性的新军的过渡。直隶练军的近代化最早发生在武器装备方面，在它建立之初就装备了一定数量的洋式武器，到李鸿章时便全部装备新式洋枪洋炮，而且不断更新，同时相应地在训练上也采用了全新的西方先进训练方法。先进的近代化武器装备和训练方法的采用，就是对绿营传统的弓箭刀矛等兵器和操演阵图的训练方法的否定。近代化的兵工厂是军队近代化的前提。直隶练军新式武器装备的供应，一是靠向外洋购买，再一是靠设局自造。天津机器局之设就是为了制造近代武器装备来供应直隶练军。奕䜣在奏请设局时说："现在直隶既欲练兵，自应在就近地方添设总局，仿外洋军火机器成式，实力讲求，以期多方利用。"① 天津机器局成立后就成为直隶练军新式武器装备的主要供应基地。它与同时期的江南制造总局等近代兵工厂，为中国军队以后全面的近代化提供了必不可少的基础。先进武器装备的采用，还导致直隶练军在兵种方面发生了一些变化。绿营陆军只分马、步两种，直隶练军则设有马、步、炮、长夫四种，到新军时更分为马、步、炮、工程、辎重等兵种。在驻防上，直隶练军采用了"化散为整"的方法，集中驻防于直隶沿海沿边和内地各军事重镇，一改绿营分守塘汛的布防方法，成为专事征战的野战部队，而将维持地方治安的任务交给绿营，形成清末野战军和地方治安军初步分立的局面。这种局面的形成对后来新军分设常备、续备、巡警各军具有先导意义。

直隶练军的意义远不止此。由于它是从绿营转化而来的军队，所以清廷对它的信赖程度远远高于同时期的勇营军队。再由于它以迥异于绿营的面貌出现，被视为改造绿营的一种良方，各省纷纷仿建，清廷也明令各省仿行办理，直隶练军成了各省练军的样板。从同治九年（1870）起，全国有近二十个省仿直隶练军章程陆续建立起各省练军，遂使练军成为清季特有的一种全国性军事组织。各省练军均效仿直隶练军，程度不同地发生了近代化。这种近代化虽然极其有限，但它却是对绿营制度的否定，同时又为新军的完全近代化做了一定的准备。因此，练军已构成绿营向新军过渡

---

① 《奕䜣等奏请于天津设局制造军火机器折》，（清）宝鋆等编《筹办夷务始末》（同治朝）卷四四，故宫博物院，1929～1930 年影印本，第 16 页。

的一个重要环节。从这个意义来说，直隶练军又具有开近代化风气之先的重要意义。

直隶练军在近代中国社会存在了四十余年时间。到 20 世纪初新军军制完全建立起来时，它与各省练军、绿营和勇营同时退出了历史舞台，其在促进由绿营向新军过渡方面的历史使命也宣告完成。

本文原载《河北学刊》1990 年第 3 期。

近代皖北乡村社会统治危机与淮军的产生

淮军是在近代中国特定的复杂政治军事形势和两大阶级尖锐斗争的历史背景下，产生于皖北乡村地主阶级宗族团练武装的地主阶级军事力量。它之所以出现和逐渐壮大，除了清朝经制军队衰败不堪而湘军与太平军作战兵力不敷这一历史机遇之外，还与近代皖北乡村社会统治危机状况有着密不可分的关系，是近代皖北乡村社会统治危机孕育了淮军。

一

本文所称"皖北"是指安徽省长江以北淮河两岸的广大地区，主要包括庐州（治今合肥）、凤阳（治今凤阳）、颍州（治今阜阳）、六安（治今六安）等府，这一地区就是淮军的发源地。正是这一地区各种各样日趋严重的社会问题造成了乡村社会的统治危机，

淮系集团起家的资本——淮军，主要是由皖北地主阶级团练武装发展而来的。而这些地主阶级团练武装之所以能够出现，与皖北乡村严重的社会问题和清政府对该地区控制力薄弱有着直接的关系。当时的皖北乡村有两大社会问题，一是人口相对过剩严重，二是自然灾害频繁。

首先，严重的人口相对过剩威胁着皖北乡村原有的社会秩序。清代是中国 2000 多年封建社会历史上人口增长最为迅速并且达到最高峰的一个朝代。到道光（1821~1850）中叶，清代人口已由清兵刚入关时的 9000 万人左右增

154

长到41281万人①，200年间增长为原来的4倍多。而安徽省则不仅是清代人口增长速度最快的省份之一，而且还是人口数量最多的省份之一。仅从康熙十八年（1679）安徽建省到咸丰二年（1852）的173年间，安徽人口就由1243.6万人激增到3765万人，②增长为原来的3倍多。人口总数居全国第三位，仅次于地域辽阔的四川省和经济发达的江苏省，人口密度则仅次于江苏省和浙江省。人均耕地面积由顺治年间（1644～1661）的5.5亩下降到咸丰二年（1852）的0.9亩。③相对而言，自然条件恶劣、文化落后的皖北地区更是人满为患。早在嘉庆二十五年（1820），凤阳、颍州两府的人口总数已达833万，④庐州府的人口则占全省的五分之一。在全省6个人口超百万的大县中，皖北占了5个，其中桐城达到220余万人，合肥也有167万余人。人口密度达到每平方公里250余人，远远超过了每平方公里39人的全国平均水平。⑤

马克思主义的人口学理论认为，"每种生产方式都具有自己的人口法则。所谓相对过剩人口是指经济与人口不相适应，充足的劳动力不能与物质资料生产条件相结合，因此人口相对于社会所提供的生产资料不足而出现的过剩"⑥。在封建生产方式下，土地是最基本的生产资料。当时平均每人4亩土地才能解决温饱问题，而皖北当时人均不足1亩土地。显然，当时的皖北乡村存在着严重的人口相对过剩问题。

如此严重的人口问题，给当时社会的稳定和发展带来了严重的隐患。特别是皖北人民鲜事经商，专以种田为生，因而无法像皖南人那样通过经商来缓和人口压力。沉重的人口压力不可避免地导致了社会普遍的贫困化，而贫穷的人民往往不得不流落他乡，甚至聚集起来向地主富户抢夺粮食，为时既久，就成了与当时社会统治阶级严重对立的武装或半武装力

---

① 《乾隆六年—道光三十年全国人口统计（1741—1850）》，李文治主编《中国近代农业史资料》第1辑，生活·读书·新知三联书店，1957，第8页。

② 《清代鸦片战争后各省人口统计（1851—1898）》，李文治主编《中国近代农业史资料》第1辑，第10页。

③ 张珊：《捻军史研究》，文化艺术出版社，1994，第276页。

④ 张珊：《捻军史研究》，第274页。

⑤ 龚书铎主编《中国社会通史·晚清卷》，山西教育出版社，1996，第66页。

⑥ 佟新：《人口社会学》，北京大学出版社，2000，第42页。

量，对统治秩序产生了强烈的冲击作用。嘉庆年间（1796～1820）在皖北做官的查揆曾忧心忡忡地指出：

> 江浙无田业者……皆有所务，自工商百艺各量其器质年力以赴之，虽有游民，不足为害。独淮泗之间，物产瘠少，贩易不通，逐末之利，罕知其术。于是不工商而贩妇女，鬻盐硝，不百艺而开场聚博徒，甚乃习教鸠集为不轨。①

毋庸置疑，到了咸丰年间（1851～1861），这种情况就更加严重了，而乡村统治危机也无疑相应加深了。

其次，频繁爆发的自然灾害加剧了皖北乡村的贫困和统治危机。

由于特殊的地理位置和环境，皖北历史上的自然灾害一直非常频繁。尤其是横贯皖北的淮河，更是给当地人民带来了无穷的灾难。当历史的车轮在清王朝日趋腐化和衰败之中艰难地步入近代之时，由于吏治腐败、河工废弛、国库日空等因素，清政府的抗灾能力大大减弱，而灾害却比以往更加频繁，于是灾荒便成了皖北乡村又一个难以解决的严重社会问题。

水灾是近代皖北乡村最大的自然灾害。皖北地形以平原为主，河网稠密，特别是淮河横贯全境，再加之咸丰五年（1855）以前黄河由淮入海，皖北的洪涝灾害每年都有，而且破坏性很大。据资料记载，从道光二十年（1840）到太平军占领安徽之前，皖北几乎年年都有水灾歉收的奏报，而且受灾面积极为广泛。例如，道光二十年，寿州（今寿县）、宿州（今宿县）、凤阳、怀远、定远、灵璧、泗州（今泗县）、盱眙、五河等州县，"因入夏后众流盛涨，内水无从宣泄，淹侵田禾"②。道光三十年（1850）又有宿州、凤阳等"三十七州县"同时遭受严重水灾。③

---

① （清）查揆：《筼谷诗文钞》卷九《论安徽吏治三》，聂崇岐编《捻军资料别集》，上海人民出版社，1958，第31页。

② 《十月十四日程楙采奏》，水利电力部水管司、水利水电科学研究院主编《清代淮河流域洪涝档案史料》，中华书局，1988，第715页。

③ 《十月十四日王植奏》，水利电力部水管司、水利水电科学研究院主编《清代淮河流域洪涝档案史料》，第765页。

除水灾外，旱灾、蝗灾、震灾等各种自然灾害也经常困扰着皖北广大乡村，特别是这些自然灾害常常接踵而来或相伴而至。以凤阳府属之寿州为例。咸丰元年（1851），寿州遭受了严重的水灾，咸丰五年（1855）又遭受大旱，"飞蝗敝（蔽）天，禾稼俱伤"①，咸丰七、八两年又是水灾和蝗灾先后相连。

连续不断的自然灾害，使安徽省的粮食连年减产。据统计，道光朝（1821~1850）的 30 年间，安徽省夏季收成只有正常年份六七成的就有 29 年，而八成以上则没有 1 年，秋季收成五成到七成的有 26 年，八成只有 1 年。考虑到灾害主要发生在皖北地区，皖北的收成更是少得可怜。

皖北乡村这种频繁而严重的自然灾害，大大加剧了当地由于人口激增而本已相当严重的人地矛盾，严重地威胁当地人民的生存。由于腐朽的清政府不能及时有效地救济灾民，帮助灾民恢复生产并采取切实可行的防灾措施，皖北地区形成了每灾必荒、灾荒不断的恶性循环。频繁猖獗的自然灾害不仅加剧了普通百姓的贫困，而且常常使他们倾家荡产，甚至一些中小地主也不可避免地被卷入贫困者的行列。贫民和游民队伍因此而迅速膨胀了。淮河两岸到处上演着道殣相望、饿殍塞途，甚至"民人相食"的人间惨剧。② 广大的走投无路的贫民和游民不能不对旧有的社会统治秩序产生强烈的抵触和反抗情绪。

最后，疯狂的土地兼并和残酷的经济剥削激化了农民阶级和地主富绅阶级之间的矛盾，使这两个阶级处于尖锐对立的状态。

土地兼并是中国封建社会无法根除的痼疾。尤其是当一个王朝走向衰败和灭亡的时候，往往也是土地兼并日趋严重的时候。晚清同样如此。由于封建贵族、官僚、地主、富绅疯狂霸占土地，早在乾（隆）嘉（庆）年间，土地兼并的状况就已非常严重，"田之归于富户者，大约十之五六，旧时有田之人，今俱为佃耕之户"③，皖北土地兼并更为严重，"田亩百姓

---

① （清）冯煦等修、（清）魏家骅等纂光绪《凤阳府志》第 4 册，台北：成文出版社，1985 年影印本，第 492 页。

② （清）陆鼎敦纂同治《霍邱县志》卷一九《杂志·灾异》，清同治刻本，第 22 页。

③ （清）杨锡绂：《陈明米贵之由疏》，（清）贺长龄、魏源等编《皇朝经世文编》卷三九，焕文书局光绪壬寅年（1903）石印本，第 8 页。

所自有者，不过十之二三"①，绝大部分土地都落到了少数有权有势的大地主手中。皖北阜阳县一个倪姓大地主，竟占了全县一半以上的土地，并且在邻县还有数百顷。② 涡阳张老家村并没有权势很大的地主，但是占有 100 亩以上土地的地主还是占了全村 85.3% 的土地。③ 地主利用霸占的土地所有权，对佃农进行极其残酷的剥削，当时皖北有各种各样的剥削方式，其中"拉鞭地"和赔牛地的租率竟高达 50% ~ 70%。④

近代皖北地区的人地矛盾本来就十分突出，人均占有耕地面积远不足维持温饱，而且自然灾害极其频繁，几乎连年歉收，人民生活极端贫困。在这种情况下，地主富绅阶级惊人的土地兼并和残酷的压榨剥削，无疑是人为地加重了皖北广大劳动人民本已非常沉重的生活负担，把他们推到了死亡的边缘，淮河两岸到处都是卖儿鬻女的惨景。当时的歌谣唱道："咸丰年，街头看，穷人的儿女排成串，三串皮钱摆摆手，五串皮钱争着卖。"⑤ 描绘了惨不忍睹的场景。与人口增长和自然灾害不同的是，残酷的土地兼并和经济剥削作为地主富绅阶级强加到广大人民头上的灾难，无疑大大激化了阶级矛盾，加深了阶级仇恨。事实上，风气刚劲而走投无路的贫苦人民已经逐渐地把怨恨自然地集中在了官绅地主身上，在他们中间普遍存在着强烈的反抗情绪。当时一首流传颇广的歌谣就真实而生动地描述了这种状况："咸丰年，大歉年，涡河两边草吃完；地丁钱粮逼着要，等死不如起来反。"⑥

由于上述社会问题的日益严重，在太平军到来之前，皖北乡村已经呈现出动荡和失控的严峻局面。穷困潦倒的广大百姓已经逐渐形成了一个又一个的武装团体，展开了和地主富绅的斗争。盐枭、捻党已经纷纷出现，参加的群众也日益增多。他们或贩运私盐，或吃大户，"恃强结党，勒取钱文，并火器伤人，抢夺妇女"⑦，严重地威胁清政府在皖北乡村的统治。

---

① （清）方苞：《请定经制札子》，（清）戴钧衡编《方望溪（苞）先生全集（文集）》，沈云龙主编《近代中国史料丛刊》第 52 辑第 513 册，台北：文海出版社，1970 年影印本，第 1073 ~ 1074 页。
② 徐松荣：《捻军史稿》，黄山书社，1996，第 2 页。
③ 徐松荣：《捻军史稿》，第 3 页。
④ 徐松荣：《捻军史稿》，第 4 页。
⑤ 江地：《捻军史研究与调查》，齐鲁书社，1986，第 84 页。
⑥ 江地：《捻军史研究与调查》，第 297 页。
⑦ （清）奕䜣等修《剿平捻匪方略》卷一，中国书店，1985 年影印本，第 23 ~ 24 页。

任何一个阶级都不会甘愿放弃自己的利益。当皖北乡村的官绅地主面临着人民反抗的威胁，面临着保护他们特权的社会旧秩序受到严重冲击的现实时，武力镇压农民反抗，维护自身既得利益就成为他们的迫切要求。在近代皖北乡村，统治阶级的这种要求是通过团练武装这种形式实现的，而这些团练武装，尤其是以合肥为中心的庐州团练武装就是在皖北乡村团练中凸显出来，发展成为淮军的。

二

近代皖北乡村薄弱的国家社会控制力，无力应付近代皖北乡村严重的社会统治危机，是淮军出现的历史条件。

封建政权虽然是代表地主富绅阶级利益的政权，但它首先是皇室所私有的政权。皇帝为了维护自己至高无上的地位和权力不受任何威胁，是不允许地方豪绅拥有军事力量的。作为少数民族入主中原的清朝满洲贵族，更是对汉族地主阶级心存疑忌。正因为如此，曾国藩起兵之初才屡立战功而终不获赏。那么，皖北乡村的地主阶级缘何会被允许甚至被鼓励兴办团练呢？这是由皖北清政权软弱无力，不能维持原有社会秩序保持社会稳定的实际情况所决定的。

首先，制度上的缺陷造成了清政府对皖北乡村社会控制先天的薄弱状态。这主要表现在行政区划不合理、基层制度设置不科学和军事力量不足三个方面。

就行政区划而言，皖北地处中原通往江南的要道，不仅水网稠密，地形复杂，而且灾荒频繁，流民众多，"民俗劲悍，好斗乐祸"①。这里的人民富有反抗精神。但是，对于这样一个地理位置和战略地位都十分重要的地方，清政府的行政区划却十分马虎，极不合理。安徽建省之前，庐州府以北的广大地区只设凤阳一府管辖，辖地几乎相当于一个小省的面积。为了加强控制，清政府在康熙十八年（1679）安徽建省后曾多次对该地区的行政区划进行调整，但结果不仅划分仍不合理，而且给皖北尤其是皖西北

---

① （清）王定安：《湘军记》卷六《规复安徽篇》，岳麓书社，1983，第68页。

地区的行政、司法、税收、防务等各方面造成了严重混乱局面。特别是皖西北由于与周围各省统治中心相距太远,尤其是距安徽省会安庆非常遥远,所以成了著名的多不管区域,这就为社会控制埋下了极大的隐患。清人在总结皖西北地区频繁爆发农民起义的原因时曾指出:

> 盖其地居天下之中,风气刚劲,而各省视之又皆为边鄙,平时行政不及,不轨之徒因之聚而为匪,习惯自然,由来渐矣。①

同时,清代基层的行政组织——县的机构设置也过于简单。每县只设知县一名,少数县设县丞、主簿各一名,大多数县只有一名知县和典史来处理县政。知县为一县主管官员,凡“平赋役,听治讼,兴教化,厉风俗”,“皆躬亲厥职而勤理之”②。显而易见,对一个十几万人到几十万人乃至上百万人的大县而言,这点行政力量是微不足道的。

就基层制度而言,清政府在乡村推行的保甲制度不能有效地发挥作用。保甲是清政府在乡村建立的旨在加强对农村人口进行控制的基层组织。

> 凡编保甲,户给以门牌,书其家长之名与其丁男之数而岁更之。十家为牌,牌有头;十牌为甲,甲有长;十甲为保,保有正,稽其犯令作愿者而报焉。③

清政府建立这种看似严密的乡村基层组织,目的是在乡村以十进制的方式建立一套控制和管理体制,以维持封建社会秩序,维护地主阶级的利益。但是,这种理想化的基层组织设计由于不适应乡村的实际情况而难以在现实生活中有效地发挥作用。中国的乡村社会是高度分散的,即使在人口相对稠密的南方,小村社也不占少数,“湖广数千里巢山穴湖之民,只

---

① (清)李应珏撰光绪《皖志便览》卷六《皖中捻匪兵事纪略》,台北:成文出版社,1985年影印本,第283~284页。
② (清)稽璜等修《清朝通典》卷三四,商务印书馆,民国25年(1936),典二二一一。
③ (清)托津等修《大清会典》(嘉庆朝)卷一一《户部》,沈云龙主编《近代中国史料丛刊三编》第64辑第2册,台北:文海出版社,1991年影印本,第553页。

户单村，或数里不能备一牌，数十里不能成一甲"①。而那些人口众多的村庄，又往往被地方宗族豪强势力和绅士势力所控制，以平民为负责人的保甲制度难以发挥应有的作用。美国学者孔飞力曾尖锐地指出：

> 没有任何东西比保甲制的准军事准则能更清楚地说明规范的和记述实际的这两者之间的差距：分层次的十进制编制机构并不反映中国社会中任何实际存在的可用数字表示的区划，而是在划分并控制社会的尝试中强加给中国社会的。②

这种状况在近代皖北乡村同样也普遍存在着。

既然保甲制并不能实现对乡村社会的有效控制，那么就不可能防止乡村不安定因素的萌芽和发展了。皖北灵璧知县贡震就深有感触地说：

> 向来阜县保甲华离参错，烟灶本属同村，门牌忽入他保；甚至有一村数十家而分属三、四保者。改入别保之户，本村甲长不能约束，左右壁邻又不稽查。平时则窝匪藏奸，有事则巧为委卸。一遇报灾，点查饥口，父兄子弟分为数家，参离于各保之内，蒙混冒支；如有差徭，雇募民夫，即互相容隐。按之赈册，十存二三。保甲原以防奸，今则缘保甲以作奸。③

就军事力量而言，安徽地处豫、浙、赣、苏、鄂之中，"四方有事安徽当其冲，安徽有事四方亦受其敝"④。皖北更是中原进入江南的重要通道，战略地位非常重要，再加上该地民风劲悍，存在着许多不安定因素，需要强大的军事力量来震慑和弹压。但是，清政府部署在安徽的常驻军事力量却很单薄。清代全国共有绿营兵 66 万人左右，而安徽最少，最多时也

---

① （清）李鸿章：《桐城太原王氏宗谱序》，（清）李国杰编《合肥李氏三世遗集》，沈云龙主编《近代中国史料丛刊》第 7 辑第 62 册，台北：文海出版社，1967 年影印本，第 644 页。
② 〔美〕孔飞力：《中华帝国晚期的叛乱及其敌人》，中国社会科学出版社，1990，第 34 页。
③ （清）贡震纂修《灵璧县志》第 2 册，台北：成文出版社，1985 年影印本，第 382～383 页。
④ 安徽通志馆编纂《安徽通志稿》第 1 册，台北：成文出版社，1985 年影印本，第 1 页。

只有 9442 人，平时只有 8000 余人，远远少于邻近各省。这些军队分为两标一协，即安徽巡抚所领抚标 2 营和寿春、皖南（1855 年始设）2 镇，负责安徽全省的城守及汛防事务，兵力严重不足。起义频繁的皖北地区，平均每州县仅有防兵 219 人。作为地处皖西北捻军起义中心之一的亳州（今亳县），也只有常驻绿营兵 350 人左右。安徽和其他各省一样，实行绿营的汛弁驻防制度，凡关津险要、交通枢纽、繁华市镇、沿边沿海、沿江沿湖，均按段设立墩堡塘汛，由城守分防各营派兵驻守，这样就使兵力更加分散和单薄。由于兵力不足，清政府在皖北的驻军无力对广大乡村实行有效的控制，而乡村恰恰是各种反抗力量的聚集地。事实上早在道光（1821～1850）初年，安徽地方官就已深感兵力不足。时任安徽巡抚的陶澍就曾向清廷上折指出，亳州"接壤豫省，其西北乡之减种店仅设防兵九名，东南乡之张村铺仅设防兵四名，地方旷野，离城遥远，不足以资弹压"①。这是近代皖北普遍存在的一种状况。

其次，吏治和军纪的败坏进一步削弱了皖北行政机构的社会控制力。

晚清时期，官场腐败之风肆虐，官吏不但不能积极设法解决社会问题，减缓社会危机，反而想尽一切办法对广大农民进行敲骨吸髓般的残酷盘剥。皖北的吏治腐败更为全国之尤，在催征赋役时每每指一派十，通同分肥，常常造成小民倾家破产，甚至流离死徙的恶果；每遇词讼之时，又"纳钱请票，而数倍取偿于百姓"②；一遇失事案件，"辄互相推诿，以图免处分"③。空前腐败的吏治，以至于曾在皖北镇压太平天国和捻军的周天爵在谈及这一状况时也感叹：

> 现在州县无一不是罪人！书役之毒，民间醉骨痛心；再加地方习徒、凶棍、互相朋比，计一日所行暗，不知损伤多少生灵。重以赋敛之横暴，以弟所处，只觉功少而罪魁也。④

① （清）陶澍：《颖亳宿三营添设官兵移驻文武折子》，聂崇岐编《捻军资料别集》，第 3 页。
② （清）黄钧宰：《金壶七墨·浪墨》卷四《漕变》，扫叶山房民国 18 年（1929）石印本，第 7 页。
③ （清）陶澍：《条陈缉捕皖豫等省红胡匪徒折子》，聂崇岐编《捻军资料别集》，第 7 页。
④ （清）周天爵：《与同年王柳溪书》，聂崇岐编《捻军资料别集》，第 208～209 页。

曾国藩也感叹"昼夜追比，鞭朴（扑）满堂，血肉狼藉，岂皆酷吏之为哉？"① 吏治的腐败不仅进一步削弱了本来就有很大缺陷的制度功效，使得官吏不能有效地维持封建社会秩序，而且在很大程度上还成了造成社会动荡不安的主要根源。就连当时的地主阶级文人也深刻地认识到："今天下吏治之弊极矣，寇贼之横、财贼之匿、风俗之悍，其端皆积于吏治之弛。"②

与此同时，清朝驻防皖北的主要军事力量——绿营兵，也和全国各地的绿营兵一样，因普遍的军纪败坏而导致其战斗力大大降低。晚清时期的绿营兵已是将骄兵堕，窳败不堪，早在嘉庆（1796～1820）年间白莲教起义时就暴露了自己的腐朽无用，至鸦片战争时再次证明了自己的无能。19世纪中叶，绿营兵的腐败较前有过之而无不及。皖北的绿营驻军也是如此。在绿营军中，吸食鸦片、雇人顶替、包养女人、从事买卖等各种各样的腐败现象比比皆是。军队一遇打仗就败退，一败退就扰民，作战无能，扰民有方。曾国藩坦言："居今之世，用今之兵，虽诸葛复起，未必能灭此贼（太平军）也。"③ 显然，皖北绿营军纪的废弛对兵额不足的皖北防务来说无异于雪上加霜，依靠这样一支腐败不堪的军队维持皖北的社会秩序，镇压人民反抗，只能是一种奢望。

总之，由于制度上的先天缺陷和晚清吏治腐败、军备废弛等因素的制约，清政府在皖北的社会控制能力非常薄弱。尤其是在近代以来，面对各种严重的社会问题造成的社会统治危机，腐败的清朝地方政权几乎是无能为力。在这种情况下，为了维护地主阶级的根本利益，维持清朝在皖北的统治，清政府不得不逐步减少对乡村地主豪绅力量的猜忌和防范，允许并依靠他们去举办团练，镇压农民反抗。这就为地主阶级团练武装的大规模出现提供了充足的条件。皖北乡村的地主阶级开始积极而大胆的举办团练武装，而淮军正是孕育在这些团练武装之中。

---

① （清）曾国藩：《备陈民间疾苦疏》（咸丰元年十二月十八日），（清）李瀚章编《曾文正公奏稿》卷一，传忠书局光绪二年（1876）刻本，第37页。
② 江地：《捻军史研究与调查》，第297页。
③ （清）曾国藩：《与彭筱房曾香海》，（清）李瀚章编《曾文正公书札》卷三，传忠书局光绪三年（1876）刻本，第1页。

三

在 19 世纪中叶，由于社会问题的日益严重和清政府社会控制的低效和无能，皖北乡村不同利益集团的矛盾朝着尖锐化、失控化的方向发展，社会危机不断升级。贫困不堪的流民、农民开始逐渐形成武装团体，有组织地从地主富绅控制的圩寨抢夺粮食等物，他们的规模越来越大，起义的次数越来越多。捻军就是这种武装团体的典型。清政府虽然屡次派兵镇压，但是捻军"势如刈草，旋割旋生"①。皖北的清政权已不能有效地保护地主阶级的利益和安全，同时也无力阻止皖北乡村封建统治秩序的崩溃。面对着农民起义的急风暴雨，充满了恐惧感和危机感的地主富绅阶级再也不能奢望要求政府来保护自己了，他们开始组建自己的武装，企图以此来镇压农民武装的反抗，保卫自己的利益。皖北地主阶级的团练武装由此纷纷组建。

从当时统治阶级的立场来看，在太平军进入安徽之前，皖北乡村动荡混乱的形势已使兴办地方团练武装成为一种需要，皖北官方和地主豪绅也做了大量工作，淮军就孕育在这种特定的社会环境中。咸丰三年（1853）太平军攻入安徽，就成为淮军出世的助产士。

19 世纪 50 年代，皖北乡村已是动荡不安，危机四伏，成为一个随时都可能爆炸的火药桶。在这种两大集团尖锐对立的情况下，咸丰三年（1853）太平军攻入安徽境内，最终点燃了这只火药桶。太平军的到来，极大地鼓舞了捻军的士气，长期处于秘密零散状态的捻军在皖北各地纷纷发动起义并逐渐走向联合。在短暂的时间内，捻军起义就席卷了安徽长江以北的全部地区，皖北成为农民阶级和地主阶级进行军事较量的主战场之一。在太平军和捻军的进攻之下，皖北清军溃散四逃，清政府在皖北的统治秩序遭到了彻底的破坏，地主富绅阶级的利益受到了极大的威胁。大规模组建地主阶级的团练武装以对抗农民起义军不仅成了地主阶级的强烈愿望，也成了清政府的迫切需要。面临困境，咸丰帝诏令各地官绅举办团

---

① （清）奕䜣等修《剿平捻匪方略》卷一，第 24 页。

练，皖北官绅地主也就积极响应诏命，大力举办团练，对抗农民起义。

作为淮军核心基础的庐州地主团练，主要是在这一时期纷纷出现，并随经制军队出征，在镇压农民起义的战争中发展起来的。例如，李鸿章、李鹤章督带的合肥东乡团练于咸丰三年（1853）二三月间赴定远荒陂桥、寿州东乡等地镇压陆遐龄起义，不久又参加了镇压活动于颍州、蒙城、亳州一带的捻军起义。张树声、张树珊兄弟则带领乡团先后追随李文安、李元华赴巢湖、含山、六安等地参加作战，并因功被授予官衔。周盛波、周盛传兄弟六人咸丰初年先在家乡团练乡勇，抵抗农民起义军，太平军"陈玉成、陈得才等屡扰境，盛波等以练丁二千随方迎敌，相持数年，遂越境出剿近县"[1]。此外，刘铭传、吴长庆也都曾带领团练参与镇压农民起义的活动。这些团练首领及其率领的团练武装，都是淮军的基础和核心力量。事实上，淮军的其他主要组成部分，也大多来自皖北乡村。

综上所述，作为淮军的前身——以庐州团练为核心的皖北地主阶级团练武装，是在近代皖北乡村这种严重的乡村统治危机中孕育产生的，没有这种特定的历史机遇，淮军的迅速组建以至后来淮系集团的崛起就无从谈起。

本文系"华北乡村史学术研讨会"论文，收入王先明、郭卫民主编《乡村社会文化与权力结构的变迁——"华北乡村史学术研讨会"论文集》（人民出版社，2002）。

---

① 赵尔巽等撰《清史稿》第40册，中华书局，1977，第12082页。

淮军近代化浅论

李鸿章于清同治元年（1862）创办的一支勇营军队——淮军，在中国近代社会存在了近40年，并深为清王朝所倚重。究其原因，除诸种社会历史因素之外，它本身的近代化（或称"西化"）也是一个不可忽视的重要因素。本文拟就淮军近代化问题略抒浅见。

淮军的近代化，包括武器装备、组织编制、训练教育等方面，其中以武器装备近代化为先。淮军成军时，一切均仿湘军，武器装备主要为大刀、长矛、小枪（鸟铳）、抬枪、劈山炮等旧式兵器。同治元年（1862）八月，淮军进驻上海还不到五个月，李鸿章就已令淮军各营添练洋枪小队，共有洋枪千杆，在镇压太平天国革命的过程中，淮军装备洋枪的数量不断增多。同治三年（1864）五月，李鸿章称：淮军枪炮最多而精，郭松林、杨鼎勋、刘士奇、王永胜四军1.5万人，洋枪万余支，刘铭传所部7000余人，洋枪4000支。在镇压捻军起义时，淮军陆师5万余人，约有洋枪4万支，摒弃了旧式兵器的大部，而装备近代西洋枪炮。以后，淮军所装备的西洋武器，也随着西洋武器的不断更新而更新。洋枪由前膛更新为后膛；洋炮则由前膛短炸炮更新为长炸炮、后膛钢炮。

淮军的新式武器装备，最初主要是通过各种渠道购自外洋。但是，向外洋购买价格昂贵，又缓不济急。因此，在向外洋购买的同时，开始自设局、厂制造新式军火。首先制造新式军火的兵工厂有上海的三个炸弹（炮弹）局，统称"上海炸弹三局"，分别由英国人马格理和淮军将领丁日昌、韩殿甲负责，用机器制造开花炮弹。淮军攻陷苏州后，李鸿章把由英人负责的上海炸弹局迁至该地，并购买机器设备，成立苏州洋炮局，每周可生产 1500～2000 发枪弹和炮弹。同治四年（1865）五月，李鸿章在丁日昌、韩殿甲两炮局的基础上，又购买了美国的机器设备，组建了规模更大的江南制造总局。该局生产的新式军火种类繁多，有西式前膛来福枪、林明敦边针枪、林明敦中针枪、黎意兵枪、快到新枪和九磅子前膛炮，阿姆斯脱郎 800 磅大炮、100～380 磅大炮，以及各种火药、枪炮子弹和水雷等。李鸿章署理两江总督后，把苏州洋炮局迁至南京，扩建为金陵制造局，制造各种枪炮子弹等。同治九年（1870），李鸿章调任直隶总督后，立即接管由三口通商大臣崇厚督办的天津机器局，并加以扩大。以上几个兵工厂全部采用大机器生产，所制造的各种新式武器、弹药，全部或部分供应淮军，使其武器装备的近代化有了基本保证。

淮军在武器装备方面的变化，相应地在组织编制方面也出现了一些变化。首先，是洋枪队的增设。淮军初起，以营为单位，每营由刀矛、小枪、抬枪、劈山炮等队混编。同治元年（1862）八月，淮军各营已编配洋枪小队，淮军程学启部于十月还组建了洋枪营，这在当时已算是一种新式编制。其次，是炮队的编成。同治三年（1864）五月，淮军由程学启和刘铭传所部炮队，组建成专门的炮兵部队，旋又接管常胜军炮队 60 人。次年，淮军共组建开花炮队 4 营，均装备了开花炸炮。到光绪三年（1877）淮军仿德国炮兵营制，组建新式炮队 19 营，装备德国克虏伯后门钢炮 114 尊。最后，淮军增编了名为"长夫"的"工程兵"。长夫之制本于湘军，每营设 180 人，承担搬运弹药、军装、抬枪、劈山炮等杂役。随着武器装备和作战方式的改变，淮军的长夫则主要担负修筑洋式炮台、营垒和疏河、修路等工程任务，与西方早期的工程兵相似。此外，淮军中编有骑兵部队。骑兵虽属清军旧有建制，但淮军的骑兵已与旧式骑兵不同，弁兵皆装备双响短洋枪。

淮军武器装备的近代化必然导致先进训练方法的采用。淮军刚到上海，李鸿章就密令其将弁学习外国军队的"临敌布阵之法"。随后，淮军将领刘铭传聘请一名法国军官在营中教练施放洋枪。从同治二年（1863）开始，李鸿章便令各营雇觅洋人，教练使用炸炮、洋枪之法。到光绪十年（1884），李鸿章又令驻德公使李凤苞在德国选雇德军退伍军官 24 人来华，到淮军各营教练枪炮技艺和西方战阵新法，同时又派淮军将弁卞长胜等 7

人赴德国，入武学院学习德国最新枪法、操法、设伏、绘图、布阵等军事技术。他们学成回国后，即担任淮军的军事教官。

新式训练需要大批掌握新式军事技术的教育人才，为此，淮军积极推行新式军事教育。李鸿章除派淮军部分将弁出国留学外，还自行创设军事学堂。光绪十一年（1885），李鸿章奏准在天津仿照西方军事学院之制设立武备学堂，聘请德国军官 10 余人为教官，挑选淮军弁兵入堂学习。学堂设置的课程有兵法、地利、军器、炮台、算法、测绘等，学生除完成专业课程外，每天还要操练炮队、步队、工兵队及分合阵法。学生毕业后，回原单位传授所学军事技术。军事学堂的设立，对于新式军事技术的普及无疑具有重要作用，同时又反过来促进了淮军其他方面近代化的深入发展。

淮军的近代化之所以发生和不断深入，从当时社会背景来看，是经过两次鸦片战争的沉重打击后，清朝统治者从"天朝大国"的迷梦中开始惊醒过来。面对西方的武力挑战，统治阶级中一部分人认识到刀矛弓箭与枪炮船舰的差距，提出效法西方以求"自强"。咸丰十年（1860），奕䜣等人提出："探源之策，在于自强，自强之术，必先练兵"，"若能添习火器，操演技艺，则器利兵精，临敌自不不虞溃散"①。在奕䜣的倡导下，作为洋务运动早期主要内容之一的练兵活动，在沿海地区逐渐开展起来。次年，三口通商大臣崇厚首先在天津聘请英人教练绿营兵丁使用洋枪，总理衙门亦派京旗兵丁赴天津接受训练。同治元年（1862）六月，奕䜣等给上海、福州督抚将军寄去天津练兵章程，令其仿照天津情形，聘请外国军官训练兵丁。两广总督劳崇光也奉命于八月聘请英人训练广州旗、绿各营兵丁。请洋人用洋枪的练兵活动渐趋高涨。

在上海地区镇压太平军的淮军，自然被卷入这个练兵活动之中。淮军到上海不久，李鸿章就接到清廷上谕："务当体察洋人之性，设法笼络，上海洋枪队颇资得力，外国人时常夸耀其力，该署抚不妨多为教演，以鼓舞洋人。"② 同治元年（1862），总理衙门两次函令李鸿章"练中国兵，用

---

① 《咸丰十年十二月十四日钦差大臣恭亲王奕䜣大学士桂良户部左侍郎文祥奏折》，中国史学会主编《中国近代史资料丛刊·洋务运动》第 3 册，上海人民出版社，1961，第 441 页。

② （清）李鸿章：《初到上海复陈防剿事宜折》（同治元年四月十八日），（清）吴汝纶编《李文忠公全书·奏稿》卷一，莲池书院光绪二十八年（1902）刻本，第 1 页。

外国法"①。于是，李鸿章大办洋务，大量购制洋枪洋炮，聘请洋人训练淮军。以后，随着洋务运动的不断发展，淮军的近代化也日趋全面、深入。从这个意义上说，洋务运动是淮军近代化发生和深入的前提条件。

淮军的近代化，与淮军进驻上海有着密切的关系。淮军到上海之前，上海地区已有英、法军队和常胜军等参与镇压太平军。李鸿章到上海后，多次与英法驻军磋商防守事宜，淮军也奉命与英、法军以及常胜军共同对太平军作战。在这种频繁而密切的合作中，淮军受到外国军队的极大影响。在与英、法军由南翔进攻嘉定太平军的战斗中，李鸿章看到"洋兵数千枪炮并发，所当则靡"，惊叹"其落地开花炸弹真神技也"，因此密令淮军将弁"随队学其临敌之整齐静肃，枪炮之施放准则"②。英国侵华舰队司令何伯亦趁机反复给李鸿章讲述军队操练的重要性，使李感到外国军队"战胜攻取，固由枪炮之精，亦由纪律之严"③。以后，李鸿章到英、法军舰上"见其大炮之精纯、子药之细巧、器械之鲜明、队伍之雄整"，"实非中国所能及"；其陆军"每攻城劫营，各项军火皆中土所无，即浮桥、云梯、炮台别具精工妙用，亦未曾见"。因此，"深以中国军器远逊外洋为耻，日戒将士虚心忍辱，学得西人一二秘法，期有增益"④。于是，李鸿章笼络常胜军统领华尔，托他代购洋枪洋炮，并请外国铁匠制造炮弹。可见，上海的优越环境是淮军近代化迅速发生的一个重要条件。

李鸿章及淮军将领对淮军近代化的发生与深化曾起重要作用。李鸿章到上海后对西方先进的武器装备和军事训练有所认识。同治三年（1864），他曾给陈廷经写信，说此时他"所深虑者，外国利器强兵百倍"，中国"若不及早自强，变易兵制，讲求军实，仍循数百年绿营相沿旧规，厝火

---

①　（清）李鸿章：《上曾相》（同治元年六月二十五日），（清）吴汝纶编《李文忠公全书·朋僚函稿》卷一，莲池书院光绪二十八年（1902）刻本，第39页。

②　（清）李鸿章：《上曾相》（同治元年四月初二日），（清）吴汝纶编《李文忠公全书·朋僚函稿》卷一，第20页

③　（清）李鸿章：《初到上海复陈防剿事宜折》（同治元年四月十八日），（清）吴汝纶编《李文忠公全书·奏稿》卷一，第3页。

④　（清）李鸿章：《上曾相》（同治元年十二月十五日），（清）吴汝纶编《李文忠公全书·朋僚函稿》卷二，莲池书院光绪二十八年（1902）刻本，第46页。

积薪，可危实甚"①。可以说，在当时这种认识是比较深刻的。在军队近代化问题上，李鸿章的认识要高于当时的其他清军将帅。八旗、绿营那些因循守旧的将帅且不论，即如任封疆大吏的勇营领袖曾国藩、左宗棠等，与李鸿章相比也较逊色。曾国藩指挥的湘军，早在咸丰三年（1853）就已在其水师装备洋炮，但到同治元年（1862）曾国藩写信给蔡应嵩时还说："鄙意攻守之要，在人而不在兵，每戒舍弟不必多用洋枪，而少荃到上海，复盛称洋枪之利，舍弟亦难免习俗之见，开此风气，殊非所欲。"② 在镇压捻军时，曾国藩对"淮军好用开花炮"的效果表示怀疑，而建议李鸿章"悉心体察一番，应否去大炮而加长矛"③。左宗棠在闽浙镇压太平军时曾致力于练兵活动，但直到同治九年（1870）他还认为，作战"宜参用中国之人扛劈山炮架放短劈山炮乃为尽利"，"辅以洋枪，护以刀矛"④。他们的思想，确与李鸿章的认识有一定的差距。

淮军的近代化，远远超过了同时期的其他清军。咸丰十一年（1861），沿海各地清军奉命陆续开始聘洋人，用洋枪练兵。同治三年（1864），总理衙门在一个奏折中说："抚臣李鸿章不惜重赏，购求洋匠，设局派人学制，源源济用各营，得此利器，足以摧坚破垒，所向克捷。大江以南逐次廓清，功效之速，无有过于是也。"⑤ 在另一个奏折中说："练兵一事，惟江苏一省实力举行，尚得其力。"⑥ 对李鸿章在江苏的练兵活动以及淮军的近代化给予了充分的肯定。

在清末军队近代化的过程中，淮军走在了前头，因而成了当时其他清军效法的榜样。同治三年（1864），总理衙门奏请在八旗京营火器营中选

---

① （清）李鸿章：《复陈筱舫侍御》（同治三年九月十一日），（清）吴汝纶编《李文忠公全书·朋僚函稿》卷五，莲池书院光绪二十八年（1902）刻本，第34页。
② （清）曾国藩：《复蔡少彭观察》，江世荣编注《曾国藩未刊信稿》，中华书局，1959，第127页。
③ （清）曾国藩：《复李宫保》，（清）李瀚章编《曾文正公书札》卷二六，传忠书局光绪二年（1876）刻本，第9～10页。
④ （清）左宗棠：《上总理各国事务衙门》，中国史学会主编《中国近代史资料丛刊·洋务运动》第3册，第605页。
⑤ 《同治三年四月二十八日总理各国事务恭亲王等奏》，中国史学会主编《中国近代史资料丛刊·洋务运动》第3册，第467页。
⑥ 《同治三年十一月十三日总理各国事务恭亲王等奏》，中国史学会主编《中国近代史资料丛刊·洋务运动》第3册，第470页。

派官兵 48 名，到江苏李鸿章的淮军中学习外洋炸炮、炸弹及各种军火制器，得到同治帝的谕允。左宗棠也曾请淮军将领郭松林、杨鼎勋派弁勇 10 余人，到他所率领的湘军中教练开花炮。曾国藩奉命镇压捻军时新招募的 300 湘军士兵，也仿淮军组建成洋枪队，并请淮军将领吴长庆到湘军中教练使用洋枪和新式阵法。同治九年（1870）清廷发布上谕，"直隶天津、江苏上海及刘铭传军营，均练习枪队、炮队，步伐尚为整齐，号令尚为严肃。其教演之法，著各该省自行咨取章程照办，总期实事求是，变疲弱为精强"[①]。刘铭传部是淮军中的佼佼者，各地练兵，都依刘部的练兵章程组织实施。李鸿章接管直隶的练军后，先后派淮军将领前去任职，并给练军装备洋枪，按淮军操法训练。各省的练军又纷纷仿效直隶练军，装备洋枪，用洋操训练。清廷对淮军的近代化高度信赖，动辄令李鸿章从淮军中给其他省份派员教练，调拨枪械。可见，淮军的近代化对当时各地的清军均有较大影响。

清末新军的近代化，也直接或间接地受到淮军的影响。新军中最早采用新式操法训练的，有直隶武毅军、新建陆军、江南自强军和湖北抚标护军。武毅军是淮军将领聂士成就直隶驻防淮军内挑选马步 30 营，仿德国军制编成的；新建陆军是淮军将领袁世凯，在另一淮军将领胡燏棻所编定武军的基础上编成的；湖北抚标护军由张之洞仿直隶武毅军编成。上述新军均雇德国军官和津、粤武备学堂的学生充当教习，用德国最新操法进行训练。光绪二十四年（1898），清廷下令各省改用新法练兵，各省教官"于北由新建陆军、于南由自强军派往"[②]。至此，清末军队完全成为用新式武器装备和新式方法训练的近代化军队，结束了数千年来使用弓箭刀矛的历史。

诚然，作为一支勇营军队，淮军的近代化本身有着很大的局限，诸如它在士兵招募方面不加甄别，良莠不分，军队编制仍很落后，武器装备繁杂不齐，等等，不一而足。这些都限制了它向更全面更系统的近代化方向发展，而最终退出历史舞台。但是，淮军的近代化，促进了中国对西方的

---

① 刘锦藻撰《清朝续文献通考》卷二一二，商务印书馆，民国 25 年（1936），考九五九七。
② 刘锦藻撰《清朝续文献通考》卷二〇三，商务印书馆，民国 25 年（1936），考九五一二。

军事科学、先进的武器装备和军工生产技术的引进，推动了中国军事制度的变革。从这个意义上说，淮军在中国军队由封建的八旗、绿营向带有资本主义性质的新军过渡中所起的桥梁作用，是不容忽视的。

本文原载《军事历史》1989 年第 4 期。

淮军的私人化倾向

　　军队私人化是晚清勇营不同于经制军队的显著特点之一，它的出现和发展与晚清政治的演变息息相关。作为晚清勇营的一支重要武装，淮军本身比较深刻地体现并发展了这个特点。本文拟就淮军本身的军队私人化问题作些探讨，以期有助于淮军史和晚清政治史的研究。

　　一

　　与清朝的经制军队相比，淮军的军队私人化主要表现在两个方面：兵将自招制度和兵饷自筹制度。

　　兵将自招制度本由曾国藩创建湘军时首创。李鸿章在给李宗羲的信中谈道："涤帅（曾国藩）与弟治军十余年，皆先选统将而后募营，其营哨须由统将自择，呼应较灵。"① 淮军成军时，就是李鸿章仿效湘军惯例又参以新意。李鸿章以同乡、故旧等关系延揽张树声、张树珊、周盛波、潘鼎新、刘铭传、吴长庆等为统将，再由他们募集成所谓的树字营、盛字营、鼎字营、铭字营、庆字营等，从而组成淮军。淮军的兵将自招制度是与绿营的世兵制根本对立的。绿营全国设有定额，由各省按年册报存于兵部，兵有兵籍，父在役，子为余丁；父退役，则子补其缺。与此相联系的是绿

---

　　① （清）李鸿章：《复李雨亭制军》（同治十三年七月初十日），（清）吴汝纶编《李文忠公全书·朋僚函稿》卷一四，莲池书院光绪二十八年（1902）刻本，第22页。

营兵皆土著的制度。绿营兵规定以本地人充当，不得以外来无籍贯之人充当。土著的兵丁永远在一地驻守，固定不移。统率军队的绿营将帅归兵部铨选，清廷还实行"将皆升转"制度，使守备以上的军官不得久掌一地的兵政，从而杜绝了将帅专擅兵权之弊，兵权可牢牢掌握于中央兵部。淮军实行的兵将自招制度，不仅使将帅专擅兵权，而且造成全军将士只服从其主帅李鸿章的后果，从而使淮军游离于中央兵部之外，成为李鸿章的忠实武装。

与兵将自招制度相联系的是淮军的兵饷自筹制度。这也是湘军首创而由淮军"发扬光大"的一种制度。李鸿章说："曾文正公剿粤匪，鸿章剿捻匪，兴兵十万，皆自筹饷。"① 兵饷自筹，是与绿营饷权操自中央的制度背道而驰的。绿营兵饷例由兵部专管，平时除京师巡捕营外官兵俸饷均由户部协拨，遇有大规模战事，则由户部在有关省份分拨藩库银供应，如不敷用，仍由户部设法筹措。统军大臣只管打仗，不问筹饷事宜。无论平时战时，绿营饷权均集于中央。中央掌握了饷权，就从根本上掌握了军权。淮军则自己有一套筹饷机构和筹饷办法，其筹饷机构主要有报销局和各地厘卡等。厘捐局总汇各地厘卡所征厘金以供淮军之用。淮军作战远离饷地总站，便增设后路粮台、转运总局分局和各地支应所临时筹措，办理饷需。淮军自筹兵饷的项目主要有厘金、关税、协饷等，其中厘金占总饷额的第一位。在同治元年（1862）四月至同治三年（1864）六月的两年多时间内，淮军仅在上海一地所收厘捐银就达640万余两。第二位是海关关税。淮军的关税收入主要来自江海关和江汉关。关税本系部款，一般不作别途使用。李鸿章以种种借口提解或截留关税。在镇压回民起义军时，仅江汉关所提供的税银就达102万余两。邻省协拨军饷本应在中央户部统筹安排下进行，而淮军从各省取得协饷，却主要靠李鸿章的私人关系。淮军的兵饷自筹制度是淮军军队私人化必不可少的基本条件，保证了淮军牢固地掌握在李鸿章的手中。

与同时期的其他勇营部队相比，淮军军队私人化的程度要深得多。下

① （清）李鸿章：《复沈幼丹节帅》（同治十三年五月初一日），（清）吴汝纶编《李文忠公全书·朋僚函稿》卷一四，第5页。

面就将淮军同曾国藩的湘军略作比较。淮军与湘军都采用兵将自招制度，但两者的招募原则不同。湘军招募士兵必募湖南山农，并取保具结。淮军招募士兵则不加任何限制。淮军成军时李鸿章在皖北所募之树、鼎、铭、庆四营都是就当地团练改编而成，与湘军皆募山农之制不同。淮军到上海后，李鸿章立刻收编当地的溃散清军，又接管中外会防局军队1400人和"常胜军"600余人。李鸿章甚至还接收太平军和捻军的叛徒，并挖其他清军的墙脚。清廷的上谕说："各省军兴以来，民多失业，一闻招募，响应者定多游惰之徒。"① 淮军由最初的6000余人在上海骤扩为7万余人，其中游民成分定当不少。以后淮军转战各地仍随时随地招兵补充，左宗棠攻击淮军是"杂收骁悍，专顾目前"②。可见，淮军的招兵原则是兼收并蓄，不同于湘军之特重于地方观念。淮军与湘军都是勇营军队，但因两者士兵的成分大不一样，结果也自然不同。湘军士兵一般都有家室之累和后顾之忧，打仗只是为了发财养家，以致湘军攻陷天京后，士兵便纷纷要求回家，不愿再拼命。无怪当曾国藩受命北上镇压捻军时，裁余的湘军士兵"闻赴山东，纷纷求诉，不愿北征"③。曾国藩无奈，只好硬着头皮统率并不服从他的淮军北上。淮军士兵虽然成分庞杂，但多系无家室之人，长期以从军为业，离开军队便生活无着。因此，淮军征战几十年，士兵很少因思乡而闹事者。

淮军与湘军将领的成分亦不尽相同。曾国藩挑选统兵将领，非常注重出身，尤其重视文人。湘军重要统将计11人，其中文人出身的就有7人。而淮军的主要统将却大部分是团首、团勇、行伍出身，出身文人的很少。清代重文轻武，湘军主要统将中文人出身的占到大多数，他们离开军队尚可以做官。淮军的大多数将领则一离开军队便无以发迹，故视军队为进身阶梯，而不愿轻易离开。曾国藩谈及淮军将领时对李鸿章说："淮军如刘（铭传）、潘（鼎新）等气非不盛，而无自辟乾坤之志，多在

---

① 刘锦藻撰《清朝续文献通考》卷二〇二，商务印书馆，民国25年（1936），考九五〇四。
② （清）左宗棠：《答乔鹤侪中丞》，（清）杨书霖等编《左文襄公全集·书牍》卷一〇，萃文堂刻刷局光绪十六年（1890）刻本，第1页。
③ 《山东军兴纪略》卷四之中《皖匪六》，中国史学会主编《中国近代史资料丛刊·捻军》第4册，神州国光社，1953，第91页。

台从脚下盘旋"①，正说明了这种情况。淮军士兵和将领的成分状况，决定了他们与这支军队利益的基本一致性。因此，他们拼命维持着这支军队的存在和特殊地位，从而加强了这支军队的稳固性，加深了它的私人化程度。

由此可见，淮军不仅深刻地体现了晚清勇营军队私人化这个特点，而且对此又有了非常大的强化。

二

淮军军队私人化发生和强化的原因，从客观方面来看是由于经制军队的腐朽衰败，给地方勇营以可乘之机，从主观方面来看是李鸿章及其淮军将领努力的结果。

晚清勇营是伴随着经制军队的腐朽衰败而出现壮大起来的。清朝统治者为了防止兵为将有费尽心机，建立了一套严密完善的军事制度，从而使经制军队八旗和绿营牢牢地掌握于中央之手。但是，承平日久，随着清政府的腐败，这些当年横扫中原的劲旅也日趋衰败，不堪一击。八旗固不待言，绿营在进入19世纪之后也腐朽衰败，不堪任用。太平天国农民战争爆发时，当时担任礼部侍郎的曾国藩对此时的绿营状况做了这样的描述：

> 漳泉悍卒以千百械斗为常，黔蜀冗兵以勾结盗贼为业，其他吸食鸦片，聚开赌场，各省皆然。大抵无事则游手恣睢，有事则雇无赖之人代充，见贼则望风奔溃，贼去则杀民以邀功。②

60年代署理陕西巡抚张集馨对陕西的绿营做了描述：

> 今陕西省西自长武，东至潼关，一千余里之遥，并无一兵。……陕南兴、汉二镇，商州一协，有营无兵。汉中镇额设马步七千余人，

---

① （清）曾国藩：《复李宫保》，（清）李瀚章编《曾文正公书札》卷二五，传忠书局光绪二年（1876）刻本，第37页。

② 刘锦藻撰《清朝续文献通考》卷二一二，商务印书馆，民国25年（1936），考九五九四。

今乃并无一人，看城门者，系营中现雇，日给百文，否则亦无人受雇。……榆林一镇，兵如乞丐，军械早已变卖糊口，闻调则现雇闲人，无非希图口粮，及临敌则狂奔而已。①

这样的军队当然不堪一击，在鸦片战争中连吃败仗，在太平天国农民战争中更是连战连溃，使清王朝的封建统治在太平天国的打击下摇摇欲坠，岌岌可危。经制军队难以起到封建政权柱石的作用。

经制军队的腐朽衰败，迫使清廷不得不借助非经制军队的勇营。这样，勇营就在各地纷纷出现。淮军就是在镇压太平天国的战争中产生的。同治元年（1862）正月淮军正式成立，正在此时，江苏巡抚薛焕向清廷告急：上海地区由于"逆氛骤至，俱不能支"，其部三四万清军"实难当此大敌"②。三月，淮军6500人奉命援沪，至第二年年底太平军苏南根据地尽失于淮军之手。到同治三年（1864）太平天国被镇压后，淮军的地盘已从上海一隅扩大到苏南、浙江、福建、安徽、河南。在镇压捻军的战争中，被视为经制军队王牌的僧格林沁蒙古马队被捻军全歼，淮军就成为镇压捻军的主力。捻军被镇压后，清廷又命淮军分赴贵州和陕西镇压苗民起义和回民起义。同治九年（1870），"天津教案"交涉异常紧张，清廷一再催命淮军开赴京畿效命。至此，保卫京畿的重任就完全落在淮军的身上。此外，淮军还担负着驰援各地的任务，如同治十三年（1874）赴台抗日，光绪八年（1882）赴朝平叛，中法战争和中日战争中淮军都是当然的主力。随着经制军队的节节溃败，勇营逐渐取代了经制军队的地位，成为镇压国内农民反抗起义和抗击外国侵略、维护清朝统治的主要力量。

勇营由来已久，早在雍正、乾隆时就出现过。国家遇有大的征战，兵力不敷调用时勇营即隶于专征将帅，配合经制军队进止，一般不独立作战，战事结束，勇营也就被裁撤。这时期的勇营虽然采用的是招募制，但系地方临时募集的武装，而且存在时间极其短暂，因而也就难以发生军队私人化的问题。但是，在镇压太平天国农民战争中募集起来的淮军，却因

---

① （清）张集馨：《道咸宦海见闻录》，中华书局，1981，第352页。
② （清）奕䜣等纂《钦定剿平粤匪方略》卷二八七，同治刊本，第1页。

经制军队的腐败不用而被长期保存了下来，从而不可避免地发生军队私人化。

清代初中期的勇营随经制军队出征，由官核给口粮。但是，淮军成立后，清廷却无力为它提供军饷，因为清朝财政已面临全面崩溃的危机。太平天国农民战争爆发后，清政府军费支出浩繁，仅在战争的前三年，广西、湖南、广东、湖北、贵州、江西等省的军需银就达 2300 万余两，使清政府历年积蓄消耗殆尽。连年战争使清政府赖以征收大宗地丁钱漕的江南富庶数省处于战火之中，致使"地丁不足额，课税竟成虚名"。随着战区的扩大，清朝统治区域日渐缩小，原有的各种财政开支，尤其是军事开支几乎是成倍增长。此外，清政府还要偿付外国侵略者勒索的战争巨额赔款，清政府的财政已濒临破产。清廷部库竭蹶，只好将饷权下放地方。李鸿章说："朝贵一闻拨款则缩项结舌，而莫之敢应，即有一应，农部疆吏空文支吾，于事何济？"[1] 淮军有了筹饷权，便使它的军队私人化有了基础和保证。因此，可以说淮军军队私人化发生的原因就在于清朝军队的腐朽衰败和财政发生危机。

此外，李鸿章等淮军将领的刻意经营加深了淮军军队私人化的程度。李鸿章视淮军为自己的私产和命根子，争取一切机会来扩充淮军和抵制清廷对淮军的裁撤。淮军进驻上海，李鸿章兼收杂蓄，肆意扩充，两三年间淮军就由 6500 人扩至 7 万余人，以后只要有机会都加以扩充。太平天国运动被镇压后，清廷议裁军，李鸿章唯恐淮军被裁，给曾国藩写信说："吾师暨鸿章当与兵事相始终，留湘淮勇以防剿江南北，俟大局布稳，仍可远剿他处，呼应尚易灵通。"[2] 结果湘军大部分裁撤，而淮军仅裁撤数千老弱。以后李鸿章屡次抵制清廷的裁军命令，遂使淮军三十年间规模不减。李鸿章时刻防范他人染指淮军。当湘军进攻太平天国首都天京的紧张阶段，曾国藩先后请李鸿章派淮军程学启部和郭松林部往援，李鸿章均推辞拒绝，因程、郭原为曾国藩旧将，李鸿章怕一去不回。同治五年（1866），

---

[1]（清）李鸿章：《复沈幼丹节帅》（同治十三年五月初一日），（清）吴汝纶编《李文忠公全书·朋僚函稿》卷一四，第 5 页。

[2]（清）李鸿章：《上曾相》（同治三年七月初六日），（清）吴汝纶编《李文忠公全书·朋僚函稿》卷五，莲池书院光绪二十八年（1902）刻本，第 28 页。

曾国藩奉上谕镇压捻军。由于李鸿章的遥控，淮军将领对曾国藩"遇有调度，阳奉阴违者颇多"①，甚至先请示李鸿章然后再接受他的指挥。曾国藩曾气愤地指责李鸿章："目下淮勇各军既归敝处统辖，则阁下当一切付之不管。"② 李鸿章担任直隶总督后，对其留在西北的淮军很是放心不下，频频指示"与左军分剿一路"③，以防左宗棠插手其间。

李鸿章十分重视维持和开辟淮军的饷源。对于兵与饷的关系，李鸿章有这样的认识："有饷则到处兵勇皆可用，无饷则已成劲旅亦无用也。"④因此，他随时加强对饷地的控制。他担任江苏巡抚后，为了紧紧控制上海厘金这个财源，多次拒绝清廷和曾国藩要他进驻江苏巡抚衙署所在地镇江，明说他"不能弃沪中每月二十万饷源之地"⑤。淮军主力进驻京畿后，李鸿章还用各种手段控制江苏和湖北两省财政，使两地在很长时期内成为淮军的主要饷地。由于兵饷优厚，淮军兵将都不愿离开淮军他去，从而加强了淮军的稳固性。

三

淮军的军队私人化不可避免地对近代中国社会产生了一定的影响，最重要的一点就是加重了晚清内轻外重的政治局势。

就淮军而言，他的出现和长期存在本身就是晚清内轻外重政治局势的一种表现。无论是士兵的招募、将弁和幕府的延揽、兵饷军械的筹划供给，还是士兵的训练和指挥作战，淮军都有一套区别于清朝经制军队的制度、机构和办法，基本上成为一支在一定程度上相对独立于清廷的私人武装。这些都表明清王朝的军权已由中央下移到地方督抚，从湘军开始形成的内轻外重的政治局势，由淮军加以延续和发展了。

---

① 柴萼：《梵天庐丛录》卷四，中华书局，民国15年（1926），第32页。
② （清）曾国藩：《复李宫保》，（清）李瀚章编《曾文正公书札》卷二五，第37页。
③ （清）李鸿章：《致刘省三爵帅》（同治十年九月初八日），（清）吴汝纶编《李文忠公全书·朋僚函稿》卷一三，莲池书院光绪二十八年（1902）刻本，第17页。
④ （清）李鸿章：《复陈奉旨督军河洛折》（同治四年十月初八日），（清）吴汝纶编《李文忠公全书·奏稿》卷九，莲池书院光绪二十八年（1902）刻本，第56页。
⑤ （清）奕䜣等纂《钦定剿平粤匪方略》卷三一〇，同治刊本，第6页。

淮军加重晚清内轻外重政治局势的集中表现，在于它促使以李鸿章为首的淮系政治集团的形成和发展。由于淮军的声威名震遐迩，它的许多将领都靠这一资本升任清廷的封疆大吏。它的首领李鸿章做了权倾一时的直隶总督兼北洋大臣且不必说，其他如刘秉璋升任四川总督、张树声升任两广总督、刘铭传升任台湾巡抚、潘鼎新升任广西巡抚，都是大权在握的人物。清代本来重文轻武，封疆大吏一般都由进士出身的文官担任，即使已获得进士功名，也需要数十年的煎熬方可一步步捞个督抚。而淮军这几个首领却并不都具有进士出身的资格，张树声参加淮军时仅是皖北的一个廪生，潘鼎新是个举人，刘铭传则是个团练头子。即以出身进士的李鸿章、刘秉璋而论，他们升任封疆大吏也是一步登天，未经官场的层层磨炼。李鸿章组建淮军时还仅仅是个空头道员，带淮军到上海不久，清廷就授他署理江苏巡抚。刘秉璋入淮军前是个翰林院编修，率淮军镇压捻军后不久，清廷就任命他为江西巡抚。清廷任命封疆大吏，已完全打破了从中央挑出人选派往地方的祖传惯例，变为根据被任命者的军事实力大小加以任命。所以，上述几个淮系骨干分子就因为有淮军这一笔资本，而都轻而易举地青云直上，成为雄踞一方的疆吏。

由于淮军在当时清军中已举足轻重，清廷在许多军事措施上就表现出主要依靠淮系集团的倾向。李鸿章担任直隶总督以后，清廷把直隶练军交给了他，他便按自己的意志进行改造，派淮军将领担任军官，按淮军章程进行训练，使之成为淮系集团所掌握的军队。光绪十一年（1885），清政府设立了海军衙门，任命李鸿章为会办大臣，并决定建立北洋海军。李鸿章接过北洋海军的主管权后，就把它作为淮系集团的私产来经营，在北洋海军的各个重要部门都安插淮系分子，使北洋海军牢牢掌握在淮系集团的手中。

在用新式武器装备淮军的过程中，淮系集团开办了一批军事工厂如江南制造总局、金陵机器局、天津机器局等。同时他们也兴办了一批民用企业，如轮船招商局、开平矿务局、天津电报局和上海机器织布局等。这些军事工厂和民用企业在当时全国同类工厂企业中规模和水平都是一流的，所以以李鸿章为首的淮系集团所进行的洋务活动，都构成清末洋务运动的主要内容，清政府举办洋务运动的很大一部分权力下移到淮系集团手中。

李鸿章得以久任直隶总督兼北洋大臣，主要是靠有淮军长期在直隶和北洋沿海地区屯扎这一政治资本。同治九年（1870）八月，李鸿章由湖广总督改任直隶总督，清廷立即将三口通商大臣改为北洋通商大臣，并规定由直隶总督兼任。这个变革的倡议者工部尚书毛昶熙在奏议中提出的理由是，三口通商大臣没有"统辖文武之权"，以致发生了"天津教案"那样的事件，[1] 李鸿章统率"劲旅"淮军，以直隶总督兼署北洋大臣，正可以弥补以前的缺欠，可见淮军的决定作用。北洋大臣的职责，原只限于直隶、奉天和山东的对外通商、交涉事务，然而李鸿章在兼任北洋大臣期间，几乎全部包揽了清政府的对外交涉事宜，可见清廷在军事、内政方面一味依赖淮系集团的同时，在外交上也主要采取了依赖这个政治集团的方针。

淮系集团凭借淮军这支强大的军事力量，在清廷的默许下掌握了可观的军事、内政和外交大权，在一定程度上架空了清廷，更进一步加重了清廷中央权力下移的局势。梁启超所谓"五洲万国人士，几见于有李鸿章，不见有中国"[2] 的论述，正说明了这种情况。淮系集团成了清廷最倚重的政治军事集团，淮系头子李鸿章自然成了清廷最倚重的当朝台柱。

清廷对李鸿章对淮系集团的不惜着着迁就让步，实出于不得已，并非甘心于这个集团的势力无限膨胀。它也曾试图加以限制，做过种种努力，无奈自身腐朽无力，只好扶植其他地方势力来牵制淮系势力。早期，清廷主要是以支持左宗棠系湘军集团的策略，稍稍抵消李鸿章势力。左宗棠于光绪十一年（1885）去世后，清廷又扶植张之洞势力。张之洞在两广总督任内编练新式军队，创办军事学堂，创办枪炮厂，开矿务局，移督湖广后又开办汉阳铁厂，设织布、纺纱、缫丝、制麻四局，筹办芦汉铁路，成为后期洋务派首领，与李鸿章分庭抗礼，因而有"南张北李"之称。两江总督兼南洋大臣这个要职，从同治十三年（1874）起，清廷都任命湘系的刘坤一、沈葆桢、彭玉麟、左宗棠、曾国荃来担任，用意就在于牵制北洋淮

---

① 《毛昶熙奏敬陈管见请撤三口通商大臣折》，（清）宝鋆等编《筹办夷务始末》（同治朝）卷七七，故宫博物院，1930年影印本，第20页。

② 梁启超：《中国四十年来大事记》，《饮冰室合集·专集》第2册，中华书局，1941，第3页。

系。清廷设海军衙门，以李鸿章为会办，同时又任命湘系曾纪泽为帮办，也是为了防止淮系独揽海军大权。清廷扶植其他派系集团的目的都在于牵制淮系势力，进而削弱地方势力。然而事与愿违，结果却导致了它对地方势力的进一步依赖，举凡编练新式军队、办洋务企业等维护其统治秩序，或对外交涉之事，无不依靠地方实力派的"效忠"，清王朝内轻外重的政治局势更有如江河日下，不可收拾。

淮系势力随着淮军多次对外作战的惨败而逐步衰落，但其影响却久久未消失。中日甲午战争以后，袁世凯编练北洋军，进而形成北洋集团，就是对淮系集团的继承和发展。袁世凯在小站编练的"新建陆军"，是在淮系官僚胡燏棻所练"定武军"的基础上扩编而成，他所任用的将领绝大多数是李鸿章所设天津武备学堂和天津水师学堂的毕业生。同时，袁世凯把李鸿章的幕府班底也大都网罗在自己的周围，招纳淮军旧部为羽翼，并将李鸿章经营的洋务企业也一概据为己有。袁世凯以淮系集团为基础，变本加厉地形成了自己的北洋集团，把清王朝内轻外重的政治格局作为自己将来拼凑班底专政的有利条件，最终从统治阶级内部蛀空了清王朝。

本文原载《晋阳学刊》1991 年第 1 期，发表时有删节。

第二次鸦片战争时期英法之间的矛盾与冲突

19 世纪 50 年代后半期，英国和法国结为同盟，组成联军，共同对中国进行了一场被称为第二次鸦片战争的侵略战争，逼迫清政府订立了城下之盟，从而进一步加深了中国半殖民地化的程度。但是，就英法两国而言，在这场侵略战争中虽是同盟，但它们之间却自始至终充满着矛盾与冲突。本文拟对此问题略作探讨。

一

第二次鸦片战争首先由英国以"亚罗号事件"为借口，于咸丰六年（1856）九月进攻广州而爆发，但是英法两国直到一年后的咸丰七年（1857）九月才共组联军。在联军组成之前，两国之间就共同行动等问题开始了一系列的勾心斗角的斗争。

早在咸丰四年（1854），英国向清政府提出"修约"要求之后，法国驻华公使布尔布隆致信英国驻华公使包令，说他奉法国外交部之命于必要时同英国公使合作，向英国发出了共同侵华的信号。但是，包令却对这种合作表示了怀疑，认为两国要行动一致是很困难的，对与法国的合作既不主动，也无信心。然而，两年之后，英国政府却对两国之间的合作做出了主动的姿态。英国外交大臣训令英国驻巴黎大使，同法国当局讨论两国在中国应采取的最好办法。咸丰六年（1856）九月，英国借口"亚罗号事件"首先挑起侵华战争，而法国驻广州领事馆却在此时卸下了国旗，表示不与英国人合作。英国驻法国大使为此拜见法国外交大臣，对此事表示失望，同时对法国舰队司令格留拒绝包令的邀请而去与英国海军少将西马縻各厘会见的做法表示遗憾，指出这不是法国政府所希望的维持两个舰队的友好关系的办法。尽管如此，法国政府还是愿意同英国合作的。法国外交大臣华留斯基对上述事件最初佯装不知，后来提出法国代办是站在英国一边的，还透露法国皇帝已决定召回格留，继任者已在去华途中。法国之所以愿意同英国人合作，自有其不可告人的目的。当时，亚洲的缅甸、印度等国都已沦为英国的殖民地，法国担心英国将中国也变为其殖民地，"极宜建立海军和商业基地的舟山和台湾也会转入英国之手"①。而法国还想在远东与英国抗衡，不愿英国单独侵华。但是，法国在太平洋地区的军事力量非常薄弱，还无法在东亚单独活动，只好与英国共同侵华。如果英法两国在侵华过程中产生了不可调和的矛盾，那么法国就离开中国，去侵略越南南部。华留斯基对俄国驻巴黎的外交代表巴拉宾说，假如英国"在自己对中国所提的要求中一味打算走得太远的话，那末法国就让它一个人去单干，而自己则去处理交趾支那"②。正因为法国抱着这样一种谋取私利的目的与英国合作，所以在战争过程中英法两国就不可避免地为了各自的利益而经常发生矛盾与冲突。

英法两国政府在侵华问题上基本达成了协议，但双方的全权公使却还在勾心斗角，龃龉不断。咸丰七年（1857）六月，英国侵华军全权代表额尔金到达香港后，面临数月以来在广州所进行的毫无结果的战争，"担心看到法国在未来的事件中影响和声誉的增长"，便"打算稍事停留即前去北直隶湾，以便向北京宫廷提出要求"③。额尔金把自己的想法告诉法国驻华公使布尔布隆，要求法国人积极参与这次行动。布尔布隆按所奉本国政府训令，本有权协助英国人，但他此时正好接到华留斯基的一份已任命葛

---

① 〔俄〕德明切也夫：《法国在中国和印度支那的殖民政策（一八四四—一八六二）》，中国史学会主编《中国近代史资料丛刊·第二次鸦片战争》第6册，上海人民出版社，1979，第69页。

② 〔俄〕德明切也夫：《法国在中国和印度支那的殖民政策（一八四四—一八六二）》，中国史学会主编《中国近代史资料丛刊·第二次鸦片战争》第6册，第70页。

③ 〔法〕德巴赞古：《远征中国和交趾支那》，中国史学会主编《中国近代史资料丛刊·第二次鸦片战争》第6册，第94页。

罗为侵华军全权代表的通知，便借此拒绝随额尔金北上。布尔布隆的行动引起了额尔金的怀疑，他开始考虑"同法国合作所添的价值达到了什么程度，为了获得它作出什么样的牺牲将算是得策"①。由此可以看出英国最初作出合作的决定也是出于利用法国的目的，一旦满足不了它的需要，就会权衡利弊，重新采取行动。在这件事上法国起到了妨碍英国自由行动的作用。然而不久，额尔金便借口因为两广总督叶名琛的一份奏折，对与法国的合作特别重视，表示即使有所牺牲也在所不惜。叶名琛这样说，"前此屡至各口，皆系英、美夷酋狼狈为奸，佛（法）夷向未干预，此次随同要挟，显系受额酋怂恿"②。既然清朝官员这样认为，额尔金就决心等待葛罗到来，一块行动。其实，这只不过是额尔金所编造的谎言，是他想摆脱欲进不能的困境的一个借口而已。咸丰七年（1857）四月，英国统治下的印度爆发了反英大起义，英国被迫调派在中国的大批兵力去印度镇压起义。这样，英国在中国的兵力不足，无法单独北上，与法国的合作正好弥补了英国在华军事力量的不足。

尽管如此，许多英国人却反对法国人来插手这个一本万利的好买卖。英国《泰晤士报》发表文章，主张撇开法国，单独侵华。英国驻广州领事馆领事巴夏礼也觉得与法国合作非常可惜，他认为这次战争是英国首先挑起的，就应该由英国一直打到底。甚至在英国议会的讨论中，有人反对法国在这个时候插一手，认为法国是利用英国给中国造成的困难，来获得自己无权得到的东西。这些反对意见无非是不想让法国分享英国将要在中国获取的非法权益，但他们却忽视了英国在华兵力不足这样一个重要的事实。

咸丰七年（1857）九月，英法两国的侵华全权代表在香港会合，"合从称兵"，共同开始了由英国挑起的这场"极端不义的战争"③。马克思在

---

① 《额尔金伯爵中国与日本特殊使命之行通讯（一八五七—一八五九）》，中国史学会主编《中国近代史资料丛刊·第二次鸦片战争》第6册，第98页。

② 《军机大臣寄钦差大臣叶名琛务将英法妄求进城赔款更约各节斩断葛藤上谕》（咸丰七年十二月初三日），中国史学会主编《中国近代史资料丛刊·第二次鸦片战争》第3册，上海人民出版社，1978，第132页。

③ 〔德〕卡尔·马克思：《英人在华的残暴行动》，《马克思恩格斯全集》第12卷，人民出版社，1962，第177页。

论及英法联盟时指出："英法联盟是一个假造的冒牌货。"① 双方的合作开始了，矛盾与冲突也就越来越大了。

二

合作刚刚开始，双方就因为瓜分赃物开始互相攻击。咸丰七年十一月十四日（1857年12月29日），英法联军攻陷广州，对当地人民进行了无情的洗劫。事后，英法侵略军为了开脱罪责，诿过他人，便互相指责对方。额尔金的秘书俄范理说，法国兵有一种"专抢珍贵细软的奇怪的本能"，而英国兵抢得的赃物"大概是服饰品居多，实用品居少"。而法国军官则指责英国士兵残害妇女儿童，"为了摘下她们的戒指、耳环和手镯，而砍掉她们的手指和手，撕破她们的耳朵"②。其实，英法两军的抢劫本领不相上下，分不清哪个"精明"些，哪个"笨拙"些。

咸丰八年三月初八日（1858年4月21日），英舰10余艘、法舰6艘驶往大沽口。葛罗向额尔金提出了他的行动计划：夺取北直隶口的炮台并在那里站稳脚跟，以切断白河的所有航运，在可能不冒大风险的情况下去攻打天津，同时还要夺取黄河和运河会合处的淮安。额尔金却对何时夺取淮安表示了"怀疑"。当时清政府也看出了英法之间的分歧。早在咸丰七年（1857）十一月，两广总督叶名琛就指出，英法两国"本皆世仇，各不相下"③。他认为英法虽"同恶相济"，但法国仍可通过劝解减轻其对清朝的压力。咸丰八年四月十四日（1858年5月26日），英法联军进犯天津，同清军进行了第一次大沽口之战，结果清军惨败。为了尽快结束战争以便腾出手镇压太平天国农民起义，清政府便派耆英与英法商谈停战之事。大学士桂良认为，法国人的"骄傲情性，较为稍逊"，而英国人却是"狡猾

① 〔德〕卡尔·马克思：《英法联盟》，《马克思恩格斯全集》第12卷，人民出版社，1962，第485页。
② 〔苏〕耶·马·茹科夫主编《远东国际关系史（1840—1949）》，世界知识出版社，1959，第17页。
③ 《两广总督叶名琛奏英法美投递照会并照复情形折》（咸丰七年十一月十二日），中国史学会主编《中国近代史资料丛刊·第二次鸦片战争》第3册，第126页。

性成，更易反复”①，并获悉法国人与英国人有"不相浃洽之处"②。因此，清政府希望通过美国和俄国做法国的工作，来孤立英国，争取尽可能地减少损失。但是，由于利益的一致性，法国在这个问题上还是同英国站在了一起。

大沽之战后，清政府只得派大学士桂良、吏部尚书花沙纳赴天津议和谈判。在谈判过程中，英、法、美、俄"四国公使的立场倒有点像四个打惠斯特牌的人，他们中的每一个人都想打听其他几个人的秘密，用他手中打出去的牌来搞鬼把戏"③。英国代表骄横傲慢，要求公使常驻北京以及所有的中国河流都要对英国开放。面对英国的要求，法国表现得犹豫不决，因为它害怕英国独自掌握对清政府的控制权，这样就出现了法国和俄国一起反对英国在中国加强影响的苗头。由于咸丰帝不同意英国代表提出的公使驻京等条款，桂良等人便转求法、美、俄等国代表劝额尔金放弃这些要求。葛罗在四月二十四日（6月5日）下午就带着俄、美两国公使的信函去说服额尔金，劝他撤回那些要求。这样就使额尔金非常为难，因为法国既然未提这些要求，便不会与英国共同行动。如果额尔金坚持原议，那他就要冒被孤立的危险。经过再三斟酌，额尔金排除了干扰，继续坚持原来的要求。他分析了当时的形势，认为对英国非常有利，虽然法、美、俄三国在这一点上背离了英国，但它们同英国的总的利益还是一致的，况且还有最惠国待遇这一条款，如果英国坚持并得到了，其他三国也要援例争取。这样，英国就在中国占有了优先地位。因此，额尔金命令英方谈判代表卜鲁斯用断然的口气通知桂良等人：他准备立即签署已拟好的条约。卜鲁斯的态度竟吓得桂良等人不敢再继续讨价还价，只好答应在原定时间签约。法、美、俄三国公使在《天津条约》谈判中干涉英国单独控制中国的企图受挫。

---

① 《桂良等又奏拟与各国会晤后再与耆英商酌办理又英船退回俟探明再奏片》，（清）贾桢等编《筹办夷务始末》（咸丰朝）第3册，中华书局，1979，第878页。

② 《桂良等又奏崇纶与英不洽不再令其随同接见片》，（清）贾桢等编《筹办夷务始末》（咸丰朝）第3册，第878页。

③ 《卫三畏日记》，中国史学会主编《中国近代史资料丛刊·第二次鸦片战争》第6册，第159页。

三

英法两国政府并不满足于《天津条约》所取得的权益，在第二次大沽之战失败后决定再一次发动对华战争，但却出现了英法"不愿合兵，以杜争功"的情形。[①] 英国外交大臣罗素的副手汉孟德致信给他，认为如果他们不同法国人一起行动，那么法国人将单独行动，所以汉孟德提议应该由英国人保持领导地位，而不应该跟着法国人跑。法国却抱怨英国把在战争中所得的地区的保护权均归于其名下，而对法国却只字未提，声称在未来的战争中要"自由行动"。英国陆军大臣西德尼·赫伯特在致陆军中将霍普·格兰特的一封信中说："无法否认，两个国家之间存在着一种妒嫉和不安的情绪。"[②] 尽管如此，在共同利益的驱使下，两国还是走到了一起。英国虽有单独行动的企图，但考虑到调兵"从地球一半之路而来，或匀分欧罗巴成役，或拨印度险兵，如是作为，皆属英国之患"，英国"独自构兵，亦是难事"[③]，从当时的实际情况出发还得同法国合作。法国考虑到一下子还离不开英国，只有合作才能获得更大利益，也就同意了合作。两国虽然又开始了合作，但两国间的分歧和矛盾并未消除。咸丰九年（1859）八月至咸丰十年三月，英、法双方在巴黎就合作的有关问题举行了会谈。在派遣侵华外交和军事头目的问题上，英国再次任命额尔金为全权公使，法国认为只有葛罗才能与额尔金的个人威望以及对中国形势的了解相抗衡，于是也再次选派葛罗作为侵华总头目。在侵华军队人数的问题上，法国认为在此前的对华作战中法国扮演了英国附庸的角色，尤其是在最近的对华交涉中法国的名字甚至没有被中国人提到，仿佛法国人太弱了。于是法国皇帝拿破仑三世决定向中国派遣 1.5 万人，并建议英国如果不愿多派

---

① 《何桂清又奏英法用兵各情并新闻纸二件呈览折》，（清）贾桢等编《筹办夷务始末》（咸丰朝）第 5 册，中华书局，1979，第 1717 页。

② 〔英〕诺利斯编《格兰特爵士私人日记选》，中国史学会主编《中国近代史资料丛刊·第二次鸦片战争》第 6 册，第 247 页。

③ 《咸丰九年十二月十一日何桂清单》，前清华大学历史系编《〈筹办夷务始末〉补遗》，中国史学会主编《中国近代史资料丛刊·第二次鸦片战争》第 2 册，上海人民出版社，1978，第 194 页。

军队，可以为法国军队提供运输工具。但是由于当时从法国到中国的海路必须绕过好望角，路途遥远，法国缺少船只，而英国又反对"再做法国人的驮兽"，法国只好将侵华法军人数减为7000余人。英国政府向中国派遣了1.8万余人，在即将进行的战争中取得了人数上的绝对优势。在将来战胜以后如何向中国勒索赔款上，法国要求赔偿1亿法郎，英国却担心清政府无力支付巨款，法国会以此为借口夺取中国的任何一个港口作为担保。

英、法两国在矛盾和斗争中再次结为同盟，这种矛盾和斗争在具体的行动之中就愈益明显和尖锐了。咸丰十年（1860）三月，英法联军到达中国以后，英国军队和使团中的人都希望法国人走开。英国驻上海领事馆代理领事巴夏礼就觉得法军是个"讨厌的联盟"，"他们对于我们没有什么好处，而且事实上不论在哪一方面，恰象我们在四轮大马车上的一个累赘物。他们消耗我们的装配，他们在各方面插手我们的事情，并阻碍我们的活动过程"①。英国全权代表额尔金和法国特使葛罗到达上海之后，葛罗就认为这次额尔金对他"含蓄而冷淡"。额尔金认为上年联军没有夺得大沽炮台的过失全在法方，他向法军司令孟托班表示，如果法方不迅速完成部署，他就要命令英军单独行动。到了华北，法国人抗议英国人行动太快，埋怨英军人数比自己多，坚持英军应留一部分在后方。

咸丰十年（1860）闰三月，英法联军占领了舟山，不久英军因为岛上淡水短缺而于四月占领了大连湾。但是，英国并不希望法国在舟山站稳脚跟。为了使法军离开舟山，额尔金向孟托班建议法军"最好能放弃舟山岛"②。当年九月签署的中法《北京条约》规定法军撤离舟山，而中英《北京条约》却使英国"堂而皇之"地以先租后割的方式占领了九龙司，这引起了法国的极大不满。法国本打算通过这次战争占领中国一块适合建立商业和海军基地的土地，他们看中了舟山岛。早在战争的第一阶段英法结盟制定军事行动计划时，法国就建议临时占领舟山作为支付赔偿的保证，而英国却对此建议表现得"一点热情也没有"，并阻挠联军占领舟山。

---

① 〔英〕沃尔斯利：《一个士兵生涯的故事》，中国史学会主编《中国近代史资料丛刊·第二次鸦片战争》第6册，第316页。

② 《孟托班将军致函陆军大臣》（上海司令部，一八六〇年三月二十一日），中国史学会主编《中国近代史资料丛刊·第二次鸦片战争》第6册，第319页。

从法国失去舟山而英国得到九龙司这个问题上，可以看出英法只是联军不联心，而且英国比法国更为阴险。

英法联军在战争过程中貌合神离，在战后的抢劫分赃中也相互指责。英法联军占领北塘后屠杀了许多无辜善良的百姓，英法军队的罪行是一样的，而额尔金却完全诿过于法军。他在写给罗素的信中说，因为他们采取了最有力的措施来制止抢劫所以英军的行为良好，而法国士兵却为所欲为，没有官长干涉，葛罗则认为英军的行为非常恶劣。咸丰十年（1860）七月，英法联军占领了天津，英军抢先一步进城，把所有的食物都据为己有，结果招致法军司令孟托班的强烈不满，称"英国人又弄出了新花样，再次捣鬼"①。八月，英军在张家湾抢劫了大批的茶叶，背着法国人进行拍卖等，也引起了法国人的不满。英法联军毁灭圆明园，犯下了不可饶恕的罪行，但英国为了开脱罪责，把抢劫圆明园的罪行都推到法军的身上。当月，英法联军来到北京城下，双方议定各出200人组成一支400人的队伍，在指定的时间入城。但是，当法国军队按指定时间到北京城门时，却发现英军早已进入城内并首先在城墙上升起了英国的国旗。法军见此情景颇为不快，为了向英军示威，便一边奏乐一边向城内推进了1500米。接着，就是两军军官之间的一顿激烈的争吵。《北京条约》签字前，额尔金预言法国人会犯各种暴行，而使外国人在进入每一个市镇和乡村时遭到仇恨，所以他希望早日得到和平。法国人也在指责英国人，恭亲王奕䜣等清朝官员曾同法军司令孟托班接触，孟托班与他们"密语"，认为英国人"狂悖过甚，心中颇为不服，不愿与该夷同在一处"，表示"天气寒冷，难以在此过冬，如可早日换约，即愿退兵"②。双方都表示愿意早日退兵，把破坏和平的责任推给对方来讨好清政府，谋取更多的利益。在《北京条约》的签字仪式上，葛罗因"额尔金是冷酷而严峻的"，所以他就对恭亲王奕䜣等人表现得非常尊重和气，以博得清政府的好感。

在第二次鸦片战争时期，英法两国为了共同的利益，共同对中国进行

---

① 〔法〕德里松伯爵：《翻译官手记》，中国史学会主编《中国近代史资料丛刊·第二次鸦片战争》第6册，第324页。

② 《奕䜣桂良文祥奏接到英法照会欲赔恤银及拆毁圆明园又俄使请代说合已给照复折》，（清）贾桢等编《筹办夷务始末》（咸丰朝）第7册，中华书局，1979，第2472页。

了一场"极端不义的战争"。同时，他们为了各自的利益，不可避免地产生了矛盾和冲突，有时这种矛盾和冲突还相当尖锐和激烈。这是由西方殖民主义的侵略本质所决定的。清政府中虽然有些官员看出了英法两国在侵华战争中的矛盾和冲突，但是腐朽的清政府却不能很好地利用这种矛盾和冲突，来使中国在战争中的损失减少到最低限度。

本文原载《军事历史》2000 年第 1 期。

传教士与近代西方列强的侵华战争

　　西方的基督教很早就开始传入中国。唐朝初年，基督教的一个支派——聂斯脱利派由波斯（今伊朗）传到中国，当时称为景教，唐后期武宗灭佛，景教也遭波及，不久在中原中断。随着元朝的兴起，基督教再次进入中国，但是随着元朝的覆灭，基督教也逐渐消失。16世纪，随着欧洲殖民主义在亚洲的扩张，基督教的一大教派——天主教又卷土重来。明嘉靖二十年（1541），罗马教皇保罗三世派耶稣会士沙勿略来东方传教，嘉靖三十一年（1552）到达广东沿海的上川岛，不久病死。但是，继沙勿略之后，天主教传教士便纷纷东来中国。17世纪中叶，基督教的另一大教派——东正教开始传入中国。清康熙五十四年（1715），俄国政府向中国派出了首批"北京传教士团"。基督教新教派的传教士来华稍晚，第一个来华的传教士英国人马礼逊于嘉庆十二年（1807）到达广州。到19世纪初，基督教的三大教派天主教、东正教、新教都已传入中国，在华传教士40人，中国教徒23万人。总的说来，这个时期的西方传教士大都能恪守教规，也比较注意尊重中国的风俗习惯，并对中西方文化交流起到了促进作用。

　　但是，进入19世纪以后，欧美各国的资本主义得到了迅猛发展。向海外开拓市场，掠夺落后国家人民，成为资本主义各国最为迫切的要求。在这个过程中，西方列强就把宗教作为自己的工具，充当他们推行侵略政策的先锋和开路者，大批的传教士随着西方列强的炮舰和商品涌入了中国。这些传教士在中国为非作歹，无恶不作，在近代西方列强侵略中国的过程中扮演了极不光彩的角色。本文仅拟对传教士与西方列强的侵华战争问题略作探讨。

一

道光二十年（1840）五月，英国挑起了侵略中国的鸦片战争，这场战争开始把中国拖向半殖民地半封建社会。在这场长达两年之久的、给中国人民带来深重灾难的侵略战争中，西方传教士参与了整个战争的全过程。

当时，在华西方传教士都奉行着这样一个信条："只有战争才能开放中国给基督。"抱着要在中国的"每一个山头和每一个山谷中都设光辉的十字架"①的信念，西方传教士竭力鼓吹战争，煽动本国政府发动侵华战争，叫嚷要使鸦片战争"成为将耶稣教介绍到中国去的一种手段"②。美国基督新教牧师伯驾，早在道光十四年（1834）起程来华之前就极力鼓吹对华战争。鸦片战争前夕，他向林则徐建议，用与西方缔结条约的形式来解决中西方之间的冲突，当然林则徐拒绝了他这个荒唐的建议。战争爆发后，伯驾急忙跑回美国，向总统范布伦和国务卿福赛斯呼吁，应该"直接并且毫不迟疑地派遣全权公使到清廷去"。由于当时美国国内正忙于总统选举，他的呼吁没有引起注意。

在煽动对华战争方面，英文刊物《中国丛报》可谓不遗余力。这份刊物是由英国传教士马礼逊倡议，美国传教士裨治文于道光十二年（1832）在广州创办的。它鼓吹列强应对中国政府采取强硬政策，煽动使用武力打开中国的大门。由于它代表了当时在华英美商人的意见，所以它所制造的舆论对当时的英国政府制定对华政策有着重要的影响。道光十四年十一月初九日（1834年12月9日），在广州的英侨（包括传教士在内）写了一份呈英国国王书，要求英国政府派兵舰和军队到中国来，并由英国全权使臣上北京迫使清政府签订条约，开放广州、厦门、宁波、舟山为商埠和勒索一系列特权。在华的英美传教士对此完全支持。道光十四年十二月（1835

① 〔美〕卫斐列：《蒲安臣与中国第一次派赴外国列强的使团》，第119页，转引自张力、刘鉴唐《中国教案史》，四川省社会科学院出版社，1987，第325页。
② 〔英〕宾汉：《英军在华作战记·绪论》，中国史学会主编《中国近代史资料丛刊·鸦片战争》第5册，神州国光社，1954，第58页。

年1月），《中国丛报》公然发出了战争叫嚣："根据中华帝国目前的态度，如不使用武力，就没有一个政府可与之保持体面的交往。"道光十六年（1836），《中国丛报》刊载了《与中国订约——一个巨大的迫切要求》的文章，提出了使用武力逼迫中国订立一项不平等条约的主张："倘若我们希望同中国缔结一项条约，就必须在刺刀尖下命令它这样做，用大炮的口来增强辩论。"此后一直到鸦片战争爆发，西方传教士从未间断过战争煽动。他们制造的舆论在相当大的程度上影响着英美等国的对华政策，尤其是对英国向中国发动鸦片战争起了煽动和推波助澜的作用。

在鸦片战争之前和战争过程中，西方传教士为英国发动战争和进行战争搜集、提供了大量有关中国各方面的情报。在搜集情报方面，《中国丛报》仍然不遗余力。道光十六年七月（1836年8月），《中国丛报》发表了一篇对中国军事实力的情报调查，认为从军事角度看，中国实在是不堪一击，煽动英国政府发动战争。此外，《中国丛报》还刊载了大量的有关中国的历史、自然地理、政治制度、风土人情、清朝从中央到地方各级官吏的情况，以及中国进出口贸易的数字、中国对英国商人交涉的评述、清政府上谕和大臣奏折的译文、外国侨民对这些文件的评论等等。这些对西方列强制定侵华政策都具有重要的参考价值。

在为列强搜集情报方面，郭士立是传教士中最为突出的一个。郭士立，一译郭实腊，德国基督教传教士，道光十一年（1831）来中国，受英国东印度公司派遣，在上海等处贩卖鸦片，并从事间谍活动。从道光十一年（1831）到道光十八年（1838），他到中国沿海各地搜集情报至少不下10次。道光十一年五月（1831年6月），郭士立乘坐中国商船经过福建、浙江、山东，一直到达天津。他一路上仔细刺探了中国的军事、政治、经济情报，当年十一月返回广东，在澳门受到了英国传教士马礼逊的欢迎。道光十二年二月（1832年3月），郭士立受东印度公司驻澳门大班的委派，带领武装间谍船"阿美士德"号，到中国沿海进行了6个多月的侦察刺探活动，获取了中国厦门、福州、台湾、宁波、上海和山东沿海等地的大量经济、政治、军事情报，绘制了航道图、港口图等，了解了清军的布防及军备废弛等情况，为后来英国发动鸦片战争做了准备。在这次谍报活动中，郭士立既是向导，又是翻译，利用他会说流利的官话和地方方言的优势，以传教和行医为名，骗取了沿途军民的信任，为获取情报起了重要的作用。

英国传教士麦都思和美国传教士沙克，也曾为英美等国搜集情报。还有一些不知名的传教士也在做这方面的工作，有个传教士曾把吴淞通往内地的航道图秘密送给英军。参加鸦片战争的英军上校奥特隆尼曾说：

> 我军从一些传教士方面，获得了不少消息，知道中国政府认为我军一定沿着白河，要向北京进攻。传教士们传递消息说，自从宁波为我军攻陷以后，清政府即用上一切力量，在预料我军所要进攻的道路上布防，建筑起各式各样的障碍物。清政府把天津看成是北京的一个海港，因而特别重视天津，希望将天津变成头等的防御阵地。①

他还说，居住在长城口外（属热河）一个驻有清军的边界市镇上的传教士，把当地许多村庄铸造铁炮源源不断运往天津的情况，密告英国侵略者。英军打到上海时，法国天主教南京主教艾维克乔装成中国人，乘了一只舢板船去会见英国全权代表璞鼎查，向他汇报了南京教区秘密活动的情况，并报告了他所了解的教区内及中国的军事、政治情报。

在持续两年之久的鸦片战争中，基督教在华传教士都投入了这场侵略战争。他们完全剥下了"基督圣徒""传播福音"的外衣，成为英国军队的"特种部队"。战争开始时，传教士郭士立摇身一变，成为直接从英国政府领取年薪 800 英镑的官方翻译。由于郭士立在中国混了多年，对中国各方面的情况，特别是对清政府各级官僚昏庸腐朽和各地军备废弛落后的情况十分了解，所以能为英军充当谋士，出谋划策。他抓住清政府妄自尊大的弱点，向英军一再献计强调，只有采取"强硬"政策，才能制服清政府。英军从战争开始到结束谈判订约，都是按照郭士立的这个"计谋"进行的。在具体的战争中，郭士立也起到了极其恶劣的作用。英军占领舟山、宁波后，郭士立被英军任命为舟山的民政长官，他指使英军残酷屠杀当地老百姓。道光二十二年五月（1842 年 6 月）英军进攻上海时，郭士立

---

① 上海社会科学院历史研究所编《鸦片战争末期英军在长江下游的侵略罪行》，上海人民出版社，1958，第 11 页。

不仅充当向导，协助指挥作战，并且代表英军司令官向城里出安民告示和筹措粮草，事后还勒索到了 30 万银圆的赎城费。六月英军攻打镇江，又是郭士立带路，冲进城后一路沿街焚烧房屋，屠杀掳掠。在整个战争过程中，郭士立还到处收买流氓、罪犯、赌棍等充当英军的探子。罪犯陈秉钧供认，他到浙江慈溪各地打探军情，每次探事，郭士立给他"洋钱一二元不等"[①]。汉奸虞得倡被郭士立任命为巡捕总头，每月得洋钱 20 元，招募50 人，替郭士立"探听大兵虚实，并搜查附近潜伏兵勇"[②]。慈溪鸣鹤场人顾保林被郭士立收买后，每日得钱 500 文，充当内奸，在清军内部探听消息。由于郭士立的情报工作做得好，就连清政府进兵宁波的日期，都事先为英军所获悉。其他传教士在战争中也很活跃。美国传教士雅裨理和文惠廉参与了英军在厦门的侵略活动，英国传教士医生雒魏林跟随第一批英军到达了定海，英国传教士麦都思被派到了舟山英军司令部，担任翻译。美国派了海军司令加尼率两艘美舰到中国给英军助威，传教士裨治文担任了加尼司令的翻译和助手。

在战后谈判签约的过程中，传教士也扮演了重要的角色。郭士立和马礼逊之子马儒翰充当中英谈判的翻译，他们起草了条约，并代表英国政府的全权代表璞鼎查，对条约的具体内容与中方代表多次进行讨价还价，极尽勒索讹诈之能事，取得了比原订计划更多的特权和赔款。战后，郭士立被英国政府任命为港英政府秘书。在美国传教士伯驾等人的极力鼓动下，美国政府从自身利益出发，于道光二十三年（1843）四月派遣顾盛率领订约使团出使中国。美国国外传教事务局表示愿意为顾盛赴华提供支持，传教士伯驾、裨治文、卫三畏一起担任顾盛的秘书兼翻译。伯驾利用清政府的惧外心理，一再鼓动顾盛采用武力胁迫清政府屈服，他甚至向清政府扬言美舰要北上天津。在顾盛和伯驾的武力恫吓下，清政府被迫与美国签订了在某些方面比中英《南京条约》更为苛刻的中美《望厦条约》。看到英国在鸦片战争中取得的巨大利益，法国在华传教士再也坐不住了。道光二

---

① 《扬威将军奏折附清单》，中国史学会主编《中国近代史资料丛刊·鸦片战争》第 4 册，神州国光社，1954，第 272 页。

② 《扬威将军奏折附清单》，中国史学会主编《中国近代史资料丛刊·鸦片战争》第 4 册，第 274 页。

十三年（1843），法国传教士安若望就向巴黎呼吁：法国屡屡为其他并不重要的外交事务不惜花费巨款，派遣舰艇和军队，为什么不能为在华传教这样做呢？另一个传教士古得察也表示，既然英国可以为维护少数商人的利益，毫不迟疑地派遣军舰到中国，而法国为什么不能为教务的事情进行干涉呢？果然，法国也出于自身利益的考虑，于道光二十四年（1844）派遣拉萼尼率舰队来华。拉萼尼率舰队一到广州，法国天主教山东教区主教立即给他送来备忘录，除追述自从乾隆年间以来天主教所遭受的"迫害"外，还恳请拉萼尼为天主教的利益向中国方面进行交涉。在其后中法签订的《黄埔条约》中，就反映了保护天主教的条款。

二

咸丰七年（1857）至咸丰十年（1860），英法两国联合对中国进行了第二次鸦片战争，在这场被马克思称为"极端不义的战争"[1] 中，西方传教士仍然不甘落后，积极参与了这场侵华战争。

发动第二次鸦片战争，英法两国各找了一个战争借口，英国是"亚罗号事件"，而法国则是所谓的"马神甫事件"。咸丰三年（1853），法国天主教神甫马赖非法从广州潜入广西西林县。他在西林县勾结官府，作恶多端，并包庇教徒马子农、林八等抢掳奸淫，激起民愤。咸丰六年正月二十四日（1856年2月29日），新任知县张鸣凤将马赖和不法教徒等共26人逮捕归案，后判处马赖及教徒2人死刑。正在寻找时机侵略中国的法国政府，为了进一步取得教会的支持，就抓住这个所谓的"马神甫事件"作为借口，参与发动了第二次鸦片战争。

英法两国酝酿发动第二次鸦片战争时，美国的在华传教士也在怂恿本国政府参与侵华。美国传教士伯驾因协助顾盛逼迫清政府签订中美《望厦条约》有功，事后被美国政府任命为美国驻华使节的秘书和翻译，咸丰六年（1856）被任命为驻华委员后不久升格为公使。伯驾在任期内极力为美

---

① 〔德〕卡尔·马克思：《英人在华的残暴行动》，《马克思恩格斯全集》第12卷，人民出版社，1962，第177页。

国侵华出谋划策，几次三番鼓动美国政府侵占中国的台湾。咸丰六年（1856）十一月，伯驾写信给美国国务卿麻西，提出了侵占中国台湾的"建议"。他分析法国可能占领朝鲜，英国可能占领舟山，那么美国就可以占领台湾。咸丰七年（1857）正月和二月，伯驾两次呈函美国政府，要求美国抢先占领台湾，认为占领台湾对美国的利益是最理想的。当时美国政府正值大选更迭政府之际，伯驾的几次呈函都没有得到批复。

咸丰八年（1858）三月，英法联军的军舰停靠在渤海湾。在北京的俄国东正教传教士团第十三届领班修士大司祭巴拉第匆忙赶去，向在英舰上的俄国公使普提雅廷汇报在北京搜集到清政府动态的情报。四月间，巴拉第又到大沽向先期到达的俄国公使和英军司令报告了清军在大沽口的设防、京津间的清军部署以及北京缺粮、皇室计划逃跑等重要情报。这些情报对英法联军来说是非常及时且至关重要的。英法联军决定发动突然袭击，便派美国传教士卫三畏和丁韪良与清政府直隶布政使钱忻和举行谈判，制造和谈的假象，然后出其不意地于四月十八日（5月20日）向大沽炮台发动了猛烈的攻击，占领了大沽，兵锋直逼天津城下。

在接下来的谈判订约过程中，传教士也不甘寂寞，几乎又充当了谈判的主角。美国于咸丰八年五月初八日（1858年6月18日）抢在英法之前与清政府签订了中美《天津条约》。在订约过程中，美国公使列卫廉极其倚重美国传教士卫三畏和丁韪良，差不多每一款草拟都要参考他们两人的意见。尤其是第二十九款，完全是他们两人草拟和定稿的。这一条款规定："嗣后所有安分传教习教之人，当一体矜恤保护，不可欺侮凌虐，凡有遵照教规安分传习者，他人毋得骚扰。"[①]卫三畏甚至在条约签订前一夜未睡，琢磨如何把这一条款塞进中美《天津条约》中去。第二天一早，他和丁韪良与清政府的钦差大臣大学士桂良谈判，使用威吓手段把这一条款确定了下来。英国人很欣赏这一条款，在随后强迫清政府签订的中英《天津条约》中，也加上了几乎内容一样的条款。

咸丰十年（1860），英法联军准备再度进犯北京。在北京的东正教传

---

① 中美《天津条约》（一八五八年六月二十六日，咸丰八年五月十六日，天津），王铁崖编《中外旧约章汇编》第1册，生活·读书·新知三联书店，1957，第95页。

教士团第十四届领班固礼，派人给俄国公使伊格纳提耶夫送去情报，请他努力劝说英国人进攻北京，因为那时的清政府已经极度虚弱。七月初十日（8月26日），固礼又给在天津的伊格纳提耶夫送情报说：清政府"正在通州集结重兵，皇帝的全部重炮队已从北京调往通州，并在京城内和京津之间的道路上则部署了大量的步兵"①。英法联军进攻北京时，俄国传教士又给联军提供了北京的地图。咸丰十年九月（1860年10月），清政府再一次被迫订立城下之盟，与英、法、俄分别签订了不平等的《北京条约》。当时担任翻译的法国传教士艾美欺负清朝官员的无知，在中法《北京条约》的中文本里擅自增加了"并任法国传教士在各省租买田地，建造自便"的字句，② 这句话在法文本里就根本没有。法国传教士伪造的这个条约依据，后来也被其他列强"一体均沾"。

东正教传教士除了在第二次鸦片战争期间进行情报活动外，在沙俄侵吞中国黑龙江地区的活动中，也提供了大量的情报。"穆拉维约夫能定期收到领导俄国驻北京东正教团的修士大司祭巴拉第提供的关于中国事态的极为详细的情报"③。咸丰三年（1853），沙俄东西伯利亚总督穆拉维约夫侵占中国黑龙江北岸的所谓"武装航行"计划，就是参照巴拉第在黑龙江、乌苏里江一带亲自调查所提供的详细情报而制订的。此外，巴拉第还在咸丰五年（1855）中俄划定边界的交涉中为穆拉维约夫提供了大量的情报。咸丰六年（1856），巴拉第向穆拉维约夫密报："我国两次沿着阿穆尔航行使中国人极为不安。"④ 穆拉维约夫指示巴拉第要在"北京尽力施加影响，使边界问题的解决对俄国有利"。咸丰六年十一月二十七日（1856年12月24日），巴拉第又从北京密报说，俄国应利用目前英法对中国作战的有利时机，对中国采取坚决的行动，他强调说："对合并阿穆尔左岸我已

---

① 〔俄〕A.布克斯盖夫登男爵：《1860年〈北京条约〉》，王璇等译，商务印书馆，1975，第73页。

② 中法《续增条约》（一八六〇年十月二十五日，咸丰十年九月十二日，北京），王铁崖编《中外旧约章汇编》第1册，第147页。

③ 〔苏〕卡巴诺夫：《黑龙江问题》，姜延祚译，黑龙江人民出版社，1983，第203页。

④ 〔俄〕瓦西里耶夫：《外贝加尔的哥萨克》（史纲）第3卷，北京师范学院外语系俄语专业师生合译，商务印书馆，1978，第101页。

不再怀疑。……我觉得事情可以毫不声张地解决，但是要行动。"① 巴拉第的报告坚定了穆拉维约夫对中国采取强硬态度的决心。咸丰八年（1858）中俄《瑷珲条约》签订之前，俄国堪察加区大主教英诺森就为穆拉维约夫侵占中国黑龙江地区制造舆论，出谋划策，甚至直接参与军事占领活动。中俄《瑷珲条约》签订之后，穆拉维约夫特地把海兰泡改名为布拉戈维申斯克，意为报喜城，来纪念英诺肯提乙，因为英诺肯提乙最初曾在伊尔库茨克的"圣母报喜堂"担任过神甫。在东正教传教士的帮助下，沙俄利用第二次鸦片战争的时机，侵占了中国黑龙江上游、中游北岸的大片领土。

三

光绪二十六年五月（1900 年 6 月），英、法、美、德、日、俄、意、奥组成八国联军，发动了更大规模的侵华战争。在这场人类历史上罕见的大劫掠中，西方在华传教士同样是不可或缺的角色。

西方在华传教士一如既往地为侵略军充当情报人员、向导和翻译。宝复礼是美国美以美差会的英籍传教士，八国联军侵入天津时，他参加了侵略军的情报工作，英国远征军还给他发了委任状："自本月二十日起，宝复礼牧师编入本军，隶属情报处。"② 从此，他成为英国远征军的一员，领着联军从天津打到北京。他还驱使教徒为侵略者搞情报。有一个叫郑殿芳的信徒专门从北京跑到天津送情报。另一个叫姚秃子的信徒，在义和团攻北京时，把英国武官的求救信藏在草帽里混过义和团的盘查，到天津向八国联军"求援"。宝复礼在情报处的活动，据他自己说，是负责"绘制每天行军地图"，"图上标明每一村庄和道路，以及密报所能获得的其他情报，包括敌方的炮位、炮数和战壕"。"这已成为每天的日常公事，没有这些本地的基督教徒密探们冒了极大的甚至是生命的危险给我们的帮助，我

---

① 〔俄〕瓦西里耶夫：《外贝加尔的哥萨克》（史纲）第 3 卷，北京师范学院外语系俄语专业师生合译，第 115 页。

② 〔英〕宝复礼：《随联军从天津到北京》，第 1 页，转引自顾长声《传教士与近代中国》，上海人民出版社，1981，第 202 页。

们是无法获得这些情报的。"① 八国联军统帅瓦德西曾说："此间关于侦探一事，极难着手组织。所有内地消息之探知，余多赖天主教牧师（教士）之助。而且此种帮助，系出自彼等情愿。"② 可见，传教士的情报工作对八国联军侵略中国来说是多么重要。

更多的传教士做了侵略军的翻译和向导。天主教北京教区主教樊国梁为法国军队提供了 50 多名翻译，其中有 8 名是精通中国话的传教士。基督教传教士丁韪良、李佳白当上了侵略军的翻译。那些不谙华语、不了解中国情况的侵略军队正是在这些精通华语、熟悉中国情况的传教士的引导下，在中国烧杀抢掠的。

八国联军攻入北京后，下令大杀、大抢、大烧三天。当然，八国联军的烧杀抢掠绝不仅仅止于三天，他们在北京等地犯下了滔天的罪行。与八国联军并肩作战的西方传教士们自然也不甘落后，加入了抢劫的行列。天主教北京主教樊国梁不但自己参加抢劫，还下令本教区教徒可以连续 8 天进行抢劫，并规定抢劫不满 50 两白银的不用上缴。樊国梁指使教民去抢劫曾经赞助过义和团的礼王的王府，这是他早已看准要抢劫的王府，果然在劫难逃。有人说，光是从礼王府拉走的元宝就装了 40 车。樊国梁还曾带人到庆王府拉银子、宝物，还从大太监李莲英宅子里拉了许多古书、花盘、玉器，以至北堂院内抢劫来的物品堆积如山。后来樊国梁自己报称，抢劫数字是"二十万三千零四十七银两又五十枚"③。可是，美国《纽约先驱报》光绪二十六年十一月十九日（1901 年 1 月 9 日）的报道称，樊国梁仅在原户部尚书立山的家中就抢去价值 100 万两白银的珍宝。

另一位美国传教士梅子明，在使馆解围前就已在动脑筋要抢占一座蒙古王府。光绪二十六年七月二十日（1900 年 8 月 14 日），八国联军攻入北京，梅子明立即会同几个传教士一起到这座王府进行抢劫并加以占领。次日一清早，他指挥 200 名教徒兵分两路，一路在王府里搜劫，另一路到王

---

① 〔英〕宝复礼：《随联军从天津到北京》，第 63 ~ 65 页，转引自顾长声《传教士与近代中国》，第 203 页。
② 〔德〕瓦德西：《瓦德西拳乱笔记》，中国史学会主编《中国近代史资料丛刊·义和团》第 3 册，神州国光社，1951，第 45 页。
③ 《传教杂志》1902 年合订本，第 121 页，转引自顾长声《传教士与近代中国》，第 206 页。

府周围的各个富户进行抢劫。他在给别人的信件中曾描述了他某一天的抢劫情况："今天我在这里前主人藏财宝的阁楼中发现大量的珠宝、纹银和四只表。我们将尽快地把这些财宝全部运到美国公使馆的保险库中去。"① 梅子明还将这些抢劫来的财宝进行公开拍卖。

那几天，由于传教士和教徒都出去进行抢劫，教堂里几乎空无一人。一个外国作者在八国联军进京以后，曾亲自到北堂查看，结果是"未遇一人，皆已出外征收捐银"，"教士、教民、水手……均出门各行其事，以偿其损失也。予等所寻见者，唯教民数人方堆其元宝而已。此已变为教会之产业"②。传教士们还到处任意勒索赔款。从光绪二十七年（1901）到光绪二十八年（1902），仅北京城和直隶地方自筹赔偿给教堂和传教士的白银竟达 1112 万两之多，这些都是在签订条约之外的勒索。总之，西方传教士在八国联军侵华战争中也跟着侵略军趁火打劫，发了一笔横财。

八国联军镇压了义和团、制服了清政府之后，面临着一个"对中国该如何处置"的问题。光绪二十六年九月初九日（1900 年 10 月 31 日），在华基督教联合会在上海召集了在华各教派传教士，就这个问题进行了讨论。美国传教士卜舫济把传教士们的讨论意见归纳为两种，一种意见主张瓜分中国，另一种意见主张所谓的"维持中国的完整"，不赞成瓜分。经过辩论，后一种意见占了上风。在华基督教传教士基本上主张不瓜分中国，支持美国政府提出的"门户开放"政策，在形式上仍旧维持清朝统治者的地位，实行"以华治华"。当时，列强各国各怀鬼胎，矛盾重重，更害怕中国人民的反抗。八国联军统帅瓦德西也承认："故瓜分一事，实为下策。"③ 这样，各国政府经过详细研究，认为如实行瓜分势必要引起列强各国之间的争执和冲突，乃至中国人民的激烈反抗，因此参照在华传教士的意见，决定还是利用清政府实行形式上的统治，由各国加以支配。

综上所述，在华传教士在近代西方列强的侵华战争中扮演了一个极其

---

① 〔美〕波特：《梅子明传》，第 199 页，转引自顾长声《传教士与近代中国》，第 209 页。
② 〔英〕朴笛南姆威尔：《庚子使馆被围记》，中国史学会主编《中国近代史资料丛刊·义和团》第 2 册，神州国光社，1951，第 358 页。
③ 〔日〕佐原笃介：《八国联军志》，中国史学会主编《中国近代史资料丛刊·义和团》第 3 册，第 244 页。

重要而又极不光彩的角色。他们为侵略军搜集刺探情报，充当翻译和向导，甚至直接参与武装侵略活动，双手沾满了中国人民的鲜血。他们充当侵略军的谋士，为侵略军出谋划策，插手对中国不平等条约的签订。由于他们长年在中国"传教"，熟悉中国的语言、地理、风土人情，了解中国的政治、军事、经济状况，所以就成了西方侵略军须臾不可离的重要助手。他们是西方侵略军的一支重要的别动队，在西方列强的侵华战争中所起的重要作用是不可替代的。

本文原载《军事历史》2000年第6期。

第三编

经济发展与变化

昭信股票浅析

国家公债，简称"公债"，又称"国债"，最早兴起于西方资本主义国家，并成为近代资本主义财政制度中的一个重要组成部分。在近代"西学东渐"过程中，公债制度也开始传入中国。晚清政府共发行了三次公债，即"息借商款"、"昭信股票"和"爱国公债"，其中影响较大的是昭信股票。本文拟对昭信股票作些浅要探析。

一

昭信股票发行最直接的原因是"拨还洋款"。光绪二十四年（1898）正月，《马关条约》规定的第四期赔款即将到期，而此时的清政府却是国库空虚，财政困窘，若举借外债，又恐被列强劫持。为了摆脱举借外债受制于人的困境，同时也抱着财政革新进而促进经济良性循环的愿望，清政府采纳了右春坊右中允黄思永的建议，决定发行"昭信股票"。

黄思永奏折的原文是：

> 窃维时事孔棘，库藏空虚，舍借款无以应急，舍外洋不得巨款。……近闻各国争欲抵借，其言愈甘，其患愈伏。何中国臣民如此之众，受恩如此之深，竟无以借华款之策进者？……不知在外洋与在通商口岸之华民，依傍洋人买票借款者甚多，不能自用，乃以资人。且缙绅之私财，寄顿于外国银行或托名洋商营运者，不知凡

几，存中国之银号票庄者又无论矣。小民不足责，应请特旨严责中外臣僚，激以忠义奋发之气，先派官借以为民倡。合天下之地力、人力、财力，类别区分，各出其余，以应国家之急，似乎四万万之众，不难借一二万万之款。臣闻外洋动辄以万万出借，非其素蓄，不过呼应甚灵，每股百两，且有折扣，甲附股以售与乙，反掌间即可加增。①

黄思永奏折中所提到的股票实际上指的是公债。公债和股票是两个完全不同的概念。股票是直接融资工具，筹款者一般为企业集团，若投资得当，投资人可获红利收入；公债属于国家信用范围，发行者是一个特殊的主体——国家，所筹款项不是用于生产建设性事业，大多用来应付赤字和意外开支，投资者所获利息不是靠产业利润，而是国家增税或发行新债进行清偿。黄思永对中国国内居民的经济实力还是颇有信心的，认为发行股票会有市场，并坚信"中国风气若开，岂难渐收成效"②。他还在奏折中列出一份简单的章程，提出了较为具体的建议。

黄思永的建议得到朝廷首肯，并交户部复议，户部表示赞同，并于当年二月拟定发行章程 17 条，章程要点如下：一是股票定名为"昭信股票"，共发行白银 1 亿两，面额分别为 100 两、500 两、1000 两；二是股票为 20 年长期债券，利率 5%，前 10 年只付利息，后 10 年本息并还；三是户部设昭信局，各省设昭信分局，经理股票发行事宜；四是归还本息的工作由昭信局和昭信分局共同完成；五是股票准许抵押、售卖；六是各省官绅商民，有劝集股款至 10 万两以上者，准各省督抚分别奏请，由户部加以奖叙；七是各省所收股款，用于偿还户部"拨还洋款"，"不准移作他用，更不许勒令捐输"。户部以裁减兵勇、加增当税、扣减养廉银、漕粮减运、丁漕折钱等盈余所得五六百万两白银作为偿债来源。③作为一种公债，从这个章程中可以看出昭信股票有这样几个特点。第一，期限长，利率高。昭信股票以 20 年作为偿还期，属于长期债券，利率为

---

① （清）朱寿朋编《光绪朝东华录》第 4 册，中华书局，1958，第 4031 页。
② （清）朱寿朋编《光绪朝东华录》第 4 册，第 4032 页。
③ （清）朱寿朋编《光绪朝东华录》第 4 册，第 4052~4055 页。

5%，在同时期内算是高利率。这种类型的债券对于筹资者和投资者都有较大的风险。第二，股票准许抵押、售卖，即准许其自由流通。现代债券有上市及非上市债券之分。一般来讲，可上市债券因其流动性好、易于变现，为投资者所青睐。晚清公债券实际上不具备二级市场，但准其售卖，无疑是一个较大的革新。第三，偿债来源不明确。当代公债券偿付本息的方法一般是每年加增税收、将债务支出列入预算、设立偿债基金等，确保按时偿本付息。清政府似乎是选择了第一条路，但语焉不详，叙述简略，并无确实的预算数目及确定的资金归还股款，其真实的偿债能力令人生疑。

清政府本身比较重视这次公债的发行，下令各省设立昭信股票专门档，负责经理一切有关事宜。光绪二十六年（1900）八国联军侵华时许多案卷被毁，"各州县官员、商民原领股票收单，多半遗失"[①]。清政府还组织专人对投资者另行给票，说明其后续工作也还是比较细致的。清政府要求在京王公大臣、外省督抚以下大小文武官员，无论现任或候补候选，均领票缴银，以为商民之倡。恭亲王奕訢首先做表率，一人"报效"2万两库平银，其他官僚也跟随认缴。以江苏为例，两江总督兼南洋大臣刘坤一认缴白银2万两，以下漕运总督松椿、江苏巡抚奎俊各1万两，江宁将军丰绅1500两，江宁副都统额勒春、京口副都统吉升各1000两，江苏学政瞿鸿禨5000两，江南织造增崇1万两，苏州织造海丰5000两，长江水师提督黄少春3000两，江南提督李占椿2000两，其他布政使、按察使等大小官员共认缴60多万两，江苏的官员共认缴72万余两白银。此外，两淮场运各商共认缴白银100万两。[②]

但是，昭信股票在民间的发行并不顺利，广大绅民并不踊跃响应。昭信股票的筹集对象还有各个阶层的商人，而负责发行及给票、收款的机构为户部昭信局和各省昭信分局。为使民众了解并购买昭信股票，各级官吏

---

① 袁世凯：《顺直官员商民遗失昭信股票收单恳准补给印收请奖折》（光绪二十九年二月初八日），廖一中、罗真容整理《袁世凯奏议》中册，天津古籍出版社，1987，第731页。

② （清）刘坤一：《筹办昭信股票折》（光绪二十四年闰三月二十八日），中国科学院历史研究所第三所编《中国近代史资料丛书·刘坤一遗集》第3册，中华书局，1959，第1023页。

又介入昭信股票的发行中。在一个封建国家中，行政手段及技术有限，官吏的专业化技能及素质偏低，又缺乏监督机构，结果官吏贪婪与否全在于道德水平的高低，形成了委托—代理中所谓的"道德风险"。在昭信股票的募集过程中，官吏先是勒索，"力仅足买一票，则以十勒之；力仅足买十票，则以百勒之"。若勒索不成，就"始而传问，继而差拘，甚且枷锁羁禁随之"①，采用各种行政强制措施，进行强迫性销售及勒索，一时民怨沸腾。在不到一年的时间内，就有顺天府同知谢裕楷、刘仲珹，安邱知县俞崇礼等因借筹集股款勒索扰民而被监察御史参奏。官吏的腐败行为，大大提高了这次公债发行的隐性成本，影响极为恶劣。

握有实权的地方长官，大多对昭信股票的发行持有异议。他们或是阳奉阴违，或是半心半意，甚或截留挪用。昭信股票发行伊始，湖广总督张之洞就上疏表示湖北虽能筹款"十万余两"，但商民力量微薄，恐难再筹。② 两江总督兼南洋大臣刘坤一更以"本省之款供本省之用，理势宜然，最为简便"为由，③ 截留昭信股款。山东巡抚张汝梅也上疏请求截留山东昭信股款40余万两，用于山东赈灾费用。④

由于发行不力，再加上各种弊端丛生，清政府不得不于光绪二十四年（1898）年底草草停止了昭信股票的发行。其时，昭信股票只发行了1700万两白银的债券。⑤

---

① （清）户部：《议复昭信股票流弊疏》，（清）王延熙、王树敏辑《皇朝道咸同光奏议》卷一一，上海久敬斋清壬寅年（1903）石印本，第13页。

② （清）张之洞：《筹办昭信股票情形折》（光绪二十四年闰三月十一日），苑书义等编《张之洞全集》第2册，河北人民出版社，1998，第1290页。

③ （清）刘坤一：《部拨难恃仍指款留抵折》（光绪二十四年六月二十二日），中国科学院历史研究所第三所编《中国近代史资料丛书·刘坤一遗集》第3册，第1035页。

④ （清）朱寿朋编《光绪朝东华录》第4册，第4298页。

⑤ 关于昭信股票的发行数额有数种说法，周育民认为有1000万两［《试论息借商款和昭信股票》，《上海师范大学学报》（哲学社会科学版）1990年第1期］，千家驹在《旧中国公债资料（1894—1949）》（中华书局，1984，第336页）中认为是一千数百万两，王宗培在《中国之内国公债》（上海长城书局，1933，第1页）中认为发行了1102万两，孙毓棠在《抗戈集》（中华书局，1981，第169页）中认为发行不足500万两，周伯棣在《中国财政史》（上海人民出版社，1981，第521页）中认为不到2000万两，在此取1000万两说。

二

作为政府在财政上的一项举措，它所产生的结果在短期内应当满足国家的预定目标，长期内应当满足民众和不同利益集团对国家的不同期望，以促进国家经济的良性运行。按照这个标准来衡量，昭信股票无疑是一次失败的发行。

从国家的目标来看，这次公债的发行主要目标是筹款白银1亿两，但是最终结果仅筹得1000万两，只完成了预定目标的十分之一，没有达到预期目的。这次公债发行的隐性成本即正常的资金成本之外的信用成本相当高。在发行过程中，主要经手人是政府的各级官吏，勒索之风盛行，若购十则必以百勒之，若购一则必以十勒之，国债发行1000万两，官吏就敢"以十勒之"，即使按最保守的估计双倍计算，至少同时应有1000万两进了各级官吏的腰包。投资者投入的大量金钱流向了权力的黑洞。对于不了解公债的确切含义和确切数额的普通百姓来说，官吏中饱的这1000万两无疑也是国家征纳的一部分，相当于国家付出了如此之高的筹资费用，由此负担的成本是相当高的。投资者所费甚多，而国家所得无多，国家为此付出了高昂的代价。

在公债发行的过程中，不同的利益集团所受到的影响是不同的。地方官吏所得实惠甚多，但是这是以损害其他利益集团为前提的。尽管发行章程中确定的筹款对象是"中外臣僚、大小缙绅"，但实际上主要应债人还是有产业的商人。他们不但要购买债券，而且还要应付额外的各级官吏的勒索。在这些商人中，大多数是本土的民间资本，规模小，力量弱，一遇到这种意外开支，大多只能顾此失彼，"昭信股票现已委员劝借，商民财力有限，若铺税药牙同时并举，诚恐顾此失彼，难期有济"①。这次公债的发行对民间的经济活动也产生了负面影响。时人记述的当时情况是，"各省股票必索现银，民间取存银票，纷纷向银号钱铺兑取，该铺号猝无以应，势必至于倒闭，一家倒闭，合市为之萧然"②。这是指民间为应债而产生的挤兑现象，金融业首

---

① （清）朱寿朋编《光绪朝东华录》第4册，第4081页。

② （清）户部：《议复昭信股票流弊疏》，（清）王延熙、王树敏辑《皇朝道咸同光奏议》卷一一，第13页。

当其冲。挤兑导致市面银根转紧，通货减少，由此还会引起投资的萎缩和物价的攀高，实际上产生了放大的"挤出效应"①。发行公债本质上还是一种融资活动，其融资量过大，会挤占私人经济团体的融资规模，若公债发行量过大且带有强制色彩，甚至会因超出投资人的应债能力而损害债基（应债基础），产生"竭泽而渔"的效果。晚清时期民间的投资规模有限，既非"信贷主导"型，亦非"财政主导"型，而是单纯将自身储蓄转化为自身投资的"积累主导"型。如果加上应债的资金流出量，企业的财政压力就会非常大。所以，民间工商业的整体状况势必会影响昭信股票的认购量，其失败在所难免。

作为近代资本主义国家正常财政制度的一部分，公债制度能够成功地调节财政及经济生活，而在 19 世纪末期的中国却难以发挥其应有的作用，其主要原因如下。

第一，昭信股票的发行缺乏市场。公债是国家信用的产物，国家信用类似于优良的无形资产，因此公债发行成本较低，在现代社会是广受欢迎的金融工具，但在晚清时期却缺乏发行市场。尽管"公债成了原始积累的最强有力的手段之一"②，但是必须配合以特定的经济环境，即国家所获公债收入可间接用于大规模的投资活动，以公债作为杠杆推进资本的积累，拉动整个市场。晚清时期的经济环境有限，而发行公债所得收入主要用于偿还赔款，没有良好的资本形成机制，公众对国债也就缺乏应有的信心。公债发行量大，应以机构投资者为认购主体。③ 但是晚清时期的民间资本规模小，势力弱，缺乏融资需求和融资风险意识，公债仍以个人为主体认购者，因此导致市场狭小。尽管公债与税收在性质上是相同的，④ 但是公债仍然具有特殊的功能——融资，因此公债的发行和流通都需要一个良好的金融市场。晚清时期的金融市场并不发达，并不具备这样的发行条件，缺乏市场是昭信股票发行失败的主要原因。

---

① 〔美〕保罗·A. 萨缪尔森、威廉·D. 诺德豪斯：《经济学》，萧琛主译，机械工业出版社，1998，第 649 页。

② 〔德〕卡尔·马克思：《资本论》，《马克思恩格斯全集》第 23 卷，中共中央马克思恩格斯列宁斯大林著作编译局译，人民出版社，1972，第 823 页。

③ 周军民等：《国债规模与发行成本优化问题的研究》，《财经研究》2000 年第 4 期。

④ 王传纶、高培勇：《当代西方财政经济理论》下册，商务印书馆，1995，第 460 页。

第二，体制上的缺陷是昭信股票发行失败的直接原因。首先，政府内部不同部门的职能混淆。户部发行昭信股票，并设昭信局及各省分局，本应由其具体选择商业性金融机构代理承销，但是由于识别技术有限，无法通过考核选择信誉度好的商人或票号、钱庄代理。户部就曾在奏疏中认为，"至各省商号，孰为殷实，臣部殊难遥度"①。在这种情况下，各级地方政府接过了经理债券的发行工作。但是，行政部门与财政部门的职能不同，在技术、方法、利益目标等方面存在很大差异。行政部门以行政命令摊派为主要方法，以完成定额为目标，缺乏责任约束，随意摊派勒索，没有有效的监督机构，尽管有监察御史不断参奏，但京师之外鞭长莫及。其次，行政部门内部体制不完备。中央集权的封建国家，各级官吏是国家委托的代理人，负责管理国家。但是，在这种委托—代理的关系中，皇帝个人代表国家，其他所有机构均为代理者。由于双方信息高度不对称，代理人极易发生道德风险而出现背叛行为，而清政府的监察部门督察院的监督视野又比较狭窄，不能及时遏止这种背叛行为。另外，清朝国家官吏的薪水很低，政府对地方财政经费控制很严，地方官吏巧立名目盘剥百姓已是司空见惯的事情，这样的体制内部缺乏有效的激励机制。既没有激励机制来防范风险，又没有有效的监督机制来遏止风险，实际上是将昭信股票的发行放在了极大的风险空间之中，公债发行伊始就蕴含了失败的因素。

第三，旧的制度环境的约束。昭信股票作为晚清发行的首批公债之一，在当时属于新事物，但是这个新事物在中国却缺乏新的制度环境。晚清公债制度来自西方，"至于国债之说则起于泰西"②。中国民众对这种新制度缺乏了解，所以才有黄思永等人将公债看作"股票"的错误做法。从发行人——政府的态度来看，公债尽管在形式上是国家所负之债，但是实际上仍然将其视同为"捐输"一类，并且屡屡提出"奖叙"。债券的发行者与认购者本是平等的交易主体，根本用不着什么"奖叙"。既然用"奖叙"，可见一部分公债就具有了无偿单向的性质。从认购者的角度来看，

---

① （清）户部：《议复昭信股票流弊疏》，（清）王延熙、王树敏辑《皇朝道咸同光奏议》卷一一，第14页。

② 《书户部借用商款章程奏疏后》，（清）邵之棠编《皇朝经世文统编》卷六四，上海宝善斋光绪辛丑年（1901）石印本，第6页。

居民显然尚无"债券投资"意识，对这种新债券的出现反应冷淡。率先购买债券的王公大臣将正常的认购称为"报效"，在心理上并未摆脱旧制度环境的约束，地方官吏则阳奉阴违，对公债的作用并不抱有信心。这些都限制了作为一种新的财政制度的昭信股票作用的发挥。

三

公债制度起源、完善于近代西方资本主义国家。作为一种工具，它在财政领域发挥着不可替代的巨大作用。如果用现代财政学的标准来衡量，昭信股票很难算作是规范的公债，至多只能算是一次具有封建性的实验性公债，其运作和效果与现代公债相去甚远。但是如果从中国经济发展史的角度来看，昭信股票的发行却具有重要的历史意义。

从本质上来说，近代公债与清朝的封建经济体制是不相兼容的。封建国家的"君财"和"民财"一向分不清楚，"君财"和"国财"也常混为一谈，皇帝及其家庭的支出与政府的支出之间没有一个绝对的界限，若开支过大，完全可以通过无偿的强制性的税收手段来解决。在"普天之下莫非王土"观念的影响之下，封建国家从民众手中获取收入被看作天经地义，不存在"债"的概念。但是，公债的意义就大不相同了，它是资本主义财政制度的一部分，以尊重个人私有财产与国家公共财产的分野为前提。在近代资本主义国家的财政中，君主的个人开支与政府开支分开。政府开支的主要用途是提供公共物品，居民为自己所消费的公共物品付费，形成税收或公债。在这里，政府与居民之间是一种交易关系。政府向民众征税，发行公债，但是这些收入必须用于提供公共产品、制定交易制度，它是为了更好地保护私人生产和经济利益。就昭信股票的发行而言，它实际上是一次新的经济改革的尝试，对当时整个国家的经济制度和理财观念都是一个挑战，反映了当时新的经济成分出现后对旧的经济体制的冲击。

清政府发行这次公债主要是为了偿还《马关条约》规定的第四期赔款，也就是为了应付一项意外开支或者说是弥补公共支出膨胀所引发的赤字。弥补公共支出膨胀所引发的赤字有三种方法，即发行货币、增加税收和发行公债。这三种方法在实践中各有利弊。发行货币作用直接显著，但容易引发通货膨胀。增加税收方便、快捷，但最终会导致国民收入水平的下降。发行公债会使民众具有"财富幻觉"，即将所购公债券视为个人储蓄投资的一部分，也就是个人财富的一部分。晚清时期，清政府在发行货币和增加税收方面已经没有很大的活动余地。清政府后期币制混乱，不仅白银、铜钱并行，而且各个地方私铸现象严重，此外还有各国银行在中国发行的纸钞以及从沿海传入的银币。清政府很早就着手统一币制，但直到辛亥革命前夕，才拿出一个初步方案，但为时已晚。清政府也试图通过发行货币来转移赤字，但并没有取得理论上的那种效果。增加税收在具体实施中有许多实际困难。清朝后期，农业、手工业和商业萎缩，税基疲弱，税源不足。在清政府的财政税收中，海关税和厘金税是大宗，[①] 前者为洋人把持，后者恶名昭彰，严重阻碍工商业的发展，清政府已有意进行整顿。[②] 在这种情况下，借鉴西方的做法，发行公债，采用组合思维，建立一个合理的收入结构，就不失为一个可取的办法。

综上所述，昭信股票的发行实际上是近代中西文化碰撞的结果。清政府借鉴西方资本主义国家的财政制度，在中国试行公债，企图用这种措施解决它所面临的严重的财政危机。由于发行市场、体制缺陷、制度环境等方面的因素，这次公债的发行并不十分成功。尽管如此，由于它引进了西方资本主义的财政观念和财政制度，对中国的封建财政制度给予了巨大的冲击，所以在中国近代经济史上应当占有一定的地位。

本文与金平合作，原载《历史教学》2002 年第 6 期。

---

① 赵尔巽等撰《清史稿》第 14 册，中华书局，1977，第 3705～3706 页。
② 赵尔巽等撰《清史稿》第 14 册，第 3698 页。

进退维谷：芦汉铁路借款谈判
与中外纷争（1896～1898）

芦汉铁路是晚清重臣张之洞奏请设立的中国第一条贯通南北的铁路交通干线，其"南连湘粤，西通川陕，东达长江，利则聚天下之全力以卫畿辅，不利亦可联十余省之精锐以保中原"①，对于政治局势、经济发展、军事战略非常重要。刚刚历经甲午战败刺激的清政府，虽然明知兴办芦汉铁路之利，也有承办之心，但因国家财政掣肘而无力实施，不得不转而求助于西方强国。但是，正如同对中国政治的每次干预一样，在对待芦汉铁路的问题上，各国的取径做法大相径庭，甚至同一国的态度也前后迥异。本文拟对芦汉铁路借款谈判过程及相关问题略作探讨。

一　花落比国：数害相权取其轻

"铁路是资本主义工业的最主要的部门即煤炭工业和钢铁工业的结果，是世界贸易和资产阶级民主文明发展的结果和最显著的标志。"② 到 19 世

---

① （清）盛宣怀：《愚斋存稿》卷三〇《寄总署夔帅香帅》（光绪二十四年正月二十二日），沈云龙主编《近代中国史料丛刊续编》第 13 辑第 123 册，台北：文海出版社，1975 年影印本，第 737 页。

② 〔俄〕列宁：《帝国主义是资本主义的最高阶段》，中共中央马克思恩格斯列宁斯大林著作编译局编译《列宁全集》第 27 卷，人民出版社，1990，第 326 页。

纪末，铁路已经成为列强资本输出、殖民掠夺的重要手段。虽然芦汉铁路①自光绪十五年（1889）张之洞奏请兴办，到光绪二十一年（1895）重新得到企图"蠲除痼习，力行实政"②的清政府的真正重视，其间历经数年，屡有变动，但西方列强对这条"南北东西皆处适中，便于通引分布，实为诸路纲领"③的芦汉铁路的觊觎之心始终未变。刘坤一对芦汉铁路的评价"南北干路为绾毂，大利在焉，西人深知其故，垂涎有年"④，可谓一语中的。

在清政府的构想中，芦汉铁路本由商人承办，如果各省富商"能集股至千万两以上者，著准其设立公司，实力兴筑"⑤。但甲午战后的满目疮痍使清政府的这一蓝图流于空想，不得不转而"暂借洋债"。⑥ 这一风声始出，"那些天天挤在他（指督办铁路大臣盛宣怀——笔者注）门口的英、美、德辛迪加代表们"⑦ 不下数十人，表现最为积极的当属英国。自鸦片战争以来，英国一直是侵略中国的急先锋。面对修筑芦汉铁路这一巨大的诱惑，当然不甘落于人后。因为在中国投资铁路建设，不仅"可以立获巨额的利润，更可以突破深入中国内地的障碍，取得难以数计的利益"，而且可以"给英国工业和航运业带来极大的繁荣"⑧。英人威理逊首先向总理衙门递交《中国修造铁路节略》，建议设立公司协助中国修建铁路干线。这些干线不仅包括贯通南北的芦汉、粤汉铁路，还有横贯东西的铁路干线。路成之后，中国可以原价并加息五厘购回。⑨ 英国这一赤裸裸的霸占

---

① 光绪三十二年三月初八日（1906年4月1日）芦汉铁路全线通车，改称京汉铁路。文中部分译著引文为"京汉铁路"，为尊重原文，予以保留，不再说明。

② 《清实录》第56册，中华书局，1985年影印本，第838页。

③ （清）张之洞：《吁请修备储才折》（光绪二十一年闰五月二十七日），赵德馨主编《张之洞全集》第3册，武汉出版社，2008，第258页。

④ （清）刘坤一：《请设铁路公司借款开办折》（光绪二十一年六月二十一日），中国科学院历史研究所第三所编《中国近代史资料丛书·刘坤一遗集》第2册，中华书局，1959，第883页。

⑤ 《清实录》第56册，第944页。

⑥ （清）张之洞：《芦汉铁路商办难成另筹办法折》（光绪二十二年七月二十五日），赵德馨主编《张之洞全集》第3册，第389页。

⑦ 〔法〕A. 施阿兰：《使华记（1893—1897）》，袁传璋、郑永慧译，商务印书馆，1989，第137页。

⑧ 宓汝成：《帝国主义与中国铁路（1847—1949）》，上海人民出版社，1980，第43页。

⑨ 《英人威理逊向总署面递〈中国修造铁路节略〉》（光绪二十九年九月初九日收），宓汝成编中国近代铁路史资料（1863—1911）》第1册，中华书局，1963，第279～280页。

计划，无疑戳中了清政府的痛处。清政府之所以迟迟不修建铁路，很重要的原因即在于防止路权被列强掌控，因铁路之权，"我握之可以制人，人握之亦恐以制我"①。因此，总理衙门以中国铁路应由中国自行承办婉拒这一提议。

英国并未就此放弃。在光绪二十三年（1897）盛宣怀与美国、比利时的谈判陷入僵局时，中英公司代表恭佩珥又向铁路总公司督办盛宣怀提出承办芦汉铁路借款，由国家担保，以芦汉铁路为抵押，但提出中国以后修筑芦汉铁路支线，英国有优先权。对英国送来的橄榄枝，盛宣怀认为"所议各款并无要挟，美商及各行俱做不到，机不可失"②。但是，张之洞对此却极不同意，"兼造粤汉"更突破了张之洞的底线。在张之洞看来，虽然英国"此时草约尚无干预词句，然款巨年久，以英之强，随时借端生波，渐图干预，谁能遏之。惟此路与英无干，则此祸可绝"③。的确，一旦芦汉铁路与粤汉铁路皆由英国修筑，从香港至北京无疑都将处于英国的控制之下，这是张之洞自奏请修筑芦汉铁路之初就一直极力避免的。

美国自认为对中国的态度一直很友好，"为中国谋致和平的是美国国务院，而我们政府却不曾因效劳中国而要求过任何直接或间接的酬报"④。美国驻华公使田贝认为，美国应该成为中国首先考虑的合作伙伴，因此亲自致函总理衙门，推荐美国东方修造公司的代表柏许。柏许也向总理衙门呈递《铁路节略》，提出发行债票为修筑铁路筹款，赢利由中美对分。与英国的咄咄逼人不同，美国在谈判中比较重视打"温情牌"，似乎都是从中国的角度考虑问题。如在筹办铁路的人选上，美国提出"将极为可靠、大有智能、最为著名之熟手、办事公正者，延之办理。而所尤要者，则必须所延之人，只一心为中国办事，不与何国有所联络也"⑤。盛宣怀对美国

---

① 刘锦藻撰《清朝续文献通考》第4册，浙江古籍出版社，2000年影印本，考一一〇五七。

② （清）盛宣怀：《愚斋存稿》卷二十六《寄京总署津夔帅》（光绪二十三年正月十二日），沈云龙主编《近代中国史料丛刊续编》第13辑第123册，第662页。

③ （清）张之洞：《致天津王制台》（光绪二十三年三月十七日），赵德馨主编《张之洞全集》第9册，武汉出版社，2008，第213页。

④ 《美国驻华公使田贝致美国国务卿奥尔奈函》（1897年1月10日自北京发，2月26日收），宓汝成编《中国近代铁路史资料》第1册，第275页。

⑤ 《美国公使田贝致总署函又函》（光绪二十一年七月十五日收），宓汝成编《中国近代铁路史资料》第1册，第274页。

比较有好感，之前就曾提出以路作保，向美国借款。经过初步协商，盛宣怀与自称同为美华合兴公司代表的柏许达成草议："借款则给息，造路则给薪水，购料则给行用。"① 但是，事隔月余，美华合兴公司的正式代表华士宾与盛宣怀谈判，借口柏许并没有得到公司的正式授权，草议无效，将前议一下子推翻，提出"中美国同售股票，包利之外公分余利"，不久又提出由美方"借款包造工程"②，这完全否定了盛宣怀与柏许商议的初衷，引起盛宣怀的不满，认为美国意在包揽一切，图谋利益过大。加之张之洞也不期望由美国承办芦汉铁路，盛宣怀不得不放弃与美国的继续谈判。

德国驻华公使巴兰德和天津税务司德璀琳很热衷芦汉铁路事务。光绪二十一年（1895）年底，巴兰德与总理衙门数次洽谈铁路事宜。德璀琳则专程"为了提出修筑铁路计划和谈判借款问题而回到中国"③，提出由英法德三国银行共同借款 1 亿两，用三国工程师，以路权归债，债清收回路权。德璀琳认为，这一计划会"使中国政府产生一个德国正在支持它的印象"④。但是，在总理衙门看来，德国的提议"狂妄到如此地步而并无任何理由"⑤，断然予以拒绝。总理衙门的断然拒绝其实和督办铁路大臣盛宣怀有关。德璀琳在提出这一建议的同时，提醒总理衙门防范盛宣怀的权势，轮船、铁路、电报等事业几乎"样样事情都已由他经管"⑥，权势过大。俄国驻北京代办巴夫洛夫对德国的这一"友情提醒"看得极为明白，在"铁路企业实际上全部操在现在的总办盛氏手中时"，德国要为其"在中国的

---

① （清）盛宣怀：《愚斋存稿》卷二五《寄总署》（光绪二十二年十二月初六日），沈云龙主编《近代中国史料丛刊续编》第 13 辑第 122 册，台北：文海出版社，1975 年影印本，第 646 页。

② （清）盛宣怀：《愚斋存稿》卷二五《寄李傅相》（光绪二十二年十一月二十七日），沈云龙主编《近代中国史料丛刊续编》第 13 辑第 122 册，第 644 页。

③ 《德璀琳论盛宣怀和比利时借款》，《北华捷报》（1897 年 9 月 10 日），宓汝成编《中国近代铁路史资料》第 1 册，第 266 页。

④ 《海军司令克诺尔的记录》，孙瑞芹译《德国外交文件有关中国交涉史料选译》第 1 卷，商务印书馆，1960，第 119 页。

⑤ 《驻北京代办巴夫洛夫致外交大臣穆拉维夫急件（一八九七年三月十八日第八号）》，张蓉初译《红档杂志有关中国交涉史料选译》（内部读物），生活·读书·新知三联书店，1957，第 82 页。

⑥ 〔美〕马士：《中华帝国对外关系史》第 3 卷，张汇文等译，上海书店出版社，2000，第 93 页。

势力获得有利的结果是非常困难的"①。

比利时是芦汉铁路借款中杀出的一匹黑马。光绪二十一年,比利时驻华公使陆弥业多次照会总理衙门,推荐比利时营造官德海斯,建议在中国修建适合中国地质地貌的窄轨铁路以节省经费。与此同时,陆弥业还推荐清政府使用比利时的铁路器材,认为自己国家的铁路材料,"坚硬价廉,此为天下皆知,更望贵国用本国铁料,其利益良多"②。诸如此类,不一而足。

值得注意的是,在芦汉铁路借款问题中,很少见到来自法国与俄国的正面建议,但这并不意味着法国与俄国的缺席。法国与俄国联手参与对中国铁路权的争夺在"三国干涉还辽"之后的俄法借款中已经展露。在芦汉铁路借款问题上,法国与俄国则颇有默契地位居幕后,以声势和财力支持利益的代表者比利时。

对于以上诸国的提议与建议,与芦汉铁路关系密切相关的总理衙门大臣李鸿章、铁路总公司督办盛宣怀、湖广总督张之洞、直隶总督王文韶等人的意见也不尽一致,选择倾向随各国的具体建议也屡有变化。但万变不离其宗的是:"借款之举,路权第一,利息次之。"③ 在反复比较、磋商与讨论中,比利时成为清政府选定的芦汉铁路承办方。

二　得寸进尺:状况屡出的中比借款谈判

在诸多列强的虎视眈眈下,芦汉铁路的承办权最终为比利时所得。这个独立于清朝道光十一年(1831)直到道光十九年(1839)方为欧洲五大国承认的比利时,为何能够突破大国重围,攫取芦汉铁路承办权?在比利时方面,这主要得益于国王利奥波德二世不失时机的努力。利奥波德二世是比利时独立后的第二任国王,同治四年(1865)春曾以王储身份访问上

---

① 张蓉初译《红档杂志有关中国交涉史料选译》(内部读物),第79页。
② 《比国公使陆弥业致总署照会》(光绪二十一年七月初三日收),宓汝成编《中国近代铁路史资料》第1册,第285页。
③ (清)张之洞:《致天津王制台》(光绪二十三年三月十七日),赵德馨主编《张之洞全集》第9册,第213页。

海和广东，认为中国之行充满"激动人心的回忆"①，对欧美各国在中国的"既得利益"尤为向往。在中国的斌椿使团和薛福成使团出使比利时时，利奥波德二世就充分表现出对渗透中国经济的浓厚兴趣："比国虽小，商民等无不竭力经营，力图上进；交邻有道，从无失和之事。中国将来如有所需精细之工、便捷之器，人情和顺、价值公平。"②"如中国有采办军械事件，深愿效劳。"③ 但是，由于缺少契机，国力又无法与英法等国匹敌，利奥波德二世不得不将目光转向非洲，推行"中非计划"。

比利时欲投资中国的计划在李鸿章光绪二十二年（1896）出访欧洲时有了转机。在李鸿章到达比利时的第二天，利奥波德二世即与李鸿章会晤，提出筹划已久的四大计划："建立安特卫普和中国的海上贸易；在中国北方建立钢铁公司；中国派驻布鲁塞尔领事；京汉铁路建筑权。"④ 对前三点计划，李鸿章不感兴趣，唯对比利时愿意修筑芦汉铁路的建议有所留心。时芦汉铁路之议已重新提上日程，列强环视，清政府内部正寻求一决策平衡点以达到"借外债"与"保路权"并举的双重目的。李鸿章考虑将比利时列为芦汉铁路的竞标者，主要有两点原因：其一，比利时为欧洲小国，不至于像其他列强一样构成对中国的威胁；其二，李鸿章参观比利时后，对比利时的军用工业十分满意，"赞叹不绝口"⑤。

李鸿章将比利时作为芦汉铁路理想承办者的看法与张之洞不谋而合。在张之洞看来，芦汉铁路如果由"英法诸大国商人包办，恐获利以后收回或费唇舌。惟小国、远国商人，则无此虑"⑥。比利时"系小国，既无图占中国铁路之心，又无兵力"⑦，这也是深遭欧美强国欺凌的清政府同意比利

---

① 〔法〕约瑟夫·马纪樵：《中国铁路：金融和外交（1860—1914）》，许峻峰译，中国铁道出版社，2009，第71页。

② （清）志刚：《初使泰西记》，湖南人民出版社，1981，第109页。

③ （清）薛福成：《出使四国日记》，湖南人民出版社，1981，第81页。

④ 林春花：《利奥波德二世（1865—1909）与中比关系之研究》，硕士学位论文，福建师范大学，2005，第22页。

⑤ （清）蔡尔康、〔美〕林乐知编译：《李鸿章历聘欧美记》，湖南人民出版社，1982，第79页。

⑥ （清）张之洞：《吁请修备储才折》（光绪二十一年闰五月二十七日），赵德馨主编《张之洞全集》第3册，第258页。

⑦ （清）张之洞：《建路借洋债国家但有作保之说决非代还致总署》（光绪二十三年四月初三日），赵德馨主编《张之洞全集》第4册，武汉出版社，2008，第458页。

时承办芦汉铁路的重要原因。然而事实证明，与比利时这一小国的商谈，曲折程度丝毫不比与欧美强国少。在芦汉铁路借款谈判中，比利时的步步紧逼可见表1。

表1　比利时在中比芦汉铁路借款谈判中的要求

时间	比方要求	阶段性结果
光绪二十三年（1897）二月	①息五厘五毫 ②同意中方条件：以路抵押、先银后路、无扣、物料由各国投标	美方出局
光绪二十三年（1897）三月	①国家作保 ②息五厘、不折不扣 ③使用比匠和比货	中比签订《芦汉铁路借款合同》
光绪二十三年（1897）六月	①利息太低 ②行佣五毫	中比签订《芦汉铁路借款续增合同》
光绪二十三年（1897）十月	①债票由国家具名 ②还款由国家出面 ③借款陆续交付	中方予以迁就
光绪二十四年（1898）二月	①暂借140万英镑②款项由华俄道胜银行分批拨给 ③花红六毫④行车事务由比代理	中方有改借美款想法，以资抵制
光绪二十四年（1898）三月	①中方出五厘债票450万英镑②比方五厘九扣债票140万英镑③行车权代办30年④票式照前上谕批准⑤意见不合由法国调停	中方致函罢议，保留要求赔偿权
光绪二十四年（1898）五月	①续约30条 ②行车代管章程8条	中比签订《芦汉铁路比国借款续订详细合同》和《芦汉铁路行车合同》

资料来源：《张之洞全集》《愚斋存稿》《中国铁路借款合同全集》。

凡涉及国与国之间的利益谈判，其过程本非一蹴而就，艰辛也可想而知，尤其是甲午战争以来，欧美各国"尽窥中国虚实，更将肆意要挟"[1]，清政府对此也有心理准备，但比利时的出尔反尔却依然出乎意料。原本认为比利时"仅于购料、雇工斤斤较量，别无他志"[2] 的看法一再被刷新，其屡定屡变，屡变屡过分的要求数次突破了总理衙门以及张之洞、盛宣怀等人的底线，谈判也曾因此中断。张之洞对此愤懑难平却又无可奈何："比国反复可恶，愤闷之至！但比约虽毁，他国利息必与比同，而揽权过

---

[1] （清）张之洞：《吁请修备储才折》（光绪二十一年闰五月二十七日），赵德馨主编《张之洞全集》第3册，第256页。

[2] （清）张之洞：《为筹办芦汉铁路情形并议借比国洋款折》（光绪二十三年四月二十四日），赵德馨主编《张之洞全集》第3册，第425页。

之。惟比款止敷一半亦不济事，似须与比约仍照合同全数而酌加利益。"①
因此，清政府不得不一再对比利时退让，最终与之签订《芦汉铁路比国借款续订详细合同》与《芦汉铁路行车合同》。这表明在芦汉铁路问题上，比利时取得了"无可否认的胜利"。②

　　比利时之所以获得芦汉铁路的"胜利"，有主客观两方面的原因。从主观方面来看，比利时虽为欧洲小国，但其野心不小，对芦汉铁路利权的步步攫取深得欧美各强国的掠夺精髓。在谈判起初，比利时提出的条件无论是在利息还是在利权方面都较其他国家为优，因为其深知要获得与清政府谈判的优势地位，"最好的策略是在某种限度内先在合同上签字，然后再谈条件"③。比利时的"钓鱼技术"的确非常成功。在第一轮谈判中，比利时以相对宽松的条件和随和的态度给盛宣怀等人留下了"合同权利最轻，初谓其小国无碍交涉"④的印象，美国因此出局。在以后数次谈判中，比利时驻汉口领事法兰吉反复给张之洞、盛宣怀传递这样的信息："铁路借款极愿助力。比系小国，不干预他事，较诸大国为胜。"⑤比利时国王利奥波德二世也致电李鸿章："卢（芦）汉铁路于中比两国所关甚大，且深知中堂亦深愿此事之成。"⑥但渐渐地，随着比利时的每一次加码，其"索全权过于英、美"⑦。但是，由于充分利用清朝官员"数害相权取其轻"的心理，比利时依旧最大限度地为本国谋得了利益。

　　从客观方面来看，比利时的这一行径得到法国与俄国的支持。在芦汉铁路借款问题上，法俄两国政府利用比利时作掩护，在实际上获得铁路的

---

① （清）张之洞：《香帅来电》（光绪二十四年二月十一日），（清）盛宣怀《愚斋存稿》卷三一，沈云龙主编《近代中国史料丛刊续编》第13辑第123册，第750页。

② 〔法〕A．施阿兰：《使华记（1893—1897）》，袁传璋、郑永慧译，第140页。

③ 〔英〕肯德：《中国铁路发展史》，李抱宏等译，生活·读书·新知三联书店，1958，第94页。

④ （清）盛宣怀：《愚斋存稿》卷三一《寄总署夔帅香帅》（光绪二十四年闰三月十二日），沈云龙主编《近代中国史料丛刊续编》第13辑第123册，第761页。

⑤ （清）张之洞：《致上海盛京堂》（光绪二十三年二月十六日），赵德馨主编《张之洞全集》第9册，第196页。

⑥ 《附：比利时君主自蒲勒塞拉斯来电》（光绪二十四年四月初四日），顾廷龙、戴逸主编《李鸿章全集》第26册，安徽教育出版社，2008，第434页。

⑦ （清）盛宣怀：《愚斋存稿》卷三二《寄李中堂》（光绪二十四年四月十六日），沈云龙主编《近代中国史料丛刊续编》第13辑第123册，第770页。

控制权,"法国通过它的公使充当仲裁者的角色,俄国则通过华俄道胜银行"①。法国的"仲裁者角色"指的是《芦汉铁路比国借款续订详细合同》第二十六款中所说的"第三位公证人"②。其实,法国要求的不仅仅如此。早在建议修筑芦汉铁路时,法国就曾要求清政府购买法国物料,但遭到拒绝。在中比谈判芦汉铁路借款的同时,法国和比利时政府正努力创造条件以促进两国银行家合力承办铁路投资,时任法国驻华公使的施阿兰也为此积极奔走。对于隐身于比利时之后的法国,清政府也有了解。户部左侍郎张荫恒就说:"比无钱,必有法国在内。"③ 张之洞其实也明了,但又自我安慰:"外部、公使出面,方与其国家有干涉,若我仅与比领事、比外部定议,重言申明此约并无他国在内,法国岂能干预?即附有法股,乃法商,非法国也。"④ 张之洞的想法无疑有些自欺欺人。随着中比谈判的一度中断,法国对芦汉铁路借款的干涉就提到明面上了。接替施阿兰出任法国公使的吕班公然向总理衙门声称,比股多系法款,中国国债利息高,局势不稳定,将会影响比国债票的出售,必须加息。比利时也公开呼应:"时局变迁,若无大国保护,恐路为人夺;比款无著,非借重法国不可。"⑤

与法国公使的公然叫嚣相比,俄国相对显得低调。自鸦片战争以来半个多世纪的风雨中,在侵略中国的每次行动中,俄国似乎总是那么不显山不露水。它一方面扮演中立者或者同情者的角色,自认为中俄交往以来,"除了发生过两次严重的误会之外,始终保持着良好的睦邻关系"⑥;而清政府也"似乎一心要俄国的金枷锁套在自己头上"⑦,对俄国的信任不减。

① 〔英〕菲利浦·约瑟夫:《列强对华外交(1894—1900):对华政治经济关系的研究》,胡滨译,商务印书馆,1959,第353页。

② 《芦汉铁路比国借款续订详细合同》(一八九八年六月二十六日,光绪二十四年五月初八日),王铁崖编《中外旧约章汇编》第1册,生活·读书·新知三联书店,1957,第778页。

③ (清)盛宣怀:《愚斋存稿》卷二六《寄京总署津爕帅》(光绪二十三年三月十三日),沈云龙主编《近代中国史料丛刊续编》第13辑第123册,第662页。

④ (清)张之洞:《致天津王制台》(光绪二十三年三月十七日),赵德馨主编《张之洞全集》第9册,第213页。

⑤ (清)盛宣怀:《愚斋存稿》卷三一《寄总署爕帅香帅》(光绪二十四年闰三月十二日),沈云龙主编《近代中国史料丛刊续编》第13辑第123册,第761页。

⑥ 〔俄〕维特伯爵:《维特伯爵回忆录》,肖洋、柳思思译,中国法制出版社,2011,第60页。

⑦ 中国第二历史档案馆、中国社会科学院近代史研究所合编《中国海关密档:赫德、金登干函电汇编(1874—1907)》第6卷,邹震、吕德本译,中华书局,1995,第304页。

但在另一方面，俄国在侵占中国利权方面又毫不手软，所得到的利益尤其是在对中国领土的鲸吞蚕食方面遥遥领先"急先锋"英国。在侵占中国主权方面，俄国人认为英国一直对其带着恶意及妒忌，因此对通过英国传统势力范围长江流域的芦汉铁路就坚定地站在比利时的背后，使用的法宝就是"华俄道胜银行"。华俄道胜银行"不仅有权经营普通银行业务，而且经中国政府同意，享有办理征税、铸币以及获得修筑铁路、电报的特权"①。该银行的董事长是俄国沙皇的私人顾问乌赫托姆斯基亲王，"目的就是执行所谓'铁路征服'政策"②，芦汉铁路的借款存付就是由其负责的。虽然俄国试图对此掩饰，认为"铁路一切之事，俄国国家毫无利益关涉，概不与闻"，但"最危险的敌人"英国公使窦讷乐对此毫不留情地反驳："道胜银行之款，与俄商揽办无异。"③ 实际上，华俄道胜银行不仅仅是俄国设立的股份有限公司，"在它的创办人当中有四家巴黎的主要银行和许多法国金融界的领袖人物"④。因此，号称"小国"的比利时有足够的勇气与底气和清政府谈判。比利时所取得的胜利，其实也是法国和俄国"两国外交的显著成功"⑤。

三　失之东隅收之桑榆：利益驱使下的诸国角逐与博弈

芦汉铁路借款谈判成功后，法国公使施阿兰说："法国在中国的铁路问题上，同它的盟国俄罗斯，以及它的合伙者比利时，确实占有了真正的优势。这个具有决定意义的第一次战役，对我们来说是一个无可否认的胜利。"⑥ 虽然借款谈判的过程历经反复，但比利时、法国与俄国毕竟成为芦

---

① 《路政汇抄》卷一《英俄之间的矛盾》，宓汝成编《中国近代铁路史资料》第 1 册，第216 页。

② 〔美〕马士：《中华帝国对外关系史》第 3 卷，张汇文等译，第 91 页。

③ 《总署奏遵旨复陈盛宣怀督办芦汉铁路借定比款折》，王彦威、王亮编《清季外交史料》，沈云龙主编《近代中国史料丛刊三编》第 2 辑第 15 册，台北：文海出版社，1985 年影印本，第 2307～2308 页。

④ 〔美〕马士、宓亨利：《远东国际关系史》，姚曾廙等译，上海书店出版社，1998，第 396 页。

⑤ 《法俄与芦汉铁路》，〔英〕菲利浦·约瑟夫：《列强对华外交》，胡滨译，宓汝成编《中国近代铁路史资料》第 1 册，第 308 页。

⑥ 〔法〕A. 施阿兰：《使华记（1893—1897）》，袁传璋、郑永慧译，第 140 页。

汉铁路争夺战中的优胜方。对三国所获得的这块巨大蛋糕，与之一起竞争的英、美、德等国因各自的借款要求被清政府拒纳，"全体联合一致反对"①，"俱至公司（铁路总公司——笔者注）诘问，其猜忌之心，行于言表"②。这些"行"和"言"，或是直接施加压力于总理衙门和铁路总公司，或是据此要挟以获得新的铁路借款，或是以更优惠的条件诱惑清政府，其中无疑以资深侵略者自居的英国最典型。

英国向来视长江流域为传统的势力范围。法俄联盟支持芦汉铁路归比利时承办，在英国看来，"形势看上去已坏到无以复加的地步，……法俄两国正一把连一把地用力拉紧绳索"③，"侵犯"英国在长江流域的利益。这无疑是对半个多世纪以来英国在中国构建的霸权地位的挑战，很难容忍。面对法俄的强势，英国却避其锋芒，将"泄恨"的矛头对准中国。外交大臣沙士伯雷强硬抗议，如果长江流域"要对这些或其他强国特别开放或赋予特权，则英国政府不能再在有利于中国的事务中继续抱着友好的态度进行合作"④。换言之，他认为之前在中国的事务中，英国一直都抱着"友好的态度"。其实，这种"友好"就是在列强争夺战中无条件地牺牲中国以满足自身的利益。不久，英国驻中国公使窦讷乐又亲至总理衙门，"对该合同的批准提出强硬抗议"⑤。但很明显的是，窦讷乐并不需要总理衙门的解释，而是先声夺人，为后一步行动打下基础。

英国早知清政府排斥英国为芦汉铁路的借款方，也得知其属意比利时，但一直未放弃说服清政府的努力。长久以来的经验证明，羸弱而缺乏自保能力的政府终将屈服于武力，只是时间早晚的问题。在中比谈判陷入泥淖时，"伦敦电称，比款将罢论，芦汉可令英公司接办"⑥。当芦汉铁路

---

① 〔美〕马士：《中华帝国对外关系史》第3卷，张汇文等译，第95页。

② （清）张之洞：《为筹办芦汉铁路情形并议借比国洋款折》（光绪二十三年四月二十四日），赵德馨主编《张之洞全集》第3册，第425页。

③ 中国第二历史档案馆、中国社会科学院近代史研究所合编《中国海关密档：赫德、金登干函电汇编（1874—1907）》第6卷，邹震、吕德本译，第366~367页。

④ 《沙士伯雷致窦讷乐电》（1898年6月9日），宓汝成编《中国近代铁路史资料》第1册，第309页。

⑤ 〔英〕肯德：《中国铁路发展史》，李抱宏译，第96页。

⑥ （清）李鸿章：《复盛京堂》（光绪二十四年二月初六日），顾廷龙、戴逸主编《李鸿章全集》第26册，第420页。

承办再无指望时，窦讷乐又根据沙士伯雷的指示，呈给总理衙门一份"补偿"协议，要求承办天津至镇江，河南、山西两省至长江，九龙至广州，浦口至信阳以及由苏州至杭州五条铁路。这五条铁路不仅有助于巩固英国在长江流域的地位，将势力延伸至山西、河南等省，扩展在华南地区的利益，而且有助于英国通过此五条铁路"完成开放全中国进行贸易的商界纲领，同时可用它来防御欧洲大陆列强的竞争和先取图谋"①。这些线路的获得无疑增强了英国气势，难怪沙士伯雷志满意得地说："当我们认为需要这样做的时候，我毫不怀疑我们能够伸入外国的领土。"②

在英国军舰不失时机地游弋中，清政府即便有异议也不敢表达。但是，对英国所提出的补偿条件之一的津镇铁路的修筑引起了德国的不满。芦汉铁路与德国已有的势力范围不相冲突。在芦汉铁路的争夺中，德国似乎扮演的是"暂时参与"的角色。③ 如果说德国与比利时承办芦汉铁路存在矛盾的话，那就是不能同分一杯羹的懊恼与遗憾。德国人曾说："我们没有必要妒忌别国获得让与权。德国在东方像在其他地方一样，将冷静地、坚决地、和平地实行她的方针。"④ 因此，与英国的气急败坏相比，德璀琳对总理衙门所施的压力相对有限，更多的是言语上的威胁和置身事外的幸灾乐祸：

> 关于铁路事宜，他告诫总理衙门应特别提防比利时；在筹措铁路的建筑费用方面，法国在俄国的帮助下，会是一个能手；它们的目标是要达到帝国的心脏（汉口），法国从南面来，俄国从北面来。⑤

对由法俄掌控的铁路财政权也抱着一丝讽刺的态度，认为由法俄两国管理铁路借款，正如同用"狼"来"赶羊"一样，注定有去无回。其实毫无疑问的是，德国也有"赶羊"之心。德国皇帝威廉二世在光绪二十三年（1897）欢送海军上将普鲁士亲王亨利克前往中国的宴会上说：

---

① 〔英〕伯尔考维茨：《中国通与英国外交部》，江载华、陈衍译，商务印书馆，1959，第267页。

② 〔英〕伯尔考维茨：《中国通与英国外交部》，江载华、陈衍译，第249页。

③ 〔法〕约瑟夫·马纪樵：《中国铁路：金融和外交（1860—1914）》，许峻峰译，第108页。

④ 〔英〕肯德：《中国铁路发展史》，李抱宏译，第138页。

⑤ 〔美〕马士：《中华帝国对外关系史》第3卷，张汇文等译，第93页。

德国大使已将绘有德国鹰徽的盾牌牢固地树立在中国土地之上，以便一劳永逸地给予一切请求保护的人以保护。……倘若有任何人竟想破坏我们的正当权利，或者损害我们，那就立刻起来用你们的铁拳去对付他。①

因此，当得知英国修筑的津镇铁路要经过其势力范围山东省时，德国严重抗议："不允有他线经过山东，谓山东造路之权，为德人所专有，无论何人，不能在山东另造铁路。"② 德国驻华公使海靖数次照会清政府，提出津镇铁路由德商承办，"如果不允，中德交谊就此中止"③。不仅如此，海靖也同时向总理衙门提出六条要求，其中就有要求在山东修筑铁路的规定。也就是说，后来居上的德国在英国的启发下也试图通过掠夺新的铁路利权，以挽回在芦汉铁路谈判中的滑铁卢。

芦汉铁路谈判中心理落差最大的也许是美国。美国本已经"有强有力的根据期待着美国辛迪加与盛道台签订合同，而这项合同将可全盘控制中国的发展"④。这个合同就是盛宣怀与美华合兴公司签订的草约。签约后该公司已经派工程师李治着手勘查铁路路线，同时准备了相当数量的器材运往中国。但是，这一似乎板上钉钉的事情，因美华合兴公司正式代表的过分要求而泡汤。美国驻华公使田贝对此抱怨说：

开发中国事务应交托给美国人士，因为美国没有也不可能有向亚洲扩张领土的计划。现在若拒绝与美国人订立长远合同，我国人民可能因此发生恶感，以致不能像过去一样对中国友善。⑤

---

① 〔美〕马士、宓亨利：《远东国际关系史》，姚曾廙等译，第406页。
② （清）容闳：《容闳回忆录：我在中国和美国的生活》，徐凤石等译，东方出版社，2012，第104页。
③ 《总署来电》（光绪二十四年九月十二日），（清）盛宣怀：《愚斋存稿》卷三三，沈云龙主编《近代中国史料丛刊续编》第13辑第123册，第790页。
④ 《田贝致奥尔奈函》（1897年2月15日于北京），宓汝成编《中国近代铁路史资料》第1册，第278页。
⑤ 《美国驻华公使田贝致美国国务卿奥尔奈函》（1897年1月10日自北京发，2月26日收），宓汝成编《中国近代铁路史资料》第1册，第275页。

果不其然，在与清政府的谈判无力回天后，美国"总领事来鄂密商，如愿照比约，须求商办他路，其意注粤汉，窃想津榆"①。在美国的压力下，在芦汉铁路正式签约前两个月，粤汉铁路的修筑权为美国所得。这段时间也恰逢清政府遭遇与比利时的谈判瓶颈，盛宣怀一度觉得"比公司议多反复，宜即废约就美"②。因此，在与美国签订《粤汉铁路借款合同》附件中就留有这样的余地："盛大臣与比国公司订立建造芦汉铁路借款合同。兹议定，该合同如已作废，督办大臣当准美华合兴公司建造。"③ 而这一说明，无疑也是促进比利时重回谈判桌并最终与清政府签订芦汉铁路借款条约的重要催化剂。

四 结语：多米诺骨牌效应

在这个"以铁路特许为手段以达到统治中国的争夺战中"④，比利时依靠俄国和法国的支持，取得了这场战役的重要胜利。但是，单纯从经济角度而言，芦汉铁路"中间既无枝路，亦无大热闹处，全靠南北两头来往生意"⑤。在可预见期内，前景似乎不太乐观。因此，芦汉铁路的"建设工程的推行与其说是受到商业动机的激发倒不如说是受到外国政治事务的推进"⑥。对比利时来说，这种"政治事务"是其由中非转向东亚，侵占中国利权的一次成功着陆；对法国来说，是试图囊括华南地区铁路权的一种尝试；对俄国而言，是为征服中国、独揽亚洲及太平洋霸权的战略行动中的

---

① （清）盛宣怀：《愚斋存稿》卷二七《寄李傅相》（光绪二十三年四月二十七日），沈云龙主编《近代中国史料丛刊续编》第 13 辑第 123 册，第 673 页。

② （清）盛宣怀：《愚斋存稿》卷三一《寄李相翁相张侍郎王夔帅张香帅》（光绪二十四年闰三月初九日），沈云龙主编《近代中国史料丛刊续编》第 13 辑第 123 册，第 759～760 页。

③ 《粤汉铁路借款合同·附件一》（光绪二十四年三月二十日，一八九八年四月十四日），王铁崖编《中外旧约章汇编》第 1 册，第 749 页。

④ 〔英〕伯尔考维茨：《中国通与英国外交部》，江载华、陈衍译，第 284 页。

⑤ （清）盛宣怀：《愚斋存稿》卷三〇《寄夔帅香帅》（光绪二十四年正月二十九日），沈云龙主编《近代中国史料丛刊续编》第 13 辑第 123 册，第 741 页。

⑥ 〔美〕柏生士：《西山落日：一位美国工程师在晚清帝国勘测铁路见闻录》，余静娴译，国家图书馆出版社，2011，第 178 页。

一步。但是对中国来说，芦汉铁路借款则是近代中国大规模借债修路的滥觞，"开正式借债兴业交涉之端绪"①。

的确，这个"没有费一枪一弹并且没有任何不必要的吵闹或骚扰"的"胜利"② 在让列强羡慕的同时，也成为此后与中国铁路借款谈判的重要模仿对象。这种模仿性一方面表现为形式的模仿。中比签订芦汉铁路借款合同前夕，盛宣怀、伍廷芳与美国洽谈粤汉铁路借款，以芦汉铁路借款合同为底本。次年，津镇铁路向英德借款，即是"酌照芦汉铁路合同办理"③。光绪二十八年（1902），正太铁路的修筑也是"按照芦汉铁路办法与华俄银行另订详细合同"④。同样由比利时承办的芦汉铁路支路卞洛铁路当然也不例外。另一方面表现为"利益均沾"。在与法、俄、比联盟竞争中失利的英、德、美三国，不约而同将虎视眈眈的目光投向了其他铁路，如上文提及的津镇、广九、粤汉等铁路，以获得利益与心理的双重"补偿"。法国历史学家约瑟夫·马纪樵评价道："一个国家从中国攫取的地域或经济利益必然导致另一个国家要求'利益均沾'（相等或更高的利益），从而提出新要求，这一切由于政治或金融联盟的存在而变得更为复杂。"⑤ 这种复杂——由芦汉铁路借款而引起的多米诺骨牌效应，对依然未从根深蒂固的自大感和优越感中脱离，而单方面认为国小流弊少的清政府来说，无疑是一种极为可笑而惨痛的讽刺。

本文与吕霞合作，系"铁路与近代中国社会变迁——第三届
中国近代交通社会史国际学术研讨会"论文，原载
《历史教学》2016 年第 12 期。

---

① 梁启超：《外资输入问题》，《饮冰室合集·文集之十六》第 2 册，中华书局，1989 年影印本，第 72 页。

② 〔英〕菲利浦·约瑟夫：《列强对华外交（1894—1900）》，胡滨译，第 353 页。

③ 《许景澄张翼奏修造津镇铁路仍照总署原奏办理片》，王彦威、王亮编《清季外交史料》，沈云龙主编《近代中国史料丛刊三编》第 2 辑第 15 册，第 2364 页。

④ （清）朱寿朋编《光绪朝东华录》第 5 册，中华书局，1958，第 4934 页。

⑤ 〔法〕约瑟夫·马纪樵：《中国铁路：金融与外交（1860—1914）》，许峻峰译，第 116 页。

袁树勋与宣统年间粤商"承盐加饷"方案

盐政关系国计民生。作为国家财政体系重要组成部分的盐政，在中国传统社会中一直起着稳定经济、安定社会的关键作用。但是，利之所至，弊亦随之，与盐政相伴而生的盐政弊端一直未能解决。就作为产盐区之一的广东而言，如何根除或减少盐政弊端也是"在其位谋其政"的官员为之思考的主要问题。为了保证政府的财政收入，清代广东的地方官员出台过许多盐政改革方案，但却未能收到实效。① 宣统元年末，署两广总督袁树勋也因时就势，搭上盐政改革的末班车，提出整顿广东盐务，这就是新商"承盐加饷"方案。袁树勋的这一方案引起了上至中央盐政处、下至地方官绅的强烈反应。

一　被理想化的方案

宣统元年十一月二十七日（1910 年 1 月 8 日），署理两广总督袁树勋向清廷上《奏报遵旨续陈改良广东盐务充抵赌饷事》一折，针对广东盐政弊端，提出了新商"承盐加饷"方案。在这个方案中，袁树勋详细胪陈了新商"承盐加饷"的优点和办法：一是商办胜过官办；二是商办只设公所，不立公司；三是按原来所抽赌饷数目预缴盐税，以备不虞；四是承办三个月后按

---

① 学术界涉及广东盐业研究的先期成果，专著主要有黄国信的《区与界：清代湘粤赣界邻区食盐专卖研究》（生活·读书·新知三联书店，2006）、周琍的《清代广东盐业与地方社会》（中国社会科学出版社，2008），论文主要有王小荷的《清代两广盐区私盐初探》（《历史档案》1986 年第 4 期）、冼剑民的《清代广东的制盐业》（《盐业史研究》1990 年第 3 期）、温春来的《清代广东盐场的灶户和灶丁》（《盐业史研究》1997 年第 3 期）、李振武的《袁树勋与清末广东禁赌》（《广东社会科学》2014 年第 1 期）等。

月缴足全饷，即一律禁赌；五是商人取具殷实保结，所缴盐税分存官银钱局及大清分银行以资证信；六是承办各商仍由旧商组织，而不得不添招新商；七是预定相当之价以免妨民食；八是完全商办，杜绝洋股；九是仍循旧时引地，不致影响他省；十是商办自商办，仍无碍于官筑盐场及商办盐田。①

这篇洋洋洒洒四千余言的奏折，就单纯考虑所办盐政事项的周密性和逻辑性而言，这十个方面基本囊括了盐政改革中可能出现的主要问题，甚至还提及赌博禁绝之后添设工艺厂以防游手好闲。署理两广总督刚半年的袁树勋，为何耗费如此精力构思改良方案以整顿广东盐务？

从主观方面来说，袁树勋对盐政改革的重视并非无的放矢。他来广东之前曾任职于新政开展得相对较好的江苏、江西、直隶、湖北、山东等省，对新政既熟悉又热心。清末新政系清政府的一大改革举措，但在举办过程中加重了本就严重的盐政问题，因为"近年以来，国家行一新政，地方办一公益，筹款之法皆以盐务为大宗。科则加而又加，成本重之又重"②。换言之，新政的实施在某种程度上是以盐政的牺牲为代价的。袁树勋于宣统元年（1909）五月署理两广总督时，广东地方要求盐务改革的呼声日益强烈。因此，无论是为规范广东盐务的常规运行，还是为减少新政对盐务的财政依赖，袁树勋在履任之后就将盐务改革提上了行事日程。

从客观方面来说，广东需要以盐政改良为手段达到筹抵赌饷的目的。广东地处中国南疆，"赌风向甲他省，为害最烈"③，几乎无地不赌，无人不赌。袁树勋的《奏报遵旨续陈改良广东盐务充抵赌饷事》就是继《奏报遵旨筹办粤省赌饷情形事》之后对如何筹抵赌饷问题的进一步思考。在他看来，盐政改良是禁赌唯一且有效的手段，通过商人"承盐加饷"来筹抵赌饷，最终根除对作为省财政收入大宗的赌饷的依赖。"盐"与"赌"本为性质不同的两类问题，要"两弊并清"④几乎不可行。但是，"治粤政

① （清）袁树勋：《奏报遵旨续陈改良广东盐务充抵赌饷事》（宣统元年十一月二十七日），中国第一历史档案馆藏，《朱批奏折》，档号：04-01-35-0541-058。
② 金兆丰：《镇安晏海澄（安澜）先生年谱》，沈云龙主编《近代中国史料丛刊》第50辑第491册，台北：文海出版社，1970年影印本，第197页。
③ 《杂记·粤督禁赌之先声》，《申报》宣统元年八月初三日(1909年9月16日)，第2张第4版。
④ 《紧要新闻二：袁督决计承办盐捐》，《申报》宣统元年十二月十五日（1910年1月25日），第1张后幅第2版。

策，不除弊则兴利为无方，不节流则开源为易竭"①。因此，他将"兴利除弊"的目光投向了盐政，想通过"盐"来解决"赌"，实现双赢。

中国盐政至晚清"实有积重难返之势，而又上之关系国家岁入三千万金之巨款，下之关系商灶数千百万人之生计。一旦欲改弦而更张之，夫亦谈何容易？"②袁树勋"盐""赌"并抓难度相当大，"自履任以来，即以清盐蠹、禁赌祸为入手之政策。非好为其难，诚不得已也"③。此语倒也透露出其并非执意如此，而乃"诚不得已"的实情。

袁树勋明知其难但依旧将"盐"与"赌"作为治理广东的入手问题迎难而上，其自信源于如下几个因素。

第一，对广东官场同僚智慧的认同。《奏报遵旨续陈改良广东盐务充抵赌饷事》虽然由袁树勋具名上奏，但却是与群僚集体会商的结果。④如在商讨"如何以盐饷来筹抵赌饷"这一问题上，"据司道开列清折，以盐斤加价为筹抵赌饷，尚属简易能行"。后诸司道大员"再三讨论，均以盐斤加价较有把握"⑤。袁树勋显然相当认同此点，揆诸其奏折，虽通篇并无"盐斤加价"这四个字，但奏折中第七点"预定相当之价以免妨民食"其实就意味着盐斤加价。袁树勋所规定的"相当之价"远远高于宣统二年（1910）广东省城的实际盐价，⑥因此他对盐斤加价使用了粉饰性说法，但实质未变。

---

① （清）袁树勋：《奏报遵旨筹办粤省赌饷情形事》（宣统元年八月二十四日），中国第一历史档案馆藏，《朱批奏折》，档号：04-01-35-0588-043。

② 金兆丰：《镇安晏海澄（安澜）先生年谱》，沈云龙主编《近代中国史料丛刊》第50辑第491册，第176页。

③ （清）袁树勋：《奏为特参两广盐运使丁乃扬不能称职请即行开缺事》（宣统元年十一月二十八日），中国第一历史档案馆藏，《朱批奏折》，档号：04-01-12-0681-096。

④ 对袁树勋的"承盐加饷"方案，广东官场中也有不同意见，但袁树勋对"不同道"者的意见往往摒弃不用，甚至打击，如两广盐运使丁乃扬。丁乃扬对盐务的专业看法并没有影响袁树勋对新商"承盐加饷"这一方案的自信。

⑤ 《广东：筹抵赌饷之问题》，《大公报》宣统元年九月三十日（1909年11月12日），第3张第1版。

⑥ 据盐政处派出的南下调查小组调查，宣统二年（1910）广东省城生盐价格为每斤银三分二厘，熟盐为银三分六厘。袁树勋在奏折中规定的"相当之价"则是不论生盐、熟盐都为银五分六厘，高出二分多，这必然导致实际销售中的盐斤加价。见《奏查复粤盐新商加饷窒碍难行请仍令旧商照旧办理折》，（清）度支部辑《督办盐政处宣统元二两年奏案》，于浩辑《稀见明清经济史料丛刊》第1辑第46册，国家图书馆出版社，2009，第252页。

第二，广东新商的支持。袁树勋在构思广东盐务改良方案时，作为广东新商代表的陈宝琛等人不仅详细参与制定"承盐加饷"的章程，而且筹备成立商办粤盐总公所，作为办理盐政事务的机构。最为关键的是，在宣统元年十一月二十四日（1910 年 1 月 5 日）即袁树勋上奏折的前三天，新商完成了 200 万两白银的按饷缴存。作为商务交易中为示诚信而交纳的按饷，或称为保险银两的缴存，是新商对袁树勋"承盐加饷"方案的有力支持，这在无形中也为袁树勋方案的可行性增加了有形筹码。

第三，对方案内容的满意。除赞同方案的群僚和广东新商外，袁树勋立志解决"盐"和"赌"这两大问题的自信还来自对"承盐加饷"这一方案本身的满意。袁树勋盐务改良举措共计十端，但其最为得意的还是第四和第六两点，即"承办三个月后按月缴足全饷，即一律禁赌"和"承办各商仍由旧商组织，而不得不添招新商"①。这两点分别解决了最为困扰袁树勋的"禁赌"和"筹款"问题。如上文所言，袁树勋整顿盐务问题的出发点是解决危及民众生计与破坏地方风气的赌博问题，"筹款多则多减赌饷，筹款少则少减赌饷。饷则递减以至于无，赌则递禁以至于绝"②。广东盐课常年岁入为 330 万两左右，而"添招新商"承办盐务，认缴饷项为原先的三倍多，计 1020 万两，对晚清广东地方政府左右支绌的财政来说，不啻为一笔巨额收入。有了这笔资金，"赌"和"盐"这两大问题的解决就有了保证。

就袁树勋的行为而言，这份谦虚而张扬的奏折除了汇报对作为国家正课的盐务变动的例行公事外，更多的是袁树勋展示其独到的盐政改革见解。出乎袁树勋的意料，朝廷的批示并不爽快，仅仅是中性的甚至有些惯性的批示：著督办盐政大臣详查议复具奏，候旨施行。

情况在"候旨施行"期间发生了变化。早在袁树勋筹议新商"承盐加饷"之时就有来自地方舆论的不同声音，这即为袁树勋在奏折中所反驳的三大"不切情事"："与其取之于盐饷，曷若取之于专卖之膏捐"、"曷不

---

① （清）袁树勋：《奏报遵旨续陈改良广东盐务充抵赌饷事》（宣统元年十一月二十七日），中国第一历史档案馆藏，《朱批奏折》，档号：04 - 01 - 35 - 0541 - 058。

② （清）袁树勋：《奏报遵旨筹办粤省赌饷情形事》（宣统元年八月二十四日），中国第一历史档案馆藏，《朱批奏折》，档号：04 - 01 - 35 - 0588 - 043。

将节省各局所之款移抵赌饷"和"筹抵自筹抵，禁赌自禁赌，当划分为二"①。此时袁树勋所上奏折内容被群臣尤其是广东、广西两省籍的京官知悉后，《申报》《大公报》《东方杂志》等颇具影响力的报刊对之跟踪报道，反对之声接踵而至。

二 "群觉其非"

"群觉其非"本是袁树勋对舆论抨击广东赌风的一种肯定："赌博之有百害而无一利，奚待臣言。而独至广东则视为大利之所在，腥膻相习几数十年。近则外侮内忧，人心悔祸，采诸舆论，亦群觉其非。"②但是，现在袁树勋的新商"承盐加饷"方案并没有得到期望中的赞誉，反而招致社会各方的普遍反对，颇有"群觉其非"之感。

袁树勋在《奏报遵旨续陈改良广东盐务充抵赌饷事》一折中对广东盐政改良前景的勾画的确花费了一番心思，这个改良蓝图尤其是能筹到1000余万两款项的结果，对广东地方官府和中央盐政机构具有一定的吸引力。筹款计划要变为现实，这中间还有更为关键的环节——能否筹、如何筹的问题。而在此问题上，袁树勋的表述却相当含糊，这即为社会觉得"其非"所在。

先看新商新增盐饷能否筹的问题。在清末新政举办之际，国家财政收入有限，盐饷能否到位直接关系到国家政治改革的顺利实施。袁树勋在奏折中声称，广东盐税原收入330万两左右，新商认筹盐饷数额为1020万两。以往330万两份额征收尚且不易，要完成原先三倍的盐饷征收更是困难重重。

再看新商新增盐饷如何筹的问题。新商承办盐饷由原来的330万两增加至1020万两，增幅不可谓不大。在"引地如故，销数如故"③的情况

① （清）袁树勋：《奏报遵旨续陈改良广东盐务充抵赌饷事》（宣统元年十一月二十七日），中国第一历史档案馆藏，《朱批奏折》，档号：04-01-35-0541-058。
② （清）袁树勋：《奏报遵旨筹办粤省赌饷情形事》（宣统元年八月二十四日），中国第一历史档案馆藏，《朱批奏折》，档号：04-01-35-0588-043。
③ （清）督办盐政处、度支部：《奏为遵旨查明广东盐务新商加饷办法窒碍难行拟请仍令旧商照旧办理酌加饷数以裕课款而维盐法折》，（清）度支部辑《督办盐政处宣统元二两年奏案》，于浩辑《稀见明清经济史料丛刊》第1辑第46册，第249页。

下，很难想象这 1020 万两的盐饷从何而出。据袁树勋解释，这一增加的饷项将从整顿盐务规费而来。且不说盐务规费如何整顿，即便卓有成效，总额恐怕也不会如此之多。这又回到袁树勋为之掩饰的问题上了，即盐斤加价。盐斤加价是清末的敏感话题之一，稍有不慎，即容易招致舆论非同寻常的质疑，因为这关系到每个民众的切身利益。

在这两个关键问题上，袁树勋的解释并不能令人信服，因而招致各阶层的指责，整个社会舆论呈现一边倒的反对倾向，"粤省自包盐抵赌定议以来，省绅争之，华侨争之，同乡京官争之"①。

首先是来自广东官场的反对。袁树勋的新商"承盐加饷"方案本是他与同僚商量的结果，但仍有人持不同意见。时任两广盐运使的丁乃扬就表示，由新商承办盐饷以筹抵赌饷的办法考虑未周。作为专管地方盐运的重要大臣，丁乃扬对广东盐务运行的实际状况比袁树勋了解得更为深入，在有些问题上诸如商权与官权、新商的身份与诚信等方面有不同的看法。对丁乃扬所提的建议，袁树勋不但没有采纳，反而在完成《奏报遵旨续陈改良广东盐务充抵赌饷事》的第二天，即宣统元年十一月二十八日（1910 年 1 月 9 日）另上一折特参丁乃扬，认为其存在"瞻顾之余，积为畏葸，繁衍所至，流为因循"的问题，在盐务整顿中"进退彷徨，既不肯破除情面，将各项规费早自剔厘，此后责任綦重，事务尤繁，辅助断难得力"②。作为兼任地方盐政会办大臣的袁树勋认为，正是因为丁乃扬的"不作为"才使广东盐政改革步履蹒跚，若丁乃扬继续任职，广东的盐务改革将难有起色，因此对他给予坚决的参劾。

其次是来自士绅的质疑。作为中国基层社会未加冕的领导者，士绅游离于官方与民间，时而为官方代言，时而为民间发声。广东盐务改革，单是"盐斤加价"这点就会使普通民众的生活成本相应提高。因此，当广东士绅听到广东盐务由新商承办的风声时，反对之声也就随之而来，"闻粤省士民对于此举，反对颇烈（旅京粤人于初七日开第七次禁赌大会，议及此事，亦怀反对之意）。曾公推前任皖抚邓中丞上书袁制军，力陈五可虑

① 《时评：敬告粤官绅》，《申报》宣统二年二月初一日（1910 年 3 月 11 日），第 1 张第 6 版。
② （清）袁树勋：《奏为特参两广盐运使丁乃扬不能称职请即行开缺事》（宣统元年十一月二十八日），中国第一历史档案馆藏，《朱批奏折》，档号：04 - 01 - 12 - 0681 - 096。

之说"①。"邓中丞"即邓华熙（1826～1916），广东顺德人，曾任云南按察使、湖北布政使、安徽巡抚、山西巡抚等职。在给袁树勋的上书中，邓华熙针对盐政改革中可能会出现的盐价暴涨、洋盐浸灌、缉私走税以及新商身份等问题提出了五大疑虑。鉴于邓华熙身份的代表性和敏感性，袁树勋对此有详细答复，并声明自己"责任地方，利害兼权，更无旁贷，至乞协力维持，以成盛举"②，态度不可谓不谦恭。

影响最大的是来自旧商的抗议。在"承盐加饷"方案的设计中，袁树勋明言盐务归商承办，而"承办各商，多半有旧商在内。惟承饷既巨，不能不添入新商"③，以厚积商力。换而言之，"无论为新商旧商，但取其有裨事实，本无畛域之可分"④。但是，袁树勋在咨询意见和商议办法或制定章程时，基本上是与陈宝琛等新商商讨，世代从事盐务的旧商被有意忽视。袁树勋这样做自有其考虑，广东盐务改革从整顿积弊着手，作为既得利益集团的旧商将成为整顿的对象。

对旧盐商来说，袁树勋对新商的重视无疑威胁到他们这一群体的利益，愤慨激烈程度可想而知。广州下河运馆盐商就集会抗议：

> 惟全省之盐既归承揽，则省价、场价均由伊定。运商等虽照常挽运，亦只代劳，不成生意。近年吾粤运务盐价之贵已达极点。该商既承巨饷，将来盐价定必更昂，粤民受害固不待言。然通纲上下河一旦尽行倾倒，受其累者则以运商等为最惨。⑤

---

① 《记事：粤商承办全省盐饷记事》，《东方杂志》第六年（宣统元年十二月二十五日，1910 年 2 月 4 日）第 13 期。

② 《紧要新闻二：粤督函论包盐抵饷之利》，《申报》宣统元年十二月初四日（1910 年 1 月 14 日），第 1 张后幅第 2 版。

③ （清）袁树勋：《复粤绅邓华熙等书》，袁荣法编《湘潭袁氏家集》，沈云龙主编《近代中国史料丛刊续编》第 21 辑第 201 册，台北：文海出版社，1979 年影印本，第 156 页。

④ 《署理两广总督袁树勋奏查明广东盐务规费情形折》（宣统二年八月二十五日），政治官报》第 1048 号《折奏类》，《清末官报汇编》第 76 册，全国图书馆文献缩微复制中心，2006 年影印本，第 37998 页。

⑤ 《紧要新闻一：下河盐商抗议包办盐务》，《申报》宣统元年十一月十五日（1909 年 12 月 27 日），第 1 张第 4 版。

因此，原先相互倾轧的旧商暂时团结，共同对新商竭尽打击之能事，不仅在报章上指责"奸商增价揽承，病民肇变，比赌尤烈，害无穷期"，"盐斤加价，归商包揽，辗转分承，滋扰酿祸"，而且决定"权衡利害以保治安而维桑梓，决合力抵拒"①。与此同时，旧商孙致和等人还联名向盐政处控告，认为"新商包承盐饷，志在诓骗，并无真实财产"②，上海、天津、汉口等地会馆，南洋华侨陈锡嘉等、小吕宋广东会馆何楚楠等皆登报表达对新商的不满，足见广东旧商的社会影响力之大。新商"承盐加饷"方案本由袁树勋提出，旧商很策略地将反攻的矛头集中对准新商，将袁树勋塑造成"受害者"的角色，是受到新商的蒙蔽才出此方案。不论旧商是出于争取袁树勋的需要，还是为留有后路，报刊中旧商的指责尽管有指桑骂槐式的发泄，此时并未与袁树勋正面冲突。

在此过程中，还有一方的声音值得关注，这就是来自粤盐引地广西省的抗议。在得知袁树勋新商"承盐加饷"方案后，广西谘议局数次致电袁树勋，表达对这一方案的不满。对广西来说，新商"承抵赌饷约壹仟万之多，比平时盐价势必加重无疑。粤垣价逾五分，西省必昂多一半。贫民固难负担，越盐且暗畅销，国课民食具有妨碍"③。广西谘议局的担忧不无道理，时法国正要求越盐假道龙川，以逐步占据广西食盐市场。广东盐价一旦上提，具有价格优势的越盐势必会乘虚而入。对广西谘议局的频繁来电，袁树勋只是无关痛痒地表明：

> 省垣零售市价即至盐缺价昂，至多不得过五分六厘，其余以道路之远近，运费之轻重类推。如此则盐价决不至奇昂，而该商亦无从垄断。④

---

① 《紧要新闻二：补录粤自治会与各埠电》，《申报》宣统元年十二月初三日（1910年1月13日），第1张后幅第2版。

② 《本国纪事：度支部派员确查粤盐改章利弊》，《国风报》第一年（宣统二年，1910年）第5号。

③ 《本局政督部堂电》，（清）广西谘议局编《广西谘议局第二次报告书》，广东省立中山图书馆、中山大学图书馆《清代稿钞本》第149册，广东人民出版社，2010年影印本，第117页。

④ （清）袁树勋：《奏报遵旨续陈改良广东盐务充抵赌饷事》（宣统元年十一月二十七日），中国第一历史档案馆藏，《朱批奏折》，档号：04-01-35-0541-058。

袁树勋这段解释中的逻辑关系颇让人费解。当盐价以道路远近，运费轻重来计算时，价格"仍各照时值，期于商民两不偏倚"①。广西谘议局对此也愤然回应："东省为产盐之地，价至五分以上，则由东省运至西省，加以关税、运费暨商人所获利息，合计纵不至昂多一半，而相差亦必无几。"② 广西谘议局认定的"昂多一半"与袁树勋计划中的"盐价决不至奇昂"的说法可谓大相径庭。但无论怎样，坚持"一言堂"的袁树勋并没有给广西谘议局满意的答复。在交涉无效的情况下，广西谘议局转而将求助的目光投向广西籍京官，希望广西籍和广东籍京官联合施压，反对袁树勋的"承盐加饷"方案。

尽管有这些"嘈嘈切切错杂弹"的干扰，袁树勋的决心并没有受到影响。在他看来，"各报所登者，显见有人运动，从中鼓煽，冀遂破坏之私，使盐蠹、赌饷永无廓清之日，而后大快于心"③。袁树勋陈言报刊"有人运动"也说对部分事实。旧商为维护既有利益，的确引导了报刊的言论走向。其实，但凡涉及改革，既得利益阶层的反对都很正常，"在深明大局者，固乐于赞成，而自便私图者，亦故存反对。如窟穴盐务中人，则不愿改办，窟穴赌馆中人，则不愿禁赌，其依赖盐规赌费之人，亦群焉附和之"④。

袁树勋之所以对报刊的攻击置之不理还有更深一层原因。他对广东盐政实施改革，其实在内心中"俨然以陶文毅自居"⑤，已经做好承受随改革相伴而来的"毁誉"的准备。在新商"承盐加饷"奏折中，他为获得朝廷的支持曾为自己表白：

① 《记事：粤商承办全省盐饷记事》，《东方杂志》第六年（宣统元年十二月二十五日，1910年2月4日）第13期。
② 《抚部院据本局呈请将粤商承盐专利累及桂省转咨督部堂缘由札复查照文》，（清）广西谘议局编《广西谘议局第二次报告书》，广东省立中山图书馆、中山大学图书馆编《清代稿钞本》第149册，第116页。
③ 《紧要新闻二：袁督决计承办盐捐》，《申报》宣统元年十二月十五日（1910年1月25日），第1张后幅第2版。
④ （清）袁树勋：《电陈军机处代奏改良粤省盐务筹抵赌饷折》，袁荣法编《湘潭袁氏家集》，沈云龙主编《近代中国史料丛刊续编》第21辑第201册，第117页。
⑤ 《清谈：今日之陶文毅何如者》，《申报》宣统元年十二月十九日（1910年1月29日），第1张后幅第2版。

毁誉有不敢计，是非久则自明。前两江督臣陶澍改办淮盐、前四川督臣丁宝桢整顿川盐，当时疑谤丛生，实赖列朝洞烛物情，力排浮议，始底于成。裨益盐课，至今颂之。①

将所处"毁誉"之境与陶澍遭遇的"疑谤丛生"相排列，可见袁树勋对自身标榜甚高。在答复来自士绅、民众乃至广西谘议局的质疑时，他也反复强调：

昔陶文毅改两淮盐政，当时议论蜂起，卒底于成，亦赖中外协谋之力。不才如仆，际此时会，姑尽力所能及，利钝非所计也。②

正是因为有如此期许在内，袁树勋对地方士绅、商人甚至谘议局的意见都无动于衷。其实在这一过程中，广东谘议局曾难得地对袁树勋的行为表示了适当的理解：

盐务加价之利害，尚须详细研究，即万不得已至于加价以抵赌饷，尚属两害相权取其轻之意。③

但让袁树勋始料未及的是，广东、广西两省的地方士绅、商人与两广籍京官的通气，加之报章大幅度的渲染，处于朝政中心的广东籍京官外务部尚书梁敦彦、广西籍京官吏部左侍郎唐景崇和都察院给事中陈庆桂等人陆续上奏表示对袁树勋的不满，认为新商承办盐务流弊滋多，需慎重考虑。来自两广籍京官的压力使盐政处对袁树勋这一方案的态度开始发生变化。

盐政处在初始了解新商"承盐加饷"方案时表示欣然，甚至还带有一

---

① （清）袁树勋：《奏报遵旨续陈改良广东盐务充抵赌饷事》（宣统元年十一月二十七日），中国第一历史档案馆藏，《朱批奏折》，档号：04-01-35-0541-058。

② 《紧要新闻二：关于西省抗争广东盐捐要电》，《申报》宣统元年十二月十八日（1910年1月28日），第1张后幅第2版。

③ 《紧要新闻二：粤常驻议员集议部提盐饷纪事》，《申报》宣统元年十一月二十三日（1910年1月4日），第1张后幅第2版。

些欣喜："当此财用匮乏之际，以广东一省盐务，一经更章，岁入骤增陆百余万。如果所拟办法行之无弊，臣等正乐于赞成。"① "骤增陆百余万"的确很诱人，但是两广籍京官接二连三的奏折使盐政处的态度变得摇摆不定：

> 兹事关系重大。就利之一面言之，粤盐岁入向止三百余万。今归商人包办，骤增陆百余万，匪特赌饷筹抵有资，并可以余款拨充公用，裨益财政，良非浅鲜。就害之一面言之，新商包盐承饷为数至一千万两，设或力小任重，半途中辍，彼时旧商已散，新商复逃，匪特筹抵赌饷巨款无著，即盐务岁入三百余万之常款亦不可保。大局败隳，其将何以收拾？②

一言蔽之，既不想放弃可能存在的筹款机会，但又害怕空欢喜一场，是盐政处面对这一方案时最为真实的想法和最为矛盾的心态。

作为提案者的袁树勋，为维持已经开始实施的盐务改革方案，不辞辛苦地与盐政处来往电商，再三阐述新商"承盐加饷"的利益所在。但是，疑虑一旦生成，要消除则困难重重。在经过集体会商，综合评估袁树勋和两广籍京官的意见后，盐政处决定派以右参议晏安澜为首的包括梁致广、李思浩、谢宗清、查凤声等人在内的调查小组前赴广东调查盐务，切实了解广东盐务改革的利益得失情况。

三 为他人做嫁衣裳

清末新政时期，机构变动频繁，就盐政而言，"各省盐务，极不统一。经宪政编查馆奏颁行政纲目，谓各省督抚兼管盐政之制，亟应废除，改为

---

① 《督办盐政处会奏粤盐改章关系重要拟请派员确查折》（宣统二年二月初六日），《政治官报》第852号《折奏类》，《清末官报汇编》第74册，全国图书馆文献缩微复制中心，2006年影印本，第37101页。

② 《督办盐政处会奏粤盐改章关系重要拟请派员确查折》（宣统二年二月初六日），《政治官报》第852号《折奏类》，《清末官报汇编》第74册，第37101页。

直接官治；又谓盐官应另行编制，直接京部，不隶督抚；嗣又以办理盐政应有直接行政机关，督办盐政处之设即原于此"①。盐政机构名称的变化并没有带来盐务官员的调整，旧有盐政人员依旧按部就班。领导调查小组南下的为盐政处的资深官员晏安澜。

晏安澜（1851~1919），陕西镇安人，长期任户部山东司主事，管理全国盐务，对盐务工作殊为熟悉，"服官既久，于历来沿革，如数家珍，而利病所在，尤能洞澈无遗"②。宣统元年（1909），晏安澜曾对江苏、安徽、江西、浙江、湖南、湖北、河南等7省进行为时约6个月的盐政调查，对盐商囤积居奇、高抬市价、盐里掺沙等盐政弊端有所了解。因此，由晏安澜调查"承盐加饷"方案，在资历和威望上都足以胜任。

南下小组的调查工作日程安排得满满当当，在仅有的20天调查时间里，"先谒袁督，次见司道府县暨盐官，又次见士绅暨谘议局议员。其新旧商陈宝琛、孔昭鋆等亦皆延见，询新旧商所拟办法，验新商所缴按饷、旧商所缴股本。并调阅各署局案牍、各商埠簿籍。复连日分赴广河、东西汇关及广西梧州诸处。凡盐关、盐卡、盐船、盐店靡不循行勘察，博访周谘"③。晏安澜工作的认真程度有点出乎袁树勋的意料。如果说袁树勋对"报章异同之论、华侨影响之电、士绅诘问之书"，"皆不为所动，但姑就其说"的话④，那么，晏安澜调查小组的工作则给袁树勋带来一定的心理压力，也增加了"承盐加饷"的诸多变数。在传统官场浸淫多年的袁树勋深知，晏安澜调查的不仅仅是新商是否能够"承盐加饷"，而是这一方案是否真的有益于筹集巨额资金，为财政支绌的朝廷提供一条新的生财之道。

初步了解广东盐务情形之后，晏安澜对袁树勋的方案提出了自己的看法。在晏安澜看来，新商"承盐加饷"有"五可虑"："一、加饷太多；

---

① 曾仰丰：《中国盐政史》，商务印书馆，民国25年（1936），第124页。
② 宋伯鲁：《原任四川盐运使镇安晏海澄先生行状》，卞孝萱、唐文权编《民国人物碑传集》，团结出版社，1995，第292页。
③ 金兆丰：《镇安晏海澄（安澜）先生年谱》，沈云龙主编《近代中国史料丛刊》第50辑第491册，第202~203页。
④ （清）袁树勋：《奏报遵旨续陈改良广东盐务充抵赌饷事》（宣统元年十一月二十七日），中国第一历史档案馆藏，《朱批奏折》，档号：04-01-35-0541-058。

二、限价太贵；三、垄断太甚；四、隐患难防；五、侵夺官权。"① 除了这"五可虑"之外，这个方案还有旧商不愿配合、另起炉灶需时尚久、耗费甚多会影响盐课、难以解决原有积压的"四难行"，而仍归旧商办理则具有递增饷数、分认饷款、办理仍旧、法定河价、兼办坐配和严密缉私的六大优势。② 晏安澜的调查结果认定袁树勋的新商"承盐加饷"方案不可行，广东盐务仍由旧商办理更为合适。盐政处采纳了晏安澜的建议，在此基础上向朝廷上《奏为遵旨查明广东盐务新商加饷办法窒碍难行拟请仍令旧商照旧办理酌加饷数以裕课款而维盐法折》③，"经政府议定，粤盐仍归旧商，岁加二百万，以抵番摊饷"④。

"粤盐仍归旧商"意味着袁树勋新商"承盐加饷"方案的破产。袁树勋倡导盐政改革，号召与新商合作，本益处良多："一曰化私为公，以裨盐政；二曰以公济公，以抵赌饷；三曰兼顾民食，不令盐价较从前为过昂。"⑤ 在清末政府财政严重困难的情况下，新商缴纳的1020万两盐饷，不仅能解决广东的赌饷问题，所余款项还可以用来办理地方新政，如建立模范监狱，推广巡警，补助学费，等等。开办地方新政，朝廷不拨经费，所需款项均须作为地方最高行政长官的袁树勋想方设法地筹措，这也如其在总结宪政办理情形时的分析中所言："赌饷非有实在筹抵，则赌祸不能即予涤除，于宪政进行尚多窒碍。适有商承盐饷之举，筹款可得大宗。数月以来寝馈经营，形神俱瘁。维时朝廷亦有整顿盐务之命。"⑥ 因此，当新商以一种无法拒绝的饷项"承盐加饷"时，袁树勋心动在所难免。况且，根据新商所拟章程，袁树勋只需坐享商人所缴之款，而毋庸考虑与盐务相

---

① 《中国纪事：盐政处处置粤盐办法》，《国风报》第一年（宣统二年，1910 年）第 17 号。

② 金兆丰：《镇安晏海澄（安澜）先生年谱》，沈云龙主编《近代中国史料丛刊》第 50 辑第 491 册，第 208~219 页。

③ （清）督办盐政处、度支部：《奏为遵旨查明广东盐务新商加饷办法窒碍难行拟请仍令旧商照旧办理酌加饷数以裕课款而维盐法折》，（清）度支部辑《督办盐政处宣统元二年两年奏案》，于浩辑《稀见明清经济史料丛刊》第 1 辑第 46 册，第 247~265 页。

④ 《专电：电二》，《申报》宣统二年四月初六日（1910 年 5 月 14 日），第 1 张第 4 版。

⑤ （清）袁树勋：《电陈军机处代奏改良粤省盐务筹抵赌饷折》，袁荣法编《湘潭袁氏家集》，沈云龙主编《近代中国史料丛刊续编》第 21 辑第 201 册，第 117 页。

⑥ 《署理两广总督袁树勋奏胪陈上年下届筹备宪政成绩并特别困难情形折》（宣统二年三月十七日），《政治官报》第 893 号《折奏类》，《清末官报汇编》第 74 册，37294 页。

关的系列问题，运销、征收、缉私等皆由商人具体落实。

袁树勋也明知此举会造成"少数盐商将全国之盐趸购，虽弊窦丛生，然国家甚省事，可以不劳而得税"① 的后果。晚清盐政的任何方面都不是小问题，需要投入大量财力、物力和人力。了解盐饷细目的内容及其变动就是一项庞大的工程。广东盐饷从征收性质来说分三类：上河款、下河款、运库直接款。单上河款来说，"类别极繁，数极琐碎，其中子目约五十余项"②。新商主动呈请解决这些问题，袁树勋也乐得他们帮忙，因此在四千余字的奏折中尽力表明新商办理盐政的恳切态度，试图促成盐政处对新商的认可。

但是，袁树勋所做的新商事先缴纳 200 万两的做法令盐政处不快："各省如有再请增加盐价，须由会办盐务大臣将其理由先行咨报盐务处。经本处核准，再由盐务大臣领衔入奏，请旨施行。"③ 因为袁树勋的先斩后奏容易引起正在试图加强中央集权的清政府的猜忌："泽尚书意不愿袁督主持此事，以粤盐归一省自办，恐各省纷纷效尤。"④ "泽尚书"为载泽（1868～1929），满洲镶白旗人，曾出使各国考察政治，任度支部尚书，时为督办盐政大臣。在对待新商"承盐加饷"问题上，载泽的态度更偏向旧盐商。袁树勋刚提出新商承办方案不久，面对旧盐商的抗议，载泽就"电饬广东盐运司丁乃扬，示谕旧盐商各安本业，勿为流言所惑"⑤。

载泽的态度如此，南下调查小组在调查过程中也就有了一定的倾向。在答复广东谘议局有关盐务问题的会议上，晏安澜曾说："此次之所以舍多取少者，实不欲破坏盐商世业，煞费苦心，诸多棘手，尚望

---

① 沧江：《论说二：改盐法议》，《国风报》第一年（宣统二年，1910 年）第 6 号。
② 《督院张批两广盐运司、盐政公所监督会详现照旧改良办法缘由文》（宣统三年七月十一日），（清）两广总督署编《两广官报》第 13 期《财政》，《清末官报汇编》第 43 册，全国图书馆文献缩微复制中心，2006 年影印本，第 21669 页。
③ 《要闻：度支部限制盐斤加价》，《大公报》宣统元年十二月十八日（1910 年 1 月 28 日），第 1 张第 4 版。
④ 《京师近事》，《申报》宣统元年十二月初五日（1910 年 1 月 15 日），第 1 张第 5 版。
⑤ 《紧要新闻一：度支部对于川粤盐务风潮之办法》，《申报》宣统元年十二月十九日（1910 年 1 月 29 日），第 1 张第 5 版。

各位维持。"① 与晏安澜一起出席答复会议的调查小组成员两淮副监理官梁致广,"系现时连阳埠堂商,即所谓旧盐商也。其人为晏安澜所最赏识之人","广东京官为包盐事联名出奏,其奏稿即梁致广所起草"②。同时,调查小组负责人晏安澜本人的看法也不可忽视。在宣统元年(1909)调查盐务时,他对7省的盐务改革就已形成了这样的看法:"居今日而言盐务,不当规目前之小效,而当务根本之远图。不必求新增之款项,而当保固有之课厘。"③ 可见晏安澜的盐务改革思想趋于保守稳健,袁树勋提出的新商"承盐加饷"的预期目标和途径在他看来是不切实际的夸夸其谈。因此,盐饷承办者由新商复归旧商也符合晏安澜一贯持之的盐务改良思想,是其盐政经验积累的自然选择。

晏安澜的调查建议与袁树勋的改革方案背道而行。对于这一决定,袁树勋不得不表示明面上的赞同:"督办盐政大臣派员调查,审慎周详,而深虑改办之不无流弊,仍归旧商照旧办理,而其办法亦不外整顿积弊。既合微臣化私为公之初心,尤符粤人旧贯相仍之隐愿。"④ 其实,袁树勋的这番言辞大有深意,在为自己解脱的同时也指出盐政处的调查结果就是"承盐加饷"方案的翻版,只不过承办主体是新商和旧商的区别而已。因此,袁树勋的不满也在情理之中,"督抚坐镇一省,任事以后,非积久岁月,尚不能周知情伪。而中央以最远之视察,欲悬断于数千里之外,平时又未详审调查"⑤,对各省具体情况的判断不免更多地来自主观臆断。

尽管如此,袁树勋不得不履行其身兼会办盐政大臣的职责,将原先与新商讨论的盐务整顿与盐饷征收的方法用于旧商,如在简化盐务引目上,"统归正引,系为删繁就简起见。此次盐务改章,只期新饷缴足,不在沿

---

① (清)广东谘议局编《广东谘议局协会决议办理事类报告书》,广东省立中山图书馆、中山大学图书馆编《清代稿钞本》第49册,广东人民出版社,2009年影印本,第448页。

② 《京师近事》,《申报》宣统二年正月二十九日(1910年3月10日),第1张第6版。

③ 金兆丰:《镇安晏海澄(安澜)先生年谱》,沈云龙主编《近代中国史料丛刊》第50辑第491册,第198页。

④ 《署理两广总督袁树勋奏查明广东盐务规费情形折》(宣统二年八月二十五日),《政治官报》第1048号《折奏类》,《清末官报汇编》第76册,第37998页。

⑤ 《文牍:署粤督袁树勋奏中央集权宜先有责任政府及监察机关折》,《国风报》第一年(宣统二年,1910年)第13号。

用"等等。① 不论袁树勋转变态度是阳奉阴违，还是敷衍了事，他的左右逢源使原来的合作者新商相当不满。新商承担盐饷本来似乎是板上钉钉的事情。宣统元年十一月十六日（1909 年 12 月 28 日），袁树勋曾在省府"牌示准商人陈宝琛包承广东全省盐饷"②，新商"承盐加饷"已经成为广东地方认可的既定事实。而且为了显示诚意，新商已经按照要求提前交纳了 200 万两的按饷。但是当新商的努力被一纸奏折化为乌有时，作为合伙人的袁树勋却立刻改变态度与旧商合作，也难怪新商恼怒，不仅索取已缴 200 万两按饷，而且还"公举代表到京揭发袁督欺商实情"③。

旧商对袁树勋也不满意，虽说旧商重新"承盐加饷"，但要求在数年内由 580 万两渐渐增至 780 万两④，增加的 200 万两也不是个小数目，"旧商勉认加饷，实因新商先认巨饷"⑤。当得知新商高额承办盐饷的消息后，"旧日承盐各商不甘为新商挽夺，拟多认价额务求争回"⑥。加价承办盐务是不得已而为之。旧商屡经努力，仍只认足 600 余万两，与新商标榜的 1000 余万两相差悬殊。

晚清新政本拟通过改革来革除时弊，但既得利益集团的抗拒和不同部门及官员对改革的意见分歧都成为制约改革的重要因素。广东盐务改革喧喧扰扰，社会舆论广泛关注，但结果却是雷声大、雨点小。主导盐政改革的袁树勋是大权在握的两广总督，在此事上依旧栽了个不小的跟头。然

① 《督院张批两广盐运司详粤纲引目繁多拟请统归正引指拆缘由文》（宣统三年八月初三日），（清）两广总督署编《两广官报》第 16 期《财政》，《清末官报汇编》第 44 册，全国图书馆文献缩微复制中心，2006 年复印本，21798 页。

② 《记事：粤商承办全省盐饷记事》，《东方杂志》第六年（宣统元年十二月二十五日，1910 年 2 月 4 日）第 13 期。

③ 《专电：电二》，《申报》宣统二年七月初一日（1910 年 8 月 5 日），第 1 张第 3 版。

④ 督办盐政处与度支商定由旧商承办的数额"更拟"为"初年加至五百八十万两，次年加至六百二十万两，以后销数或增复用递进之法，分年递加至七百八十万两为止"。见（清）督办政务处、度支部《奏为遴选妥员请充两广盐政公所正副监督酌拟两广盐政公所章程折》，（清）度支部《督办政务处宣统元二两年奏案》，于浩辑《稀见明清经济史料丛刊》第 1 辑第 46 册，第 282～283 页。

⑤ （清）督办政务处、度支部：《奏为粤盐规费查提无着请将新增盐款拨抵赔饷折》，（清）度支部《督办政务处宣统元二两年奏案》，于浩辑《稀见明清经济史料》第 1 辑第 46 册，第 274 页。

⑥ 《紧要新闻二：旧盐商抵制新盐商手段》，《申报》宣统二年二月初六日（1910 年 3 月 16 日），第 1 张后幅第 2 版。

而，细思清末中央的盐政改革，其意图之一即为收各省督抚盐政之权以加强对财政收入的控制，袁树勋的新商"承盐加饷"方案的失败也在情理之中。中央政府虽处心积虑力图集权，但对晚清尾大不掉的督抚而言，"欲以一纸空文，矫积重难返之势，其易得乎？"①

本文与吕霞合作，原载《安徽史学》2018年第1期。

---

① 《时评：其一》，《申报》宣统二年五月十四日（1910年6月20日），第1张第5版。

近代早期企业的治理特征

——以 1873～1911 年的轮船招商局为例

以轮船招商局为代表的大型交通运输与工矿企业体现了近代早期企业的治理特征与发展方向。本文主要以轮船招商局为例，从企业制度安排的角度对近代早期企业的治理结构进行一些粗浅探讨，以求教于学界各位方家。

一 问题的提出及其基本界定

学术界关于近代企业及企业制度的研究有一个逐渐深入的过程。20 世纪 80 年代后期到 90 年代初期，学者们开始关注中国早期企业的经济运行体制，对官督商办企业的性质、形式、作用进行了探讨，对洋务民用企业的成败进行了分析，认为洋务民用企业的官督商办体制是受外国资本主义企业的刺激与影响的产物，但同时也是中国封建关系的体现，它一方面促进了中国近代企业和企业制度的产生与发展，另一方面又对其进一步发展和完善具有较强的阻碍作用。

20 世纪 90 年代中期以后，学者们的研究集中于早期企业中的所有制结构以及近代企业中的股份制组织形式、"官利制"等方面的探讨。有的学者认为，从轮船招商局的创办开始，股份制企业在中国迅速发展了起来，并就中国近代股份制运行的历史条件、背景、概况、特点等方面进行了具体分析，认为中国股份制企业具有很强的"中国式"特色，同西方成熟的股份制公司还存在很大差异。① 也有学者从企业经营性质、所有制形式、经营主体等方面进行了比较研究，认为轮船招商局等企业只是一种官办企业，是一种官府所有的企业，股票仅仅是一个名称，它实际上只是一种变相的债券，企业中"官督"造成了非股份化死结。② 还有学者对与此相应的早期企业中的"官利制"进行了分析，认为"官利制"的形成主要在于传统金融市场上高利率以及投资理念、风险意识等造成的企业资金的缺乏和筹资的困难，官利制的存在不仅影响着企业资本的积累和扩大再生产，而且也弱化了民众的投资风险意识和股权意识。③ 此外，有关公司制度的问题也是学者们关注的主要问题之一。④ 近几年学术界对近代企业制度的研究也深入产权安排、企业模式等领域，⑤ 有关近代股份制、公司制以及企业制度发展的专著也相继问世。⑥

① 李春梅：《从轮船招商局看中国近代股份制的兴起》，《四川师范大学学报》（社会科学版）1995 第 3 期；邹进文：《近代中国的股份制》，《历史档案》1995 年第 3 期；徐英军：《近代洋务股份制企业论析》，《中州学刊》1996 年第 5 期；李玉：《晚清"官督商办"企业与股份制》，《天府新论》1995 年第 6 期；豆建民：《论中国近代股份制思潮》，《财经研究》1997 期第 9 期；周建波：《晚清"官督商办"企业的改革思想及实践——西方股份公司制度在中国最初的命运》，《中国经济史研究》2001 年第 4 期；周建波：《西方股份公司制度在中国最初的实践和评价——官督商办企业的再评价》，《北京大学学报》（哲学社会科学版）2001 年第 5 期。

② 陈勇勤：《经济西化中企业的"官督"造成非股份化死结》，《学术界》1996 年第 3 期。

③ 杨波：《"官利制"与近代社会资金流向探析》，《福建师范大学学报》（哲学社会科学版）1995 年第 3 期；邹进文：《近代中国股份企业的官利制》，《历史档案》1996 年第 2 期；王雪梅：《近代中国第一次"公司热"》，《四川师范大学学报》（社会科学版）1998 年第 2 期；张忠民：《近代中国公司制度中的"官利"与公司资本筹集》，《改革》1998 年第 3 期；朱荫贵：《从大生纱厂看中国早期股份制企业的特点》，《中国经济史研究》2001 年第 3 期。

④ 李玉：《制约清末公司制度的非经济因素》，《四川师范大学学报》（社会科学版）1995 年第 3 期；宫玉松、王成：《近代关于公司制的认识与思考》，《齐鲁学刊》1995 年第 3 期；李玉、熊秋良：《论晚清"官督商办"公司模式》，《长白论丛》1996 年第 2 期；宫玉松：《近代中国公司制度不发达原因探析》，《文史哲》1996 年第 6 期；李玉、熊秋良：《国人传统经济意识对清末中国公司制度建设的反作用》，《贵州师范大学学报》（社会科学版）1998 年第 3 期。

⑤ 张洁：《产权变化对企业制度的影响——浅析中国第一个股份制公司轮船招商局》，《内蒙古社会科学》2002 年第 1 期；陈争平：《试论中国近代企业制度发展史上的"大生"模式》，《中国经济史研究》2002 年第 1 期。

⑥ 豆建民：《中国公司制思想研究》，上海财经大学出版社，1999；李玉：《晚清公司制度建设研究》，人民出版社，2002；沈祖炜：《近代中国企业：制度和发展》，上海社会科学院出版社，1999。

总体而言，以上学者对近代企业制度的研究经历了一个逐步深化的过程，但到目前为止，学术界的研究侧重点主要在于宏观经济体制、资本筹集和利润分配以及股份制、公司制的一般组织形式等方面，还没有深入企业内部的具体治理结构、治理机制、制度安排与变迁等方面。

因此，尽管人们已经认识到轮船招商局等官督商办企业存在内部官权与商权的错位、债款和资本的分化不清、所有权与控制权的失衡等问题，且相对于标准的股份公司治理已经发生了很大变异，并且都进行了解释，但许多解释并不十分清晰，也不能令人完全满意。笔者认为，早期对轮船招商局等企业运行体制方面"官督商办"的概括主要侧重于生产关系与政治体制，而"股份制企业"的提法似乎对于官方（政府或官僚）在企业中的地位、作用、影响等方面并未能做出合理的解释。事实上，从企业内部治理的角度而言，轮船招商局等"官督商办""官商合办"企业实质上是一种官权与股权的合伙治理。① 息借"官款"（或"官款"存局）、"官利"制度以及企业所享有的许多"专利"特权均是官权与股权合伙治理中的一系列"合约"安排。

现代民法规定，合伙是指两个或两个以上的主体为共同经济目的，自愿签订合同，共同出资经营，共负盈亏和风险，对外负无限责任的联合。合伙制是我国古代经济组织的主要实现方式，其表现形式也多种多样，早期主要表现为两三人之间的共同出资、共同经营，到明清时期还发展为资本与生产物、资本与土地、资本与人力资本等多种形式的合伙方式。在四川自贡井盐业和云南民营铜矿业中就存在着多种形式的资本与土地及其他生产物之间的合伙，在山西商人的经商活动中，"身股"与"银股"的合伙则是一种普遍的经营形式。近代企业制度的产生并非是对运行于西方先进国家的制度的直接"移植"，而是在中国传统制度环境下对西方企业制度的"嫁接"与"嵌入"。诚如美国学者奥利弗·E. 威廉姆森所说，"在一种组织形式中运转有效的激励机制和治理结构，并不能原封不动地搬到其他组织形式中去。相反，组织形式、激励手段和治理防范措施这三者必

---

① 为了分析的方便，我们将政府或其代理人（官僚）在直接参与企业活动中的作用或影响定义为"官权"，将股东或企业中其他生产要素所有者如劳动、技术等在企业中的作用或地位定义为"股权"。下文若无特别说明，官权与股权的界定均指上述定义中的一种或多种情况。

须同时形成才行。"① 美国学者加里·汉密尔顿和尼科尔·比加特也提出"组织的惯例""是从已存在的互动模式中塑造出来的，在很多情况下这些互动模式可以追溯到前工业时代。所以，工业企业是先存在的支配模式，这种支配模式对于那种利润、效率和控制往往在其中形成生存条件的经济形势有一种复杂的现代适应"②。因此，"官督商办""官商合办"的企业组织形式并非简单的"扭曲"，而是传统合伙组织形式在近代的一种适应和发展，它由单个人之间的合伙形式发展为"官权"与"股权"两大主体之间的合伙治理。一方面是按官衔、地位进行的层层控制，另一方面则体现为股份均一、股权平等和股票的自由转让。诚然，轮船招商局等近代企业的股票采用的是记名形式，需"编列号数，填写姓名籍贯，并详注股份册"，虽然可以转让，但"必须先尽本局，如本局无人承受，方许卖与外人"，并规定"不准让与洋人"③。这一方面体现出为实现合伙治理所进行的股权范围的限定，另一方面也表明相对于外国公司，招商局中无论是"官权"还是"股权"都承担着无限责任。根据现代企业理论，企业所有权安排的基本原则是企业剩余控制权与剩余索取权安排的相互协调。决定所有权最优配置的总原则是：对资产平均收入影响倾向大的一方，得到剩余的份额也应该更大。④ 轮船招商局等近代企业的剩余控制权即相机处理权或决策权由总办、会办等官董所享有，最终控制权则归主管的大官僚，而企业剩余索取权则由"官权"与"股权"共同分享。这些在轮船招商局的资本构成、权利归属、利润分享以及人事安排等方面都可以得到充分体现。

二 轮船招商局的权利分享及其协调

根据生产要素的贡献大小来分享权利与收益是企业治理中的基本要

---

① Oliver Williamson, *The Economic Institutions of Capitalism: Firms, Markets and Relational Contracting*, New York: The Free Press, 1985, pp. 155 – 156.

② Gray Hamilton and Nicole Biggart, *Market, Culture and Authority, American Journal of Sociology* (*supplement*), Vol. 94, 1988.

③ 交通部、铁道部交通史编纂委员会编《交通史航政编》第1册，交通部、铁道部交通史编纂委员会印行，1935，第144页。

④ 〔美〕巴泽尔：《产权的经济分析》，费方域、段毅才译，生活·读书·新知三联书店、上海人民出版社，1997，第8页。

求，权力总是由企业中最重要的生产资料占有者所拥有。对于"官权"在近代社会本身作为一种稀缺生产要素的忽略，是以往的研究对轮船招商局等官督商办企业批评过多的根源。

（一）"官权"与"股权"在企业中的贡献

"官权"对于轮船招商局的贡献主要在于以下几点。其一，在以权力为本位、宗法等级为基础的晚清社会，洋务大员以庇护人的身份所进行的"官为保护"本身就构成了轮船招商局产生和发展的前提。他们对轮船招商局的扶持和保护是维持企业生命的必需品，是保障企业在特定社会环境中获取法人地位和顺利实施产权的必要条件。"官权"本身就是一种不可替代的稀缺要素，即所谓："赖商为承办，尤赖官为维持。"[1] 其二，在"官权"的扶持下，招商局获得了漕粮专运、带货减税、免征厘金、免征船舶吨位税等权利，甚至还获得"五十年内只许华商附股"，"不准另树一帜"的排他性轮运"专利"权。虽然这些权利的存在很大程度上限制了中国民用航运业的自由发展，但它无疑也是轮船招商局能够在与外国轮运势力残酷竞争下不断赢利的主要保证。如漕运收入一项平均每年就要占到轮船招商局水脚收入的12%～14%。[2] 其三，官款的注入及其不断的减本缓息，是"官权"对轮船招商局贡献的主要显形因素，是"官权"在资本贡献方面的直接体现，并且对于私人资本的入局具有较强的示范诱导作用。至光绪五年（1879），轮船招商局中积存的官款有直隶练饷、各省关藩库款项14项，该年招商局累借官款达白银1928868两，占到当年全部资本额的49%。[3] 虽然两江总督刘坤一等曾谈及"概作官股存局，一切均照商股办理"[4]，也有学者将官款叫作官股同商股相对应。[5] 但据现有资料，官款

---

① （清）李鸿章：《整顿招商局事宜折》（光绪三年十一月二十五日），（清）吴汝纶编《李文忠公全书·奏稿》卷三〇，金陵书局光绪三十四年（1908）刻本，第31页。

② 汤照连主编《招商局与中国近现代化》，广东人民出版社，1994，第197页。

③ 张国辉：《洋务运动与中国近代企业》，中国社会科学出版社，1979，第168页。

④ （清）刘坤一：《查议招商局员并酌定办法折》（光绪七年正月十五日），中国科学院历史研究所第三所编《中国近代史资料丛书·刘坤一遗集》第2册，中华书局，1959，第607页。

⑤ 如张后铨主编的《招商局史》（近代部分）便持这种观点，认为官款作为官股与商股按相同的利率收取股息，并同招商局的盈亏状况息息相关，是招商局资本的直接组成部分。见张后铨主编《招商局史》（近代部分），人民交通出版社，1988，第52页。

一般都是以 7% ~10% 的存款利率寄存于轮船招商局，作为省库或其他地方政府的债款，"没有一个官方机构握有该局的一份股票"①。因此，相对于当时金融市场年息 30% ~50% 的高利贷利率和年息 15% ~25% 的典当和钱庄贷款利率，我们有理由认为，金融市场上的贷款利率同调拨给轮船招商局的官款利率之间的这一差额，实际上是就企业控制权"官权"对"股权"实施的一种"赎买合约"。

股东作为生产要素的所有者之一，主要为企业提供"资本"，并拥有与此相对应的权利。但在"官权"与"股权"合伙治理的条件下，股东以优先获得 10% 的官利②将部分的权利特别是对企业的剩余控制权转让给了"官权"拥有者，即轮船招商局的实际管理者和最终控制者。中小股东并无意过问轮船招商局的经营管理情况，股东议事会也常常仅是为广大股东进行"情况通报"。诚如光绪九年（1883）《申报》的一则评论所言："公事未说，先排筵席，更有雅兴，招妓侍侧"，"迨至既醉既饱，然后以所议之事出以相示。其实则所议早已拟定，笔之于书，特令众人略一过目而已。原拟以为可者，无人焉否之；原拟以为否者，无人焉可之。此一会也，殊显可有可无，于公司之事绝无裨益"③。同治十二年（1873）至光绪十六年（1890）轮船招商局的资本构成见表1。

表1 同治十二年（1873）至光绪十六年（1890）轮船招商局的资本构成

单位：两，%

年度	资本总额	股本		借款			
				官款		其他借款	
		数额	占总资本比例	数额	占总资本比例	数额	占总资本比例
1873 ~ 1874	599023	476000	79.5	123023	20.5	0	0
1874 ~ 1875	1251995	602400	48.1	136957	10.9	512638	40.9
1875 ~ 1876	2123457	685100	32.3	353499	16.6	1084858	51.1

① 〔美〕费维恺：《中国早期工业化》，虞和平译，中国社会科学出版社，1990，第157页。
② 其中一些年份分到 6% 的官利，个别年份没有分到官利（如光绪二十年，即 1894 年），宣统二年（1910）则为 15% 的官利。详见〔美〕费维恺《中国早期工业化》第229页。
③ 《中西公司异同说》，《申报》光绪九年十一月二十六日（1883年12月25日），第1版。

| 年度 | 资本总额 | 股本 | | 借款 | | | |
| | | | | 官款 | | 其他借款 | |
		数额	占总资本比例	数额	占总资本比例	数额	占总资本比例
1876～1877	3964288	730200	18.4	1866979	47.1	1367109	34.5
1877～1878	4570702	751000	16.4	1928868	42.2	1890834	41.4
1878～1879	3936188	800600	20.3	1928868	49.0	1206720	30.7
1879～1880	3887046	830300	21.4	1903868	49.0	1152878	29.7
1880～1881	3620529	1000000	27.6	1518867	42.0	1101662	30.4
1881～1882	4537512	1000000	22.0	1217967	26.8	2319545	51.1
1882～1883	5334637	2000000	37.5	964292	18.1	2370345	44.4
1883～1884	4270852	2000000	46.8	1192565	27.9	1078287	25.2
1886	4169690	2000000	48.0	1170222	28.1	999468	24.0
1887	3882232	2000000	51.5	1065254	27.4	816976	21.0
1888	3418016	2000000	58.5	793715	23.2	624301	18.3
1889	3260535	2000000	61.3	688214	21.1	572294	17.6
1990	2750559	2000000	72.7	90241	3.3	660318	24.0

资料来源：轮船招商局第 1～17 届账略，见张国辉《洋务运动与中国近代企业》，第 168～169 页。

（二）轮船招商局中的利润分享

按照轮船招商局的章程规定，其利润分配的基本原则为：

> 一年所得水脚银两，除每百两提去经费五两，又照各股本银每百提去利银十两之外，如有盈余，以八成摊归各股作为溢利，以二成分与商总董事人等，作为花红，以示鼓励。①

即每年所得收入剔除经办费用和股东官利之后的剩余额由股东和经营管理人员共同分享。直隶总督兼北洋大臣李鸿章还特别强调，轮船招商局要以"出资者所得余利，与出力者所得花红相为表里"的原则进行分配。因此，

① 交通部、铁道部交通史编纂委员会编《交通史航政编》第 1 册，第 145 页。

这个分配原则不仅为大官僚李鸿章所认同，也比较切合中国传统的商业习俗，即"东家所得是为余利，伙计所得则为花红，此市廛中之通例也"①。

按照《第26届账略》，轮船招商局对利润分配进行了新的调整，除官利之外，将每年的盈余分作十成，船栈折旧、股商余利、报效、花红各占四成、三成、二成、一成。

剩余额在股东与经营管理者分享的基础上加入了对政府的"报效"，表明轮船招商局开始将政府的"报效"以正式制度安排的形式列入了盈余分配。同治十二年（1873）至宣统三年（1911）轮船招商局利润的具体划分、分配数额和变动情况如表2所示。

表2 同治十二年（1873）至宣统三年（1911）轮船招商局的利润分配及变动情况

单位：两，%

年度	利润	股息		利息		其他		积累	
		数额	所占比例	利息	所占比例	数额	所占比例	数额	所占比例
1873~1884	2927340	970834	33.16	1781191	60.85	159752	5.46	15563	0.53
1886~1893	3109661	1480000	47.59	525159	16.89	153304	4.93	951198	30.59

年度	利润	官利		余利		花红		报效		亏损	
		数额	所占比例	数额	所占比例	数额	所占比例	数额	所占比例	数额	所占比例
1895~1911	8059705	5480000	67.99	1591046	19.74	375306	4.66	1070901	13.29	457551	5.68

资料来源：轮船招商局第1~38届账略，见张后铨主编《招商局史》（近代部分），第90、187、243页。

股东、主要经营管理人员以及清政府都从轮船招商局中获得巨额利润。根据《第9届账略》报告，包括官利在内至1882年"以股本百两，所收九年利息已抵足此数。现在每股价200余两，通扯已合二分多"②，亦

---

① 张后铨主编《招商局史》（近代部分），第241页。
② 〔美〕费维恺：《中国早期工业化》，虞和平译，第227页。

即将官利、余利以及股票价格的上涨计算在内，招商局创办的前10年，股东所获得的股息折合年息达21%以上。另据一位学者计算，如果投资者从同治十二年（1873）购买股票，到民国3年（1914）他不需要任何代价就可以使他最初的股本翻5倍，同时还能得到相当于年息15%的股息收入。① 因此，股东按一个固定的官利比例获取回报率，并不意味着他只是一个一般的债权人，实际上，他仍然可以从股票的升值和余利的占有上分享更多的剩余份额，并相应地承担着股票贬值与企业亏损的风险。与此同时，从光绪十三年（1887）至光绪三十四年（1908）轮船招商局的主要经营管理人员也获得了456200两的红利。② 而从光绪十六年（1890）至宣统三年（1911）的21年内，轮船招商局向清政府直接报效的数额也达162.84万两白银，这相当于同期招商局资本总额的41%。③

（三）轮船招商局治理中的剩余控制权安排

企业中基本权利的安排，特别是企业剩余控制权和剩余索取权安排是企业所有权的主要体现，也是反映企业治理机制及其制度安排特征的主要标志。如前所述，轮船招商局的剩余索取权由局中的经营管理人员与股东共同分享，而其控制权则主要掌握在北洋官僚及其局中代理人（总办和会办）手中。对于发起者、创办者和监督者而言，他们经营轮船招商局并不仅仅是为了获取现实的货币利益，而更为重要的则在于轮船招商局的成功与否首先同他们政治地位的升降有着密切关系，他们也时常将其视为自己权利资本中的一个重要砝码。通过对轮船招商局的控制，李鸿章也就能够较为便利地将其财力用于由他控制的军事力量。按照轮船招商局同治十二年（1873）制定的章程规定，商董、总董均应由股东大会推举，由股份较大之人充任。他们可以选择若干低级员司入局任事，遇有紧要事件，"须邀在股众人集议"，但这些活动也必须"禀请"督办同意，"所有公牍事件，悉归总办主裁"④，同时还特别规定，主持总局和各分局的"各董职

---

① 〔美〕费维恺：《中国早期工业化》，虞和平译，第228～230页。
② 交通部、铁道部交通史编纂委员会编《交通史航政篇》第1册，第271～173页。
③ 汤照连：《招商局与中国近现代化》，第326页。
④ 张后铨主编《招商局史》（近代部分），第32页。

衔、姓名、年岁、籍贯开单禀请关宪转详大宪存查",更换时须"禀请大宪"裁定。① 这样,轮船招商局中的官方代表总办、会办便由作为主办者或保护人的洋务大官僚直接任命,并对其上司直接负责。企业中的商董及其各级管理人员或者由股东公举或者由督办任命,其相机处理权也最终掌握在官方代表督办及其主管大官僚李鸿章的手中。

作为企业控制权的掌握者,督办及主管大官僚李鸿章还直接影响或决定着企业内部的合约安排、利润分配及其划分比例,但他们的控制权主要表现为其对局中财产以官款的形式所进行的局外投资或政治性贷款。据统计,从光绪八年(1882)轮船招商局所进行的首次对开平煤矿的投资到宣统三年(1911)的近30年间,共计向外投资与借款24项,资金额达442万余两。② 这些官方代表因控制权而获得的直接"好处"并无案可查,但唐廷枢、徐润、盛宣怀等主要管理人员都曾挪用企业资金,进行股票、地产投机或其他形式的私人投资,借用轮船招商局的名义兜揽货运和客运更是常有之事。光绪十一年(1885)四月,盛宣怀还同怡和洋行达成谅解,凡是由盛宣怀的介绍而取得的生意,一律由洋行将所得佣金的一半酬谢给他。据当时美国驻天津领事估计,盛宣怀每年至少有20万两的额外收入。直到民国(1912~1949)初年,轮船招商局每年还要向"李公祠"馈赠祭祀银1000两。由于轮船招商局对于其官方代表的"礼金"一般都计入营业成本,从而使这一项目作为"官权"的实际收益,既无法统计出其支出金额,也不具备普通意义上的对利润的剩余分享,因此这些"收益"仅仅是因控制权或者经营管理权而产生的超常"职位消费"。

总之,轮船招商局的官款存局、官利制度等均是企业治理中的一系列"合约"安排,轮船招商局的剩余索取权由股东及其主要经营管理人员共同分享,剩余控制权则由督办及主管大官僚李鸿章掌握,他们连同清政府一起同时也享有部分的剩余索取权。按照现代企业理论,剩余索取权与控制权合称为企业所有权,对这两种权利的共同分享说明,轮船招商局的所有权由官方(或者说官方代表)与股东共同占有。轮船招商局的治理结构

---

① 交通部、铁道部交通史编纂委员会编《交通史航政篇》第1册,第143页。

② 汤照连:《招商局与中国近现代化》,第315~316页。

与制度安排表明，它还不是一个完全意义上的公司制企业，而是一种在中国特定环境中"官权"与"股权"的合伙治理。

三 从轮船招商局的人事安排看"官权"与"股权"的合伙治理

协调与激励是企业治理的两大目的，以往对近代企业的研究因过多地强调官权对股权的侵害与制约，而忽略了他们之间的合作与协调。在晚清社会至少在《公司律》颁布之前，近代企业是处于一种特许成立时期，而在一个宗法等级社会，如何建立平等竞争的现代企业制度确实是一个比较棘手的问题。轮船招商局的创办者也首先看到了官与商之间的隔阂与矛盾，李鸿章在奏请创办轮船招商局时就曾提出，此举系"先行试办招商，为官商浃洽地步"[①]。盛宣怀也曾解释说："轮船招商局之原起，中堂（李鸿章）鉴于中国官商不能如外国官商相联一气，是以创官督商办之局，为天下开风气之先。"[②] 因此，如何实现官位的等级品衔与股份的均一平等原则的协调，建立官商之间新的合作关系，便成为招商局等近代企业得以产生的基础。

李鸿章经过多方周密访查，才物色到一位"为股商所深信之官"[③]，从而使轮船招商局得以创办，而当朱其昂无法取得买办商人和沙船商人信任，"招股年余，无人过问"[④] 时，李鸿章又不得不起用既拥有职衔又能取得买办商人信任的唐廷枢与徐润洽商接办。也就是说，轮船招商局的高级管理人员或经办人员必须既能"悦服众商"又具备一定的官僚身份，同时取得官方与股东的共同信任。李鸿章对曾任轮船招商局会办、督办的盛宣怀的评价是："该员心地忠实，才识宏通，于中外交涉机密，能见其大。其所经办各事，皆国家富

---

① （清）李鸿章：《试办招商轮船折》（同治十一年十一月二十三日），（清）吴汝纶编《李文忠公全书·奏稿》卷二○，金陵书局光绪三十四年（1908）刻本，第32页。

② （清）盛宣怀：《湖北煤厂应归湖北筹办并拟改归官办议》（光绪元年十月中旬），陈旭麓等主编《盛宣怀档案资料选辑》之二《湖北开采煤铁总局、荆门矿务总局》，上海人民出版社，1981，第31~32页。

③ 张后铨主编《招商局史》（近代部分），第29页。

④ （清）郑观应：《轮船招商局股东大会演说》，《盛世危言后编》第3册，台北：大通书局，1969年影印本，第1290页。

强要政，心精力果，措置裕如，加以历练，必能干济时艰，为国大用。"① 湖广总督张之洞对盛宣怀也给了很高的评价："中国向来风气，官不习商业，商不晓官法，或即有勤于官通于商者，又多不谙洋务，惟该员能兼三长。"②

轮船招商局的管理人员既是企业中的大股东，具有较强的经济实力，同时自身有领有一定的官衔，属于官僚等级中的一员。他们在企业中一方面是官方代表，另一方面也是中小股东的代理人。这种双重身份本身就体现了"官权"与"股权"合伙治理的特征。这一特征可以从表3招商局主要管理人员的职衔与入股情况清楚地反映出来，其所列11位人员在招商局或其分局中都居于显赫的地位，他们同时领有较高的官位、品衔，拥有招商局较大份额的股份。

表3 同治十一年（1872）至光绪十一年（1885）招商局中部分
管理人员的社会地位与入股情况

姓名	局中职务	社会地位	入股情况
朱其昂	总办、漕运委员	地方官员、候补道	3万两（60股）
朱其诏	总办、漕运委员	候补（1879年）和实职官员	主要股东
朱其莼	上海分局总办	捐有官衔	拥有一定股份
唐廷枢	总办	买办、候补道	10万两以上
徐 润	会办、代理总办	买办、候补道四品衔	连同亲友达五六十万两
唐廷庚	代理广东分局商董	捐有官衔	拥有唐氏家族股份
盛宣怀	会办、总办	绅士出身、实职官员	4万两（1885年前后）
陈树棠	香港分局商董	不详	有股金10万两
郑观应	会办买办	候补道	占有股份
张鸿禄	会办	候补道	主要股东
马建忠	会办	绅士出身、道员	不详（但应该拥有股份）

资料来源：张后铨主编《招商局史》（近代部分），第49~50页；〔美〕费维恺：《中国早期工业化》，第136~152页；聂宝璋、朱荫贵编《中国近代航运史资料》（第2辑上册），中国社会科学出版社，2002，第719页附表。

---

① 盛同颐：《盛宣怀行述》，中国史学会主编《中国近代史资料丛刊·洋务运动》第8册，上海人民出版社，1961，第45页。
② （清）张之洞：《芦汉铁路商办难成另筹办法折》（光绪二十二年七月二十五日），苑书义等主编《张之洞全集》第2册，河北人民出版社，1998，第1187页。

同时，轮船招商局内部治理中的激励约束机制也呈双重特征。各个职位之间的关系不仅来源于职位所有者的个人关系，而且更为重要的是由官僚等级体系事先明确界定，下级向上级负责并服务于上级的目标，通过等级地位与官衔品级进行纵向协调，并且通过官衔的晋升与职位的升迁提供激励。同时，作为广大中小股东的代理人，保证股票的升值和优厚利润以及来自财务审查和舆论的压力，也为轮船招商局的管理人员在很大程度上提供了约束。例如，按照局规规定，"遇有紧要事件，有关局务，以及更改定章，或添置船只，兴造码头栈房诸大端，须邀在股众人集议，择善而行，弗得偏执己见"，"各分局银钱出入数目，按船逐次清厘，开列细账，连应解银两，一并寄交总局核收，每届三个月结小总，一年汇结大总，造册刊印，分送在股诸人存查；平时在局收付诸账，任凭在股诸人随时到局查阅"①。招商局还必须按年公布账略，并在《申报》和《北华捷报》上加以刊载，而其自身作为股东和经营者也有获取更多官利、余利和红利的动力。

轮船招商局的人事安排同时也说明它是一个企业主权占支配地位的企业治理结构，这一治理机制同时被一系列配套的制度安排所保证，诸如"息借官款"、"官利制度"、企业控制权安排与利润分配原则等。经营管理人员在其中起着非常重要的作用，这与当时社会环境条件下选择合适的治理人员的难度成正相关关系。当然，轮船招商局的这种人事安排也造成了"内部人控制"的局面，使企业在治理中面临着许多难以克服的矛盾和困难。

综上所述，轮船招商局的权利分享、利润分配以及人事制度安排等表明，它不是一个完全意义上的公司制企业，而是一种在中国特定环境中形成的"官权"与"股权"的合伙治理企业。

本文与燕红忠合作，原载《暨南学报》（人文科学与
社会科学版）2004 年第 4 期。

---

① 交通部、铁道部交通史编纂委员会编《交通史航政编》第 1 册，第 143～144 页。

轮船招商局与“丁戊奇荒”

　　光绪二年（1876）至光绪五年（1879），一场罕见的旱灾席卷了华北五省，此次大旱以光绪三年（1877，丁丑年）和光绪四年（1878，戊寅年）最为严重，"到处灾黎，哀鸿遍野，始则卖儿鬻女以延活，继则挖草根树皮以度餐。树皮既尽，亢久野草亦不复生，……路旁倒毙，无日无之"①，史称"丁戊奇荒"。这次旱灾尤以山西、河南两省灾情最重，又称"晋豫奇荒"。

　　轮船招商局是李鸿章在洋务运动时期创办的重要企业，也是经营得比较成功的官督商办民用企业。由于清政府谕命李鸿章负责"丁戊奇荒"的赈灾事务，李鸿章就安排轮船招商局参与了赈灾事务。那么，轮船招商局在这次赈灾中究竟有什么表现？本文拟对此问题略作探讨。

一

　　"救荒之策，首在筹粮。"② 近代以来，清政府因内外战事频仍，支出巨大，国库空虚。在这种千年不遇的大灾荒面前，只好多方筹措经费，从各地紧急调拨粮食，运往灾区发放或平粜。灾情紧急，刻不容缓。赈粮筹到之后，运输成为关键。当时，传统的河运已经衰落，海运悄然兴起，轮

---

①　（清）朱寿朋编《光绪朝东华录》第 1 册，中华书局，1958，第 409 页。

②　（清）李鸿章：《筹办晋赈片》（光绪三年八月二十三日），顾廷龙、戴逸主编《李鸿章全集》第 7 册，安徽教育出版社，2008，第 421 页。

船招商局主要是在经营海运。加之轮船招商局自同治十二年（1873）唐廷枢、徐润接手后，经过一系列大刀阔斧的改革，生意蒸蒸日上，特别是在光绪三年（1877）成功并购美国旗昌轮船公司后运输能力大大加强。在这种情形之下，李鸿章将运送赈粮的重任交给了轮船招商局。

早在光绪二年（1876）直隶出现灾情后，李鸿章就"复于运道关库竭力筹凑银十万两，发交轮船招商局，分赴奉天、江苏、安徽、湖广各省采买米麦杂粮"①。光绪三年（1877）八月，山西旱情持续加剧，李鸿章安排"津海关道黎兆棠、轮船局道员朱其昂，由津招商备粮二千石"②，辗转"自获鹿入晋"③。九月，河南发生严重旱情后，李鸿章又安排"丁寿昌等先拨银四万两，交道员朱其昂等赴南省采买小麦"④，"到十月份，共采买赈粮1.8万石，陆续用船运往京城和山西"⑤。大灾之年，各地商人都在囤积粮食，购粮之艰难非常人所能想象。从徐润致盛宣怀的信中可以窥见其艰难程度：

> 适以今年江南晚稻本不丰收，加之闽广去米不少，市价骤昂，殊难措手。幸即派人分赴常、镇、宁、皖等处，四路搜罗，业经办成半数，逐次运津，尚缺半数，拟于月杪、月初必须办足拨运，方不误济赈急务也。其余另饬津局拨船驶赴奉天、牛庄等处，采购杂粮运津拨济。⑥

在实际的赈灾过程中，轮船招商局不仅要负责赈粮的运输，而且在多数情况下还负责赈粮的采购、发放，甚至轮船招商局的一些负责人员还直

---

① （清）李鸿章：《直境被旱救荒折》（光绪二年闰五月初六日），顾廷龙、戴逸主编《李鸿章全集》第7册，第107页。

② （清）李鸿章：《筹办晋赈片》（光绪三年八月二十三日），顾廷龙、戴逸主编《李鸿章全集》第7册，第421页。

③ （清）李鸿章：《筹办晋赈片》（光绪三年八月二十三日），顾廷龙、戴逸主编《李鸿章全集》第7册，第421页。

④ （清）李鸿章：《筹济豫赈折》（光绪三年九月十九日），顾廷龙、戴逸主编《李鸿章全集》第7册，第443页。

⑤ 张后铨主编《招商局史》（近代部分），中国社会科学出版社，2007，第72页。

⑥ 《徐润致盛宣怀函》（光绪三年九月二十六日），汪熙、陈绛编《轮船招商局》（盛宣怀档案资料选辑之八），上海人民出版社，2002，第46页。

接参与赈灾活动。

轮船招商局购粮所需款项，一般由政府相关部门的官员（粮道）按数汇往招商局兑收，其不足部分由招商局垫付或筹借。晚清政府国库空虚，为了赈灾甚至不惜挪用军饷、练饷，李鸿章还"于北洋海防经费内两次借拨银十一万两"①，但仍然是捉襟见肘，远远不敷使用。光绪三年（1877）前后，适逢轮船招商局刚刚并购美国旗昌轮船公司，经历了一次"大出血"，经费紧张，但还是多次垫款购粮。光绪三年（1877）山西旱情严重时，李鸿章"业经饬据招商局道员朱其昂等节次筹款采办米粮一万八千石，陆续船运"②，然后辗转入晋。轮船招商局这次"奉办晋赈、平粜、冬施各粮，计十三万数千石之多"③，"所需购款计共四十二万，除湖北粮价解到四万，津海关、支应局拨到十三万外，净垫二十五万"④。光绪四年（1878），河南大灾，根据李鸿章的安排，朱其昂将轮船招商局垫款购买的赈米 3 万石借给河南，价值白银 12 万两，分三年归还。轮船招商局本是"商办"企业，轮船运输是其本业，而此次赈灾过程中不惜垫款购粮，为赈灾出了大力。

轮船招商局由于其"官督""官为维持"的背景，清政府赋予其许多特权，漕粮运输就是其中最主要的一项。漕粮运输是轮船招商局最稳定的收入来源，保证了它早期的竞争力。如，"浙江本年起运上年漕粮，……已在五成以上，……江苏漕米分拨较少，……嗣后务须分四五成拨给该局轮船运送，不得减少。至沿江沿海各省遇有海运官物，应需轮船装运者，即统归该局照章承运"⑤。此外，"近来云南解京铜斤，四川办运灯木，江浙采办官物，直晋购运赈粮，凡由海运者，均归招商局装载"⑥。这种专利

---

① （清）李鸿章：《京城平粜用款折》（光绪五年正月二十一日），顾廷龙、戴逸主编《李鸿章全集》第 8 册，安徽教育出版社，2008，第 312 页。

② （清）李鸿章：《筹议京城晋省运粜折》（光绪三年九月二十一日），顾廷龙、戴逸主编《李鸿章全集》第 7 册，第 451 页。

③ 《徐润致盛宣怀函》（光绪三年十月十八日），汪熙、陈绛编《轮船招商局》（盛宣怀档案资料选辑之八），第 47 页。

④ 《徐润致盛宣怀函》（光绪三年十月十八日），汪熙、陈绛编《轮船招商局》（盛宣怀档案资料选辑之八），第 48 页。

⑤ 中国第一历史档案馆编《光绪宣统两朝上谕档》第 3 册，广西师范大学出版社，1996，第 451 页。

⑥ 《光绪三年李鸿章奏稿》，聂宝璋编《中国近代航运史资料》第 1 辑下册，上海人民出版社，1983，第 945 页。

使轮船招商局在没有内部竞争的情况下得以全力对付洋商。但是，在"丁戊奇荒"这个特殊时期，轮船招商局所承运的官物中赈粮所占的份额最大，这些赈粮，一部分是从各地筹集的粮食，另一部分就是被截留用作赈济的漕米。被截留的漕米往往由李鸿章具体落实分配事宜，然后安排轮船招商局运往灾区。如光绪二年闰五月初八日（1876 年 6 月 29 日）清廷上谕称："兹据李鸿章奏称遵旨查明恳准截留漕粮等语。加恩著照所请，所有山东后帮粟米尽数截留，并将奉天本届牛庄运通粟米二千九百余石、锦宁广义四州县通运粟米一千七百余石一并截留，以备赈济之用。其顺天、直隶应如何分拨米数之处，该督等酌度办理。"① 又如光绪三年八月二十六日（1877 年 10 月 2 日）的上谕称："至此次截留江安漕米四万石，著李鸿章派委妥员运解至获鹿一带，由曾国荃委员接运，分拨各属。"② 再如光绪四年三月二十二日（1878 年 4 月 24 日）的上谕称："直隶灾黎甚众，虽经李鸿章筹款购粮分拨赈抚，而灾区太广，深虑未能遍及……加恩著拨给江苏漕米十二万石，江北漕米四万石，即由李鸿章就近截留，酌量分拨灾区。"③ 到光绪五年九月初四日（1879 年 10 月 18 日）的上谕还说："李鸿章奏直隶水灾较重前截漕粮不敷分拨恳赏给湖北来岁新漕一折。……前次截留漕米六万石恐不敷赈济，即照该督所请，著湖广总督、湖北巡抚将湖北来岁新漕三万石提前办运，赶于封河以前由轮船运赴天津。"④

赈粮主要是从东北地区和东南各省筹集，运往山西、河南、直隶三省。直隶有天津港口，南来北往之船只可以入港，然后经运河到通州运至京城，或者由陆路运至直隶其他地方，尚属容易。河南"于江皖邻境，就近购运较为便捷，患在缺银而亦不患无米"⑤。但是，山西在运输赈粮方面

---

① 中国第一历史档案馆编《光绪宣统两朝上谕档》第 2 册，广西师范大学出版社，1996 年影印本，第 200 页。

② 中国第一历史档案馆编《光绪宣统两朝上谕档》第 3 册，广西师范大学出版社，1996 年影印本，第 261 页。

③ 中国第一历史档案馆编《光绪宣统两朝上谕档》第 4 册，广西师范大学出版社，1996 年影印本，第 109 页。

④ 中国第一历史档案馆编《光绪宣统两朝上谕档》第 5 册，广西师范大学出版社，1996 年影印本，第 279 页。

⑤ （清）李鸿章：《洋米无庸购运折》（光绪四年五月十四日），顾廷龙、戴逸主编《李鸿章全集》第 8 册，第 84 页。

的困难较上述两省要大得多。山西地形复杂，交通不便，运输赈粮须走海路先至天津，或由南方各省运至河南，然后走陆路，几经辗转方可到达，运费几乎可抵赈粮之价，因此"脚费太巨，患在难运而不患无米"①。尽管如此，轮船招商局还是承担了赈粮的转运。光绪二年（1876）四月，李鸿章就"奏准招商贩运奉粮来津，已备各属转运平粜"②。光绪三年（1877）九月，朱其昂筹垫银两，派员分赴江北苏州、常州、镇江、上海等处采购赈粮，由轮船招商局从上海运往天津，不到一个月 5 万石粮食全部运完，"购办甚为迅速"③。值得一提的是轮船招商局运输赈粮运费是很低的，"所有盛营由镇运赈米来津水脚一节……以赈济善举，照军米减半收取"④。有时轮船招商局还要垫付运费。"今令办运救荒粮米，既不开支栈租辛工等项，且须较寻常装货减支水脚，以轻粜价"⑤，"前因拨作晋赈，已奏明将运通剥费即贴补转运赈粮之需"⑥，"并据朱其昂等招雇船车，将米石陆续由津运抵通州"⑦。由于赈粮运输量过于巨大，轮船招商局的船只不敷调用，不得不另雇"洋商大号茶船帮同协运"⑧。"各商户多以道远亏折为辞"，于是"招商轮船局议定，凡商户购运赈粮赴津，即照代运兵米章程连包绳一百五十斤为一石，保险、栈费、上下扛力在内，每石水脚银湘平四钱二分"⑨，各商户方肯出力运粮。因时近封河，不得不在大沽起货，

---

① （清）李鸿章：《洋米无庸购运折》（光绪四年五月十四日），顾廷龙、戴逸主编《李鸿章全集》第 8 册，第 84 页。

② （清）李鸿章：《直境被旱救荒折》（光绪二年闰五月初六日），顾廷龙、戴逸主编《李鸿章全集》第 7 册，第 107 页。

③ （清）李鸿章：《分途运粮入晋片》（光绪三年十一月初二日），顾廷龙、戴逸主编《李鸿章全集》第 7 册，第 490~491 页。

④ 《光绪三年十月廿日黄建筦致张叔和、徐润、唐茂枝、郑官应函稿》，聂宝璋主编《中国近代航运史资料》第 1 辑下册，第 950 页。

⑤ （清）李鸿章：《直境被旱救荒折》（光绪二年闰五月初六日），顾廷龙、戴逸主编《李鸿章全集》第 7 册，第 107 页。

⑥ （清）李鸿章：《分途运粮入晋片》（光绪三年十一月初二日），顾廷龙、戴逸主编《李鸿章全集》第 7 册，第 491 页。

⑦ （清）李鸿章：《京城外变通平粜折》（光绪三年十一月二十八日），顾廷龙、戴逸主编《李鸿章全集》第 7 册，第 500 页。

⑧ 《徐润致盛宣怀函》（光绪三年十月十二日），汪熙、陈绛编《轮船招商局》（盛宣怀档案资料选辑之八），第 47 页。

⑨ 《天津招商局运米告示》，《申报》光绪戊寅年二月初三日（1878 年 4 月 2 日）第 2 页。

"大车驳运贴费亦巨"①。

二

在赈灾过程中，轮船招商局的负责人不仅严谨行事，使得"赈需无误，而数百万生灵，得资济赈"②，而且他们还分赴各地直接参与主持赈务。尤其是朱其昂，在这次赈灾中尽职尽责，辛勤操劳。《清史稿》载，"光绪初，直、晋灾，（朱）其昂输私财力任赈抚，以劳致疾，鸿章特委权津海关道，越三日卒"③，可谓献身于赈灾工作。李鸿章在奏折中专门谈了朱其昂在这次赈灾中的情况："直省连年水旱，该道节次捐赈办粜，借济民食。又以晋省大灾，迭办赈粜，各粮源源运济，复捐巨款助赈，并购办豫省赈米，事务愈繁，焦劳愈甚，虽当冰雪严寒，不少休息。近因京城平粜，往来跋涉，心力交疲，四月间感受风寒，倍常委顿，尚以责无旁贷，力疾支持，不期积劳已深，病势日重，竟于五月初一日殁于天津差次。弥留之际，犹谆谆以局务赈务为念，续筹银两捐济晋赈，其公而忘私之概，至死不移。"④

朱其昂是轮船招商局的创始人之一，在唐廷枢到来之前，一直担任招商局总办，深得李鸿章信任。因为朱其昂早年曾经营沙船运送漕粮，所以在此次赈灾中被李鸿章倚为得力助手，多次参与赈粮的筹集、运输，甚至还负责接收，平粜。李鸿章在奏折中说："臣商饬轮船招商局道员朱其昂、唐廷枢，筹借资本，赴南省赶紧购买大米，于封河前运津，即由该员等于通州设转运局，于京城相地设平粜局，妥为试办。"⑤ 由于山西地形复杂，

---

① 《清查整理招商局委员会报告书》下册《1877 年账略》，转引自朱荫贵《论清季轮船招商局的资金外流》，见易惠莉、胡政主编《招商局与近代中国研究》，中国社会科学出版社，2005，第 606 页。

② 《徐润致盛宣怀函》（光绪三年十月十八日），汪熙、陈绛编《轮船招商局》（盛宣怀档案资料选辑之八），第 48 页。

③ 赵尔巽等撰《清史稿》第 41 册，中华书局，1977，第 12577 页。

④ （清）李鸿章：《为朱其昂请恤折》（光绪四年五月十四日），顾廷龙、戴逸主编《李鸿章全集》第 8 册，第 84 页。

⑤ （清）李鸿章：《筹议京城晋省运粜折》（光绪三年九月二十一日），顾廷龙、戴逸主编《李鸿章全集》第 7 册，第 451 页。

不便运输，只能将赈粮运至直晋交界之获鹿、东阳关等地，再进行交接，方能入晋。在这次赈灾高强度的工作中，朱其昂积劳成疾，为赈灾事务捐躯。李鸿章如痛失左膀右臂，亲自上奏折为其请功，最后"诏优恤，赠光禄寺卿"①。这是清廷对朱其昂功劳的肯定，也是对轮船招商局在这次赈灾中贡献的肯定。朱其昂去世后，"其所遗招商局务，京城及直晋枭赈各粮事宜，即令该员兄弟候选郎中朱其纯，湖北候补道朱其诏，分往接办，并清理未完事件"②。朱其诏为朱其昂之弟，与朱其昂、盛宣怀、徐润同为招商局会办，此前一直协助朱其昂办理赈务，此时接替朱其昂职位，继续从事赈灾事务，其劳绩也得到了清廷的肯定："直隶候补道王定安、湖北候补道朱其诏均著遇有该省道员缺出尽先题奏，……此次转运山西赈粮，各该员不辞劳瘁，俾灾黎得资接济，是以均照所请给奖，嗣后不得援以为例。"③

轮船招商局督办盛宣怀则投身于民间的赈灾形式——义赈活动中。义赈最早就是在此次赈灾活动中出现的，是近代慈善事业兴起的标志。最初由江南富商李金镛发起，得到了唐廷枢、徐润、胡雪岩等人的大力支持，盛宣怀则积极为义赈奔走呼号。轮船招商局在这次义赈中捐了白银18504.4两，其总办唐廷枢，会办徐润、朱其昂、朱其诏等人捐款白银500两到1300两不等。

轮船招商局参与此次赈务与李鸿章关系极大。轮船招商局是李鸿章一手创办的，被李鸿章视为自己的得意之作。虽然轮船招商局一直标榜官督商办，但在实际上自始至终都是"官"居主体，最高决策权掌握在李鸿章的手里。轮船招商局所承办的赈务，基本上都是李鸿章安排的，实际上是政府摊派的一种被动行为。"用轮船局委员一力承办，名为招商，实与官运无殊"④，招商局承运赈粮可以说是对清政府的一种报效。

李鸿章在此次赈灾过程中举足轻重。清政府的每个赈灾举措往往是由

① 赵尔巽等撰《清史稿》第41册，第12577页。
② （清）李鸿章：《为朱其昂请恤折》（光绪四年五月十四日），顾廷龙、戴逸主编《李鸿章全集》第8册，第85页。
③ 《清实录》第53册，中华书局，1987年影印本，第124页。
④ （清）朱寿朋编光绪《东华续录》卷一九，顾廷龙主编《续修四库全书》第383册，上海古籍出版社，2002，第194页，

朝臣据情奏报后，光绪帝再令李鸿章负责具体实施。如光绪三年八月二十六日（1877 年 10 月 2 日）上谕所说：

> 本年山西、河南亢旱成灾，山西尤甚，……前据侍郎夏同善奏请加拨赈帑，当经谕令户部、李鸿章迅速筹议具奏。①

再如光绪三年九月十七日（1877 年 10 月 23 日）上谕所说：

> 翰林院编修何金寿奏请早筹巨款、购粮平粜一折，……该编修请饬筹借银一百万两，分路购粮，并各处设立粜运、平粜等局，是否能行，望李鸿章酌度情形，妥速筹画，奏明办理。②

李鸿章在具体筹办赈务时，往往会视灾情做出一些合理的调整。光绪三年（1877）九月，李鸿章就奉拨山西河南两省赈粮问题专门上奏折请求变通处理：

> 遵查前奉八月二十六日上谕：本届起运江安漕粮着截留四万石，由李鸿章、曾国荃设法运解山西，以备赈济之需等因。钦此。其时江安漕粮已运抵通坝，天津无可截收，……臣再四筹酌，与其将通坝收竣之米再行拨出运解，多费周折，不若提办江广新漕为便。查每届江西采办漕米八万石，湖北采办漕米三万石，历由轮船招商局承购承运，妥速无误。光绪四年新漕即应照办，若此时提办五万石以抵续拨江安漕粮四万数千石，责成该局道员朱其昂、唐廷枢等克期购齐，由轮船运津，既甚便捷，亦多节省。③

而这一建议也获得了清廷的采纳，认为李鸿章"所筹变通办理，甚合

① 中国第一历史档案馆编《光绪宣统两朝上谕档》第 3 册，第 261 页。
② 中国第一历史档案馆编《光绪宣统两朝上谕档》第 3 册，第 301 页。
③ （清）李鸿章：《奉拨晋豫赈粮请变通办理折》（光绪三年九月初三日），顾廷龙、戴逸主编《李鸿章全集》第 7 册，第 440 页。

机宜，……速将购价运脚银两即行发交道员朱其昂等，赶紧领办"①。

在具体的实施过程中，李鸿章可谓是做到了细致入微，一丝不苟。从大的方面来看，他要精心计算选择运粮路线，既要兼顾各省灾民，又要尽可能地节省运费。从小的方面来看，他对如何选择平粜地点都要精心考虑：

> 奏为京城外平粜设厂，防范难周，拟请变通办理，……此次系招商局借款经办，该局本无余力，只以事关根本民食，不得不竭蹶兼营。近来城外抢劫频闻，粜局设有疏虞，商本即归乌有，亦非体恤远商之道。臣再四遵旨酌度，城外设局利少害多，似不如仍照原议，在正阳、崇文门外一带设厂平粜，人烟稠密之地，既可便民，而各段官弁兵役亦得就地照料防范，似较周妥。②

甚至招商局运输赈粮的明细账目李鸿章都要亲自过目，并一一核实。

> 查阅来单，所开米粮各价与云甫前报清折大致尚属相符。惟白籼米一项，价银自二两三钱五分至二两零五分，云甫开报二两七钱五分，未免悬殊，已函饬查明，据实禀复核办。至轮船水脚，云甫系统按照四钱五分核计，来单谓每石约计六钱，虽十月间封河期近，米粮拥挤，脚价间有加增，而以每石多银一钱五分，照十七万二千余石计之，约合银二万五千余两，续增脚价似无如此之多，望仍于垫款内核明扣除，以昭核实。公项少一分开销，灾区即多一分实惠，此等必须丝丝入扣，以息浮言。③

在这次赈灾活动中，李鸿章虽然不同意挪用北洋海军经费进行赈灾，

① 中国第一历史档案馆编《光绪宣统两朝上谕档》第 3 册，第 287 页。
② （清）李鸿章：《京城外变通平粜折》（光绪三年十一月二十八日），顾廷龙、戴逸主编《李鸿章全集》第 7 册，第 500 页。
③ （清）李鸿章：《复上海招商局候选道徐》（光绪三年十二月初七日），顾廷龙、戴逸主编《李鸿章全集》第 32 册，2008，第 182～183 页。

但在紧要情况下还是拨付了一部分经费。光绪三年（1877）三月，针对曾国荃奏请"现拨南北洋海防经费，请将此项借拨银一二十万两，以应急需"，虽然"此系海防专饷，总理衙门与户部原奏未可挪作他用"①，李鸿章还是拨给了 10 万两。同年七月，兵部右侍郎夏同善向清廷奏请拨"天津海防经费项下拨银三十万两"②，李鸿章在"海防经费拟购外洋军火，一经购成，即须付价，势难先作他用，临时无以应急，失信洋人"③ 的情况下，还是拨给了 20 万两白银。

三

从企业经营的角度考虑，轮船招商局试图通过参与这次赈灾活动，来树立自己良好的企业形象，为企业发展创造更多的有利条件。光绪三年（1877）九月，唐廷枢、徐润等轮船招商局主要负责人筹划上奏清廷，"拟将各省公款停利三年，自第四年起，按分四年提还本银"，以使"官款既不致久悬，而商局仍本利清偿，其气既宽，商力借能舒展"④。恰在此时，轮船招商局接到了向山西河南赈粮筹运任务，徐润等负责人认为"此次购粮济赈有关奏案，苟得迅速竣事，上游庶知商局办公妥善，关系匪轻，不特停利三年之议可望允行，或可径请免利，岂非与局务大有裨益乎？"⑤ 轮船招商局也凭借自己在此次赈务中的贡献，获得了诸如"搭货二成进出海口，免于输税，……沿途经过关卡，照案迅速验放，免征厘税"⑥ 的特权，令"其他轮船望尘莫及"⑦。

① （清）李鸿章：《借拨晋赈折》（光绪三年八月初八日），顾廷龙、戴逸主编《李鸿章全集》第 7 册，第 417 页。
② 中国第一历史档案馆编《光绪宣统两朝上谕档》第 3 册，第 250 页。
③ （清）李鸿章：《筹拨晋豫赈款折》（三年八月二十三日），顾廷龙、戴逸主编《李鸿章全集》第 7 册，第 420 页。
④ 《徐润致盛宣怀函》（光绪三年九月二十六日），汪熙、陈绛编《轮船招商局》（盛宣怀档案资料选辑之八），第 45～46 页。
⑤ 《徐润致盛宣怀函》（光绪三年九月二十六日），汪熙、陈绛编《轮船招商局》（盛宣怀档案资料选辑之八），第 46 页。
⑥ （清）李鸿章：《直境被旱救荒折》（光绪二年闰五月初六日），顾廷龙、戴逸主编《李鸿章全集》第 7 册，第 107 页。
⑦ 聂宝璋编《中国近代航运史资料》第 1 辑下册，第 952 页。

　　与所获得的特权相比，轮船招商局因为参与这次赈灾，付出的代价还是太大了。一个企业首先要考虑的是自己的经济效益以及自身的发展。轮船招商局在赈灾活动中却遭受了很大的损失，即使是在"客货正涌"的营业旺季，也得停止正常的客货运输，从事赈粮运输，同时还要经常"垫付粮款"，以至于招致了一些商股的反对，激化了招商局内部的矛盾。尽管如此，轮船招商局还是自始至终参与了这次赈灾活动。

　　在李鸿章的主导安排下，轮船招商局在光绪二年（1876）至光绪五年（1879）的"丁戊奇荒"中，克服万难，"转运赈粮，源源协济，饥民全活甚多"①，为赈灾做出了积极的贡献。这次赈灾活动不仅稳定了当时的社会秩序，而且在相当程度上缓和了阶级矛盾，为以后社会经济的发展保存了劳动生产力。

　　　　本文与马孝奇合作，系"探索与自强——李鸿章学术研讨会"
　　　　论文，收入程红主编《探索与自强——李鸿章学术研讨会
　　　　论文集》（安徽教育出版社，2013）。

---

① 《清实录》第53册，第124页。

第四编

文化与教育

太平天国的经济政策与中西文化

太平天国的经济政策和经济建制是中国传统因素沉积和积累的结果，也是西方商品输入和基督教文化影响之下的产物。史学界对太平天国的经济政策多有研究，成果颇丰，[①] 但是缺乏从近代中西文化冲突的角度进行探讨，本文拟从经济政策和中西文化冲突的互动层面对太平天国运动进行一些粗浅的分析和探讨。

一 太平天国经济政策的设置及其演变

太平天国的许多经济政策早在金田起义前后的斗争实践中已经得到了初步实施，体现太平天国经济建制和经济思想的主要纲领性文件则是清咸丰三年（1853）建都天京之后所颁行的《天朝田亩制度》。根据《制度》规定，在土地和其他生产物上实际要执行的是带有很强公有制色彩的"上帝"所有制；在个人消费品的分配上，太平天国领导者及其民众追求的则

---

① 直接论述太平天国经济政策的论文有俞沛铭《论太平天国经济政策的实质》，《南京师范学院学报》（社会科学版）1981 年第 2 期；何希芝：《太平天国的经济措施及政策》，《史学月刊》1990 年第 6 期。其他有关经济政策的论文有龙运盛《关于太平天国的土地政策》，《历史研究》1963 年第 6 期；赵德馨：《论太平天国实行的土地政策》，《湖北财经学院学报》1982 年第 1 期；段本洛：《关于太平天国后期的商业政策问题》，《苏州大学学报》（哲学社会科学版）1983 年第 2 期；郭毅生：《太平天国的田赋政策》，《太平天国学刊》（第 1 辑），中华书局，1983；段本洛：《论太平天国手工业政策的演变》，《苏州大学学报》1984 年第 4 期；赵德馨：《论太平天国的城市政策》，《历史研究》1993 年第 2 期等。

是一种"处处平均"、自给自足的供给制度和绝对平均主义的分配方式。在《天朝田亩制度》中不仅详细规定了土地等生产资料的使用和分配原则,而且还规定了副业生产和分配的方案。

> 凡天下,树墙下以桑,凡妇蚕绩缝衣裳。凡天下,每家五母鸡,二母彘,无失其时。凡当收成时,两司马督伍长,除足其二十五家每人所食可接新谷外,余则归国库。凡麦、豆、苎麻、布帛、鸡、犬各物及银钱亦然。[①]

相应地,在手工业和商业政策上则施行官营形式,建立"诸匠营""百工衙",取消社会发展中的商品生产和流通,进行直接的生产和分配。这种生产物的"上帝"所有制和平均分配的分配方式,体现了太平天国对沿袭几千年的生产资料私有制的彻底否定。然而,这种"公有产权"的安排既没有反映广大群众对土地和生产资料所有权的愿望,也无法阻止等级制度、剥削和压迫制度在事实上的存在。

根据人类社会发展的内在规律,公有制只适用于生产力高度发达的共产主义社会或者生产力低下的原始公社时期。现代产权经济学家德姆塞茨指出:

> 在不同的环境下,所有权的生产性也不相同。如果资源并不稀缺,强制推行私人资源所有权不仅收益甚微,而且还要付出成本。
> ……只有在稀缺资源的价值变大,资源使用的监督难度提高,生产的竞争性加强,资源的用途增多,被使用的资源不确定性更大,使用的时期更长等一系列条件下,完整的私人所有权的生产率才会提高。[②]

诺思指出,以往历史上,"在统治者(及其团体)最大限度增加其租金的所有制结构同减少交易费用和鼓励经济增长的有效率的制度之间,一

---

① (清)洪秀全等:《天朝田亩制度》,中国史学会主编《中国近代史资料丛刊·太平天国》第1册,神州国光社,1952,第321~322页。
② 〔美〕哈罗德·德姆塞茨:《所有权、控制与企业——论经济活动的组织》,段毅才等译,经济科学出版社,1999,第28~29页。

直存在着紧张关系。这一基本的二元结构，是社会未能经历持久的经济增长的根本原因"①。他认为，历史上各个时期经济绩效不佳的基本原因在于个人收益与社会收益不相等所产生的"白搭车"行为。相对于古代社会，近代社会经济结构的主要特征就在于私人所有权的适当界定和有效转让，近代化的过程实质上就是从等级特权向有效产权转化过程，而产权的一个有效功能就是要为实现外部效应更大程度的"内部化"提供行动的动力。资本主义之所以能用几百年的时间创造出比以往数千年历史更高的生产力，就在于其产权结构对于经济的激励作用，在于其产权结构的重新界定对于经济增长所提供的持续动力。因此，太平天国的"上帝"所有制和分配领域中的平均主义同近代化的步调是相违背的。

太平天国早期经济政策和"公有产权"制度安排的经济效应在以下几个方面。

第一，太平天国"公有产权"的设定，并非出于生产效率的考虑，而是基于上帝教的信仰和平均分配的分配方式的要求。虽然太平天国统治者从来就没有打算将这种生产和分配方案完全付诸实施，但是单纯这种理想，对于当时面临天灾人祸，陷入失业、破产、饥饿、死亡困境的劳苦大众来说，也是一种激励。而且随着这种方案的部分实施，太平天国的许多参与者事实上也从以前的一无所有变成了拥有一定生产资料和生活资料的所有者。然而，由于这种产权安排极易产生"白搭车"现象，在当时的历史条件下，它既不可能实现，也不意味着会产生持久的效率。在这种公有财产制度下，太平天国任何成员都不可能排除他人分享自己努力所取得的成果，而且他们也不大可能会产生争取最优行动的动机。个人反抗国家强制力的代价，导致他们历来对国家规章的冷漠和顺从，而不管这些规章是多么不堪忍受。因此，太平天国的下层民众理所当然地会采取消极的态度和方式进行反抗，这常常会阻碍经济的效率。

第二，既然太平天国领导人所拥有的权力主要来自"天父"的授予，来自上帝框架下对生产性资产所拥有的所有权，所以一切生产物除供给一

① 〔美〕道格拉斯·C. 诺思：《经济史上的结构和变革》，厉以平译，商务印书馆，1992，第25页。

家所需外，其余均应缴归国库（圣库），天王及诸王作为先知代理天父上帝行使生产资料的所有权和分配剩余产品权。这种形式上的共同占有生产资料和平均分配的"理想"方案，并不能否认统治集团内部享有等级特权。这种"上帝"所有制所导致的最主要的后果便是政治权利与经济财富的融合。太平天国成员仅仅通过赢得统治者的信任便可以获得一定职位，甚至可以封王赏爵，跻身于统治阶层。而一旦跻身于某一特定阶层便意味着拥有相应的权利和财富，反之亦然。这样，弱者的生存策略便是依附于强者，而无须通过界定和保护自己的产权获得外部收益。

第三，这种"上帝"所有制及其分配方式给太平天国统治者带来的又一个重要效用就是他们可以通过经济上的完全垄断保证国家租金的最大化，通过占有很大一部分产出以保证战争的供给，满足自身消费的权利并维护其等级秩序和个人特权。统治阶层中的单个领导者将会尽力避免触犯有权势和有地位的其他竞争者，而很少顾虑这样做对经济效率的影响。下级官吏总是极力依附于上一级或更高级的官吏，各个阶层的统治者都存在强烈的动机去加强他们自身在领导层中的地位，同时将亲人或"亲信"安置在重要职位上，以建立自己的"派系"。从天王、东王到后来的忠王、英王，事实上都有着自己的信任范围和"党派"势力。他们之间的竞争和内讧是导致太平天国内部自相矛盾、相互残杀和分裂的基本成因。

第四，这种产权安排和"派系"势力的存在还导致了另外一个至关重要的后果，那就是各级领导者对传达下来的政策的实质内容不再感兴趣，他们更加关心的是谁在推行这些政策。政策和决议，尤其是那些可能会损害一部分官吏利益的措施，实施的速度和效果很大程度上依赖于推行者的自身实力。咸丰七年（1857）以前，东王杨秀清实际充当这一角色，在很大程度上保证了太平天国国家机构的有效运转。而到洪仁玕时代，许多政令则根本无法推行，许多正确的战略方针均因将领们各行其是而遭到了破坏，洪仁玕作为总理朝纲之大员，"欲实行改革而事事均受各王之牵制"[①]，甚至到了被迫要带兵亲征的地步。因此，经济政策

---

① 〔英〕富礼赐：《天京游记》，简又文译，中国史学会主编《中国近代史资料丛刊·太平天国》第 6 册，神州国光社，1952，第 956 页。

的长期低效和激励机制的不合理，是存在"朋党之弊"和职权与事权不对称的深厚土壤，最终导致了太平天国政治和军事的整体低效。

当然，我们并不是说"上帝"所有制的公有产权安排必然会导致上述经济效应的产生，而是在当时生产力较为低下、监督成本较为高昂、信息传递较为滞后的条件下，当这种产权安排从经济政策到政治体系均无法避免其内部成员"白搭车"之时，上述经济效应势必会成为必然。因此，太平天国经济政策的最初制定对于其后整个太平天国运动的发展均有着较为深远的影响。

经济发展有其内在的规律，经济政策的制定不仅仅依赖于统治者的激情和偏好。面对残酷的战争环境和现实经济低效率的事实，太平天国领导者不得不转让部分所有权以换取税收。因此，太平天国经济政策的设置主要是基于上帝教的信仰，而其政策变迁则主要是迫于国家赋税的要求。

就土地政策而言，早在咸丰三年（1853）太平军西征时便在江西南昌城外实行了"计亩征粮"。咸丰四年（1854），东王杨秀清等奏请天王洪秀全在安徽、江西照旧征粮纳税："兵士日众，宜广积米粮，以充军储而裕国课。弟等细思，安徽、江西米粮广有，宜令镇守佐将在彼晓谕良民照旧交粮纳税。"[1] 实际上，太平天国的前期和后期以及不同地区的土地政策存在着很大差异。但概括而言，其政策演变大体经历了以下三个阶段。一是"以实种作准"，"计亩造册，着佃收粮"，向农民直接征收钱粮，在事实上承认农民对土地的使用权甚至所有权，这一政策在太平天国运动前期一度被广泛推行。二是向地主征收钱粮，允许地主收租，但其收租情况要受到太平天国地方政府的监督和限制。这是太平天国运动期间推行的最主要的土地田赋政策。三是太平天国后期一度设租息局、总仓厅，帮助地主收租，甚至对农民的抗租斗争进行镇压，以应付战争对大量谷米的急需。

在工商业方面，随着"物资渐乏"局面的出现，太平天国很快便由"商贾资本皆天父所有，全应解归圣库"，"凡物皆天父赐来，不需钱买"的官营形式转变为"士农工商各力其业"的政策。咸丰五年（1855）一月

---

[1] （清）张德坚：《贼情汇纂》卷七《伪文告上》，中国史学会主编《中国近代史资料丛刊·太平天国》第 3 册，神州国光社，1952，第 203 ~ 204 页。

以后，天京恢复了家庭制度，"圣库制度"逐渐废弛，太平天国政府对独立的手工业者采取了听任自由经营的方针，允许私人自由贸易，并给予一定的救济扶持。特别是洪仁玕总理朝政之后，对工商业的扶植和资助力度更为加强，采取了一系列保护、支持和轻税措施。例如咸丰十年（1860）太平军占领苏州后左同检熊万荃针对当时一批难民无以为业的状况下令："无资本者，具呈请领本钱，或呈明何业认领何等货物，仍估定货价，于售卖后缴还钱七成，留三成，俾其永远借以转运。"① 李秀成在苏州也采取过类似的措施，"各门外百姓无本为业，亦计给其资，发去铜钱十余万串"②。咸丰十一年（1861）太平军在濮院等地曾多次发布文告以保护工商业者："尔等子民勿必惊疑，通商贸易，……晓喻居民迁回镇上，安居乐业，开店贸易"③，"士农工商各安恒业"④。

在太平天国经济政策的演进中，最引人注目的莫过于咸丰九年（1859）颁布的《资政新篇》。洪仁玕试图通过学习西方国家的"邦法"和"技艺"，在中国建立农业资本主义，试图通过重新界定产权以鼎新太平天国的经济制度，实现富国强兵之目的。但他所提出的政策基本上没有得到实施。

从太平天国经济政策的演变过程可以看出，尽管它取得了一定的成效，但由于其政策变迁既不是基于成本—收益的权衡，也不是统治集团有意识有目的有步骤有计划的变迁结果，其效果并不很理想。许多政策的演变具有很大的随意性和不确定性，并成为破坏一些、打破一些、保留一些、恢复一些的复杂而又矛盾的过程。

二　中西文化演进的不同路径及其内在冲突

以上从正式制度层面对太平天国经济政策的设置进行了一些分析，而

---

① （清）潘钟瑞：《苏台麋鹿记》卷上，中国史学会主编《中国近代史资料丛刊·太平天国》第5册，神州国光社，1952，第276页。

② （清）李秀成：《李秀成自述》，太平天国历史博物馆编《太平天国文书汇编》，中华书局，1979，第512页。

③ （清）沈梓：《避寇日记》，太平天国历史博物馆编《太平天国史料丛编简辑》第4册，中华书局，1963，第65～66页。

④ （清）沈梓：《避寇日记》，太平天国历史博物馆编《太平天国史料丛编简辑》第4册，第72页。

对于其经济政策所产生的实际绩效，我们只有通过加入非正式制度的文化机制才可能得到合理的解释。现代新制度经济学认为：制度是指一系列被制定出来的规则、守法程序和行为的伦理道德规范，它旨在约束追求主体福利或效应最大化的个人行为。制度可分为正式制度安排和非正式制度安排两部分。正式制度安排是指人们有意识地制定的一系列的政策法规，它主要包括宪法秩序和具体的操作规则；非正式制度安排则是指由文化演进所形成的行为的伦理道德规范，它主要来源于人们对现实的理解和意识形态。

在非正式制度安排中，意识形态处于核心地位，而文化机制则构成了其主要内容。非正式制度安排对于正式制度安排的合法性，对于现实契约关系是否正义或公平的评判都是至关重要的。文化进化虽然是我们不能在结构上加以改造的，但它却始终对我们的行动具有约束力。数千年以来，东西方文明是沿着两条不同的轨道向前演进的。文化是骨子里的东西，东西方文化的相遇与接触总会不可避免地产生碰撞。西方传统社会整合的基础是宗教，而中国则家国同构，国家制度是家族制度的扩大，人伦控制始终具有特殊重要的意义。在西方，公民与上帝之间的关系是一种契约关系，单个公民作为上帝的选民可以单独取得上帝的信赖，人作为自然的人必须受到绝对尊重；另外，个体之间以及个体与群体之间在权利和义务上是均衡的，他们之间实际上是一种横向关联，坚持在上帝面前人人平等。这种精神特质使得近代西方人在天赋人权、自由、平等的思想支配下，具有界定私人产权的强烈动机和现实基础。而在中国，人与人之间的关系是一种纵向联系，是一种以血缘、宗法、等级为内容的人际关系网络，是一种以"辈分""伦理"为基础的尊卑等级秩序，即所谓"君君、臣臣、父父、子子"，"万物本乎天，人本乎祖"，"身体发肤，受之父母"，在中国传统社会中独立的人格并不被提倡。

步入近代，西方基督教文化中的契约精神逐渐为功利主义的哲学观念所支配，道德生活的根本在于"最大多数人的最大幸福"之原则。根据他们的信念，当人们的利益同伦理道德体系发生矛盾时，作为理性的选择，就应当改变人们的道德观念以追求"最大幸福"。西方这种利益—道德—利益的"利益支配型"伦理文化反映过程，也曾使风云人物拿破仑为宇宙演化没有为上帝留下位置而深表遗憾。而在中国，伦理道德原则实际上是一种"价值优先"型道德体系。当遇到外来文化（或制度）挑战时，首先考虑的是它是否符合中国的道德准则，是否有违于中国的伦理道德体系，而很少会像西方人那样基于成本—收益的理性思考。这种道德—利益—道德的反映过程无疑是我们的遗传因素和文化禀赋中所包含的道德偏好。虽然当有悖于这种偏好的持续变化或影响着人们福利的事件不断发生时，我们的文化观念，我们的意识形态最终会发生改变，但其进程却可能异常缓慢。这在很大程度上注定了我们的近代化道路曲折、坎坷而漫长。因此，在人类社会近代文明诞生之际，中国的道德理想和伦理信念不仅不能够为自由资本主义的成长提供契机，而且面对日益东渐的外来文化也近乎束手无策。太平天国之所以没有改变中国之命运，很大程度上就在于其未能破译传统文化的"遗传密码"。

19 世纪 40 年代，中国社会动荡，阶级矛盾异常尖锐，洪秀全等人通过同西方传教士的接触，创立了拜上帝教。他们试图用上帝教来鼎新中国当时久已沉闷、压抑的社会思想，并且为太平天国的建立和发展准备条件。他们将基督教教义中的"上帝"引入中国，并借用上帝来"斩邪留正"，破除偶像崇拜，把矛头直接指向中国传统文化。洪秀全于道光二十三年（1843）在莲花塘私塾砸了孔子牌位，道光二十八年（1848）又在《太平天日》一书中编造了一个上帝鞭挞孔子的神话故事。金田起义后，随着太平天国前期对敌斗争的不断胜利，洪秀全等人对传统的伦理道德采取了更为激烈的批判态度。定都天京之后，太平天国领导者又系统翻译了《旧遗诏圣书》（《旧约》）和《新遗诏圣书》（《新约》），在太平天国统治区内进行广泛宣传，建立了基督教式的礼拜堂，进行忏悔和祈祷。他们直接以"十款天条"作为军事纪律，并将战争的胜败归功于上帝的意向。直到同治三年（1864）天京陷落前夕，洪秀全仍然坚持"朕天生真命主，不用兵而定太平一统！"[①] "朕奉上帝圣旨、天兄耶稣圣旨下凡，作天下万国独一真主，何具（惧）之有？"[②] 可以说，洪秀全是最早引入西方文化的代表人物之一，也是基督教上帝的最"虔诚的信教人"。然而，洪秀全及其

---

① （清）李秀成：《李秀成自述》，太平天国历史博物馆编《太平天国文书汇编》，第 514 页。

② （清）李秀成：《李秀成自述》，太平天国历史博物馆编《太平天国文书汇编》，第 528 页。

信徒，毕竟是生长在传统文化的沃土之中，他们血管中仍然流淌着祖先们赋予的血液。虽然他们放弃了偶像，只拜上帝，但是细细体味他们的言词和信条，与其说是信奉上帝还不如说是信仰天命。虽然他们对传统文化进行了激烈批判，但却是采用"敢将孔孟横称妖，经史文章尽日烧"的最原始最野蛮的方式进行的。美国社会学家罗斯观察了19世纪后期的中国社会状况之后曾说："中国人的思想明显地处于停滞不前的状态，这不是由于社会发展造成的，而是因为他们囿于某些宗教般的信条或观念之中（的结果）。"[①] 因此，"拜上帝教"本质上是中西文化冲突的产物，也是洪秀全等人将其民族化的结果。

从洪秀全的早期著述可以看出，他一方面坚持反孟批孔，另一方面又不得不援引远古时代帝王圣人的警句与制度来为自己寻求理论依据。到后来，洪秀全又不得不将西方的"上帝"与中国的"天道"结合起来，把上帝融入天道，甚至要将天国移到人间，把自己装扮成上帝的次子来为自己树立权威。洪秀全还对《旧约》和《新约》进行了大量有利于自己的批注，并将《天命诏旨书》改称《真约》，将其提高到同《圣经》相同的地位。早在道光二十七年（1847），美国传教士罗孝全就认为洪秀全的思想不纯，不是"合格"的教徒而拒绝为他进行洗礼。美国公谊会牧师卑治文曾说："他们也许是名义上的基督徒，但他们在实际上是最严格的破坏偶像者。"[②] 美国浸礼会牧师霍姆士访问天京之后说："我发现根本没有什么基督教的原理在内，只有徒具基督教的虚名，并且加以滥用，把它当作一种令人憎恶的偶像崇拜制度而已。""他们的教义最使我感到震惊的就是：他们竟提到了天父的妻子，并称之为天母等等。"[③] 虽然许多西方人士是站在自己的立场上怀着不同的动机对太平天国进行评述的，但是洪秀全等人并没有领悟和把握西方基督教文化的内核也是事实。这部分是由于中西文化刚刚接触，他们还没有来得及对其进行深入了解，但更为主要的则是中国传统文化强烈的排他性和同化功能之必然结果。近代西方文化中的上帝已经变成了一种纯精神的东西，而洪秀全等人则仍是在利用中国传统的天

---

① 〔美〕E. A. 罗斯：《变化中的中国人》，公茂虹、张皓译，时事出版社，1998，第59页。

② 〔英〕呤唎：《太平天国革命亲历记》，王维周译，中华书局，1962，第161页。

③ 〔英〕呤唎：《太平天国革命亲历记》，王维周译，第219页。

道和人伦对其进行解释。可以说，对西方基督教文化的这种阐释和合而为用的吸收方式是符合传统文化自身发展规律的。综观太平天国运动的全过程，传统文化中的许多惰性的东西均在上帝框架下以扭曲的形式得到了全面展示。

中西文化的冲突也使得以拜上帝教为指导思想的太平天国的经济政策产生了很多抵牾，而太平天国经济政策上的自相矛盾和前后抵牾也在很大程度上反映了文化层面上的冲突。从前面太平天国经济政策的设置可以看出，太平天国一方面要实行"上帝所有制"，坚持"有无相恤""有福同享"，另一方面则又极力宣扬"贫富天排定""小富由勤大富命"，应当"知命安贫"，各守本分；一方面要建立人人不受私的圣库制度、官兵平等的供给制度和"有衣同穿，有饭同食"的平均分配制度，另一方面则又坚持"贵贱宜分上下，制度必判尊卑"的等级制，主张"功勋等臣""类代世袭"的世袭制；一方面提倡"凡天下田，天下人同耕"，另一方面则要"着佃起征田赋"，"按亩输钱米"；一方面是"商贾资本皆天父所有，全解归圣库"，另一方面又是"士农工商各力其业"；等等。这一切充分反映出"上帝"与"天道"的冲突，自由、平等与礼制秩序的矛盾，"机会均等"的契约思想与"等级名分"的权利观念的抵牾。

从表面上看，以《天朝田亩制度》为纲领建立起来的太平天国经济政策是要将圣经中《使徒行传》所描述的图景付诸实施，按照上帝天国的模式在人间建立理想王国。但实际上，生产资料的公有制和平均主义的分配方式实为《礼记·礼运》中有关"大同"和"小康"的理想社会模式。千百年来，"有无相恤，患难相救"的唐虞盛世和"天下为公"的大同世界始终是中华民族世世代代追求的崇高社会理想，"均产相安""名分均平""不患寡而患不均"的思想原则和价值信念则是一代又一代开明而富有远见的统治者不懈奋斗的目标，而平均分配土地及财富则是中国历代农民由衷向往的美好方案。"周虽旧邦，其命维新""天下为公"的理想社会不仅被洪秀全的运用，也得到了康有为的赞美以及孙中山的毕生追求。

太平天国在一定程度上吸收了西方早期基督教教义，但却始终没有割断中国传统的血缘脐带。上帝与民众之间的关系、公民个体之间的联系仍旧是借用"父子"、兄弟姊妹之类的血缘伦理语言和内容加以表述与维系的。法学家梅因认为,近代社会是一种由身份到契约的运动过程。太平天国所追求的"有无相恤、患难相救"的理想社会,并没有任何界定产权的动机,他们之间的关系和地位仍然不得不借助于"分别差等"、裙带关系来加以维持。太平天国虽然引入了上帝来规范人们的思想观念,但又不得不采取"政教合一"的国家管理机制。于是乎,家长制、等级制很快便具有了特别重要的意义,且使太平天国很难摆脱传统社会拉帮结派、"朋党相争"、"窝里斗"的社会怪圈。诚如费孝通所言,在中国传统社会"一切普遍的标准并不发生作用,一定要问清了,对象是谁,和自己是什么关系之后,才能决定拿出什么标准来"①。事实上,太平天国在文化层面上的特殊规定,同前面我们所讨论的其经济政策所产生的经济效应是非常吻合的,具有很强的相通性和一致性。

三 太平天国经济政策的实际绩效

中国传统的"价值优先型"道德体系在很大程度上决定了在吸收外来文化时常常会抱着一种急功近利、不求甚解的"捷径"心态,采取一种合而为用、民族化的手法,很少会对现实生活进行理性思考和客观认识,也很少会考虑外来文化的引进对我们的现实生活所产生的实际效用,而只是根据固有的价值观念、道德准则、风俗习惯对其进行简单评判。然而,一项经济政策所表现出来的实际绩效,却是正式制度安排与非正式制度安排的共同作用以及物质刺激和精神激励的合力结果。

太平天国运动实质上是封建社会危机和阶级矛盾激化的产物,而它又同思想上的拜上帝教教义存在着密不可分的联系。恩格斯在谈到德国农民战争时曾经指出:"事实上,只有猛烈的振臂一呼,只有突然一下抛弃了全部习以为常的生活方式,才能把毫无联系、散居四方,并且从小就习惯于盲目服从的农民发动起来。"② 太平天国领导人正是借助全知全能的皇上

---

① 费孝通:《乡土中国》,生活·读书·新知三联书店,1985,第35页。
② 〔德〕弗·恩格斯:《德国农民战争》,《马克思恩格斯全集》第7卷,人民出版社,1959,第421页。

帝将灾难深重的农民团结了起来。他们借助小生产者长期以来的压抑、不满和反抗情绪，通过引入一种全新的信仰来重塑饥寒交迫的农民大众的精神世界，使他们确信跟着天父的儿子打江山一定能够取得胜利。这在很大程度上迎合了传统农民起义对于宗教的依赖和共同思想信念的渴求。更为主要的是，洪秀全等人是在中国传统文化的框架中重新阐释了上帝的含义，这不仅适应了文化发展的自身规律，而且降低了文化引入过程中的"时滞"和交易成本。他们通过非经济的精神激励使农民确信"吃天父饭，活则享天福，死了就上天堂"①，"肯拜上帝者，无灾无难，不拜上帝者，蛇虎伤人"②，从而使拜上帝教很快便深入了人心。这在很大程度上克服了"上帝"所有制所可能产生的"外部经济"现象，使生产资料的公有制和平均主义的分配原则具有了客观上的可行性。在实践中，这些制度不仅可以集中大量人力、物力、财力进行对敌战争，而且也在组织上保证了太平军内部的纪律严明和政治廉洁，增强了其战斗力，从而使太平军能够在金田起义后，仅仅用了两年多的时间就席卷了广西、湖南、湖北、江西、安徽、江苏六省，最后定都南京，以《天朝田亩制度》为纲领的系统经济政策也正是在这一过程中逐渐形成的。然而，太平天国所取得的辉煌战果是通过其独特的非物质的刺激结构和激励机制实现的，它隐含着巨大的道德风险。③ 他们通过将基督教教义最大限度的中国化，借助精神激励的手段，掩盖了中西文化冲突的实质内容，维持了一种暂时的制度均衡。太平天国领导者总是在军事斗争最为艰苦最为关键的时刻通过加大精神投入，甚至答应在未来给予将士们现实物质利益的许诺来激励士气。但是如前所述，这种精神激励的过程也是太平天国重新阐释上帝和中西文化冲突的过程。

随着时间的推移，太平天国对精神刺激的完全依赖和物质刺激的废置

---

① （清）周邦福：《蒙难述钞》，中国史学会主编《中国近代史资料丛刊·太平天国》第5册，第70页。

② （清）李秀成：《李秀成自述》，太平天国历史博物馆编《太平天国文书汇编》，第481页。

③ 太平天国领导人实际上走的是一条道德偏好路径，由于对于精神激励方式的边际评价较高，他们会将较多的时间和精力投资于道德宣传和意识形态方面的建设。然而，遵守道德规范总是要付出代价的。一旦由于文化上的摩擦冲突或者物质利益出现道德偏差，其边际收益急剧下降之时，他们花费在道德建设方面的成本将不易于改变。

会逐渐降低精神激励的边际效用,① 从而使正式制度与非正式制度也会逐步发生偏离。建都天京之后,太平天国重要领导人的反清军事激情逐渐减弱,而对个人权力、地位和威望的追求却与日俱增,这就表现为统治者的思想行为与下层民众的逐渐背离,皇上帝也日益变成了少数人扩充特权的工具。在现实中,严格的等级制逐渐否定了先前较平等的主张,独断专行逐步替代了"集体议事",上层统治者骄傲专横、滥施权威、奢侈腐化的倾向日益严重,领导者之间的关系逐渐疏远,原来"寝食必俱,情同骨肉"的兄弟情谊,逐步变成了"彼此睽隔,猜忌日生"的宗派斗争。而且更为重要的是,全知全能的皇上帝既无法兑现先前它为民众们所许下的许多承诺,又不能制止其"儿子们"之间的相互残杀,小天国的理想与现实之间存在着天渊之别。太平天国领导人所信赖和颂扬的"洋兄弟"不仅没有给他们带来福音,反而送来了邪恶的毒品。他们不仅抨击"天朝"的宗教,而且蔑视天国的法律,甚至还用武力干涉太平天国所要进行的神圣伟业。当有违于广大民众的合乎道义准则的事件不断发生,尤其是长时期的物质利益得不到满足之后,人们理所当然地会对其信仰产生怀疑。

精神世界与物质世界的背离,道德准则与苍白的现实之间的反差,思想信仰上的动摇和混乱,不仅会使具有特定道德偏好的太平天国领导者的精神激励处于无效状态,而且也将会使秉持"价值优先"和具有强烈道德认同意识的广大民众对以往成本与收益的不对称性不再认为理所当然,而是对其合理性产生严重质疑。这就迫切要求太平天国领导人重新界定产权,优化政策设置,进行正式的制度建设和创新,以建立新得激励机制。通过满足广大民众对物质利益的渴求来挽救信仰上的危机,重新实现制度均衡。

然而,太平天国领导人并没有意识到产生危机的深刻原因在于中西

---

① 太平天国精神激励的边际效用下降是由两个方面的因素造成的。一方面,太平天国领导者连续地进行精神宣传、追加意识形态方面的投资,这会使其服从经济学上的边际效用递减规律。另一方面,由于中西文化的摩擦和冲突的逐渐加深,一旦广大民众对其信仰产生怀疑,出现信任危机,继续追加精神投入所能取得的效用将会急剧下降,甚至会处于无效状态。在现实中,这两方面的因素始终存在相互影响、相互推动的紧密关系。我们下文着重探讨地是影响其效用的后一方面的因素,但应该注意地是前者一直也在起作用。

文化的冲突、制度层面的失衡。天京事件之后，洪秀全继续加强宣传自己"受命于天"的故事，并在此后颁发的一系列文件和诏旨中继续论证自己是"圣主当阳""奉天救世""奉天诛妖"，继续进行意识形态方面的投资。然而诚如林毅夫所指出的，"生产虔诚这种商品的能力，相比其他而言尤其依赖于个人的意识形态资本。个人意识形态的信念强，说明他的意识形态资本大，因而生产虔诚的影子价格低。他配置到虔诚上的时间边际效用高，为此他会配置较多的时间来消费虔诚"①。但是太平天国当时所面临的情况却正相反，文化上的冲突、信仰上的动摇使生产"虔诚的影子"价格相当昂贵，其边际效用却极为低下，太平天国所赖以依恃的精神激励所能产生的作用已经相当微弱。因此，太平天国后期所进行的宗教宣传和意识形态方面的建设基本上都是失败的。英国人吟唎观察到的现实是：

> 天王尽力于宗教，不问政事，……这些新任官员多半既没有以前首领的那种爱国精神，又没有以前首领的那种宗教热诚。这些人全部怀着自私自利的动机，虽然其中也不乏勇敢的军人，可是他们一旦发现英国的敌对行为于己不利，就毫不犹疑地叛国投敌，见利而趋。②

与此同时，太平天国后期在经济建制上又近乎无所作为。他们并没有进行系统的政策建设，以加强物质激励力度，而只是被动地进行了一些政策调整，或者仅仅对在事实上已经变迁了的政策予以默认。许多地方政策的设置和执行完全依赖于军事将领们的能力和偏好。虽然在洪仁玕总理朝纲之时，提出了一个资本主义式样的治国方略，试图重新界定和保护产权，以革除太平天国所面临的诸多弊政。但由于这一方略只是在"中体西用"的原则基础上，对运行于西方资本主义国家较为成熟的政策进行的简单移植，所以其制度安排所设定的目标与既定的制度遗产距离较远，亲和

---

① 林毅夫：《关于制度变迁的经济学理论：诱致性变迁与强制性变迁》，〔美〕R. 科斯等《财产权利与制度变迁——产权学派与新制度学派译文集》，刘守英等译，上海人民出版社，1994，第381页。
② 〔英〕吟唎：《太平天国革命亲历记》，王维周译，第554～555页。

力较差。较之于《天朝田亩制度》的空想色彩而言，《资政新篇》有过之而无不及。洪仁玕所提出的许多政策方针不仅不能为广大民众提供直接的经济利益，而且也不符合中国传统的道德价值观念。相应地，它既无法取得太平天国各级官吏的认同，也不能得到广大民众的信赖。洪仁玕本人也不得不表示：

> 夫事有常变，理有穷通，故事有今不可行而可预定者，为后之福；有今可行而不可永定者，为后之祸。其理在于审时度势与本末强弱耳。①

许多政策的提出仅仅是"为后之福"，为将来的推行准备条件。事实上，洪仁玕所提出的许多经济政策到半个世纪以后，甚至到孙中山时代都无法贯彻实施。因此，"即便是理论原则已经界定的'理想'制度，离开了参与者们价值取向的心理认同，制度转换也会因时滞过长或相应地成本过高而难以实现"②。意识形态的缺憾，经济建制上的无所作为，残酷而严峻的战争环境，使太平天国的统治陷入了深刻危机。洪秀全甚至不得不采取饮鸩止渴的方式，采用滥封爵赏的办法进行激励，而这又进一步加深了其统治危机。

根据现代经济学观点：维持一种无效率的制度安排和国家不能采取行动来消除制度不均衡，这二者都属于政策失败。政策失败的基本原因在于统治者的偏好和有界理性、意识形态刚性、官僚政治、集体利益冲突及社会科学知识的局限性等几种。③ 太平天国经济政策的失败也是以上几种基本因素综合作用的结果，而文化演进所决定的意识形态刚性则尤为突出。罗兹曼等人指出："中国之所以没能在 19 世纪中叶及其以后获得更彻底的改革，部分原因似乎就在于人们普遍不愿完全抛弃古老的道理，而是趋向

---

① （清）洪仁玕：《资政新编》，中国史学会主编《中国近代史资料丛刊·太平天国》第 2
　册，神州国光社，1952，第 523 页。
② 孔泾源：《中国经济生活中的非正式制度安排》，《经济研究》1992 年第 7 期。
③ 林毅夫：《关于制度变迁的经济学理论：诱致性变迁与强制性变迁》，〔美〕R. 科斯等《财
　产权利与制度变迁——产权学派与新制度学派译文集》，刘守英等译，第 397～400 页。

于对这些道理作部分的重新界定。"① 对于清王朝是如此，对于太平天国也是这样。文化属于"内在"的制度范畴，其演进具有很强的"路径依赖"性。一般而言，观念的改变往往落后于社会结构的变迁，而我们的"价值优先型"文化体系更具有黏性特征。在中国，如果思想观念和伦理道德体系不发生变化，其经济政策和社会结构的变迁常常很难取得预期效果，更多的情况则只是新瓶装旧酒。

综上所述，面对沉重的历史重荷和西方文化的挑战，太平天国所设定的理想模式与现实的运行效果之间存在着较大差距，经济政策的设置与其伦理道德体系之间逐渐出现了背离，正式制度安排与非正式制度安排之间产生了严重失衡。这一切从经济与文化的双重层面决定了太平天国运动的最终归宿。

本文与燕红忠合作，系"纪念太平天国起义 150 周年——

太平天国与中西文化学术研讨会"论文，

原载《史学月刊》2005 年第 7 期。

---

① 〔美〕吉尔伯特·罗兹曼等编《中国的现代化》，国家社会科学基金"比较现代化"课题组译，江苏人民出版社，1995，第 65 页。

晚清广东教案与中西文化

晚清时期，教案频发。所谓"教案"，是指基督教在中国传播的过程中教会人士与中国朝野之间因各种问题而发生的纠纷。据统计，晚清时期中国发生的大小教案，有案可稽的多达 1700 起。众多的教案就构成了晚清史的一个重要内容。

引起教案的原因是什么？就每个教案而言，具体起因各有不同。就教案发生的根本原因而言，史学界存在较大分歧。20 世纪三四十年代国内史学界曾流行"中西文化冲突"论。50 年代至 70 年代中期，史学界的看法一度基本统一，即认为帝国主义侵略中国和中国人民反侵略是教案的主要起因。70 年代末以后，不少学者对上述观点又提出异议，"中西文化冲突"论再次时髦起来，有的人更把它看作教案研究的突破口，从而认为教案的发生和发展是由于中西文化冲突的结果。

那么，晚清教案发生的根本原因究竟是什么？本文拟就以晚清时期发生在广东这个"得风气之先"地区的教案个案为例，尝试探究晚清教案发生的重要原因及根本原因。

一

基督教传入中国，始于唐太宗贞观九年（635），当时称为"景教"。但现存史籍中基督教传入广东的最早记载则是《元史》，随着元朝灭亡，基督教亦绝迹于中原。从 16 世纪起，西方的商人和传教士相继来华。广东因其历史及地理位置的因素而成为近代最早的对外开放窗口和中西文化交流的摇篮，基督教的传教活动也日趋活跃。依据《黄埔条约》允许外国传教士进入通商口岸传教的条款，天主教巴黎外方传教会再次于道光二十五年（1845）进入广州传教。广州教会隶属澳门教区，广东省的基督教事业在全国范围内创办最早，实力也最强，同时因传教引发的教案也比较多。据统计，晚清时期广东教案为数 127 起，^① 是晚清中国教案的高发区。为了便于考察，可将晚清时期广东教案分为以下几个阶段。

第一阶段为咸丰十一年（1861）至同治九年（1870）。这个阶段在广东所发生的教案共 10 起，占晚清广东教案总数的 7.87%。该阶段所发生的教案是晚清广东地区传教与反传教斗争的开端。基督教会传教活动从隐蔽到公开，广东广大人民突然感到一种陌生的信仰在威胁着自己的传统习俗，相当一部分教案只因为细小问题而酿成巨案，而这个阶段教案的主要肇事者是法国天主教传教士。

第二阶段为光绪元年（1875）至光绪十五年（1889）。这个阶段广东发生教案 51 起，占晚清广东教案总数的 40.16%，在几个多发阶段中所占总数比例最大，主要原因是受光绪十年（1884）中法战争的影响。光绪十年（1884），中法战争爆发，法国传教士扮演帮凶，他们以教堂为据点，四处搜集情报，窝藏武器、粮食、弹药，指使教民为法国提供战略物资，唆使教民充当法国侵略军的炮灰。因此，光绪十年（1884）八月至九月间掀起了反教斗争的高潮，广东地区发生教案共 30 起，^② 最多的一天内同时发生 4 起，占该时期广东教案数量的 58.82%，发案率居各类教案之冠，在全国也列第一，这也构成了晚清广东教案的最大特色。在当时广东的 30 起教案中有 40 多名传教士被驱逐到香港和澳门，50 余所教堂被毁，打死教民 2 人，拆毁教民房屋数百间，"搬光"教士教民物品不计其数。^③

第三阶段为光绪十六年（1890）至光绪二十一年（1895）。中法战争结束后，法国在中国的西南地区取得了诸多权益，转而开始与英国在长江

---

① 赵树好：《教案与晚清社会》，中国文联出版社，2001，第 247 页。

② 张力、刘鉴唐：《中国教案史》，四川省社会科学院出版社，1987，第 804 ~ 809 页。

③ 台北中研院近代史研究所编《中国近代史资料汇编·教务教案档》第 4 辑第 1 册，台北：中研院近代史研究所，1976 年影印本，第 18 ~ 23 页。

流域争夺势力范围。对于全国来说，整个阶段的教案转而主要集中在西南地区和长江流域，但东南沿海地区尤其是在广东，教案亦屡有发生。广东在这一阶段发生教案共 17 起，占晚清广东教案总数的 13.39%。这个阶段的教案从原先单纯打击教堂发展为对列强在华政治、经济机构一起袭击。同时，晚清时期广东地区主要的两大会党——天地会、哥老会在反洋教斗争中起了重要的作用，可谓是斗争的"组织者"，且敢与清军、团练对抗，甚至诉诸武力进行抗争。

第四阶段为光绪二十二年（1896）至光绪二十七年（1901）。这个阶段是义和团运动发生前及运动高涨时期，广东各地也相继发生了反洋教斗争。这一阶段广东发生教案共 29 起，占晚清广东教案总数的 22.83%。在众多教案中，其中尤以潮汕、客家地区为甚。如当义和团在北方获胜的消息传至广东时，潮汕民众大受鼓舞，遂起阻挠教民作礼拜，继则毁坏教堂，惩处教民，而有些地方的民众甚至持械与教会武装对抗。虽然教会向其本国政府及中国政府要求增派军队进行弹压，但各地打教事件仍时有发生。

第五阶段为光绪二十八年（1902）至宣统三年（1911）。在华基督教会经过义和团运动的猛烈打击，为了适应中国社会的急剧变革，教会的传教方针和政策有了明显的转变，但教会的这种转变是为其"以华治华"策略服务的。为实现"中华归主"这一目标，基督教会扩大文化教育、慈善事业等的投入，扩大影响力，以争取更多民众。在此过程中，频繁的接触势必仍会引起教案的发生。这个阶段广东发生教案共 16 起，占晚清广东教案总数的 12.60%。

通过对上述晚清时期广东教案情况的梳理和介绍，可以看出近代广东少数教案的起因比较单纯，但多数教案的起因却比较复杂。

二

在引发晚清广东教案的众多原因中，中西文化之间的差异和冲突是其重要原因之一。

文化差异是文化冲突的根本原因。从文化传播学的角度来考察，不同的文化因其具有不同的区域性、民族性和时代性而在其传播与交流过程中发生冲突。近代基督教具有一种与中国传统文化截然不同的价值体系，在其形成与发展过程中又融合了西方国家的某些习俗与文化因素和社会心理意识，特别是在资本主义发生与发展过程中，基督教进行了一系列适应资本主义的调整。因此，晚清时期传入中国的基督教无疑属于资本主义文化体系的范畴。但是，在鸦片战争以后相当长的一段时期里，中国的资本主义新文化尚未发展起来，即便是"得风气之先"的广东也是如此，其主流文化仍然是以儒家思想为核心的具有封建社会性质的文化价值体系。在漫长的封建社会发展过程中，这个文化价值体系形成了一套反映封建社会的经济政治的价值观念和文化心理以及风俗礼仪。这两种文化不仅反映了民族与区域的差异，更反映出强烈的时代差异，在它们相互交流的过程中不可避免地发生剧烈的冲突。

由基督教创办的报刊《万国公报》曾傲慢地宣称："儒教，孔子，人也；耶稣，上帝之子也，救世之真光，迥异于儒教之上。……当今之世，孔子若再生于中国，必愿为耶稣之徒也。"此外，他们还攻击说："儒教之差谬，儒书中不胜枚举。"① 在许多外国传教士看来，基督教是神圣而高尚的，而儒家思想只会引导中国人走向地狱。王韬在其《传教（上）》中就写道："况中国所守孔孟之道，往往为所诋毁。听其宣讲者，必至强者怒于言，弱者怒于色。"② 因此，当基督教和儒家思想这两种异质文化相遇时，排他性的产生是不可避免的。

基督教与中国社会习俗之间存在着很大差异。在宗教方面，基督教是一神教，唯上帝是尊，这在《圣经》中随处可见。如《圣经》中上帝就曾说，"因为我耶和华你的神，是忌邪的神"，所以，"除了我以外，你不可有别的神。不可为自己雕刻偶像，也不可作什么形像，仿佛上天、下地和地底下水中的百物。不可跪拜那些像，也不可侍奉他"③。相比之下，中国人具有"广阔"的胸怀，对神灵和偶像具有很大的包容性，他们信奉佛

---

① 赵树好：《教案与晚清社会》，第35页。
② （清）王韬：《传教（上）》，王明伦编《义和团资料丛编·反洋教书文揭帖选》，齐鲁书社，1984，第416页。
③ 《旧约全书·出埃及记》，中华圣经印发，1950，第90页。

教、道教、伊斯兰教，同时，各种各样带有浓厚迷信色彩的习俗也在流行着，真可谓是"自天地日月星雷风雨，以至山川城社门行井溜，莫不有神"①。由此，基督教与中国宗教习俗之间发生矛盾冲突在所难免。譬如基督教对佛教的冲击，主要体现在庙捐与庙产问题上。按照传统惯例，佛教寺庙的建造和维修所需费用需要社会成员来共同承担。而基督教是一神教，只信上帝，因而中国教民不愿负担此项费用。同时，在法国传教士和驻华公使的干预下，清政府被迫同意中国教民免缴此类费用，这使普通民众十分不满，他们要求教民照样缴纳此项费用，却常常遭到拒绝。同治十二年（1873），广东省龙川县兴隆屯鸡笼地方，为了举办庙祭，下令各户进行认捐，教民骆信全等人却声称，既已入教，不必参加庙祭，并将村外社坛毁坏，还砍伐树木，由此引发教案。

晚清时期广东地方虽说开放较早，但对西方的文化仍然不够了解，由此亦容易产生误会而引发对基督教的不满。譬如同治八年（1869）广州府拷打奉教老妇案，有人将婴儿送给奉教老妇苏区氏，苏区氏接抱婴儿送往教堂开设的育婴堂时，用手在婴儿头上、口上及胸前等处不断画十字，不意婴儿到育婴堂后不久死亡，因此当地人称苏区氏为"勾魂婆"。地方官府也认为是她的这种宗教方式致使婴儿毙命，将其擒获。与此同时，据称苏区氏曾"接抱婴孩二口，带往香港，卖与洋人，每口得银二元"②，从而引发教案。但实际上，"其用手画写十字，亦系天主教陋习，不能指为致病之由。前送香港婴孩二口，得受川资，系送交洋人育婴堂抚养，与拐卖人口有间"③。又如光绪十五年（1889）五月，"据番禺县民人陈至刚赴臬司衙门禀称，东门外淘金坑常有婴孩尸首，由法国育婴堂舁往掩埋，为数甚多，传闻有剜眼剖心之事，虽未目击，究属可疑，难保无残害情弊"④。

---

① （清）王炳燮：《毋自欺室文集》卷六《上协揆倭艮峰中堂书》，沈云龙主编《近代中国史料丛刊》第24辑第237册，台北：文海出版社，1985年影印本，第247页。

② 台北中研院近代史研究所编《中国近代史资料汇编·教务教案档》第2辑第3册，台北中研院近代史研究所，1974，第1570页。

③ 台北中研院近代史研究所编《中国近代史资料汇编·教务教案档》第2辑第3册，第1571页。

④ 《两广总督张之洞奏陈粤省与法领事商定稽查教士设育婴堂办法折》（光绪十五年八月初六日），中国第一历史档案馆、福建师范大学历史系合编《中国近代史资料丛刊续编·清末教案》第2册，中华书局，1998，第474页。

其实，民众所认为的基督教内男女混杂、诱奸妇女、诓目取睛、丸药惑人、骗取童精红丸等事，其根源大都由于对基督教的一些误解及中西间礼俗的差异。鸦片战争后，主持中外交涉的两广总督耆英和广东巡抚黄恩彤，甚至也都相信外国传教士都做过"诱奸妇女、诓目取睛"的事。正如张之洞在光绪十五年八月初六日（1889 年 8 月 31 日）的《两广总督张之洞奏陈粤省与法领事商定稽查教士设育婴堂办法折》中说的：

> 窃自通商以来，外国教士在各口岸每设有育婴堂，收养婴孩，育成者固有其人，而夭折者亦复不少。在彼以行善图名，未必遽加残害，无如民间讹言，易滋疑惑。遇有婴孩病故，道听途说，辄谓系剜眼剖心之所致，展转传述，激成众怒。因而焚毁教堂、杀戮教士，事变仓卒，遂至一发难收。①

光绪二十年（1894）五月，美国驻上海总领事来电声称广东省城内贴有辱骂洋人极其凶恶的揭帖，经两广总督查办，起因为一场大规模的鼠疫于四月袭击香港，染疫而死者多数，"港官焚民房逐疫，用洋法治华人病多死，又不准搭船回粤省，以致省中人心惶惑"②。这场突如其来的鼠疫持续为患多年，由此可见当时香港的医疗技术并没有达到能快速、有效治疗鼠疫患者的程度，在今天的人们看来是很容易理解的，但当时的广东民众却认为是由于运用"洋法"治疗不力而造成患者死亡。上述种种，当时中国人对西方文化的误解可见一斑。

三

中西文化冲突无疑是晚期广东教案的起因之一，但是我们也看到有相

---

① 《两广总督张之洞奏陈粤省与法领事商定稽查教士设育婴堂办法折》（光绪十五年八月初六日），中国第一历史档案馆、福建师范大学历史系合编《中国近代史资料丛刊续编·清末教案》第 2 册，第 473 页。
② 台北中研院近代史研究所编《中国近代史资料汇编·教务教案档》第 5 辑第 4 册，台北：中研院近代史研究所，1977，第 2214 页。

当一大部分教案的发生与中西文化冲突没有直接关系，参与这些教案的农民的出发点主要是现实的经济利益。

美国学者柯文教授曾主张将中国划成沿海和内地两大地带，认为两大地带的文化区别在 16 世纪初就进入一新阶段，鸦片战争后进一步扩大，"同时迅速发展的沿海商业中心的文化也日益具有自己的特色，这种特色，最少持续到二十世纪中叶"①。

广东位于中国南部，南濒大海，北枕五岭，中部是河网密布的珠江冲积平原。而珠江三角洲地区拥有众多的良港，有利于广东地区的经济文化交流。自汉代开始，广东便是中国与外部世界相沟通的少数几个地区之一；唐宋时期，在广州进行的中外贸易获得长足发展，广州成为举世闻名的"海上丝绸之路"的始点；明朝后期，欧洲人在广东地区发展了新的贸易活动；到鸦片战争前，来自欧美的商人已取代了中国传统的贸易伙伴，主宰了中外贸易。可以说，鸦片战争前广东地区在接触域外文明、西方文化方面确已"得风气之先"。正是广东的历史及地理因素使得它有别于封闭的单一的农业社会，因而商品交换始终是这个区域文化中一个重要的技术成分。由于经商相对于务农较为轻松且更有效益，加上儒家文化"重农抑商"观念及相应的行政措施于广东社会束缚较轻，广东人多喜经商，从而使近代的广东社会重商成为一个较为引人注目的倾向。可以说，正是由于这里的社会环境中等级和专制化的程度不像中原地区那么严重，故其重商求富的社会活力较为突出，这一价值取向使得商人和一般居民更热衷于经济活动而疏远政治活动。

就意识角度而言，晚清广东教案在规模和破坏程度上不仅取决于西方教会如何做，也取决于广东民众对他们的看法。农民是小生产者，他们的全部注意力集中在一块狭小的土地上，很少去关心外面世界发生的事情，但同时又极具有现实精神，重经验，重实用。对待外来文化，农民是从实用的角度出发，但是这种"实用"并不是建立在科学的分析之上，而是带有很大的主观成分。加之农民地位低下，愚昧落后，头脑里充满稀奇古怪的想法，一种

---

① 〔美〕柯文：《在中国发现历史——中国中心观在美国的兴起》，林同奇译，中华书局，1989，第 143 页。

外来文化是否实用，很大程度上取决于他们的主观感受。因此，从表面看来，农民是从实用的角度来接受外来文化的，而在他们实用主义态度的背后则往往具有非理性的冲动。也正因为如此，广东民众中存在浓厚的"仇教"心理是在所难免的。"各处百姓皆以厌恶外国人为得计"①，在《巴黎外方传教会赴广东的会士弗雷罗的书简》中亦提到，一个来自高州白杭唐村名叫钟代旺的教民，其亲属们"不放弃任何机会向他表示其憎恶和恶意"，而且在当时，"广东总督仇恨基督徒们的情绪对于所有人都已经不是一种秘密了"②。与此事相类，还有同治三年（1864）惠州教民詹亚二被毒打埋毙案，由于詹亚二"其胞弟詹矮三及其叔父群弟，为其习教，视之若仇"，在他归家之时，"被群弟将其扯入山中，用力毒挞，未待气绝，即行掘坑掩埋"③。而光绪二十九年（1903），"在广东省顺德县水口地方，突起一件甚堪惋惜仇洋仇教之事"，两名村长"在大庭广众之中公然大声疾呼，言明仇洋之意。甚至在该村庙墙上张贴顺德县伪告示，并揭帖内用恐吓利害之词"④。

中国封建社会时期农民的主观经验由于受到小农自然经济的影响，以偏执、滞守和缺乏因时变通为特征，他们习惯于以固有的伦理和风俗为尺度来衡量一切。对于重商求富的广东民众来说，不仅在西方列强的侵华战争中遭受到巨大的生命财产损失，而且战后又承担了大部分的战争赔款，这使他们直接感受到来自西方的痛苦和灾难，而每次教案之后西方教会的索赔更加深了他们的痛苦。譬如光绪二十四年（1898）"伸德辉的被杀案（注："柏塘教案"）也以支付 8 万元赔款而告结束"⑤；光绪三十一年

---

① 《法署使罗淑亚为请筹善法以变化百姓仇视外人之心致奕䜣照会》（同治十三年十二月二十四日），中国第一历史档案馆、福建师范大学历史系合编《中国近代史资料丛刊续编·清末教案》第 2 册，第 70 页。

② 《巴黎外方传教会赴广东的会士弗雷罗的书简》，中国第一历史档案馆、福建师范大学历史系合编《中国近代史资料丛刊续编·清末教案》第 4 册，中华书局，2000，第 491 页。

③ 台北中研院近代史研究所编《中国近代史资料汇编·教务教案档》第 1 辑第 3 册，台北：中研院近代史研究所，1974，第 1312 页。

④ 《德使穆默为请严饬粤督照领事所请办理顺德教案事致奕劻照会》（光绪二十九年十一月二十六日），中国第一历史档案馆、福建师范大学历史系合编《中国近代史资料丛刊续编·清末教案》第 3 册，中华书局，1998，第 699 页。

⑤ 《法国驻北京公使毕盛致外交部长德尔卡塞》（1899 年 12 月 25 日于北京），中国第一历史档案馆、福建师范大学历史系合编《中国近代史资料丛刊续编·清末教案》第 4 册，第 27 页。

（1905）的连州教案"须偿银四万六千一百二十九两六钱五分"①，这实际上是"美使翻索恤款"②，但"惟摊偿赔款，非皆闹事之人，且连州地瘠民贫，责以巨款，措缴为艰，必有变产业而鬻儿女者，奚能禁其衔恨?"③ 由此而引发的民众反教运动实为正义的行动，但是他们中的大多数人在早期反对洋教问题上尚缺乏明确的国家观念，尚未达到为保卫大清王朝而反教的高度；决定他们反对洋教行动的主导思想主要是乡土观念，以及捍卫自身利益和传统风俗习惯的排外情绪。一般来说，他们反洋教行动的目的，只是希望将教会势力赶出本乡本土本地区。

在以往对教案的研究中，学界常把批判的矛头指向传教士，这从传教士充当西方列强侵华的工具和帮凶的大背景下考察无疑是正确的。但是，我们在分析教会势力作恶时，不得不承认这样一个事实：每个教区的洋人是十分有限的，"况外国教士无几，其从中簸弄怂恿生事者，大抵皆系入教之奸民。而从教之愚民，又从而附合之"④。除少数恶劣传教士是作恶的主体外，大多数作恶的主体都是入教的中国人，或由农民转化的其他分子，他们依附于教会之下，倚仗传教士的特权，组成一股横行乡里、欺压当地百姓的恶势力。这种恶势力与中国社会传统的恶势力相比，除了树起的大旗是教会的旗帜、集中的地点在教堂以外，其他没有任何的不同。光绪二十八年（1902）花县鹿坑教堂被焚案件的发生，便是由于"袁亚福一犯恃入天主教为护符，党羽众多，行踪诡秘"⑤。因此晚清时期中国的民教矛盾，除传教士跟中国民众的矛盾之外，相当一部分是中国教民与民众的

---

① 《美总领事来文》（光绪三十二年五月十五日），中国第一历史档案馆、福建师范大学历史系合编《中国近代史资料丛刊续编·清末教案》第3册，第919页。
② 《驻美使梁诚为详陈磋议连州教案情形事致外务部函》（光绪三十二年七月十九日），中国第一历史档案馆、福建师范大学历史系合编《中国近代史资料丛刊续编·清末教案》第3册，第931页。
③ 《复美总领事文》（光绪三十二年五月十七日），中国第一历史档案馆、福建师范大学历史系合编《中国近代史资料丛刊续编·清末教案》第3册，第920页。
④ 《恭亲王奕訢等奏请密饬地方官遵照前此通行成案办理教案片》（同治九年二月二十日），中国第一历史档案馆、福建师范大学历史系合编《中国近代史资料丛刊续编·清末教案》第1册，中华书局，1996，第761页。
⑤ 《两广总督陶模为德使听任教士婓索花县教堂失火案迄未成议事咨呈外务部文》（光绪二十八年七月二十六日），中国第一历史档案馆、福建师范大学历史系合编《中国近代史资料丛刊续编·清末教案》第3册，第451页。

矛盾。两者在行为方式、经济利益、政治地位及情感兴趣上倾向不同，是中国乡村社会秩序裂变中双方之间分化加剧的表现。他们之间的冲突，常起自极端细微的事件，更多的是一般农民间本来就经常会发生的一些人事财产纠纷。然而，这些纠纷在近代中国频繁发生，以致愈演愈烈，成为大量教案的导火线。雷州府海康地方焚烧教堂案就是很好的例子，其起因是法国教士在海康传教，并建有教堂，"该处土民与教民挟嫌寻衅"，于是"两次焚烧教堂房屋"，其后两次赔修，"本可赶紧兴工，因附近砖瓦木料铺户彼此约会，不许卖修教堂，致稽时日"①。

四

以上我们分析了引发晚清广东教案的两个重要起因，但不是教案发生的根本原因。那么，晚清时期广东教案发生的根本原因是什么呢？

在晚清时期中国这个特定的历史时期，基督教并不是作为一种单纯的西方宗教文化和平地进入中国，而是依仗强权强行进入中国。因此，它与中国传统文化之间的冲突，就不能不受这种因素的影响。如光绪五年（1879），美国传教士以不平等条约为护符，在连州始建教堂进行传教。光绪十二年（1886），美国基督教教士麻义士来连州以后，勾结官绅，强霸城西堡菜园坝农民菜田。初则乡民不允，洋人持官迫众，逐渐实行蚕食侵占，到光绪二十三年（1897）建医局和教堂时，共霸占田地五六亩之多，并刻有界石为记，在建筑教堂的过程中，无偿地砍伐百多棵树木。其后麻义士和美籍牧师易尉士二人，又勾结菜园坝村土豪购得鹅公山（鹅公山是菜园坝村的后山，本为村人耕种醮牧的处所，山上又有村人的祖坟）的一些地方建筑教堂。美教士恃强占地确属不法行为，并触及了民众的实际利益，必然会引起民众的仇恨，民众心底埋藏着愤怒的火焰，终至酿成光绪三十一年（1905）的连州教案，它所造成的后果是 5 名传教士被杀，所有在连州的美国教堂、医院被焚烧，而其直接原因是"因菜园坝村民在镇龙

---

① 台北中研院近代史研究所编《中国近代史资料汇编·教务教案档》第 2 辑第 3 册，第 1572 页。

庙建醮酬神，麻教士以所建醮篷之一隅在教会地段"①，故"不准醮会放炮，将小炮三尊取去，激动众怒。……后在医院寻出药浸孩身二具，众情更愤，必欲得洋人而甘心"②。其中虽有文化冲突的成分，但并非最主要因素，因为该案的爆发不是孤立的，而是与强权紧密联系在一起的。可见，该案的根本原因还是强权，打醮事件仅仅是导火索而已。类似的事例还有若干，如光绪十八年（1892）揭阳河婆教案、光绪二十四年（1898）柏塘教案等。由此可见，晚清广东教案的起因是不能用"中西文化冲突"来概括的，总的来说这些教案是在反对西方列强侵略这一大背景下发生的，它们直接表现出反侵略的性质，因此是广东民众爱国主义精神的体现。

晚清时期，许多外国传教士在广东的所作所为与他们的身份很不相符。他们参与了本国的对华侵略，在广东干预诉讼，插手内政，欺压百姓，还借"还堂"之机进行敲诈，强租房地产，强买土地。光绪二十四年（1898）的博罗教案，"此案衅端由民教互讼，教士迫县拿人而起"③。就汕头地区来说，传教士"在潮州城、五经富乡、汕尾港等处购地最多"④，他们吸收市井无赖、齐民不齿之徒入教，并加以保护，使之成为横行乡里、为恶一方的邪恶势力。另外，西方列强的驻华公使、领事、军队在广东发生教案时都无条件地给教会支持和袒护。在晚清时期广东发生的127起教案中，由教会的不法行径引发的教案共79起，占能搞清案因的119起教案的66%，可见外国教会依恃其本国政府的支持欺压中国人民是教案产生的最重要原因。也正因为如此，每当西方列强对中国发动侵略战争时，反教事件则愈发频繁。如光绪十年（1884）中法战争期间广

---

① 《署理两广总督岑春煊为录呈连州教案禀函照会等稿事咨呈外务部文》（光绪三十二年七月十五日）附件三《温道宗尧等禀》（光绪三十一年十一月十六日），中国第一历史档案馆、福建师范大学历史系合编《中国近代史资料丛刊续编·清末教案》第3册，第913页。

② 《署两广总督岑春煊为查办连州教案情形并请代奏事致外务部电》（光绪三十一年十月初十日），中国第一历史档案馆、福建师范大学历史系合编《中国近代史资料丛刊续编·清末教案》第3册，第795页。

③ 《两广总督谭钟麟为请将博罗教案办理情况照会法使等事致总署咨文》（光绪二十五年八月二十六日），中国第一历史档案馆、福建师范大学历史系合编《中国近代史资料丛刊续编·清末教案》第2册，第866页。

④ 陈泽霖：《基督教长老会在潮汕——英国长老会传教入潮汕情况》，中国人民政治协商会议广东省委员会文史资料研究委员会编《广东文史资料》第8辑，广东人民出版社，1963，第57页。

东发生教案多达30起，光绪二十四年（1898）法国强租广州湾前后广东发生教案14起，光绪二十六年（1900）至光绪二十七年（1901）义和团运动和八国联军侵华战争期间广东发生教案30起，这些都说明晚清广东教案是随着列强侵略的扩大而增多的。

对于教案发生的根本原因，时人已有所论。光绪六年（1880）广东陆丰县知县陈赓升在《复教士苏恒礼》中写道："教士不得干预地方词讼，条约著有明文，岂容违背，所陈各事无一可干预者。教士即不为自己品行计，独不为贵国条约之大信计乎？"① 教士"乃欲在我中朝干预词讼，包抗钱粮，强释罪囚，俨然与我地方官争理民事。遇事干预，我不知教士自居何等，恐万国公法、天主条约均无此情理也"②。光绪末年对教案有深刻感触的两广总督陶模在致耶稣会教士李提摩太函中亦说：

> 夫我中国人之心胸中素无忌嫉异教人之思想，即如佛教之来二千年，儒士间有诵言以辟之者，但民间与僧侣则始终相安，焚香膜拜，且遍天下，况贵教之肫诚恳挚、与人为善者哉！然则民教相仇之过，其不因宗教起见可知也。不因宗教起见而争竞至于此者，其中有原因焉，大教士不可不察也。

陶模指出，中外所缔结的不平等条约，实为各省绅民反教最重要的一项背景。他说：

> 传教之始，从教与否纯任自然，及道光以后息战言和，始以传教内地列之条约。夫中外开衅，特因通商之故，与教无预，惟传教之约既因兵事而立，于是中国民人意谓外国传教特以势力相驱迫，而疑畏之心遂生。③

---

① （清）徐赓升：《不自慊斋漫存》卷五《复教士苏恒礼》，沈云龙主编《近代中国史料丛刊》第78辑第773册，台北：文海出版社，1972年影印本，第725页。

② （清）徐赓升：《不自慊斋漫存》卷五《复教士苏恒礼》，沈云龙主编《近代中国史料丛刊》第78辑第773册，第727页。

③ 《粤督陶复李提摩太书》，李刚己辑录《清代历史资料丛刊·教务纪略》卷四下《杂录》，上海书店，1986年影印本，第8页。

陶模的论述客观地指出了晚清时期广东人民并不是一概反对外来的宗教文化，反对洋教在很大程度上是对外国侵略的一种抗争。

综上所述，引发晚清广东教案的原因很多，中西文化冲突是其中的一个重要原因，经济利益冲突是另外一个重要原因，而根本原因则是西方列强对中国的侵略。作为资本主义的典型宗教文化，西方基督教文化具有强烈的扩张性、渗透性、独立性、排他性。晚清时期，西方传教士进入广东传教基本上采取依靠特权、强行扩张的方式，因此引起了广东人民强烈的憎恶与反抗，这与鸦片战争之前所发生的"教难"有着本质的区别。如果说在鸦片战争之前所发生的"教难"中基督教文化与中国封建礼俗政教的矛盾曾经占据主要地位的话，那么鸦片战争以后的广东教案则主要是西方列强与中华民族的矛盾。列宁针对八国联军侵华战争发表的《对华战争》一文中有这样一段论述：

> 试问，中国人对欧洲人的袭击，这次遭到英国人、法国人、德国人、俄国人和日本人等等疯狂镇压的暴动，究竟是由什么引起的呢？主战派说，这是由'黄种人敌视白种人'，'中国人仇视欧洲的文化和文明'引起的。是的，中国人的确憎恶欧洲人，然而他们憎恶的是哪一种欧洲人呢？为什么要憎恶呢？中国人憎恶的不是欧洲人民，因为他们之间并无冲突，他们憎恶的是欧洲资本家和唯资本家之命是从的欧洲各国政府。那些到中国来只是为了大发横财的人，那些利用自己吹捧的文明来进行欺骗、掠夺和镇压的人，那些为了取得贩卖毒害人民的鸦片的权利而同中国作战（1856年英法对华的战争）的人，那些利用传教伪善地掩盖掠夺政策的人，中国人难道能不痛恨他们吗？欧洲各国资产阶级政府早就对中国实行这种掠夺政策了，现在俄国专制政府也参加了进去。这种掠夺政策通常叫作殖民政策。①

---

① 〔俄〕列宁：《对华政治》，中共中央马克思恩格斯列宁斯大林著作编译局编《列宁选集》第1卷，人民出版社，1995，第278～279页。

这段论述，很好地阐释了近代中国教案的实质和起因。

本文与林广荣合作，系"近代文化与近代中国学术研讨会"
论文，收入郑师渠等主编《文化视野下的近代中国》
（中国传媒大学出版社，2009）。

中国近代第一所陆军军官学校

——天津武备学堂

清光绪十一年（1885）正月，直隶总督兼北洋通商大臣李鸿章根据淮军将领周盛波和周盛传的建议，在天津创办了一所武备学堂，这就是中国近代第一所陆军军官学校——天津武备学堂。

李鸿章之所以创办这所军事学堂，用他的话来说，是因为西方列强"讲究军事，精益求精"，"陆营将弁，必由武备书院造就而出，故韬略皆所素裕，性习使然"，"其余战阵攻守之宜，直视为身心性命之学，朝夕研求，不遗余力，而枪炮之运用理法、步伍之整齐灵变，尤为独擅胜场"，而清军将领"仅凭血气之勇、粗疏之材，以与强敌从事，终恐难操胜算"。这是从军事指挥人才方面找出了清军与列强军队之间的差距。要缩短这个差距，就必须"以其人之道，还治其人"，在中国创设培养新式指挥人才的武备学堂。①天津武备学堂创设 4 个月后，李鸿章向清廷奏报学堂创设事宜，清廷认为他的做法"规画周详，均为当务之急"②，给予了肯定和支持。

近代武备学堂的创设，是中国陆军近代化进程中重要的一步。中国军事的近代化，发端于对西洋近代武器的采用。在抵御西方侵略的战争中，清军吃尽了洋枪洋炮的苦头，也认识到了它的威力，在随后与外国军队联

---

① （清）李鸿章：《协设武备学堂折》（光绪十一年五月初五日），（清）吴汝纶编《李文忠公全书·奏稿》卷五三，莲池书院光绪二十八年（1902）刻本，第 42 页。

② （清）朱寿朋编《光绪朝东华录》第 2 册，中华书局，1958，第 1943 页。

合镇压太平天国的战争中，便开始逐渐摒弃旧式的刀矛弓箭，采用西方先进的武器装备。武器装备的更新必然要导致教育训练的更新，创办传授西方先进军事科学技术知识的军事学堂，就成为中国军事近代化的一项重要内容。李鸿章在创办淮军的过程中，开始采用西方新式枪炮装备和训练方法。在用"新法"训练淮军时，李鸿章并不满足于聘请外国军官，而是先行一步，于光绪二年（1876）派淮军将弁卡长胜等7人赴德国学习最新军事技术，培养淮军自己的军事指挥人才。这是近代中国派出的第一批军事留学生。然而派遣的留学生人数毕竟有限，要想大批培养掌握新式军事技术的人才，必须创设军事学堂。光绪十一年（1885）天津武备学堂的开设，乃中国军事近代化之势所必然。

光绪十一年（1885）正月，淮军将领周盛波、周盛传向李鸿章建议："仿西国武备院之制，择德弁中精者，专司教练，饬各军挑选剽健而又精细之弁勇，送院学习，以期成就将才，为异日自强之本。"① 当时正苦于缺乏新式指挥人才的李鸿章立即接受这个建议，在天津设立武备学堂，令淮军各部挑选"精健聪颖、略通文义之弁目"②，派送天津。淮军各部选送的第一批学员当月来到天津，当时学堂还没有负责人，李鸿章临时委托津海关道员周馥具体筹办。周馥经过认真考核，从中选了100余人。第二年，李鸿章奏准由已革湖北道员杨宗濂为学堂总办，总管学堂的行政事务。他的继任者有联芳、荫昌等人。除总办外，学堂的行政人员还有帮办、监督和提调各1人。

第一批学生入学时，校址尚未选定，临时安置在天津水师公所，一年后于紫竹林天津租界对面的新校舍建成，计有房舍500余间，其中有办公室、教室、图书馆、实验室、模型室、标本室、绘图室、印刷室、宿舍、饭厅、医院等，规模宏大，设备齐全。当年开办经费用了白银8万余两，以后常年经费维持在5万两左右，均由李鸿章奏准在北洋海防经费内支出。

天津武备学堂聘请德国军官为教习，先后有李宝、崔发禄、哲宁、那珀、博郎、阗士、已思壬、艾德、黎熙德、敖耳、高思兹等人在学堂任

---

① （清）周盛波：《洋操情形禀》，中国史学会主编《中国近代史资料丛刊·洋务运动》第3册，上海人民出版社，1961，第621页。

② 《光绪十一年五月初五日（1885.6.17）李鸿章创设武备学堂折》，朱有瓛主编《中国近代学制史料》第1辑上册，华东师范大学出版社，1983，第533页。

教。至于为什么专聘德籍教习，是因为李鸿章等人迷信德国的军事技术，其所部淮军及直隶练军均采用了在当时最为先进的德国的军事装备，训练均采用德国操法，军事学堂自然要聘请德籍教习了。德籍教习讲授西学，都配备有翻译人员，另聘汉教习讲授中国经史。

在教学内容上，学堂初设炮队、步队、骑队、工程营 4 科，光绪二十三年（1897）增铁路工程科，所设课程有内堂课和外堂课两种。内堂课是理论课，设有天文、地舆、格致、测绘、算化、兵法、地利、军器、炮台等有关近代自然科学知识和军事理论基础知识的课程。外堂课是技术课，在操场进行，主要是"操演所习炮队、步队、工队及分合阵法"等初级指挥员应有的知识。内堂课所学称为学科，外堂课所练称为术科。从此，中国军事学校教育有了学科、术科之分。教学之余，学生经常被派遣至山海关、旅顺口等地军营实习，遇有战事即赴前线参战。

学生来源主要有三个。一是淮军将弁，由北洋淮练各营选送粗通文义、质地灵敏的年轻将弁，每届百人左右，学期 1～2 年，这是学堂最主要的学生来源，前述首批学生即属此类。二是幼童，年龄在 13～16 岁，光绪十三年（1887）开始招收，学期 5 年，前 3 年学文化，后 2 年学军事。三是八旗子弟，光绪二十一年（1895）后从八旗精壮子弟中招收。学生修业期满毕业后，来自军营的仍回原属各营。由于旧军官的抵制，除少数武备学生委以兵权外，大多数人只能充当教习，在各营传授所学西方先进军事科学技术知识，用先进的训练方法训练部队。这与李鸿章和周盛传兄弟当年"以期成就将才"的创办武备学堂的宗旨有了一定的差距。

光绪二十六年（1900），天津武备学堂毁于八国联军的炮火，从开办至此凡 15 年。由于它是中国近代第一所陆军军官学校，百事均属草创，在许多方面都存在着严重的不足，如历任总办不懂近代军事科学技术知识；与德籍教习的语言障碍影响教学；招生不重质量；学生之间年龄悬殊、文化程度参差不一；思想教育崇洋尚武，滋养了穷兵黩武、弱肉强食的思想；考试制度和技术教学流于形式等，不一而足，这些都严重地影响了学堂自身的发展和对新式人才的培养。尽管如此，也正因为它是中国近代第一所陆军军官学校，所以对中国近代军事教育的发展、军事制度的变迁，乃至对中国近代的政治都产生了重大的影响。

作为一所崭新的近代陆军学堂，天津武备学堂聘请了军事技术比较先进的德国人为教习，完全采纳当时最为先进的军事科学技术知识作为教学内容，为引进西方近代先进的军事科学技术起了重要的作用。在 15 年间，天津武备学堂有 1000 余名学生毕业，这些学生基本上掌握了近代军事科学技术知识，也具有一些近代民主意识，他们毕业后到北洋淮练各军任职，进一步传播了近代军事科学技术。显而易见，天津武备学堂在促进中国军事近代化建设方面有着重要的不可忽视的作用。

天津武备学堂的办学宗旨很明确，就是要培养掌握近代军事科学技术的指挥人才。尽管开始阶段它的毕业生到军队后受到原有的将领的抵制和排斥，多数人只能充任军事教习一类的教官，但随着中国军事近代化的不断深入，这种状况也在不断改变。到甲午中日战争结束后清政府编练新式陆军时，天津武备学堂的毕业生便成为基本骨干。作为中国近代第一所陆军军官学校，天津武备学堂更重要的意义在于它启动了中国陆军近代化教育，带动了其他武备学堂的开办。天津武备学堂在教育制度、管理制度、教育方针、教学内容与形式等方面进行了有益的探索，为后来的武备学堂提供了一个成功的模式。在它的带动下，光绪二十一年（1895）张之洞在南京创办了江南陆师学堂，次年袁世凯创办了直隶武备学堂，张之洞又在武昌设立了湖北武备学堂。从那时到光绪三十年（1904），浙江、贵州、陕西、安徽、山西、江苏、四川、福建、江西、广东、甘肃、湖南、河南等省都陆续办起了武备学堂。这些武备学堂从制度到教学内容无一不是模仿天津武备学堂。随着陆军军官学校的普及和军校毕业生在军队中任职日渐增多，逐步堵塞了由武举任职的人的进身之路，由武举选拔军官的封建任官制度就失去了存在的条件。光绪二十六年（1900），清廷废止武举制度，采用军校毕业生担任军职的近代军官任职制度，彻底取代了盛行 1000 余年的由武举选拔军官的封建任官制度。天津武备学堂在中国近代史上尽管仅仅存在了短短的 15 年，但它对中国军事近代化，尤其是对军事教育近代化的重要影响是不可忽视的。

本文原载《军事历史》1998 年第 2 期。

百年挣扎：19世纪惠州丰湖书院的发展与变迁（1802～1901）

作为中国传统社会中用以研修学问、奖掖后学的教育教学机构，书院自唐代开元（713～741）年间出现时起便以其独特的讲学形式而逐渐成为政府官学之外最重要的教育承担机构。宋明时期理学思潮的兴起更在某种程度上促进了书院在各地的风行，因为书院的建立不仅代表着文化的交流与传播，同时也意味着对先哲学问传承的纪念。在这种风气的熏陶下，地方书院纷纷设立，惠州丰湖书院便是这一流行风气的产物。丰湖书院创建于南宋宝祐（1253～1258）年间，用以纪念唐宋以来对惠州文化建设有诸多贡献的十二名儒。① 然而，与全国大多数书院的命运相似，尽管丰湖书院作为惠州府的最高学府并荣登广东四大书院之一的地位，但是在明朝东林书院政治风波的影响下，在清朝初期仍不得不遭受被禁止的命运。本文所选取19世纪作为丰湖书院研究的时间样本，乃是因为这段时间的起止刚好嵌合丰湖书院在有清一代的发展历程，可以通过考察丰湖书院在这一时期中的发展乃至逐渐没落的过程，来探究百年来尤其是历经变局的时代中，传统书院机构的艰难发展以及其与国家政治之间千丝万缕的联系。

---

① 据光绪《惠州府志》记载，这十二名儒分别是陈尧佐、陈偁、苏轼、唐庚、陈鹏飞、古成之、张宋卿、留正、许申、苏过、陈权、陈焕。

一　柳暗花明：丰湖书院的重建

作为宣讲学术、传递人文思想的重要领地，书院具备官学所没有的诸如自由、开放等教育特点，但是它毕竟主要是以私学而非官方正统身份存在于教育体系之中，这种在野身份注定了书院的不稳定性。当书院的这种不稳定汇聚了诸如讽议朝政、宣扬民族意识、反对异族统治的因素时，遭到清朝中央政权的反对便不可避免，清廷曾下令"不许别创书院及号召地方游食之徒，空谈废业"①。但是随着国家政权的稳固，这种限制、废毁书院的政策逐渐松弛，因为国家当权者认识到军事用兵所形成的国家强制性统一状态需要文化上的交流与融合才能得以强化和巩固。当然，对书院从抑制到开放这一政策的转变过程也延续了百年之久，直到雍正十一年（1733）国家当权者以官方正式命令各省督抚在省会设立书院而宣告废止。宽松的政策逐渐惠及至地方各府州县，书院成为衡量地方官员政绩的重要标尺之一。在中央与地方的双重努力下，书院的新建或恢复数量大为增加。以广东为例，广东书院在"清朝初期的速度很低，每十年只有 2.2 所，后来不断增加，到嘉庆年间（1796～1820）已高达每十年 20.4 所"②。

丰湖书院重建于嘉庆（1796～1820）年间。然而，从严格意义上来说，清代之有丰湖书院最早当推及康熙三十三年（1694）惠州知府王煐的创举。鉴于"诵读之士，往往散处山谷乡落之中，索居离群，闻见寡眇"③的情形，王煐乃购买"黄塘叶氏（梦熊）园及吕应奎义学基地，建复为讲学所"④。这是有清以来关于丰湖书院重修的最早记录。虽然王煐为丰湖书院购田置地、整修院所这些不遗余力的建设举措确也取得"士之读书奋

---

① 清朝官修《钦定皇朝通志》卷七四《选举略》三，《文津阁四库全书》第 215 册，商务印书馆，2005 年影印本，第 338 页。

② 〔美〕蒂莱曼·格里姆：《广东的书院与城市体系》，〔美〕施坚雅主编《中华帝国晚期的城市》，叶光庭等译，中华书局，2000，第 572 页。

③ （清）王煐：《丰湖书院记》，（清）吴骞撰《惠阳山水纪胜》卷下《记》，四库全书存目丛书编纂委员会编《四库全书存目丛书·史部》第 241 册，齐鲁书社，1996，第 147 页。

④ 张友仁：《惠州西湖志》，广东高等教育出版社，1989，第 78 页。

起，以取科名者不乏其人"① 的效果，但是史料的缺失使得丰湖书院在康熙年间的后续发展成为一团迷雾。光绪《惠州府志》记载：

> 今丰湖书院旧名惠阳书院，在西湖永福寺右。国朝知府吴简明建。嘉庆七年知府伊秉绶迁建黄塘寺左，易名"丰湖"。②

从这条史料可知，从惠阳书院至丰湖书院，虽然有名字上的更易与地理位置上的转移，然而确确实实存在着传承的关系，③ 而惠阳书院与此前王煐所建的丰湖书院的关系依据现有资料则不足以断定。因此，本文采取《惠州府志》的说法，将丰湖书院在清代正式复建定为嘉庆七年（1802）惠州知府伊秉绶的努力。

伊秉绶，福建汀州人，乾隆朝进士，曾任刑部主事、光禄寺卿等，于嘉庆四年（1799）起任职惠州知府，对惠州经济、文化、教育等方面皆有所建树。他对于丰湖书院的开创性建设主要表现在如下方面。

第一，根据古典美学传统，建造园林式书院。书院的建筑是一门艺术，因为这不仅涉及书院地址的选择是否符合儒家信服的山水感应之说，同时也要考虑周围环境能否提供给读书者一方宁静祥和的天地。直白一点说就是书院及其周围的景致代表着书院自身的外在形象。为了使形象具备更多吸引人的因素，伊秉绶陆陆续续建造了澄观楼、浴风阁、夕照亭等景观。果不其然，文人墨客对此美景填词赋诗，如名儒阮元游历丰湖书院时曾留下五言诗道：

> 行过丰湖上，如游隐士乡。桥通钓鱼艇，山抱读书堂。竹影皆依

---

① （清）王煐：《丰湖书院记》，（清）吴骞撰《惠阳山水纪胜》卷下《记》，四库全书存目丛书编纂委员会编《四库全书存目丛书·史部》第241册，第147页。

② （清）刘溎年修光绪《惠州府志》卷一〇《经政·书院》，台北：成文出版社，1966年影印本，第158页。

③ 陈鸿猷在《迁建丰湖书院碑记》（光绪《惠州府志》第506页）中曾说："惠故有书院名惠阳，在永福寺侧，就圮者十余岁。绅士屡请重建以费巨不果。嘉庆四年己未六月，太守伊公至是，十属绅士以岁试咸在，乃集议以请，太守欣然许诺，称善事，遂以成。"可以作为佐证。

水，蕉荫亦满墙。凡人来寓此，足以散清狂。①

第二，言传身教，提出书院的教育主张。伊秉绶认为：

> 学者，学圣人也，学为人也。人虽谦让，未有让不为人者，而美辞乎？将与守白鹿洞之遗规，孜孜矻矻，勉乎言与动，以求谦戒欺，而后可以为人，可以为圣为贤。②

虽然这种主张充满儒家浓重的说教意味，但却符合当时读书人所讲求的修身养性的追求。

第三，慧眼识人，聘请名师主讲书院。丰湖书院之所以在重建初期就得以声名大噪，别致一格的山水景致固然有一定的作用，但最主要的还是得益于伊秉绶所聘请的岭南名士宋湘。宋湘，广东嘉应人，嘉庆进士，擅长诗作与书法，具有渊博的学识与横溢的才华，颇受时人追捧。宋湘名人效应的作用使得丰湖书院云集了众多名人雅士，书院声名也因而远播。

二　梅开二度：书院制度的完善

丰湖书院作为惠州府的最高学府，在重修初期，由于知府与书院主讲即山长双方的共同努力，书院吸引了惠州各州县的学子前来求学。然而，这种繁荣如昙花一现，不久即归于沉寂。究其原因，一方面主要是惠州知府更替的频繁，使书院难以获得支持其恒久发展的行政力量。伊秉绶之后各知府普遍任职时间在一年左右且水平参差不齐，见表1。

表1　嘉庆四年（1799）至嘉庆二十四年（1819）惠州知府

姓名	籍贯	科第	任职时间	在任时间
丁如玉	江苏清河	举人	嘉庆七年（1802）	不满一年
杨楷	云南建水	不详	嘉庆七年（1802）	一年多

---

① 张友仁：《惠州西湖志》，第82页。
② 张友仁：《惠州西湖志》，第80~81页。

姓名	籍贯	科第	任职时间	在任时间
南炙曾	甘肃通渭	举人	嘉庆九年（1804）	一年
陆元鋐	浙江桐乡	进士	嘉庆十年（1805）	不满一年
温承志	山西太谷	增贡生	嘉庆十年（1805）	不满一年

资料来源：（清）刘湘年修光绪《惠州府志》，第304页。

对于清代书院来说，地方官员作为书院教育的重要推动者，其不作为或难以有所作为都会给书院发展带来消极影响，惠州知府的变动给丰湖书院带来的亦是这种不良的后果。而另一方面是书院章制的粗糙。虽然伊秉绶初步修订有丰湖书院章程，然而，这种摸着石头所制定出来的章程在实际的操作过程中难免有所出入，而其中最致命的则是书院膏火制度的不合理。膏火是传统社会中对一心求学的贫寒士子的一种补偿性的教育资助，是维持其完成学业的重要保证，因此对于他们而言，书院所提供的膏火制度也是其选择书院的重要参考。丰湖书院仅"膏火二十四分，每分月支米叁斗"①，又不时给，故人不愿就学。这一不合理的制度被嘉庆二十四年（1819）就职的惠州知府罗含章所改变。

罗含章，云南景东人，乾隆举人，官粤数十年，以兴学施教为事，对书院教育尤为重视，曾重修东莞龙溪书院。任职惠州知府之后即大力整顿丰湖书院，最为突出的就是对书院膏火制度的完善。罗含章规定：

> 每年考取正课生监四十名，每名月给膏火银一两五钱；附课生监二十名，每月给膏火银六钱。正课童生四十名，每名月给银一两，附课童生三十名，每名月给银五钱。②

然而，深谋远虑的罗含章考虑的不仅仅是眼前。为了使丰湖书院的膏火制度能够保持并且得到实施，罗含章倡导社会各界对书院提供资金支持，共获得15000两的捐款，其中包括他自己首先捐赠的400两。作为一

---

① （清）刘湘年修光绪《惠州府志》卷一〇《经政·书院》，第194页。

② 陈谷嘉、邓洪波主编《中国书院史资料》中册，浙江教育出版社，1998，第1620页。

个生财有道的知府，罗含章将所得钱财进行投资，以利息作为运作丰湖书院的资金。对于传统知识分子而言，这种投资行为也许不值得提倡，然而近代广东商业的发展使得这一手段成为书院运作的重要方式之一。当然，罗含章此举并不意味着对传统租息方式的放弃。田赋地租依然是维持书院生存的重要支撑。这种支撑除了来自善心人士的田地捐赠之外，其余主要来自惠州府下属各县对府城最高级书院的孝敬。田赋地租与商业投资为丰湖书院的正常发展提供了充足的资金，这种良性循环不仅有力地改善了求学者的待遇，同时书院工作人员的薪水待遇也有所提高。在生源得到保障的前提下，罗含章同时也注重改善丰湖书院的师资力量。他根据书院章程的规定，"择两榜品学兼优者，听绅士公议，禀本府出名聘请"①，并为主讲书院者提供优渥的聘金。在这样的努力下，丰湖书院在历经二十年的消沉之后逐步恢复往昔"从者云集，人竞向学"②的良好景象。

然而，历史再一次重演，丰湖书院在历经短暂的繁荣之后又逐渐淡出时人的视野，这主要是因为太平天国农民战争的影响。广东社会的动乱迫使地方行政要员将安定社会秩序作为政治生活的中心，而书院建设不仅没有受到应有的关注，维持书院运转的资金也被用来作为军事活动的部分后援了。如咸丰四年（1854）"知府陶沄挪充军饷计用银一万五百两，仅存银四千五百两"③。社会动乱对于书院建设的破坏不仅仅是丰湖书院这个单独的个体，广东地区其他书院或多或少都面临着如此的尴尬。

三 回光返照：丰湖书藏的成就

清朝政府镇压了太平天国等农民起义之后，封建社会秩序逐步恢复正常。丰湖书院也随之逐步恢复为士子攻读科举的基地之一，其重要性又得到逐步的凸现。但一个很显然的现象是，受国家内忧外患双重影响的刺激，这一时期虽有一些区别于传统的书院如广雅书院在广州出现并有不断被效仿的趋势。然而，由于科举制度的存在，作为科举基地的传统书院在

---

① 张友仁：《惠州西湖志》，第 154 页。
② 张友仁：《惠州西湖志》，第 509 页。
③ 张友仁：《惠州西湖志》，第 156 页。

社会上依然占据统治性地位，由军事危机所引起的教育危机并不能使人认识到晚清教育存在的巨大缺陷——比如缺乏对于西方新式事物的学习。由于传统惯性的影响，丰湖书院并未能在短时间内调适自身的教育宗旨，而继续对求学者施以基本的古典教育。对于这一点，我们不应该过多的诘责，毕竟在整个 19 世纪能主动适应社会变迁的书院太少，只"占当时全国书院总数的 3.9%"①。然而，在 19 世纪末期，与大多数没落的书院相比，丰湖书院的亮点在于对藏书事业的重视。

丰湖书院藏书事业的直接推动者为时任书院山长的梁鼎芬。梁鼎芬，广东番禺人，光绪进士，翰林院编修，因弹劾李鸿章而降调返乡，但也因之名动朝野，受乡人敬重，得以主讲丰湖书院与端溪书院。梁鼎芬在甫进丰湖书院时，便"告诫诸生，勿只重帖括，要向远大处想，以陈东塾先生集顾亭林句'行已有耻，博学于文'相训勉"②。他自己则力邀社会名流赠捐图书典籍，并仿焦山书藏建楼三楹作为丰湖书院藏书的寓室，即今之图书馆。在梁鼎芬的函请之下，一批与惠州密切相关的人士如两广总督、惠州知府、广东陆路提督及其社会贤达人士等对丰湖书院皆有所贡献，表 2 列有部分广东官员的捐书情况。

表 2　广东官员对于丰湖书藏的捐献（部分）

单位：种

姓名	职务	捐书种类
梁鼎芬	降调翰林院编修	10
张之洞	两广总督	261
于荫霖	广东按察使	12
萧韶	署广东布政使惠潮嘉道	37
夏献铭	署惠州知府	7
李沄	前任惠州知府	1
杨希铨	前任惠州知府	5

---

① 刘少雪：《书院改制与中国高等教育近代化》，上海交通大学出版社，2004，第 30 页。
② （清）许寿田：《葵霜遗范忆往述示两儿》，许衍董编纂《广东文征续编》第 1 册，广东文征编印委员会，1986，第 267 页。

姓名	职务	捐书种类
蒋鸣庆	归善知县	8
韩辉祚	博罗知县	6
葛肇兰	海丰知县	5
晏联奎	河源知县	4

资料来源:(清)佚名编《丰湖书藏目录》,《明清以来公藏书目汇刊》第64册,北京图书馆出版社,2008,第514~622页。

可以看出,丰湖书院的藏书事业得到了众多人士的赞同与帮助,诸如两广总督与多任惠州知府等等。对于深受传统浸淫的他们而言,藏书本身就是文化的表现,而捐献藏书则意味着一种兼济天下的儒家情怀。然而,这种兼济天下本身也带有着作为儒者自身的局限性。比如丰湖书藏的主要管理者梁鼎芬,对在清代文学中有重要影响的袁枚、龚自珍的著述盲目排斥。他认为:

> 袁枚之素行无耻,得罪名教,淫书谰语,流毒海内,三五成群,衣冠盗贼,成为风气,不可救药。龚自珍心术至坏,生有逆子,败乱大事。文字虽佳,不与同中国。凡此二人著述,永远不得收藏,以示嫉恶屏邪之意。[1]

尽管有此小瑕疵,但丰湖书院的藏书尤其是在地方志与名人文集搜罗方面在众多人士的努力下不断得到充实,其藏书具体见表3。

表3 丰湖书院藏书

单位:种

分类	经部	史部	子部	集部	典志	类书	总计
卷数	10386	12835	1393	15767	2605	10570	53556
册数	2471	3259	293	4178	822	4154	15177

资料来源:刘伯骥《广东书院制度沿革》,商务印书馆,1938,363页。

---

[1] (清)梁鼎芬:《例言》,(清)佚名编《丰湖书藏目录》,本社古籍影印室辑《明清以来公藏书目汇刊》第64册,北京图书馆出版社,2008年影印本,第510~511页。

丰湖书院的藏书不仅为书院学习者提供了可供阅读的书籍与文献，同时对惠州地方文风也有所影响。如一首诗这样言道：

> 丰湖先生作书藏，小户贫家知买书。但得五车搜旧蠹，不辞三月食无鱼。[①]

虽然有一丝夸张的意味，然而却生动道出丰湖书院的藏书行为对于社会民众的影响——丰湖书院亦有部分书籍是由普通乡邑民众所捐赠的。面对如此众多的藏书，管理本应为一大重要问题，然而，由丰湖书院制定并实行的《丰湖书藏四约》对于借书、守书、藏书以及捐书都有详细规定，被认为是"清代藏书规章中条目最多、规定最为详备的，很多内容已具近现代图书馆管理制度之雏型"[②]。以借书约为例，除了详细规定了借书期限、注意事项、书目种类之外，还限制了不许借书的对象：地方官长、各衙署幕友管亲、各学教授等官、监院等等。虽然有些规定并非合乎情理，但却能最大限度地满足求学的贫寒士子的需求。然而，遗憾的是，在晚清社会变动的大趋势下，丰湖书院的藏书仍旧是以传统儒家经典为重点，缺乏对于新式书籍的网罗，不能不说是一种遗憾。

四　余论：书院与政治

纵观19世纪丰湖书院的发展颇有"三上三下"的曲折。然而，仔细研读书院在百年之间的发展兴衰可以清楚地看到国家政治在书院发展过程中的作用越来越明显。也可以这样说，丰湖书院的发展历程其实就是百年间广东绝大多数地方性书院发展的缩影——国家政策的变动、社会的政治性动乱都给书院建设带来了相当大的影响。具体而言，国家与书院之间的相互关系主要表现在两个方面。从客观上来说，国家政策的变动与书院存亡有直接联系。在中国传统社会中，书院作为与官学相对应的教育机构，

---

① 张友仁：《惠州西湖志》，第85页。
② 陈谷嘉、邓洪波主编《中国书院制度研究》，浙江教育出版社，1997，第167页。

其一直以私学的身份或者以半私人半官方的形式存在，随着历史的发展，以学术自由为中心的标榜使得书院逐渐超越日益颓废的官学而成为国家教育体系中的重要组成部分。这正如马端临所言：

> 州县之学，有司奉诏旨所建也，故或作或辍，不免具文。乡党之学，贤士大夫留意斯文者所建也。故前规后随，皆务兴起。后来所至，书院尤多，而其田土之赐，教养之规，往往过于州县学。①

尽管书院的作用与地位逐渐被人所了解，但是这并不意味着书院独立性地位的动摇。但是，随着清朝政权在立国之后对于书院的官方化改造，书院引以为傲的自由特色也逐渐泯灭，书院逐渐沦为国家掌握士人动态的重要标杆，也可以说是变相的官学。在上文考察丰湖书院时我们已经知道，丰湖书院重建于嘉庆年间，而这段时间恰恰是国家减少对书院政策的束缚之后广东书院发展的黄金时期，而在清朝初期国家废止书院时，虽有少量书院的存在，但无法撼动国家限制书院的主流文化意识形态。再就丰湖书院的消亡来说。光绪二十七年八月初二日（1901 年 9 月 14 日）国家政权执掌者发布书院改制诏令曰："著各省所有书院，于省城均改设大学堂，各府及直隶州均改设中学堂，各州县均改设小学堂，并多设蒙养学堂。"② 在国家实施新政的大趋势下，丰湖书院不得不变而为惠州中学堂，以此表现作为国家政策拥护者的地位。由此可见，丰湖书院的建与废直接与国家政策相关。

就主观上而言，国家政策能否落实到具体书院上还与地方官员密切相关。各级政府官员作为政府治理地方的代表者被授予适当的管理权以实行对地方的统治。惠州知府作为综理惠州府政治、社会、文教等方面的大员，对丰湖书院拥有高度决定权。一般而言，只要在国家政策允许的范围内，惠州知府就有权决定丰湖书院行政上乃至教学上的一切事宜，比如说对于丰湖书院山长的人员选择。然而，由于各任知府有能力的差异、素质

---

① （元）马端临撰《文献通考》第 1 册，浙江古籍出版社，2000，第 431 页。
② （清）朱寿朋编《光绪朝东华录》第 4 册，中华书局，1958，第 4719 页。

的高低，其对于丰湖书院的影响不能一概而论。在伊秉绶、罗含章任职惠州知府时期可以算是丰湖书院发展的繁荣时期，即便此后倡导丰湖书院藏书的直接推动者为梁鼎芬，然前几任以及在任惠州知府对于其藏书事业的重视亦是丰湖书院藏书扬名的重要因素。可以看出，知府自身能力的差异是导致 19 世纪丰湖书院发展一波三折的主要原因。

尽管惠州具有诸如伊秉绶、罗含章之类的佼佼者对丰湖书院的发展起着不可替代的作用，然而这种发展毕竟是局限在古老的书院传统范围之内。作为在特定的时间与特定的空间——19 世纪的惠州或者说在惠州的 19 世纪，丰湖书院的学子依旧沿着先辈的道路，学习经典的四书五经。为了追求科举的显赫功名而孜孜不倦不免显得有些没落的悲哀，虽然时代在迅速变化，但对于埋首故纸堆尤其是经过一路跋涉取得功名并获得任职的惠州知府而言，他们"相对满足于自己地位的精英，看不出变革的迫切性，向上攀登的人也基本上满足于让科举考试制度来裁决他们的命运"①。在此无意讨伐科举制度的弊端，但其在禁锢人才发展方面的罪行颇有点让人罄竹难书的意思。然究其本源，科举制度毕竟也是为着国家政权统治的稳固而服务的。与书院或与书院改制后的学堂相比，三者都存在为政治服务的共同特性。

　　　　本文与吕霞合作，系首届东江文化全国学术讨论会
　　　　论文，收入成晓军主编《东江文化纵横谈——
　　　　　　首届东江文化全国学术研讨会论文集》
　　　　　　　　（暨南大学出版社，2010）。

---

① 〔美〕吉尔伯特·罗兹曼主编《中国的现代化》，国家社会科学基金"比较现代化"课题组译，江苏人民出版社，2003，第 194 页。

后　记

我从事晚清史研究始于 1981 年。那年秋天，在山西大学读大四的我开始做毕业论文，由德高望重的郭吾真教授做指导老师，题目选定《张之洞在山西》。在郭先生的悉心指导下，我完成了这篇论文，再经修改，发表于《山西大学学报》，由此开始了对晚清史不间断的研究。1982 年，我考上山西大学中国近代史专业的研究生，师从郭吾真、任茂棠二位先生，研究方向是晚清政治史。1995 年，我考入中国人民大学清史研究所攻读博士学位，师从王道成先生，研究方向仍是晚清政治史。2002 年，国家清史工程启动，我参与进行研究，做了"提督表"和"部院大臣表"两个项目，又参与了其他项目的审稿和整修工作。可以说，我的史学研究主要是在清史领域，重点在晚清史方面。

我对晚清史的研究，侧重于政治史和军事史，经济史和文化史也均有涉及。适值社会科学文献出版社要出论文集，我就将所选论文按政治、军事、经济、文化分编结集交稿。2018 年，我在中国社会科学出版社出了一本题名《近代人物论稿》的论文集，其中对晚清史多有涉及，相关论文本书不再收录。论文集所收论文为已刊论文，刊发时各刊物对稿件格式的要求不尽相同，现根据出版社的要求统一调整，并对原稿中的史料进行了核对和校改，对文字错讹做了一些修订。所选论文各篇中纪年的标注方式不完全一致，有用公元纪年括注清纪年的，也有用清纪年括注公元纪年的，现按出版社要求，均改为清纪年括注公元纪年。论文集所收论文有一些是与他人合作的，其合作者的姓名均在文末做了标注。

社会科学文献出版社的宋月华、胡百涛、王亚楠等老师为本书的编辑出版付出了诸多心血，在此表示谢意。

冀满红

2020 年 12 月 30 日于暨南大学明湖苑

图书在版编目（CIP）数据

晚清史探略 / 冀满红著. -- 北京 ：社会科学文献
出版社，2022.8
（暨南史学丛书）
ISBN 978 - 7 - 5228 - 0575 - 7

Ⅰ.①晚…　Ⅱ.①冀…　Ⅲ.①中国历史 - 研究 - 清后
期　Ⅳ.①K252.07

中国版本图书馆 CIP 数据核字（2022）第 150408 号

暨南史学丛书
晚清史探略

著　　者 / 冀满红

出 版 人 / 王利民
组稿编辑 / 宋月华
责任编辑 / 胡百涛
文稿编辑 / 王亚楠
责任印制 / 王京美

出　　版 / 社会科学文献出版社·人文分社 （010）59367215
　　　　　　地址：北京市北三环中路甲 29 号院华龙大厦　邮编：100029
　　　　　　网址：www. ssap. com. cn
发　　行 / 社会科学文献出版社 （010）59367028
印　　装 / 三河市龙林印务有限公司

规　　格 / 开　本：787mm × 1092mm　1/16
　　　　　　印　张：20.25　字　数：318 千字
版　　次 / 2022 年 8 月第 1 版　2022 年 8 月第 1 次印刷
书　　号 / ISBN 978 - 7 - 5228 - 0575 - 7
定　　价 / 168.00 元

读者服务电话：4008918866